O futuro da indústria no Brasil

*Edmar Bacha e
Monica Baumgarten de Bolle (orgs.)*

O futuro da indústria no Brasil

Desindustrialização em debate

1ª edição

CIVILIZAÇÃO BRASILEIRA

Rio de Janeiro
2013

Copyright da organização © Edmar Bacha e Monica de Bolle Baumgarten, 2013

CIP-BRASIL. CATALOGAÇÃO NA FONTE
SINDICATO NACIONAL DOS EDITORES DE LIVROS, RJ

F996   O futuro da indústria no Brasil: desindustrialização em debate /
        Edmar Bacha e Monica Baumgarten de Bolle (org.). – Rio de Janeiro:
        Civilização Brasileira, 2013.

        Inclui bibliografia
        ISBN 978-85-200-1165-2

        1. Industrialização 2. Política industrial – Brasil 3. Economia – Brasil.
        I. Bacha, Edmar Lisboa, 1943- II. Bolle, Monica Baumgarten de

                                        CDD: 338.761
12-6931   CDU: 338.45

EDITORA AFILIADA

Todos os direitos reservados. Proibida a reprodução, armazenamento ou transmissão de partes deste livro, através de quaisquer meios, sem prévia autorização por escrito.

Este livro foi revisado segundo o novo Acordo Ortográfico da Língua Portuguesa.

Direitos desta edição reservados à
EDITORA CIVILIZAÇÃO BRASILEIRA
Um selo da
EDITORA JOSÉ OLYMPIO LTDA.
Rua Argentina, 171 – Rio de Janeiro, RJ – 20921-380
Tel.: 2585-2000

Seja um leitor preferencial Record.
Cadastre-se e receba informações sobre nossos lançamentos e nossas promoções.

Atendimento e venda direta ao leitor:
mdireto@record.com.br ou (21) 2585-2002

Impresso no Brasil
2013

Sumário

Apresentação   7
Pedro S. Malan

Introdução   13
Edmar Bacha e Monica Baumgarten de Bolle

I. Industrialização brasileira em perspectiva

1. Origens e consequências da substituição de importações: 23
40 anos depois
Albert Fishlow
2. Desindustrialização no Brasil: fatos e interpretação   45
Regis Bonelli, Samuel Pessoa e Silvia Matos
3. Política industrial brasileira: motivações e diretrizes   81
Luiz Schymura e Mauricio Canêdo Pinheiro

II. Macroeconomia da desindustrialização recente

4. Bonança externa e desindustrialização: uma análise do   97
período 2005-2011
Edmar Bacha
5. Por que a produção industrial não cresce desde 2010?   121
Affonso Celso Pastore, Marcelo Gazzano e Maria Cristina Pinotti
6. Uma nota sobre a desaceleração recente da indústria brasileira   157
Beny Parnes e Gabriel Hartung
7. Análise da dinâmica da produção industrial entre 2008 e 2012   173
Ilan Goldfajn e Aurelio Bicalho

III. Padrões de comércio e política industrial

8. *Commodities* no Brasil: maldição ou bênção?   201
   Sergio G. Lazzarini, Marcos Sawaya Jank e Carlos F. Kiyoshi V. Inoue

9. Desempenho industrial e vantagens comparativas reveladas   227
   Sandra Polónia Rios e José Tavares de Araujo Jr.

10. Novos padrões de comércio e política tarifária no Brasil   249
    Renato Baumann e Honório Kume

IV. Política industrial: aspectos gerais

11. Padrões de política industrial: a velha, a nova e a brasileira   273
    Mansueto de Almeida

12. Um conflito distributivo esquecido: notas sobre a economia   295
    política da desindustrialização
    Vinicius Carrasco e João Manoel Pinho de Mello

13. Diversificação da economia e desindustrialização   315
    Tiago Berriel, Marco Bonomo e Carlos Viana de Carvalho

V. Política industrial: conteúdo local, inovação e tributação

14. Uma avaliação da política de conteúdo local na cadeia do   333
    petróleo e gás
    Eduardo Augusto Guimarães

15. Política industrial para inovação: uma análise das escolhas   355
    setoriais recentes
    Leonardo Rezende

16. Abertura, competitividade e desoneração fiscal   373
    Rogério L. F. Werneck

17. Estabilizadores automáticos e política industrial   393
    Fernanda Guardado e Monica Baumgarten de Bolle

Sobre os autores   411

Apresentação

Pedro S. Malan

A história é um infindável diálogo entre passado e futuro. Um passado irrevogável, mas constantemente revisitado e reinterpretado à luz de inquietações, exigências e receios do presente. E de desejos, sonhos e expectativas quanto ao futuro. Um futuro que, como escreveu Borges, antes de se converter em presente e passado, realiza ensaios. A forma que assumem esses ensaios são exatamente aqueles desejos, sonhos e expectativas que, quer se realizem quer não, constituem, no presente, a memória do futuro.

O debate sobre o tema que dá título a este livro expressa, como nos sonhos freudianos, tanto um medo quanto um desejo em relação ao futuro da industrialização no Brasil. Os que têm receio veem mais que um espectro rondando o País: veem a desindustrialização, a reprimarização e a perda de peso relativo da indústria manufatureira no conjunto da economia como um fenômeno não de natureza cíclica, mas estrutural, e de longo prazo.

Os que desejam que este processo seja revertido e que o Brasil avance ainda mais na senda da industrialização insistem na importância de relembrar que "talvez não seja suficientemente compreendido que o tipo de crescimento econômico que envolve o uso de tecnologia moderna e que resulta em alto nível de renda per capita é inconcebível sem o desenvolvimento de uma moderna indústria manufatureira".[1] A citação expressa bem uma memória do futuro que já tinha significado relevante, e não apenas no Brasil, desde os anos 1940.

---

[1] Nicholas Kaldor, *Further Essays on Applied Economics*, p. 125.

É evidente que o mundo mudou radicalmente desde então. Mudaram as interações econômicas e financeiras entre países, bem como os padrões de especialização internacional. Que continuarão mudando. Mas a persistência do desejo expresso na singela citação acima não pode ser negada.

Dois exemplos de dois lados do Atlântico: tanto o presidente Obama[1] quanto o presidente François Hollande, em seus programas de governo, prometeram trazer empregos e fábricas de volta a seus respectivos países. O programa de Obama para o fortalecimento da economia americana confere prioridade à *American manufacturing*.[2] Hollande, na campanha, clamou pela reindustrialização da França. Eleito, criou um ministério especialmente encarregado dessa empreitada. Na realidade, a grave crise global, ora em seu quinto ano, reacendeu preocupações estruturais com produtividade e competitividade internacional no debate sobre a moderna indústria manufatureira em diversos países, e não só na França e nos Estados Unidos.

O que está vivo e o que está morto no debate sobre industrialização no Brasil, quando considerado nessa perspectiva? A meu ver, há dois temas que a esta altura já deveriam estar superados: a hipótese de uma tendência de longo prazo ao declínio dos termos de troca entre produtos primários e produtos manufaturados e a preocupação com a chamada doença holandesa. Os dois temas vivos seriam a questão da complexa e cambiante interação entre o setor público e o setor privado no processo de industrialização e o peso relativo das questões de natureza cíclica em relação a questões mais estruturais operando no longo prazo. Segue um brevíssimo comentário sobre esses temas mortos e vivos.

Sobre os temas mortos, não pretendo generalizar. Refiro-me ao Brasil de hoje. Os extraordinários ganhos de produtividade via avanços tecnológicos e inovação no agronegócio, na exploração de minérios, óleo e gás e em parte no setor de serviços, como telecomunicações e informática, mostram claramente que não era tão robusta assim a

---

[1] Cf. Barack Obama, *Remarks by the President in the 2012 State of Union Address.*
[2] Cf. Gene Sperling, *Remarks before the conference on the renaissance of American manufacturing.*

APRESENTAÇÃO

hipótese de que, na média, os ganhos de produtividade do setor manufatureiro seriam sempre maiores que os de outros setores da economia. E a diversificação da produção exportável, assim como a elevação do conteúdo de importações por unidade de produto, de investimento e de exportações, tornou muito pouco provável que a doença holandesa venha a afetar o Brasil de hoje e do futuro. Espero não estar errado. O tempo dirá.

Sobre os temas vivos mencionados anteriormente e a cambiante relação entre ambos: uma indústria manufatureira fundamentalmente voltada para atender a demanda doméstica de um grande país pode ter um futuro no longo prazo. Mas este será menos promissor que o de uma indústria capaz de atingir níveis de produtividade, eficiência e competitividade internacional que lhe permita exportar parte não desprezível da sua produção. Isso exige foco, visão de longo prazo e uma mais eficiente interação entre o setor público e o setor privado na redução do Custo Brasil e no investimento em infraestrutura.

Cabem nesse sentido algumas observações sobre a Ásia – baseadas em importante pesquisa recente de Richard Baldwin[1] – que, a meu ver, encerram lições relevantes para nosso debate sobre a chamada desindustrialização.

A primeira observação tem a ver com a visão de longo prazo de países bem-sucedidos na construção de uma indústria manufatureira moderna, como Japão e Coreia. Em ambos, o processo foi demorado, árduo e não facilmente reproduzível. Isso porque envolveram décadas de acumulação de competência tecnológica – via educação de alta qualidade como política pública e valor social –, que, aos poucos, foi permitindo melhorar níveis de produtividade, eficiência e competitividade internacional, sendo que esse último, como objetivo de longo prazo, nunca deixou de ser perseguido.

---

[1] Richard Baldwin, "Trade and industrialization after globalization's 2nd unbundling: how building and joining a supply chain are different and why it matters", in: *NBER Working Papers*, 17716.

É evidente que esse processo exigiu certo grau de apoio do setor público, especialmente nas fases iniciais. Mas a maioria dos países em desenvolvimento que procuraram avançar na senda da industrialização contou com significativas intervenções do poder público em apoio à atividade industrial. Apesar disso, pouquíssimos chegaram a desenvolver massa crítica suficiente na indústria ou o capital humano requerido para o desenvolvimento industrial sustentado e competitivo internacionalmente.

A China utilizou, com especial vigor nas últimas décadas, o seu tamanho para extrair concessões de investidores diretos estrangeiros, obrigando-os à transferência de tecnologia via *joint ventures* com empresas chinesas (públicas ou privadas). Países de muito menor dimensão relativa não parecem dispor dessa opção. Mas têm outra, a de participar dos *clusters* de produção regional, ou seja, das extensas cadeias de suprimento que caracterizam a manufatura moderna e na qual os países asiáticos vêm – há muito – apostando com vigor.

Raghuram Rajan, em seu excelente *Linhas de falha*,[1] já havia chamado a atenção para esse fenômeno geral dos *clusters*, referindo-se aos casos do iPod e de um hipotético iSing. Os norte-americanos têm esse fenômeno muito claro, os franceses de Hollande aprenderão. Cabe a nós, brasileiros, nos convencermos de que avançar no processo de industrialização nas condições do século XXI exige que uma parte importante da indústria sediada no País tenha níveis de eficiência e produtividade que lhe permita ser internacionalmente competitiva.

Referências

BALDWIN, Richard. Trade and industrialization after globalization's 2nd unbundling: how building and joining a supply chain are different and why it matters. *NBER Working Papers*, 17716. National Bureau of Economic Research, 2011.

KALDOR, Nicholas. *Further Essays on Applied Economics*. Londres: Duckworth, 1978.

---

[1]Raghuram Rajan, *Linhas de falha*, p. 373.

APRESENTAÇÃO

OBAMA, Barack. *Remarks by the President in the 2012 State of Union Address*. Washington, DC: The White House, Office of the Press Secretary, January 24, 2012.

RAJAN, Raghuram. *Linhas de falha*. São Paulo: Bei, 2012.

SPERLING, Gene. *Remarks before the conference on the renaissance of American manufacturing*. 27 mar. 2012. Disponível em: http://www.whitehouse.gov/sites/default/files/administration-official/sperling_-_renaissance_of_american_manufacturing_-_03_27_12.pdf

Introdução

Edmar Bacha e Monica Baumgarten de Bolle

Os dados são contundentes. O auge da indústria de transformação no Brasil se deu em 1985, quando ela respondeu por 25% do PIB. Desde então, a importância da indústria vem declinando paulatinamente, até atingir 15% do PIB em 2011.[1] A participação no PIB que a indústria perdeu, os serviços ganharam. De forma similar, a parcela dos bens manufaturados nas exportações totais do Brasil caiu de 55% em 1985 para 36% em 2011.[2] A parcela das exportações que os bens manufaturados perderam, os produtos primários ganharam.

Trata-se da desindustrialização. A palavra é difícil de dizer. O que significa também não é claro. Como se opõe a "industrialização", que supostamente é coisa boa, "desindustrialização" deve ser coisa ruim. Mas há controvérsias. Uns dizem que, ao deixar a indústria crescer menos do que o PIB, o País está pouco a pouco perdendo um setor importante para as perspectivas de investimento e expansão futura da atividade. Outros acham que a suposta "reprimarização" das exportações é uma ilusão estatística, porque o complexo agro-mínero-industrial, beneficiado pela alta dos preços das matérias-primas, inova e investe tanto ou mais do que a indústria de transformação.

O que surpreende em meio a tanta controvérsia é quão pouco o tema é estudado com profundidade na literatura econômica brasileira recente.[3]

---

[1]Os dados são do capítulo de Bonelli, Pessoa e Matos, neste volume, e referem-se à participação da indústria de transformação no PIB a preços básicos, em preços correntes.
[2]Os dados são da Funcex e foram calculados a partir das séries apresentadas no Ipeadata.
[3]Honrosas exceções incluem Regis Bonelli, *A agenda de competitividade do Brasil*, e Marcio Holland e Yoshiaki Nakano, *Taxa de câmbio no Brasil*.

Foi com a preocupação de entender melhor o que quer dizer a desindustrialização que organizamos dois seminários na Casa das Garças, Rio de Janeiro, em 13 de abril e 19 de junho de 2012.

Para o primeiro seminário, convidamos economistas, que têm participado das atividades da Casa e que sabíamos estar interessados no tema, para fazer breves apresentações, explorando diversos ângulos da desindustrialização: de que se trata? Como medi-la? Por que é aparentemente mais intensa no Brasil do que em outros países? O que fazer a respeito?

Com um pouco mais de confiança com relação ao que queríamos estudar, concebemos para o segundo seminário uma agenda mais robusta, já pensando na publicação deste livro. Ao grupo inicial, agregamos outros especialistas em temas que nos pareceram particularmente oportunos, tais como a história da industrialização brasileira, as minúcias da atual política de conteúdo nacional, as entranhas do completo agro-mínero-industrial, as complexidades de uma política industrial voltada para a inovação, os prós e contras das recentes medidas do governo brasileiro para auxiliar a indústria.

Inicialmente, pensávamos numa publicação com o título: *Desindustrialização: que fazer?* Entretanto, ao organizar o material que os autores nos enviaram, nos demos conta de que estávamos em face de um desafio maior. A questão relevante para o País não era a desindustrialização em si mesma, mas o desenho de uma nova política industrial para permitir a integração do País à economia mundial que se desenha para o século XXI.

Este livro é um esforço nessa direção. O leitor não vai encontrar aqui os detalhes dessa política industrial voltada para a integração competitiva do País com a economia mundial. Mas foi com objetivo de contribuir para seu desenho que ordenamos as partes e capítulos. O livro se inicia com uma análise da industrialização brasileira numa perspectiva histórica. Discutem-se, a seguir, aspectos macroeconômicos da desindustrialização recente. Consideram-se, então, os desafios de desenhar políticas industriais consistentes com as vantagens comparativas dinâmicas do País e avalia-se em que medida intervenções governamentais recentes cumprem com esse requisito.

INTRODUÇÃO

Não há unidade de pontos de vista sobre todos os temas considerados. Nos diversos capítulos, os autores frequentemente divergem entre si, pois os temas são controversos e as conclusões sobre o que fazer não são óbvias. Consideramos ser melhor deixar aparentes as diferenças do que forçar um consenso prematuro. Como sói acontecer com estudos acadêmicos, cabe dizer que mais pesquisas são necessárias para esclarecer as divergências que se expressam nos capítulos deste livro.

Nosso objetivo é prover o leitor com análises econômicas cuidadosas, ainda que controvertidas, cobrindo boa parte dos diversos ângulos da desindustrialização e da política industrial que o ajudem a tirar suas próprias conclusões sobre temas cuja complexidade somente rivaliza com sua importância para o futuro do País.

O livro está organizado em 17 capítulos, distribuídos em cinco partes.

A primeira parte tem como objetivo prover uma perspectiva histórica e comparada da temática da desindustrialização. Ela se abre com o capítulo de Albert Fishlow em que o autor revê seu clássico estudo de 1972 sobre as origens e consequências da industrialização substitutiva de importações no Brasil.[1] Dessa história, ele retira lições para a política industrial contemporânea. No segundo capítulo, Regis Bonelli, Samuel Pessoa e Silvia Matos desenvolvem uma análise empírica em que comparam a evolução da participação da indústria no PIB no Brasil com aquela de um amplo grupo de países do resto do mundo. Eles mostram como a desindustrialização é um fenômeno disseminado no mundo (afora a China) e elaboram testes estatísticos para avaliar em que medida o Brasil se aproxima ou se distancia do grau de industrialização sugerido por essas comparações internacionais. A primeira parte se completa com um estudo de Luiz Schymura e Maurício Canêdo Pinheiro, sobre as motivações e as diretrizes da política industrial brasileira. Embora os autores não coloquem a questão exatamente nesses termos, suas recomendações quanto à política industrial se aproximam às de Dani

---

[1]Cf. Albert Fishlow, "Origins and Consequences of Import Substitution in Brazil", in: *International Economics and Development*.

Rodrik, para quem mais importante do que escolher os vencedores é saber descartar os perdedores.[1]

A segunda parte discute as razões da perda de participação da indústria de transformação no PIB em anos recentes. Seus quatro capítulos apresentam análises em parte convergentes, em parte divergentes. Edmar Bacha argui, com um modelo econômico simples, que essa perda é explicada como um efeito colateral da extraordinária bonança externa de que o País se beneficiou a partir de 2004, em termos de melhoria dos preços das exportações (em relação aos das importações) e da entrada líquida de capitais estrangeiros. No quinto capítulo, Affonso Celso Pastore, Marcelo Gazzano e Maria Cristina Pinotti desenvolvem uma cuidadosa análise empírica para explicar por que a produção industrial não cresce desde 2010. Eles concluem tratar-se, em grande parte, de uma consequência da forma como o governo reagiu à crise iniciada em 2008, associada ao contágio da retração da produção industrial global sobre o Brasil. No capítulo seguinte, Beny Parnes e Gabriel Hartung elaboram exercícios estatísticos para arguir que a desaceleração recente da indústria brasileira está ligada à sua perda de competitividade, provocada pelo crescimento dos salários reais acima da produtividade. No sétimo capítulo, Ilan Goldfajn e Aurelio Bicalho utilizam técnicas estatísticas distintas daquelas do capítulo anterior para sugerir que, ao lado de fatores da oferta, a evolução da demanda externa e interna também contribuiu para o pífio desempenho da indústria entre 2008 e 2011.

A terceira parte abre a discussão da política industrial propriamente dita. Seus três capítulos tratam de caracterizá-la num contexto de vantagens comparativas dinâmicas. No oitavo capítulo, Sergio Lazzarini, Marcos Jank e Carlos Inoue discutem a suposta inferioridade do setor de *commodities* em relação à indústria de transformação do ponto de vista do desenvolvimento econômico. Eles arguem que, bem administrado, o *boom* de *commodities* de que o País desfruta é uma bênção, e não uma maldição. No nono capítulo, Sandra Polónia Rios e José Tavares analisam o desempenho industrial brasileiro à luz das vanta-

---

[1] Cf. Dani Rodrik, "Industrial policy is back", in: *Project Sindicate*.

gens comparativas reveladas pela participação das diversas indústrias nas correntes de comércio mundial. Sustentam que algumas opções de política no Brasil, como a legislação portuária e a estrutura de proteção, impedem que o investimento privado contribua para estimular a inserção internacional da indústria de manufaturados. Honório Kume e Renato Baumann, no décimo capítulo, caracterizam os novos padrões do comércio mundial – baseados no comércio intrafirmas das multinacionais, na especialização intraindustrial e no fatiamento da produção (por via do *offshoring* e do *outsourcing*). Sugerem então modificações na política tarifária brasileira que permitam às indústrias do País participar das novas correntes de comércio.

Os três capítulos da quarta parte caracterizam alguns aspectos de uma política industrial voltada para a eficiência produtiva. Mansueto de Almeida contrasta o que chama de "velha" política industrial – ao estilo da Coreia do Sul dos anos 1960, baseada na escolha de vencedores – com a "nova" política industrial baseada no provimento de bens públicos para *clusters* de atividades econômicas – à semelhança do Vale do Silício na Califórnia. Sua avaliação é que a atual política industrial brasileira, baseada em empréstimos subsidiados do BNDES, deixa a desejar em ambos os aspectos. João Manoel Pinho de Mello e Vinicius Carrasco, no décimo segundo capítulo, demonstram como a presença de um "zumbi" (definido como uma firma com custos mais elevados, mantida em mercado por algum tipo de apoio governamental) reduz o bem-estar social e induz à concentração dos mercados. Em seguida, documentam como a proteção tarifária garante ao cartel dos vergalhões de aço a prática de preços muito superiores aos do mercado internacional no mercado brasileiro. A implicação é que a proteção irrestrita de atividades específicas prejudica não só os consumidores como também a economia como um todo. O décimo terceiro capítulo, de Carlos Viana de Carvalho, Marco Bonomo e Tiago Berriel, é um exercício empírico que utiliza as ferramentas da escolha ótima de portfólios para avaliar a composição da produção entre três grandes setores de bens comerciáveis – *commodities,* manufaturas e indústrias extrativas. Eles traçam "fronteiras eficientes de produção" entre esses três setores para uma série de países e documentam que o Brasil é o país que mais se afasta dessa fronteira, exibindo uma composição setorial de produção que enfatiza excessivamente a indústria de transformação em relação às *commodities* e às indústrias extrativas.

A quinta e última parte contém quatro capítulos que discutem os contornos específicos de uma política industrial voltada para o crescimento, contrastando-as com as atuais políticas industriais brasileiras. No décimo quarto capítulo, Eduardo Augusto Guimarães faz uma análise detalhada da política de conteúdo local na cadeia de petróleo e gás. Suas conclusões são que os requisitos dessa política são estritos demais e que o País deveria seguir o exemplo da Noruega, que promoveu a indústria de transformação complementar à indústria extrativa de uma forma compatível com a integração de toda a cadeia produtiva com as correntes de comércio internacional. Leonardo Rezende, no décimo quinto capítulo, discute as características de uma política eficiente de apoio à inovação e constata que elas não estão presentes nas atuais políticas governamentais, que beneficiam indistintamente indústrias que supostamente inovam, independentemente de elas gerarem externalidades positivas ou não. Os dois últimos capítulos apresentam visões distintas sobre as recentes decisões do governo de desonerar a folha de salários, aumentando os encargos sobre o faturamento das empresas. Rogério Werneck considera essa política antípoda às normas de uma boa política tributária. Nessa, a previdência é financiada por tributos ao emprego e os demais gastos do governo são financiados por impostos sobre a renda, a propriedade ou o valor adicionado. Tributação em cascata, como ocorre com os impostos sobre faturamento, representa um retrocesso que apenas torna ainda mais complexo o labirinto tributário brasileiro. No capítulo final do livro, Fernanda Guardado e Monica Baumgarten de Bolle reconhecem esses defeitos da tributação sobre o faturamento, mas arguem que a troca de impostos proposta pelo governo também é desoneração tributária e, além disso, introduz um componente anticíclico na tributação que beneficia a atividade industrial no curto prazo.

A conclusão geral é que estamos todos tateando em busca de respostas numa economia mundial que rateia desde a crise financeira de 2008

INTRODUÇÃO

e que ainda não sabe como incluir a China (e a Índia depois dela) nas correntes de comércio internacional. O Brasil tem que se adaptar e se integrar mais e melhor com um mundo em transformação. Vez por outra, os desafios nos parecem grandes demais e as respostas que temos dado muito inadequadas. Melhor ficar com o otimismo de um observador de fora (Fishlow, no primeiro capítulo deste volume):

> O desenvolvimento futuro do Brasil depende de uma integração dos setores agrícola, mineral e de petróleo, de manufaturas e de serviços. [...] Poucos países podem se beneficiar de uma base tão diversificada. Talvez Deus seja mesmo brasileiro.

Referências

BONELLI, R. (org.). *A agenda de competitividade do Brasil*. Rio de Janeiro: Fundação Getulio Vargas, 2011.

FISHLOW, A. Origins and consequences of import substitution in Brazil. In: DI MARCO, Luis (ed.). *International Economics and Development*. Nova York: Academic Press, 1972.

HOLLAND, Marcio; NAKANO, Yoshiaki (orgs.). *Taxa de câmbio no Brasil*: estudos de uma perspectiva de desenvolvimento econômico. Rio de Janeiro: Elsevier, 2011.

RODRIK, D. Industrial policy is back. *Project Sindicate*, 12 abr. 2010. Disponível em: http://www.project-syndicate.org/commentary/the-return-of-industrial-policy

I. Industrialização brasileira em perspectiva

1. Origens e consequências da substituição de importações: 40 anos depois[1]

Albert Fishlow

1. Introdução

Terá o Brasil descoberto a maneira de garantir elevados níveis de desenvolvimento econômico, junto com a melhoria da distribuição de renda, conforme mantêm ávidos adeptos das atuais políticas intervencionistas do governo? Ou a queda da taxa Selic real ao seu nível histórico mais baixo, junto com um ativismo cada vez maior do governo, implicará breve o fim das metas de inflação e da disciplina macroeconômica, conforme argumentam alguns críticos da estratégia governamental?

Para aqueles com uma visão positiva, a estratégia necessária hoje para combater a desindustrialização – a real ameaça – é um esforço mais sofisticado de substituição de importações e maior subsídio público, implícito ou explícito. Para aqueles com uma avaliação negativa, há o espectro de desequilíbrio inflacionário renovado que ganhará rapidez e uma presença maior do Estado, inevitavelmente caprichoso, procurando administrar (mal) o processo de desenvolvimento.

---

[1] Traduzido do inglês por Helga Hoffmann.

Quarenta anos atrás, antes das consequências do primeiro choque do petróleo que alteraram a economia mundial, eu avaliei como a industrialização via substituição de importações havia progressivamente ocorrido no Brasil desde os anos 80 do século XIX.[1] Naquele momento, o setor industrial, depois de algum retrocesso nos anos 1960, avançava para o impressionante crescimento do "Milagre Brasileiro". A expansão futura parecia garantida. Como se viu, a realidade mostrou-se bem mais complicada.

Aqui eu focalizo três características desse processo histórico que são relevantes no presente debate sobre desindustrialização. Primeiro, o padrão sequencial da substituição de importações brasileira, passando – como aconteceu – dos têxteis para os bens intermediários e daí para uma ênfase continuada em bens de consumo durável. Bens de capital não eram o foco central. Segundo, o padrão cíclico inerente à substituição de importações à medida que evoluiu. Não houve um equilíbrio de interesses setoriais como pressupunham os modelos de planejamento. Terceiro, a participação do Estado da forma como evoluiu. Um audacioso Plano de Metas foi introduzido por Juscelino Kubitschek depois de sua eleição popular em 1955. O aumento resultante da produção industrial foi acompanhado de um déficit público crescente e de um processo inflacionário de difícil controle. Desequilíbrios macroeconômicos em última instância contribuíram para a intervenção militar.

Mas antes de tratar dessas questões, convém fazer um breve resumo da evolução histórica da substituição de importações até os anos 1960.

2. A ascensão da indústria brasileira

O primeiro passo brasileiro de importância rumo à industrialização deu-se no avanço inicial da globalização nas décadas que precederam a Primeira Guerra Mundial. Isso ocorreu em circunstâncias especiais. O

---

[1] Albert Fishlow, "Origins and consequences of import substitution in Brazil", in: *International Economics and Development.*

INDUSTRIALIZAÇÃO BRASILEIRA EM PERSPECTIVA

Encilhamento, uma consequência imprevista da transição política para a República no início da década de 1890, levou a uma expansão do crédito e uma elevada taxa de inflação. Por sua vez, ocorreu um rápido aumento da produção têxtil doméstica, muito mais do que havia ocorrido antes. Tarifas aduaneiras representaram um impulso menor que a variabilidade cíclica da taxa de câmbio real e dos termos de intercâmbio. Inicialmente, foi barato importar maquinaria, e em seguida a desvalorização cambial se acelerou, aumentando o custo das importações têxteis e permitindo lucratividade. O crescimento subsequente da renda doméstica estimulou a demanda quando as exportações de café, borracha e outros produtos primários tiveram seu valor aumentado antes da guerra. Não obstante, os preços das exportações caíram em 1913, enquanto as importações continuaram a se expandir, e o processo se interrompeu subitamente. Tornou-se necessário refinanciar a dívida externa, como ocorrera uma década antes.

O Brasil passou ao padrão ouro em 1906 para compensar uma taxa de câmbio que se apreciava, em resposta a pressões dos exportadores de café. Ao mesmo tempo veio o Tratado de Taubaté, permitindo compras do excedente da produção de café. Essas medidas igualmente ajudaram a indústria, estimulando o aumento da renda interna subsequente à recessão do período precedente. No Brasil, a mudança para o padrão ouro evidentemente não foi a consequência de um setor urbano em expansão e dos novos empreendedores industriais, como John Coatsworth e Jeffrey Williamson sugeriram para a América Latina em seu conjunto.[1] Ao contrário, a Caixa de Conversão refletiu o compromisso entre os que queriam mais crédito para a expansão do setor privado e aqueles que apoiavam uma restrição monetária rigorosa. A importância política dos novos industrialistas no Brasil ainda era ínfima. Em 1900, o produto agrícola era quatro vezes maior que o da indústria, e a população rural era dois terços da total.

---

[1]John Coatsworth e Jeffrey Williamson, "The roots of Latin American protectionism: Latin America Before the Great Depression", in: *NBER Working Paper*, 8999.

O FUTURO DA INDÚSTRIA NO BRASIL: DESINDUSTRIALIZAÇÃO EM DEBATE

A industrialização inicial era, portanto, limitada, até que a Primeira Guerra Mundial forneceu um novo incentivo à manufatura doméstica ao limitar o suprimento externo por alguns anos. Logo depois, contudo, esse incentivo se reverteu em meio a renovadas exportações agrícolas e a entrada de capital estrangeiro durante os anos 1920. A indústria sobreviveu, em meio a um crescimento econômico acentuadamente cíclico, mas não na base de extensa substituição de importações. Em 1926, o governo voltou ao arranjo cambial que havia sido adotado duas décadas antes. Ao fim da década, indústrias intermediárias mais recentes – cimento, ferro e aço, papel – apresentaram algum avanço, enquanto as têxteis haviam expandido pouco. Nesse período, foram ignorados os apelos do setor industrial por maior proteção tarifária, e os interesses do café reinaram supremos.

De 1900 a 1930, a participação da indústria no produto total teve um aumento apenas modesto, de 13% para 17% do PIB. Embora as tarifas tenham permanecido bastante elevadas em todo o período, isso aconteceu mais por motivos fiscais do que por política econômica. Essas tarifas eram a principal fonte de receita do governo, contribuindo para o seu caráter pró-cíclico. Durante esse período, o crescimento per capita foi 2% ao ano, mas o seu desvio padrão foi maior do que o de qualquer intervalo até a década perdida de 1980.

A Grande Depressão pôs fim ao crescimento do mercado externo para exportações de produtos primários. O investimento estrangeiro também cessou. Com a necessidade de limitar importações, houve de novo estímulo à indústria movida pela substituição de importações. Em 1934 as importações haviam caído à metade de seu pico de 1929 e então ficaram estagnadas por cinco anos sucessivos. Controle de câmbio, cotas, aumento de tarifas – tudo isso ocorreu. O que incentivou o crescimento econômico foi o apoio do governo à demanda interna.

Houve três componentes. Um veio do apoio federal via compras da produção excedente de café pelo Conselho Nacional do Café e, assim, de uma expansão da oferta monetária. Note-se também que eram os consumidores externos que tendiam a arcar com o imposto sobre a exportação que estava por trás de boa parte dos recursos do Conselho. Em segundo lugar, o elevado déficit federal que ocorreu em 1932, provavelmente imprevisto, sem dúvida se originou da breve insurreição paulista daquele ano. Finalmente, houve a clara mudança do Tesouro para continuados déficits fiscais keynesianos desde 1934 até o fim da década.

O resultado foi o retorno ao crescimento positivo do PIB em 1932, quando foi ultrapassado o pico de 1928. Depois disso, a expansão continuou. As manufaturas lideraram a expansão, crescendo mais que o dobro da taxa da agricultura. Um crescimento anual de 9% foi obtido entre 1932 e 1939. Durante boa parte desse período o aumento se deu pela utilização da capacidade ociosa. Mas, em 1937, passou a existir maior oportunidade para importar bens de capital, à medida que os controles cambiais foram racionalizados no Estado Novo. Limites de capacidade, apesar de jornadas de trabalho adicionais, começavam a aparecer. Para os países industrializados foi bem-vinda a oportunidade de encontrar um mercado, e a decisão brasileira de pagar menos serviço da dívida e importar mais não encontrou grande resistência.

Em suma, os anos 1930 viram não apenas a evolução dos bens de consumo mas também o início da expansão de setores intermediários necessários como insumos. Como a oferta doméstica de bens de capital era precária, esse avanço industrial foi um processo intensivo em mão de obra, garantindo oportunidades de emprego no novo coração industrial paulista. O Brasil conseguiu importar os bens de capital essenciais para o avanço industrial. Contudo, continuou modesto o deslocamento estrutural dos amplos setores tradicionais de alimentos e têxteis, mesmo porque apareceu pouco investimento estrangeiro.

A situação mudou com o começo da Segunda Guerra Mundial. As importações mais uma vez escassearam, especialmente as de bens de capital, apesar das provisões para a nova usina siderúrgica de Volta Redonda em 1943-1944. Mas a demanda doméstica permaneceu alta. Um indicador é o do aumento de preços. A inflação saltou para níveis inesperados de mais de 20% em 1944 e para uma taxa ligeiramente menor, de 15%, em 1945.

O Brasil entrou em 1946 com uma taxa de câmbio excessivamente apreciada e uma forte demanda reprimida por importações. As importações quase dobraram em termos reais até 1948, enquanto as exportações estagnaram e a balança comercial passou de positiva a negativa; as reservas caíram muito. Mais uma vez foram adotados controles de câmbio. Como no Encilhamento, muitos anos antes, a apreciação cambial inicial barateou as importações industriais, e bens de capital essenciais para a expansão industrial aumentaram sua participação.

Um aumento no preço do café significou uma vantagem, dobrando a receita das exportações cafeeiras entre 1947 e 1950; com a Guerra da Coreia veio mais um estímulo externo, permitindo o aumento das receitas em dólar. O sistema de licenciamento de importações foi relaxado, e houve outro *boom* de importações reprimidas. Em 1952, o déficit em conta corrente tinha aumentado tanto, para 2,9% do PIB, que só podia ser financiado mediante o recurso ao atraso no pagamento de dívidas comerciais. A substituição de importações tinha sido revertida em termos globais, um prelúdio do que estava por vir.

Em 1953, foi adotado um sistema mais flexível de taxas múltiplas de câmbio. Divergia do controle anterior em dois aspectos importantes. Agora havia variabilidade ao longo do tempo, para compensar a inflação doméstica que subia, e um sistema de leilões de câmbio, em categorias especificadas, em vez da alocação direta de licenças de importação. O que permaneceu foi um subsídio a importações consideradas essenciais à industrialização em curso e um imposto implícito sobre exportações, que recebiam apenas a menor taxa de câmbio. Uma mudança importante foi a Instrução 113 da SUMOC.[1] Esta encorajou o investimento estrangeiro ao permitir a entrada direta de bens de capital em vez da obtenção do câmbio a uma taxa menor e a subsequente importação a um custo mais alto.

Uma tendência de política econômica mais nacionalista e desenvolvimentista triunfou nas urnas em 1955, com a eleição de Kubitschek. Eugênio Gudin, que havia sido ministro das Finanças por um curto

---

[1] A Instrução 113 da SUMOC foi estabelecida em 1955, antes da posse de Kubitschek. Sua provisão de condições favoráveis ao investimento estrangeiro, garantindo regras de entrada iguais às das firmas domésticas, foi e continuou controvertida.

INDUSTRIALIZAÇÃO BRASILEIRA EM PERSPECTIVA

período em 1954-1955 depois do suicídio de Vargas, representava uma abordagem diferente. Era aquela de um mercado menos regulado, em que o produto agrícola não tributado poderia se expandir e conquistar maior espaço no mercado mundial – o que ocorrera nas últimas décadas. Gudin também se opusera ao forte aumento do salário mínimo por Vargas em julho de 1954 – dois meses antes de assumir o Ministério das Finanças – e se opôs ao ajustamento dado por Kubitschek em agosto de 1956, acreditando, como argumentavam os industriais, que tais aumentos eram a principal causa da inflação crescente.

O Plano de Metas do presidente Kubitschek, lançado em 1956, abrangeu a meta de "50 anos em 5". Iniciou-se uma notável expansão. Foram especificadas cinco áreas para atenção especial: energia, transporte, agricultura, indústrias básicas e educação. O investimento necessário era mais que um quarto do total da formação de capital. A infraestrutura representava mais de dois terços. É interessante que não havia referência especial a recursos estrangeiros, embora eles tenham chegado a ser a parte dominante da expansão industrial, em particular no setor automobilístico. Essa não seria a última vez que o capital estrangeiro se tornaria um componente essencial, tanto para a tecnologia incorporada quanto para a moeda para importações.

Pela primeira vez, a política do governo deliberadamente teve sucesso em transferir lucros do setor primário para o secundário, mas junto com isso veio inflação em alta, câmbio valorizado e reivindicações trabalhistas de aumentos salariais compensatórios. Veio também mais um empreendimento importante, que não havia sido incluído no cálculo inicial: a construção de uma nova capital, Brasília, além da necessidade de compensar o setor cafeeiro pelo preço relativo declinante.

Em meio ao Plano, depois de discussões iniciais e uma revisão da estrutura tarifária, o governo decidiu não implementar um programa conservador de estabilização do FMI que teria restringido a expansão em curso. Em vez disso, Kubitschek decidiu avançar até o fim de seu mandato, apoiando-se no BNDE e no Banco do Brasil para financiar os crescentes déficits internos e nos fluxos de investimento estrangeiro para financiar o déficit em conta corrente.

O conjunto dos desequilíbrios cada vez maiores veio à tona depois da eleição de Jânio Quadros em 1960. Durante sua campanha, ele havia usado uma vassoura para simbolizar sua promessa de varrer a corrupção. Seus primeiros esforços se concentraram na política cambial e nos credores externos que estavam preocupados; ele também teve que lidar com um crescente déficit interno.

Em maio de 1961, recebeu recursos de um acordo de crédito contingente (*stand-by*) do FMI bem como fundos adicionais dos Estados Unidos. Houve pouco tempo para que seus esforços funcionassem. Em agosto, ele renunciou, esperando ser reempossado rapidamente com poder executivo maior, para compensar a falta de uma maioria no Congresso. Em vez disso, foi estabelecida uma estrutura de tipo parlamentarista, elevando-se o seu vice-presidente, João Goulart, a uma presidência enfraquecida. Como a inflação continuava e o investimento estrangeiro estancou, foi adotado o Plano Trienal, em dezembro de 1962. Não teve melhor resultado que os esforços anteriores. Com a gradual desaceleração do crescimento econômico e inflação crescente, bem como um referendo que restabeleceu a autoridade presidencial de Goulart, vieram à tona na sociedade brasileira agudas divisões. Finalmente o resultado foi uma intervenção militar em 1964, que permaneceu até 1985.

Com Castelo Branco presidente, Octávio Bulhões ministro da Fazenda e Roberto Campos ministro do Planejamento, o novo governo tratou de estabelecer seu próprio programa econômico. O PAEG teve menos sucesso que o esperado e, depois da escolha de Costa e Silva como sucessor, Antonio Delfim Netto ganhou poder na área econômica. O crescimento acelerou, a inflação diminuiu, o capital estrangeiro mostrou-se abundante, e o Brasil passou a um crescimento industrial na casa dos dois dígitos. Como em 1961, esse surto logo se defrontou com problemas.

3. O padrão sequencial da substituição de importações brasileira

O desenvolvimento industrial do Brasil avançou em ritmo mais acelerado que o PIB no período que vai de 1900 a 1970. Já estava em curso um

INDUSTRIALIZAÇÃO BRASILEIRA EM PERSPECTIVA

deslocamento da agricultura para a indústria, estimulado por eventos externos, ao tempo em que Raúl Prebisch apresentou suas ideias sobre industrialização substitutiva de importações, no fim dos anos 1940. Mas a forma da transformação foi especial. Os interesses industriais permaneceram secundários comparados ao do setor agrícola, e mesmo nos anos 1950 a posição dos produtores de café importava na política econômica.

Tabela 1 – Distribuição percentual do valor agregado industrial

	1907	1919	1939	1949	1959
Bens de consumo	77,9	80,2	69,7	61,9	46,6
Alimentos	21,8[a]	32,9	23,6	20,6	16,4
Têxteis	25,3	24,4	22,0	19,7	12,0
Vestuário e calçados	8,4	7,3	4,8	4,3	3,6
Bebidas	9,3	5,4	4,3	4,5	2,9
Bens de consumo duráveis	2,5	1,8	2,5	2,5	5,0
Bens intermediários	19,6	16,5	22,9	30,4	37,3
Bens de capital		1,4	4,9	5,2	11,1
Total	100	100	100	100	100
Importações como % da oferta	31,5	24,7	20,4		

[a]Excluído o processamento de carne, cerca de 20% do valor agregado do setor em 1919. As importações provavelmente também são maiores em 1919, pois produtos não produzidos não são classificados como industriais.
Fontes: IBGE – Séries Estatísticas Retrospectivas, v. 2; Albert Fishlow, "Origins and consequences of import substitution in Brazil", in: *International Economics and Development*.

A Tabela 1 reúne dados do setor industrial entre 1907 e 1959. Eles revelam um processo diferenciado de industrialização brasileira no decorrer do tempo, como descrito na seção anterior. Até os anos 1950, houve surtos cíclicos na produção doméstica, que eram basicamente reações que acompanhavam as oscilações nos preços e na produção agrícola. Importações, muitas sem produção doméstica correspondente, eram essenciais ao processo. Durante a Depressão, as entradas de capital só se tornaram mais acessíveis nos últimos anos da década de 1930. Sem elas, a estrutura de produção interna era pouco sofisticada.

Têxteis, vestuário, bebidas e alimentos obviamente dominavam, como em todas as economias em desenvolvimento. Em 1919, representavam em conjunto 70% do valor agregado total. Alimentos e bebidas eram protegidos pela distância, que militava contra importações. A produção doméstica de têxteis e vestuário ainda estava sujeita à competição internacional, crescendo lentamente nos anos 1920, quando as divisas estrangeiras ficaram baratas. Quando ajustamos as importações para uma comparação correta com o valor agregado industrial, aumenta em cerca de 50% sua participação competitiva.[1]

Em 1949, o aumento da produção industrial durante a Depressão e a Segunda Guerra Mundial não havia alterado dramaticamente esse quadro. Percebe-se mais diversidade com o aumento de bens intermediários e de capital, mas não muito. Duas circunstâncias limitaram qualquer efeito. Uma foi a intensidade de mão de obra inerente à recuperação da indústria na década de 1930; a segunda foi a oportunidade, depois da guerra, de importar barato bens intermediários e de capital.

Os números são bem diferentes em 1959. Houve uma mudança decisiva à medida que a substituição de importações ocorria nos anos 1950, sobretudo depois do Plano de Metas de 1956. Têxteis, vestuário, bebidas e alimentos caíram para um terço do valor agregado industrial. Os setores de bens intermediários e de bens de capital representam agora a metade. O Brasil está prestes a um deslocamento importante para a indústria de automóveis e caminhões, e o investimento do governo em infraestrutura destinou-se em grande volume à construção de estradas e pavimentação. Não por acaso aumentaram os déficits nas ferrovias

---

[1]Usando coeficientes de insumo-produto, é possível comparar melhor o valor agregado da indústria doméstica com o valor agregado das importações. Esse ajustamento quase duplica a contribuição das importações nos primeiros anos. Ver Albert Fishlow, "Origins and consequences of import substitution in Brazil", in: *International Economics and Development*, p. 321-324.

INDUSTRIALIZAÇÃO BRASILEIRA EM PERSPECTIVA

estatais e na navegação costeira, a ponto de serem citados pelo FMI como a principal fonte do problema inflacionário do Brasil no início dos anos 1960. À medida que a inflação subia, os preços do setor público ficavam muito defasados.

O Brasil havia definitivamente se industrializado em 1963, como mostram as parcelas do PIB e da força de trabalho. Ainda ocorreriam mudanças. Em 1980, depois do II Plano Nacional de Desenvolvimento, a agricultura contribuía com minúsculos 10% da produção total e empregava menos de 30% da força de trabalho. A parcela da indústria no PIB excedia 40%, enquanto os empregados nesse setor eram mais ou menos o mesmo número que os do setor agrícola declinante.

Tabela 2 – Aumento da produtividade no século XX (variação anual %)

	PIB	Emprego	Estoque de capital	Produtividade total		Produtividade industrial
1901-30	4,3	1,5				
1931-50	5,1	1,8	5,3	2,4	1,8[a]	6,1[a]
1951-63	6,9	2,8	8,7	2,7 0,9[b]	1,7[c]	2,9[b]

[a]1940-50.
[b]1950-60.
[c]1948-62.
Fontes: Armando Castelar Pinheiro, *Brazilian economic growth 1900-2000*; Edmar Bacha e Regis Bonelli, *Crescimento e produtividade no Brasil* e "Crescimento brasileiro revisitado", in: *Desenvolvimento econômico*.

A Tabela 2 mostra estimativas de mudanças do PIB e da produtividade nesse período. A produtividade total melhorou no período 1930-1960 à medida que se consolidou uma substituição consciente de importações na década de 1950. Diversas outras estimativas citadas em Pinheiro[1] referendam isso. Bacha e Bonelli[2] diferem um pouco, mas, com uma ligeira modificação dos anos considerados, seus cálculos também se alinham. Para a indústria em separado, contudo, os seus resultados para a produtividade entre os dois censos permanecem bem diferentes.

---

[1]Armando Castelar Pinheiro, *Brazilian economic growth 1900-2000*.
[2]Edmar Bacha e Regis Bonelli, *Crescimento e produtividade no Brasil*.

Eu havia estimado um padrão crescente para as mudanças na produtividade total da indústria brasileira, passando de 0,4% em 1920-1939 para 1,0% nos anos 1940 e 2,4% nos anos 1950. Talvez um quarto do rápido crescimento dos anos 1950 se explique pelo deslocamento de importações em virtude da adoção de políticas deliberadas de substituição de importações.

Um aumento na taxa de investimento de 13% para 21% do PIB acompanhou o avanço de produtividade. O Brasil também teve, ao mesmo tempo, ganhos na taxa de poupança, à medida que se desenrolou o processo de desenvolvimento. Esse processo tomou uma forma particular quando a industrialização começou a acelerar: preços em alta. O imposto inflacionário gerou recursos para um governo comprometido com investimentos públicos muito superiores ao que permitia a base tributária.

Esses ganhos de produtividade no Brasil foram diferentes dos da maior parte da América Latina. O fato de estar mais atrasado ajudou, implicando custos de mão de obra menores do que nos países de renda mais alta. Também o tamanho ajudou: o mercado tinha dimensões suficientes para garantir que não se perdessem inteiramente as vantagens potenciais em economias de escala. Do mesmo modo, ajudou a disponibilidade de capital estrangeiro, que permaneceu um elemento importante na industrialização brasileira.

Será que esse padrão de desenvolvimento por etapas – primeiro com produção doméstica de bens de consumo e mais tarde se estendendo aos bens de consumo durável – define uma trajetória ótima? Outros países optaram por dar maior ênfase à produção inicial de bens de investimento. No caso dos países europeus de industrialização tardia, e também no Leste Asiático, a ação do Estado desempenhou um papel na criação de novas instituições para guiar a industrialização. Esses países confiaram menos em sinais do mercado e investimento estrangeiro e mais na poupança interna. Ao optar por liderança do setor automobilístico, o Brasil não seguiu o "paradigma dos gansos voadores" da Ásia.

Talvez a decisão brasileira em favor desse processo liderado pelo consumo tenha ido um tanto longe demais. A poupança doméstica não continuou a avançar, e em seu lugar houve endividamento, interno e

INDUSTRIALIZAÇÃO BRASILEIRA EM PERSPECTIVA

externo. Pouca atenção foi dada às exportações de produtos industriais, e atenção excessiva foi dada à provisão dos subsídios consideráveis exigidos pelos investidores privados. É certo que nos anos 1950 não eram alentadoras as perspectivas de exportações de países em desenvolvimento que não fossem *commodities*. Mas poderia ter havido um esforço maior. O que é mais importante, pouco esforço foi dedicado a remediar as deficiências educacionais brasileiras – o que exigiria um envolvimento integrado de estados e municípios –, enquanto esforço excessivo foi dedicado à construção de estradas.

4. Um padrão cíclico na expansão substitutiva de importações

Somente em maio de 2009 é que foi criado no Brasil um grupo para estabelecer uma cronologia de referência para os ciclos econômicos brasileiros. Inicialmente, o Comitê de Datação de Ciclos Econômicos (Codace) do IBRE/FGV mostrou a datação dos ciclos a partir de 1980, mas pretende fazer também a datação dos ciclos anteriores. Essa variabilidade começou séculos antes, quando o Brasil colonial começou a exportar *commodities*. Os ciclos não acabaram com a industrialização substitutiva de importações.

Muito pelo contrário. A volatilidade do início dos anos 1960 é um caso especial, ocorrendo após altas taxas de crescimento industrial na segunda metade da década de 1950. Influiu uma dualidade de fatores econômicos e políticos, tanto domésticos quanto internacionais. Três características da substituição de importações no Brasil foram relevantes nessa época.

Primeiro, uma tendência inerente à demanda doméstica de crescer rapidamente quando primeiro ocorre a produção de bens excluídos. Tipicamente, o preço efetivo inicialmente cai, permitindo que o efeito preço e o efeito renda atuem em conjunto. A oferta interna também cresce mais rápido que a demanda à medida que as importações progressivamente se reduzem. No caso dos automóveis, houve a vantagem adicional do impulso à demanda por causa de um efeito demonstração

O FUTURO DA INDÚSTRIA NO BRASIL: DESINDUSTRIALIZAÇÃO EM DEBATE

dos primeiros a adquiri-los. Mas uma queda na confiança do consumidor pode rapidamente diminuir esses efeitos positivos e provocar grandes oscilações na demanda.

Segundo, a produção doméstica exigiu gastos de capital elevados e indivisíveis. A capacidade excedente inicial desapareceria à medida que a demanda expandisse. Seria necessário pouco investimento adicional. Quanto maior o número de entrantes chegando ao mercado ao mesmo tempo, tanto maior o efeito de agrupamento. O setor automotivo experimentou tal efeito. Sendo responsável por quase 70% do investimento direto estrangeiro de 1955 a 1961, seria inevitável o subsequente impacto negativo sobre o balanço de pagamentos do País.

Terceiro, o aumento das remessas para o exterior complicou a situação. À medida que o déficit em conta corrente cresceu para 3% do PIB em 1961-1962, as remessas receberam mais atenção do que merecia seu volume efetivo. As remessas de lucros ao exterior chegaram a apenas US$ 36 milhões anualmente em 1960-1961, enquanto o pagamento de juros foi de US$ 114 milhões anualmente no mesmo intervalo. Alguns dos pagamentos de juros eram de dívida privada, mas a duplicação da dívida pública nos anos Kubitschek teve um papel. O Congresso brasileiro passou uma lei, em setembro de 1962, restringindo as remessas privadas a 10% do capital. Isso se deu depois da expropriação da IT&T pelo governador Brizola no início do mesmo ano. Parecia que o Brasil não estava totalmente comprometido com um papel importante para o capital estrangeiro no setor industrial.

Esses fatores aumentaram a suscetibilidade do Brasil ao declínio cíclico que começou em 1962 com uma queda da razão investimento/ PIB e desaceleração do crescimento.

Complicando ainda mais a situação, ocorria uma queda contínua nas relações de troca. Entre 1958 e 1963 o índice correspondente declinou a uma taxa anual de 3,8%, anulando as tentativas de aumentar a quantidade exportada. A receita de exportação praticamente não subiu, exatamente quando havia mais necessidade de importações de bens intermediários e de capital. A esse problema externo é preciso acrescentar o déficit fiscal interno e a consequente inflação.

INDUSTRIALIZAÇÃO BRASILEIRA EM PERSPECTIVA

O déficit aumentou menos de 2% em 1958 para mais de 4% em 1963. A poupança crescente do governo, inicialmente possibilitada pela taxa de inflação em alta que tributava o setor privado – basicamente a população relativamente pobre em áreas urbanas –, logo foi erodida à medida que o processo continuou e o balanço monetário em termos reais declinou. A arrecadação de impostos foi restringida pelo efeito Tanzi, à medida que atrasos de pagamento abatiam seu valor real. Por outro lado, os gastos eram mais difíceis de conter no ambiente político que se deteriorava.

Isso também contribuiu para o retrocesso. A eleição de Jânio Quadros e sua aparente disposição de lidar com os desequilíbrios inerentes à substituição de importações geraram muita esperança em 1961. Ele venceu por larga margem, apoiado pela conservadora UDN, com promessas de restaurar a ordem. A Aliança para o Progresso começava a tomar forma, e havia a disposição dos Estados Unidos e do FMI de oferecer ajuda.

Dois anos depois, após a renúncia de Quadros com poucos meses de mandato e um experimento de tipo parlamentarista que durou pouco mais de um ano, João Goulart assumiu a autoridade presidencial plena. Sua administração, apesar de uma tentativa inicial, mas fracassada, de estabilizar a economia em 1963, conseguiu apenas dividir interesses domésticos e causar preocupação nos Estados Unidos em relação a suas intenções esquerdistas. A intervenção militar em março de 1964 acabou com o governo civil no Brasil por mais de duas décadas.

Destaca-se nesse quadro a incapacidade do Congresso de trabalhar de forma responsável para enfrentar um déficit fiscal crescente. A política de clientelismo continuou sem rédeas, assim como os interesses estaduais e locais, cada vez mais recebendo assistência do exterior, à medida que cessava a ajuda externa ao governo federal. Essa assistência a governos estaduais e locais representava quase 40% das receitas públicas, mas sem qualquer coordenação com o governo central. Somente depois do Plano Real em 1994 e da Lei de Responsabilidade Fiscal em 2000, além de medidas no período intermediário que trataram de limitar a independência dos estados e municípios, pôde o Brasil passar a uma relação mais produtiva entre o Executivo e o Congresso. Os esforços para reduzir o número de partidos a dois, Arena e MDB, não tiveram sucesso em conseguir tal cooperação, conforme alguns argumentaram depois de 1964.

Dentro do Brasil, esse declínio do início dos anos 1960 foi interpretado por alguns analistas como permanente, em vez de cíclico. Estes davam ênfase à saturação da demanda inerente à industrialização substitutiva de importações. "A expansão do mercado interno [...] não é suficiente para garantir a continuidade da recente aceleração do crescimento industrial, alcançada em grande medida em virtude de uma reserva de mercado para as indústrias que substituíram importações."[1] O rápido crescimento inicial inevitavelmente desacelerou. Para enfrentar esse subconsumo, só uma redistribuição de renda poderia funcionar.

O objetivo estava correto, mas a análise, errada. O declínio continuou depois de 1964, a distribuição de renda piorou, e a inflação não cedeu de imediato. Mas depois de 1967, quando a política econômica começou a mudar, houve uma resposta expressiva. Logo a expansão industrial se daria a taxas bem mais elevadas, e mais uma vez o investimento estrangeiro retornou. O setor automobilístico foi um componente líder na recuperação.

5. Em busca do Estado desenvolvimentista

Poucos temas provocaram uma literatura tão vasta quanto o envolvimento do Estado brasileiro no processo de desenvolvimento que se desenrolava. Essa literatura continua florescendo, no exterior e dentro do País. Todas as ciências sociais contribuíram, e as humanas também. Apareceu um vocabulário diferenciado, conforme a disciplina.

Todos concordam que o período 1930-1964 foi decisivo, quando o papel do Estado se ampliou enquanto a industrialização progrediu. Esse

---

[1]Maria da Conceição Tavares, "The growth and decline of import substitution in Brazil", in: *Economic Bulletin of Latin America*. Celso Furtado, em seus escritos dos anos 1960, tem a mesma visão de um declínio inerente.

INDUSTRIALIZAÇÃO BRASILEIRA EM PERSPECTIVA

fenômeno foi global, e não apenas brasileiro. O keynesianismo nessa época tinha escopo internacional. O Brasil foi além dessa aceitação de aumento do gasto público – como havia sido perseguido durante os anos da Depressão – relativamente a quatro aspectos importantes.

Em primeiro lugar, mais proteção contra importações competitivas tornou-se a forma padrão de encorajar a produção doméstica. Isso começou com a desvalorização cambial em 1930 e continuou mais tarde com cotas e revisão de tarifas aduaneiras, sem falar do sistema das taxas múltiplas de câmbio durante os anos 1950. Embora o Acordo Geral de Tarifas e Comércio (GATT) tenha começado a atenuar as restrições ao comércio a partir do fim dos anos 1940, o Brasil optou por limitar a importação de produtos de consumo e alguns intermediários para assegurar mercado para a produção doméstica. Chegou inclusive a implementar, em 1957, a proibição total da importação de produtos com similares nacionais.

Ao contrário, a importação de bens de capital foi favorecida. Estes eram essenciais para expandir a atividade industrial. Em grande medida, foram financiados via investimento direto estrangeiro. Não houve grande tentativa de produzi-los internamente, assim como não se enfatizou o investimento em pesquisa e desenvolvimento. Dessa forma, as remessas ao estrangeiro decorrentes desse investimento tornaram-se uma questão política central.

Em segundo lugar, uma estratégia corporativista consciente para ampliar a industrialização prevaleceu no Estado Novo de Vargas, a partir de 1937. Aumentou a regulamentação da atividade econômica, com a criação do Departamento Administrativo do Serviço Público (DASP) e de outras agências, e ampliou-se a atividade de crédito do Banco do Brasil. Houve propriedade do Estado em novas atividades: a Companhia Siderúrgica Nacional em 1941, a Vale do Rio Doce em 1942, a Companhia Nacional de Álcalis em 1943 e a Companhia Hidroelétrica do São Francisco em 1945.

Tanto a regulação econômica quanto a propriedade direta do Estado se expandiriam à medida que a substituição de importações prosseguia ao longo do tempo. Tornou-se cada vez mais difícil administrar o processo. Desequilíbrios começaram a aparecer. Déficits fiscais trouxeram pressões inflacionárias ainda maiores. Também aumentaram os déficits em conta corrente quando as exportações não puderam se expandir o suficiente. Desequilíbrios macroeconômicos se tornavam cada vez mais evidentes. Eram a contrapartida dos desequilíbrios inerentes à substituição de importações.

Em terceiro lugar, com o Plano de Metas de Kubitschek em 1957, dá-se um primeiro passo rumo ao futuro industrial planejado que tomou corpo no II Plano Nacional de Desenvolvimento de Geisel. Particularmente significativo nesse período foi a criação de grupos executivos para monitorar o avanço dos "50 anos em 5". Onde esses grupos incorporaram uma tecnocracia moderna e receberam assistência financeira do BNDE, cumpriram 102% das metas: os projetos da burocracia tradicional alcançaram apenas 32%. Central no sucesso do Plano foi o investimento estrangeiro nos termos da Instrução 113 da Superintendência da Moeda e do Crédito (SUMOC) que tornou possível o setor automobilístico.

Assim como no Estado Novo, no esforço de enfrentar as tarefas, aumentou a centralização do Estado federal. Mas o caminho escolhido foi criar novas agências e, com elas, ampliar o funcionalismo público, em lugar de maior foco administrativo. Simultaneamente, dentro do sistema federativo, os estados reagiram aumentando sua própria regulamentação e propriedades públicas.

Em quarto lugar, a transformação industrial prosseguiu na ausência de um avanço político equivalente. O Brasil voltara a ter eleições em 1945, mas ainda não estavam plenamente desenvolvidas as instituições adequadas para garantir sua continuidade. O Congresso estava longe de se envolver com o processo industrial em curso. Preocupações com a economia rural dominaram os interesses das áreas urbanas em expansão. O clientelismo e o fisiologismo eram dominantes. Quando as condições econômicas começaram a se deteriorar, a liderança no Congresso não conseguiu estar à altura de fornecer uma alternativa ao Executivo enfraquecido que tivesse credibilidade.

A busca de um verdadeiro Estado desenvolvimentista no Brasil continuou, por mais de meio século, até os dias de hoje.

6. Palavras finais

A industrialização continuou no Brasil, utilizando a substituição de importações mais uma vez e tendo um surto de crescimento com o "Milagre Brasileiro" e com o II Plano Nacional de Desenvolvimento. De início, houve um aumento da exportação de manufaturas, subsidiadas, e a participação das exportações agrícolas diminuiu. À medida que a produtividade do setor primário aumentou e os preços internacionais se tornaram mais favoráveis no início do século XXI, ressurgiram com intensidade as exportações de *commodities*. Isso provocou clamores de desindustrialização, na medida em que a parcela da indústria se reduziu comparada a picos anteriores.

Recentemente, as variações na produção industrial se tornaram negativas. O setor busca maior proteção tarifária, em particular em relação à China, e maiores subsídios, através de alívio tributário e maiores compras governamentais. Em abril de 2012, o governo apresentou a Medida Provisória 563 que ampliou sua proposta original do Plano Brasil Maior. Dessa vez o Congresso acompanhou.

Este é um novo empuxe, que é feito depois dos avanços limitados da Política Industrial, Tecnológica e de Comércio Exterior lançada em março de 2004 e da Política de Desenvolvimento Produtivo de 2008, e do anterior Plano Brasil Maior, que havia sido lançado em 2011. Não se arrefeceu o compromisso da presidente Dilma com uma política industrial ativa como maneira de avançar. O Brasil tem menos de 10% do total do valor agregado industrial nos componentes de alta tecnologia e mais de 65% nas duas categorias de tecnologia mais baixas. O objetivo é mudar essa estrutura.

Isso se traduz em ajuda especial, de grande variedade, para setores designados. O BNDES tem um papel central, como tem desde os anos 1950. Essa política vai levar tempo. Pretende-se substituir importações por oferta doméstica, via aumento de tarifas aduaneiras e concessão de preferências a produtores domésticos. Mas não se trata de repetição da estratégia de substituição de importações dos anos 1950 e 1970. Em vez disso, as exportações de manufaturas devem se tornar o teste da eficácia das políticas. No fim das contas, está se invocando a dinâmica das vantagens comparativas. Quanto tempo isso vai levar, e com que seriedade tal critério será aplicado, eis a questão.

O papel do investimento direto estrangeiro volta ao centro, como em outros períodos. Muitos dentro do governo hesitam. Há os que preferem conglomerados nacionais. Essa é uma réplica da estratégia asiática. Há, no entanto, evidência crescente de mudanças importantes na transmissão estrangeira de tecnologia avançada. Nos últimos anos, o Brasil tem atraído centros de tecnologia moderna da IBM, da Boeing, da Samsung, da GE, da Cisco e de outras. Eles estiveram presentes anteriormente dentro dos setores automotivos e contribuíram para o uso eficiente do etanol.

Política industrial existe em todos os países. Ela não implica alguma mágica especial. O problema é a seletividade de setores, o acesso à tecnologia avançada e a capacidade de limitar os recursos comprometidos quando não há êxito. Um programa amplo demais pode ficar encalhado e se tornar uma fonte de subsídios generalizados. Felizmente, a política cambial se encaminhou na direção certa em meses recentes, eliminando boa parte da desvantagem anterior de apreciação excessiva. Dificilmente haverá taxas de câmbio real melhores nos próximos anos. Isso se dá não apenas pela inundação de dólares americanos nos mercados internacionais mas também pelas relações de troca favoráveis que o Brasil tem conseguido.

Os pretendidos ganhos de produtividade não deveriam ser limitados ao setor industrial. O desenvolvimento futuro do Brasil depende de uma integração dos setores agrícola, mineral e de petróleo, de manufaturas e de serviços. As atuais exportações de *commodities* não são como a dependência histórica do café. Sua origem está na melhoria da eficiência. Poucos países podem se beneficiar de uma base tão diversificada. Talvez Deus seja mesmo brasileiro.

INDUSTRIALIZAÇÃO BRASILEIRA EM PERSPECTIVA

Referências

BACHA, E.; BONELLI, R. *Crescimento e produtividade no Brasil:* o que nos diz o registro de longo prazo. Seminários da Diretoria de Estudos Macroeconômicos do IPEA 52, Rio de Janeiro, 2001.

BACHA, E.; BONELLI, R. Crescimento brasileiro revisitado. In: VELOSO, Fernando; FERREIRA, Pedro Cavalcanti; PESSOA, Samuel; GIAMBIAGI, Fabio (orgs.). *Desenvolvimento econômico:* uma perspectiva brasileira. Rio de Janeiro: Campus/ Elsevier (no prelo).

COATSWORTH, John; WILLIAMSON, Jeffrey. The roots of Latin American protectionism: Latin America before the Great Depression. *NBER Working Paper,* 8999, 2002.

FISHLOW, A. Origins and consequences of import substitution in Brazil. In: DI MARCO, Luis (ed.). *International economics and development.* Nova York: Academic Press, 1972.

IBGE. Séries estatísticas retrospectivas, volume 2, O Brasil, suas riquezas naturais, suas indústrias, Tomo 3. IBGE, Rio de Janeiro, 1986.

PINHEIRO, Armando Castelar et al. *Brazilian economic growth 1900-2000:* lessons and policy implications. BID, 2001.

TAVARES, Maria da Conceição. The growth and decline of import substitution in Brazil. *Economic Bulletin of Latin America,* mar. 1964.

2. Desindustrialização no Brasil: fatos e interpretação

Regis Bonelli, Samuel Pessoa e Silvia Matos[1]

1. Introdução

O debate sobre desindustrialização no Brasil não é novo. Ele teve início em seguida à abertura comercial no começo dos anos 1990 e foi revisitado diversas vezes posteriormente. Mas o medíocre desempenho da indústria de transformação a partir de meados de 2011 provocou uma nova onda de análises, assim como uma nova rodada de medidas de política econômica de apoio ao setor. Entre essas, as de estímulo ao crédito, desonerações tributárias e mudanças no mercado de câmbio.

Sem entrar no mérito da eficácia desse conjunto de medidas para corrigir os diversos componentes desse complexo processo que é a desindustrialização, é preciso reconhecer que o fenômeno de perda de peso da indústria[2] na economia inclui três dimensões inter-relacionadas, nem todas ao alcance das ações do governo.

Uma primeira dimensão é de caráter cíclico e tem a ver com o fraco desempenho da indústria em nível global: só recentemente a indústria

---

[1]Os autores agradecem o apoio da assistente de pesquisa Maria Fernanda Mendes da Silva, sem o qual este trabalho seria muito menos rico em informações.
[2]Doravante, a menos que explicitamente indicado, indústria significa indústria de transformação.

mundial superou os níveis de produção pré-crise de 2008.[1] Uma segunda atribui importância à integração da China, da Índia e de outros países orientais de renda baixa à economia mundial, integração essa que mudou o quadro das vantagens comparativas globais com implicações não triviais para o desempenho da indústria em vários países pela concorrência das importações. Uma terceira, estrutural como a anterior, é a tendência secular de perda de peso da indústria no mundo que resulta da mudança nos padrões de consumo que acompanha o processo de crescimento econômico, em que as atividades do setor serviços ganham peso em relação às industriais.

Sobrepondo-se a essas dimensões, a perda de dinamismo da indústria – e da economia brasileira – após a fase de 2004-2011 também pode ser vista como um fenômeno associado ao desaparecimento (temporário?) dos determinantes do bom desempenho macroeconômico da maior parte daquele período.[2]

O que se pode esperar em relação a cada um desses componentes? Quanto ao primeiro, é consensual que a falta de dinamismo da indústria global não será revertida a curto e médio prazos. A integração dos países de renda média e baixa à economia global irá continuar, mas, pelo menos nos casos da Índia e da China, a um ritmo um pouco mais lento do que ocorreu até atualmente – o que poderia dar algum espaço para a expansão da indústria do Brasil e de outros países da América Latina no mercado global. Mas, em compensação, nada indica que o terceiro componente, a tendência de perda de peso da indústria no longo prazo, deixe de existir.

Quanto ao complicador representado pelo esgotamento dos determinantes do crescimento em 2004-2011, existe a percepção de que o choque

---

[1] A média de produção industrial no trimestre fevereiro-abril de 2012 superou em 9,8% a do trimestre junho-agosto de 2008. Mas nos países desenvolvidos era 5,4% menor e nos emergentes 26,7% maior, segundo dados do CPB Netherlands Bureau for Economic Policy Analysis.
[2] O crescimento acelerou-se depois de 2003 devido aos ganhos dos termos de troca e aos ingressos de capital, que permitiram crescimento da absorção doméstica (consumo e investimento) bem acima do aumento do PIB. Ver capítulo de Edmar Bacha neste volume para uma abordagem analítica dessa fase do crescimento brasileiro.

positivo dos termos de troca que tanto beneficiou o Brasil esgotou-se e dificilmente será replicado no horizonte de tempo previsível com a mesma intensidade; e os ingressos de capital tenderão a ser menos intensos em razão da fase de incerteza que caracteriza as perspectivas econômicas em diversos países do mundo desenvolvido.

Nesse contexto, as dúvidas quanto ao papel futuro da indústria na economia persistem. Mas acumulam-se evidências que permitem, pelo menos, qualificar melhor o processo de perda de peso da indústria que vimos presenciando.[1]

O objetivo deste capítulo é precisamente o de apresentar evidências para clarificar o debate. Além da apresentação de novas fontes de informações, objetiva-se discutir três aspectos: (i) quando começou a desindustrialização no Brasil; (ii) como ela vem impactando a estrutura da indústria na última década e meia; e (iii) como o Brasil se situa em relação a padrões normais de tamanho da indústria, como medido pelo grau de industrialização.[2]

Com isso em mente, a seção seguinte mostra a evolução da participação da indústria no PIB e discorre sobre mudanças em seu interior. A seção 3 compara a evidência relativa à evolução da participação da indústria no PIB por grupos de países, como prelúdio para a análise da seção 4. Nesta, explora-se a questão dos padrões de crescimento industrial entre países e se avalia se, em termos comparativos, há desindustrialização no Brasil. A seção 5 conclui com um breve resumo e comentários adicionais.

---

[1]Análises anteriores sobre esse tema incluem: Regis Bonelli e Samuel Pessoa, "Desindustrialização no Brasil: um resumo da evidência" e "Desindustrialização no Brasil: fatos e versões", in: *Novos dilemas de política econômica*, e Regis Bonelli e Armando Castelar Pinheiro, "Competitividade e desempenho industrial: mais que só o câmbio". Ver também, para uma abordagem distinta da desses textos, o trabalho de Nelson Marconi e Fernando Barbi, "Taxa de câmbio e composição setorial da produção", in: *Taxa de câmbio no Brasil*.
[2]Doravante entendido como a participação relativa da indústria no PIB.

O FUTURO DA INDÚSTRIA NO BRASIL: DESINDUSTRIALIZAÇÃO EM DEBATE

2. A indústria no PIB e mudanças estruturais

2.1 Mudanças do peso da indústria no PIB e nos preços relativos no longo prazo

O estudioso desavisado que analisar as mudanças de participação da indústria no PIB do Brasil a partir das variáveis medidas em valores correntes divulgadas pelo IBGE não poderá deixar de experimentar surpresa. E a razão para isso é que o resultado desse procedimento, retratado na curva pontilhada do Gráfico 1, é uma queda da participação da indústria no PIB de 36% em 1985[1] para 15% em 2011, resultando numa redução de 21 pontos de percentagem em 26 anos, ou seja, quase um ponto de percentagem por ano. Em termos relativos, a indústria de 2011 era, inclusive, muito menor do que a de 1947 (cinco pontos de percentagem menor). Haja desindustrialização!

Uma consulta às fontes que dão origem a esses resultados, porém, revela que as séries do valor adicionado (VA) na indústria e no PIB foram objeto de mudanças metodológicas ao longo do tempo, duas das quais têm especial interesse para a mensuração que se quer fazer: tanto entre 1989 e 1990 quanto entre 1994 e 1995, as mudanças metodológicas no Sistema de Contas Nacionais foram de molde a aumentar o tamanho dos demais setores que não a indústria pela reavaliação do valor de algumas atividades, especialmente nos serviços – logo, de diminuir o tamanho relativo da indústria. Isso explica os "degraus" na curva pontilhada do gráfico, de 5,8% do total em 1990 e de 8,2% em 1995.

Conclui-se que comparação desse tipo não faz sentido. Para corrigir as séries e torná-las comparáveis, adotamos o critério de usar as variações percentuais dos valores nominais dos sistemas antigos e aplicar essas

---

[1] O Censo Industrial de 1985 foi especialmente abrangente na apuração das atividades industriais, o que ajuda a explicar o pico registrado nesse ano.

taxas retroativamente ao resultado de 1995.[1] A série resultante é a linha cheia no Gráfico 1, denominada "série corrigida". Note-se que por esse procedimento as séries coincidem a partir de 1995, inclusive. Com a série corrigida diminui sobremaneira a perda de peso da indústria no VA total: de 25% em 1985 para 15% em 2011. Ainda assim, uma perda expressiva de 10 pontos de percentagem em 26 anos.

Gráfico 1 – Participação da indústria no PIB, séries original e corrigida – 1947-2011 (% do VA a custo de fatores até 1989, a preços básicos de 1990 em diante, ambas em preços correntes)

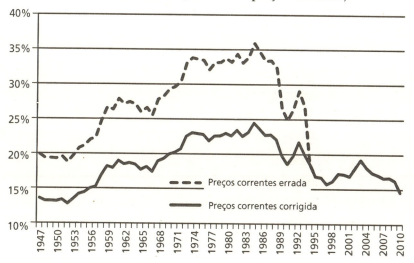

Fonte: Sistema de Contas Nacionais, IBGE, séries obtidas do Ipeadata; ver texto.

Para avaliar a perda de importância da indústria na economia é mais correto medir numerador e denominador em preços constantes de algum ano que se queira usar como base. Por essa métrica, o Grá-

---

[1] Mais especificamente, a correção foi feita em duas etapas. Em uma primeira etapa, a taxa de variação dos valores nominais até 1995 do sistema antigo foi aplicada ao resultado de 1995, aceito como correto, recuando-se a série até 1990. Depois, também retrocedendo no tempo, foram usadas as taxas de variação nominal do sistema antigo até 1990 ao resultado de 1990 obtido na etapa anterior.

O FUTURO DA INDÚSTRIA NO BRASIL: DESINDUSTRIALIZAÇÃO EM DEBATE

fico 2 mostra, de uma perspectiva de longo prazo, que a indústria no Brasil vem reduzindo sua participação no PIB desde meados dos anos 1970 – muito antes, portanto, do início do atual debate sobre desindustrialização.

Da linha pontilhada do gráfico deduz-se que, após atingir um pico de participação de 24,1% na média do triênio 1974-1976, a indústria chegou ao triênio 2009-2011 respondendo por apenas 16,9% do PIB.[1] Logo, perdeu um ponto percentual (p.p.) de participação no PIB a cada cinco anos, em média. Mantido esse ritmo em progressão linear, a indústria desapareceria pouco antes do fim deste século, em 2092, configurando o absurdo de um país sem indústria.

O eixo da direita do Gráfico 2 mostra o índice de preços relativos da indústria com base igual a um (1,0) em 2009, definido como a relação entre a série a preços correntes corrigida do gráfico anterior e a série a preços constantes de 2009 do gráfico a seguir. Dessa curva dos preços relativos conclui-se que os preços da indústria cresceram muito acima do deflator implícito do PIB durante uma longa fase da nossa experiência de crescimento. Especificamente, ao longo de toda a fase de crescimento por substituição de importações.

De fato, entre 1952 e 1985 o índice de preços relativos aumentou 60%. Entre 1993 e 1998 tem-se uma forte redução, de 25% (período de valorização cambial), seguida de aumento de 16% até 2003 (possivelmente associado à desvalorização cambial do período). A série flutua desse último ano até 2009, e de 2009 a 2011 tem-se nova queda, de 13%, retornando-se ao nível de preços relativos alcançado 40 anos antes, em 1971.

---

[1] A rigor, trata-se de participação do valor adicionado a preços básicos; medida baseada em valores a preços constantes de 2009. A participação no PIB a preços de mercado é, evidentemente, menor.

Gráfico 2 – Participação da indústria no PIB em preços de 2009 (eixo da esquerda, em %) e índice de preços relativos da indústria (eixo da direita, 2009 = 1,0), 1947-2011

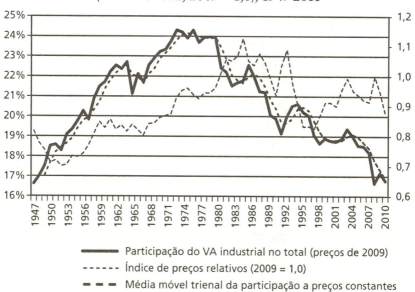

Fonte: Ipeadata; elaboração dos autores.

É oportuno recordar que, em boa parte da longa fase de perda de participação a partir do pico de meados dos anos 1970, estiveram em operação no Brasil diversos mecanismos de defesa da produção industrial, mas isso não impediu que a perda ocorresse. De fato, a força das recessões da atividade econômica parece ter sido especialmente importante para as reduções de peso da indústria. Um estudo recente destaca o fato de que as perdas de participação não foram uniformes no tempo nos seguintes termos:

> [...] (as perdas) foram mais acentuadas nas fases de recessão (1981-83 e 1987-92, neste caso coincidindo com os anos em que a abertura comercial foi mais intensa) e durante períodos de valorização do câmbio real (1996-99 e 2004-09) [...] em 1996-99 a valorização ocorreu em meio a crises externas, como a asiática e a russa, quando o Real foi mantido

valorizado para ancorar a estabilização de preços. Logo, a fase mais recente [...] é a única em que o câmbio se apreciou rapidamente em contexto macroeconômico favorável, aqui entendido como um período de rápido crescimento da demanda doméstica.[1]

Desta subseção se conclui que, se por desindustrialização se entende a perda sistemática de peso da indústria na economia quando medida a preços constantes, o processo de desindustrialização começou no Brasil em meados dos anos 1970.

2.2. Mudança estrutural no interior da indústria

O desempenho das diversas atividades que compõem a indústria não foi uniforme ao longo do tempo, tendo variado em função da demanda, da concorrência dos importados e do comportamento macroeconômico. Uma pergunta que surge naturalmente é: quem foram os vencedores e os perdedores do processo de ganhos e perdas que necessariamente tem lugar com o crescimento e mudança estrutural desde 1995, quando teve início uma fase de perda quase contínua de peso da indústria (com exceção de 2000-2004)? Para examinar essa questão abordam-se, inicialmente, as mudanças no interior da indústria. Ao final da subseção, muito brevemente, faz-se menção às mudanças em relação ao PIB. Em ambos os casos, subdividindo-se o período 1995-2011 em dois subperíodos.[2]

A tabela do Anexo resume as informações necessárias para responder às questões anteriormente formuladas. E as respostas são eloquentes. Em primeiro lugar, nem todas as atividades foram vencedoras (significando que experimentaram ganhos de participação no total da indústria) ou perdedoras (significando perdas) em ambos os subperíodos. As que

---

[1] Regis Bonelli e Armando Castelar Pinheiro, "Competitividade e desempenho industrial: mais que só o câmbio", p. 4-5.
[2] A escolha do período permite separar duas fases da evolução recente delimitadas pelos anos 2002 e 2003, antes e na fase de aceleração do crescimento. As participações de cada atividade nos totais, seja da indústria, seja da economia, estão baseadas no valor bruto da produção da PIA de 2009.

INDUSTRIALIZAÇÃO BRASILEIRA EM PERSPECTIVA

aumentaram de participação em ambos os subperíodos foram apenas quatro: (i) a indústria de produtos farmacêuticos, cujo peso no total aumentou de 1,44% para 1,86% entre as médias de 1995-1996 e 2010-2011; (ii) a de máquinas e equipamentos, de 3,93% para 5,41%; (iii) a de máquinas, aparelhos e materiais elétricos, de 2,39% para 3,09%; e (iv) a de outros equipamentos de transporte (que inclui aeronaves), de 0,47% para 1,81%, de longe o maior ganho proporcional.

Já as perdedoras em ambos os períodos foram: (i) a indústria de vestuário e acessórios, cujo peso no total caiu de 2,95% para 1,81%; (ii) a de couros e artefatos, inclusive calçados (de 3,38% para 1,41%); (iii) a de produtos de madeira (de 1,53% para 1,03%); a de produtos químicos (de 10,75% para 9,57%); a de borracha e material plástico (de 4,91% para 4,07%) e a de produtos de metal exclusive máquinas e equipamentos (de 4,97% para 4,46%). Nessas cinco atividades, a perda acumulada chegou a expressivos 5,6 pontos de percentagem.

Talvez mais interessante, a indústria cuja participação mais aumentou em pontos de percentagem foi a automobilística, estando todo o ganho concentrado no segundo subperíodo analisado: de 9,1% para 14% do total da indústria. O interesse aqui se justifica pelo fato de que essa atividade tem sido beneficiada por medidas (temporárias) de incentivo, mesmo com o desempenho favorável registrado pelos indicadores de produção física.

Em termos relativos – isto é, em proporção do peso inicial em 1995-1996 –, a grande vencedora foi a indústria de outros equipamentos de transporte, que inclui aeronaves: 182% de ganho de participação entre 1995-1996 e 2010-2011. Em seguida, destacam-se a de veículos automotores (automobilística), com 43%; a de máquinas e equipamentos (38%); a farmacêutica (29%) e a de máquinas, aparelhos e materiais elétricos (29%). Os demais destaques, mas com ganhos relativos menores, foram as indústrias de papel e celulose e a de produtos de higiene e limpeza.

Conclui-se que, pelo menos no que se refere às mudanças na estrutura da indústria, um pequeno conjunto de atividades apresentou ganhos expressivos. A soma dos seus aumentos de participação alcançou 8,8 pontos de percentagem.

O FUTURO DA INDÚSTRIA NO BRASIL: DESINDUSTRIALIZAÇÃO EM DEBATE

Mas isso não é verdadeiro quando a comparação é feita em relação ao PIB. Nesse caso, a única atividade que conseguiu aumento de participação foi a indústria de outros equipamentos de transporte, que inclui com destaque a fabricação de aeronaves. Todas as demais, inclusive a automobilística, que tão bom desempenho teve no período analisado, perderam peso na economia.

3. Quatro décadas de (des)industrialização no mundo: mudanças no grau de industrialização por grupos de países

Antes de passar à análise *cross section*, é útil apresentar uma narrativa analítica a partir da base de dados utilizada. Isso é feito separando-se os 170 países para os quais temos informações em seis grupos regionais.[1] O Gráfico 3 resume as informações sobre a evolução do grau médio de industrialização desses grupos (média ponderada), definido como a participação da indústria no PIB a preços correntes, de 1970 a 2010.[2] Começando pelos grupos com maior participação da indústria no PIB no começo do período, o destaque é a Europa Central, grupo de 30 países que inclui todos os do antigo bloco socialista e as novas repúblicas surgidas do desmembramento da União Soviética (países para os quais as informações começam em 1990, obviamente). Até 1989, esse grupo continha apenas oito países. Nos principais, entre eles o grau de industrialização era bastante alto em 1970: Romênia (40%), Polônia (32%), Hungria (30%) e Bulgária (28%), todos seguidores do modelo soviético de industrialização.

Vinte anos depois, em 1990, a Rússia tinha um grau de industrialização de apenas 24,3%. E no final do período, em 2010, poucos países

---

[1] A relação completa de países e grupos está no Anexo. A denominação desses grupos não necessariamente segue a definição usual. Assim, no gráfico seguinte a OCDE não inclui Chile, México, Grécia e Turquia. Os dois primeiros fazem parte da América Latina e os dois últimos da Europa Central, na nossa classificação.

[2] Note-se que, dado o formato em que os dados estão disponíveis, eles se referem à participação do VA industrial no PIB, e não no VA total, como no caso da análise para o Brasil na seção anterior.

54

detinham mais do que 20%. Dos 30 desse grupo, apenas cinco: Turquimenistão (39,8%), Bielorrússia (27,3%), Romênia (22,8%), Uzbequistão (21,6%) e República Tcheca (21,4%). Em 1970, o grau médio de industrialização da Europa Central era de 26,9%. Em 2010, ele chegou a 15,5%. Destaque-se que a perda de peso da indústria começou de fato em 1989 (quando era de 27,3%) e progrediu muito rapidamente até 2002 (15,2%), ano a partir do qual as mudanças são de pequena expressão. A diferença entre o valor máximo (28% em 1986) e mínimo (14,9% em 2009) foi de 13 pontos de percentagem (quase a metade do máximo), configurando forte desindustrialização. É importante reafirmar que o grau de industrialização pouco variou depois de 2002. Essa é uma característica desse grupo, mas não de alguns outros, como veremos a seguir.

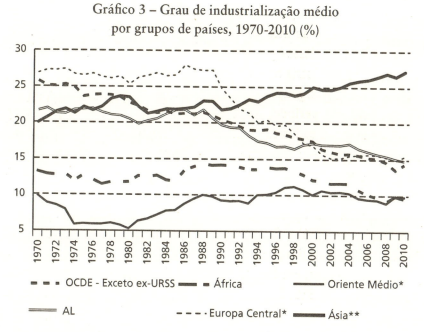

Gráfico 3 – Grau de industrialização médio por grupos de países, 1970-2010 (%)

Fonte: United Nations Statistics Division, Database National Accounts Estimates of Main Aggregates; elaboração dos autores.

O segundo destaque do começo do período analisado é a OCDE, grupo de 24 países que na nossa classificação compreende a Europa Ocidental

O FUTURO DA INDÚSTRIA NO BRASIL: DESINDUSTRIALIZAÇÃO EM DEBATE

acrescida de EUA, Canadá, Japão, Israel, Austrália e Nova Zelândia. Em 1970, o país mais industrializado desse grupo era Luxemburgo (36%), seguido de perto pelo Japão (35%) e pela Alemanha (32%). Já em 2010, o país mais industrializado era a Coreia do Sul (28% de participação da indústria no PIB), seguida da Irlanda (23%). Aliás, esses eram os dois únicos países da OCDE em que o grau de industrialização era superior a 20% naquela data, quando em 1970 18 países estavam nessa faixa. A redução do grau de industrialização médio desse grupo foi praticamente contínua no período analisado: de 25,8% em 1970 para 14,4% quarenta anos depois. Novamente, mais de dez pontos de percentagem entre os valores máximo e mínimo dessa medida, mas, agora, diluídos em um período muito mais amplo do que do grupo anterior. Em média, a perda de peso da indústria no PIB foi de 0,29 ponto de percentagem por ano ao longo de quatro décadas. Os últimos resultados pesquisados não sugerem que o processo tenha terminado, apesar do pequeno aumento em 2010, após a recessão de 2009.

Um caso interessante na OCDE é o da Holanda, país cuja desindustrialização esteve associada, e deu nome, à doença holandesa. O uso da base de dados desta seção mostra, a propósito, que a indústria perdeu peso no PIB holandês muito rapidamente entre 1974 (22%) e 1981-1983 (16%), mas, a partir daí, recuperou-se ligeiramente até o fim dos anos 1980 (18%) para novamente perder peso até 2010 (12%), resultado não muito diferente da média da OCDE (14%). Obviamente, como esses dados não incluem a extração de minerais (gás), pode-se adiantar que as cicatrizes deixadas pela doença holandesa na Holanda são aparentemente menos graves do que se poderia imaginar: a indústria não "desapareceu" mais do que na média do grupo de países da OCDE.

O terceiro grupo em importância relativa da indústria no começo dos anos 1970 é o da América Latina (30 países), onde o grau de industrialização relativamente elevado (21,7%) incluía os recordes da República Dominicana (36%) e da Argentina (35%). A exemplo da Europa Central, aqui também o movimento de perda de participação não foi constante no tempo. De fato, a indústria perdeu peso de 1976 até 1981 e ganhou daí até 1986. Dessa data em diante, no entanto, tem-se um declínio praticamente contínuo e acentuado, chegando-se a 2010 com um grau de industrialização de 14,9%. A perda entre os pontos de máximo e de mínimo foi de cerca de sete pontos percentuais (em 24 anos). Trata-se de uma perda da mesma ordem de grandeza da dos dois grupos de países acima analisados.

O quarto grupo é o único em que a participação da indústria no PIB aumentou de forma substancial entre 1970 e 2010: a Ásia (22 países). Partindo de 20% do PIB em 1970 (apenas dois pontos de percentagem inferior ao da América Latina), o grau de industrialização da região chegou a 27,2% em 2010.

Observe-se, no entanto, que o comportamento da China nesse grupo é o que fez a parcela da indústria crescer a partir do final dos anos 1980. Isso se pode inferir do Gráfico 4, onde separamos a China dos demais países da Ásia.[1]

Gráfico 4 – Grau de industrialização na China e na Ásia, 1970 a 2010 (%)

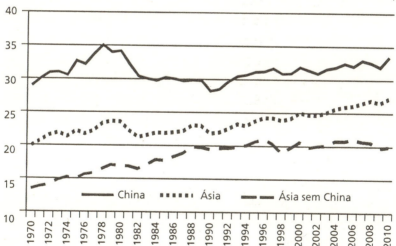

Fonte: United Nations Statistics Division, Database National Accounts Estimates of Main Aggregates; elaboração dos autores.

---

[1] É oportuno mencionar que a série original da China continha uma descontinuidade entre 2003 e 2004, com um abrupto degrau para baixo. Ao pesquisar as razões para tal, descobrimos que ela se devia a uma mudança no critério de classificar a indústria: até 2003, ela incluía a indústria de construção e a partir de 2004 a excluía. Por essa razão corrigimos a série para trás, até 1970, excluindo a construção.

O FUTURO DA INDÚSTRIA NO BRASIL: DESINDUSTRIALIZAÇÃO EM DEBATE

Observa-se claramente que o aumento do grau de industrialização da China foi muito rápido de 1970 a 1978 (29% para 35%). Como na Ásia exclusive a China a medida também aumentou (de 13,4% para 16,4%), o total elevou-se de 20% para 24%. Mas a partir daí o comportamento da China foi no mínimo estranho por alguns anos. Isso porque com as reformas diminuiu o peso da indústria de 35% em 1978 para 30% do PIB em 1982-1989. Em 1990, observa-se uma queda adicional, para 28%. Nesse meio-tempo, a indústria do restante da Ásia continuava a crescer aceleradamente, elevando seu peso no PIB de 16% para 20% (1988), data a partir da qual manteve aproximadamente o mesmo nível até o final do período. A partir de 1990, coube novamente à China liderar o crescimento. De fato, partindo de um grau de industrialização de 28% em 1990, a China chegou a 2010 com 33,5%. Logo, todo o aumento no grau de industrialização da Ásia nas duas últimas décadas (22% para 27%) deveu-se ao desempenho chinês.

A África é o grupo com o maior número de países (52) e, possivelmente, o mais heterogêneo. Nele encontramos desde países com grau de industrialização relativamente elevado em 1970 (Moçambique, 22%; África do Sul, 21%; Zimbábue, 20%; Egito, 19%) até países com menos de 2%, como a Líbia. O grau de industrialização aumentou muito pouco entre 1970 e 1988, com flutuações, passando de 13% para 14%, participação que se mantém por dez anos. A partir de 1997, tem-se um declínio mais acentuado, chegando-se ao final do período com cerca de 10%. Ou seja, uma desindustrialização moderada nas duas últimas décadas, se comparada às da OCDE, Europa Central e América Latina. Ainda assim, desindustrialização.

O Oriente Médio (12 países) é a região menos industrializada ao longo das quatro décadas, mas alcança a África em 2010. A rigor, a região passou por uma fase de perda de peso da indústria entre 1970 (10%) e 1980 (5%) – talvez por causa das elevações nos preços do petróleo – e por um modesto surto de industrialização daí ao final dos anos 1990, quando o peso da indústria praticamente dobrou (de 5% para 10% do PIB). Não há evidência de desindustrialização a partir daí.

INDUSTRIALIZAÇÃO BRASILEIRA EM PERSPECTIVA

Uma conclusão geral é que as mudanças no grau de industrialização por regiões não foram uniformes. Na Ásia, definitivamente não há desindustrialização, mas o aumento de participação da indústria deve-se, como vimos, exclusivamente à China. Na Europa Central, a perda de peso da indústria deixou de existir há dez anos, mas um conjunto relevante de países tem experimentado desindustrialização.[1] O mesmo se pode dizer do Oriente Médio – que, de qualquer forma, nunca foi uma região muito industrializada.

O grupo de regiões onde há evidência mais nítida de perda de peso da indústria no PIB é bastante heterogêneo. Ele é liderado pela OCDE e pela Europa Central. A América Latina não fica muito atrás. Como surpresa, encontra-se aqui também a África. Obviamente, neste caso um grupo formado por países bem mais heterogêneos que os três anteriores: a África, em menor escala do que o Oriente Médio, também nunca chegou a ser um continente industrializado. Mas não deixa de ser surpreendente observar que nos últimos 20 anos a indústria tenha perdido peso quase que continuamente na média do grupo de países que a compõe.

Conclui-se, portanto, que, excluída a China, todas as regiões ou atravessaram fases de perda de peso da indústria nas últimas décadas ou, na melhor das hipóteses, mantiveram a participação. Esse último caso caracteriza o Oriente Médio (onde o grau de industrialização tem se situado em níveis relativamente baixos: 10%) e da Ásia exclusive China (idem, mas em níveis relativamente altos: 20%).

O Gráfico 5 ilustra sumariamente a desindustrialização mundial ocorrida entre o começo dos anos 1970, quando o grau de industrialização mundial era de 25%, e 2010, quando atingiu cerca de 16%. Logo, a indústria perdeu em média pouco mais do que 0,2 ponto percentual por ano como proporção do PIB mundial nos 40 anos pesquisados. A linha pontilhada da média móvel quinquenal superposta à linha cheia indica que a queda ocorreu continuamente exceto por um curto interregno na segunda metade dos anos 1980.

---

[1]Exemplos: Rússia, Turquia, Ucrânia, Armênia, Sérvia e Montenegro.

Gráfico 5 – Grau de industrialização médio mundial e sua média móvel quinquenal, 170 países: 1970-2010 (%)

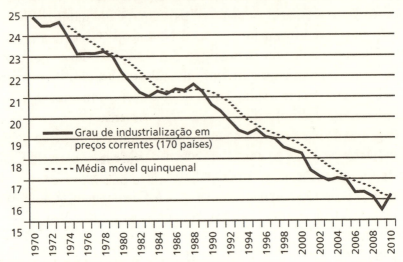

Fonte: United Nations Statistics Division, Database National Accounts Estimates of Main Aggregates; elaboração dos autores; ver texto.

4. Padrões de crescimento industrial: análise *cross section* de países

Esta seção apresenta os resultados de um exercício econométrico para descrever a variabilidade entre as economias quanto à participação da indústria no PIB.[1] O objetivo é descrever o grau de industrialização por meio de uma análise *cross section* de países a partir de variáveis representativas do seu nível de desenvolvimento, demografia, tecnologia, recursos naturais, instituições etc. A proposta parte da pesquisa de variáveis correlacionadas à participação da indústria no produto para ajudar a descrever o padrão (ou a variação no padrão) no grau de industrialização entre diferentes nações.

---

[1] Veja-se, a propósito, Regis Bonelli e Samuel Pessoa, "Desindustrialização no Brasil: fatos e versões", in: *Novos dilemas de política econômica*.

INDUSTRIALIZAÇÃO BRASILEIRA EM PERSPECTIVA

Um grande número de países foi pesquisado na busca por uma relação estatística significativa, em diversos períodos. Mas as exigências associadas ao grande número de variáveis utilizadas forçaram a que restringíssemos a análise a um grupo bem menor de países em relação aos usados na seção anterior: 88 países, quando antes tínhamos 170.

Optou-se pelo exercício de seção transversal (*cross section*) porque o uso da análise de painel não ajudaria nossa proposta de identificar covariáveis capazes de descrever a diversidade que há entre países, e sim a evolução da indústria em um dado país ao longo do tempo. O efeito fixo de um estudo de painel eliminaria exatamente o que se quer entender.

Os anos disponíveis foram agrupados em seis intervalos: 1970-1975, 1976-1981, 1982-1987, 1988-1993, 1994-2000 e 2001-2007. Para cada variável utilizou-se a média do seu valor em cada um dos períodos. Devido à grande alteração estrutural em seguida à crise internacional, optamos por considerar separadamente os anos 2008 e 2009, os últimos para os quais há dados disponíveis. A variável dependente é a participação da indústria no PIB a preços correntes, a mesma usada na apresentação da seção anterior. Aqui cabe uma curta digressão.

Apesar de na seção 2 termos utilizado para análise da dinâmica da indústria no Brasil as séries em preços constantes, não foi possível encontrar para o exercício desta seção uma boa base de dados a preços constantes que cobrisse um número grande de países. Adicionalmente, existem dificuldades de produzir séries a preços constantes comparáveis internacionalmente. Concluímos que, para exercícios com dados de seção transversal, os danos de trabalhar-se com dados a preços correntes são menores do que os com dados de séries de tempo para um único país.[1]

---

[1]Em particular, a série para o Brasil na base de dados internacionais utilizada não é idêntica às séries em preços correntes mostradas na seção 2.

O FUTURO DA INDÚSTRIA NO BRASIL: DESINDUSTRIALIZAÇÃO EM DEBATE

As seguintes variáveis explicativas foram inicialmente pesquisadas: produto per capita, produto per capita ao quadrado, população, densidade populacional, relação capital por trabalhador, produção de petróleo (em barris/dia), anos médios de escolaridade da população com 15 anos de idade ou mais, taxa de poupança, taxa de câmbio real, exportações líquidas como percentagem do PIB e produtividade total dos fatores (PTF).

Nossa pesquisa incluiu duas etapas. Na primeira consideramos somente o período pré-crise mais recente (2001-2007) e fixamos as quatro variáveis que a literatura recorrentemente considera em estudos desta natureza: produto per capita (y), produto per capita ao quadrado, população (POP) e densidade populacional (Dens-POP). Em seguida, fizemos todas as combinações possíveis com as demais variáveis em grupo de três. Não houve especificação em que mais de sete variáveis tenham sido significativas.

A regressão final foi escolhida em função de dois critérios: valor do coeficiente R^2 e robustez dos regressores. O segundo critério foi adotado porque algumas regressões com R^2 elevados incorporavam regressores que em quase todas as demais regressões não eram significativos. A especificação finalmente escolhida envolve a taxa de poupança e o câmbio real,[1] além das quatro variáveis mencionadas anteriormente – e que sempre foram significativas –, sendo que, exceto pela poupança, as demais variáveis estão em logaritmos naturais. A Tabela 1 apresenta os resultados da regressão para a variável dependente grau de industrialização no período 2001-2007.

Com exceção do câmbio real todas as demais variáveis apresentaram elevados níveis de significância. Com relação à renda per capita, a participação da indústria apresenta o tradicional comportamento parabólico. Há também evidência de retornos de escala, de sorte que economias com

---

[1] A taxa de câmbio real está definida em moeda local por dólares dos EUA em PPP. Ver o Anexo para uma descrição das variáveis e fontes de dados.

INDUSTRIALIZAÇÃO BRASILEIRA EM PERSPECTIVA

maiores populações apresentam, tudo o mais constante, maiores valores para a participação da indústria no PIB.

Tabela 1 – Resultados da regressão (2001-2007)

Variável dependente: participação da indústria
no PIB a preços correntes

	2001-2007	valores de p
ln(y)	0,305***	0,0
(ln(y))²	-0,018***	0,0
ln(POP)	0,009***	0,9
Taxa de poupança (%)	0,003***	0,2
ln(Dens – POP)	0,010**	1,5
ln(Câmbio Real)	-0,054*	6,4
Constante	-1,331***	0,0
Renda máxima indústria (US$ correntes)	4.915	
R²	0,46	
R² ajustado	0,42	
Número de observações	88	
aic	-276	
bic	-259	

Nível de significância: ***p < 1%, **p < 5%, *p < 10%. Coluna da direita: p – value em %.
Fonte: Ver texto.

Analogamente com relação à disponibilidade de recursos naturais, expressa pela densidade populacional: uma menor densidade populacional diminui o grau de industrialização. Da mesma forma, maiores taxas de poupança aumentam o peso da indústria no PIB – e o exemplo dos países asiáticos vem imediatamente à mente.

Já câmbio mais valorizado aumenta a participação da indústria no produto. Este último resultado é um tanto surpreendente, pois a intuição (ou o saber comum) indica que o câmbio desvalorizado estimula a indústria. Não parece ser este o caso após empregarmos os demais controles. Mas destaque-se que a significância estatística da variável câmbio real é bem menor do que a das demais.

A variável taxa de poupança sugere um motivo potencial para a indústria ser muito maior nos países asiáticos do que no Brasil, por exemplo. Cada 10 p.p. do PIB de poupança a mais estão associados a 3 p.p. adicionais de participação da indústria. Assim, dado que a diferença de poupança entre o Brasil e a China é de aproximadamente 35 p.p. do PIB, somente esta variável "explica" uma participação da indústria no produto de 10 p.p. do PIB além da participação observada no Brasil.

Finalmente, dado o componente parabólico, o valor máximo para a participação da indústria no produto ocorre quando o PIB per capita atinge US$ 4.915.

Consideramos nos demais períodos o mesmo conjunto de variáveis que foram significativas para o período 2001-2007, da Grande Moderação. A Tabela 2 resume os resultados para todos os períodos. Como antes, os valores na segunda parte de cada coluna são os níveis de significância p.

Dois fatos emergem da comparação dos resultados para os períodos mais antigos com os resultados para o período 2001-2007, repetidos na tabela a seguir para facilitar a comparação. Primeiro, a taxa de câmbio real e, especialmente, a taxa de poupança perdem significância à medida que caminhamos para o passado. Segundo, há uma tendência para que, com a passagem do tempo, diminua o nível da renda per capita que maximiza a participação da indústria. Isso fornece uma indicação de que a transição para a economia de serviços tem ocorrido cada vez mais cedo.[1]

Finalmente a Tabela 3 sumaria os resultados para os dois anos mais recentes para os quais há dados disponíveis, os anos de crise 2008 e 2009. Nota-se claramente que a taxa de câmbio real e, em menor medida, a

---

[1]Especialmente se levarmos em conta a inflação ocorrida no período.

Tabela 2 – Resultados da regressão do padrão normal para todos os períodos

Variável dependente: participação da indústria no PIB a preços correntes

	1970-1975		1976-1981		1982-1987		1988-1993		1994-2000		2001-2007	
$\ln(y)$	0,320***	0,1	0,303**	0,2	0,335***	0,0	0,321***	0,0	0,262***	0,0	0,305***	0,0
$(\ln(y))^2$	-0,018**	0,1	-0,017**	0,3	-0,019***	0,0	-0,018***	0,0	-0,015***	0,0	-0,018***	0,0
$\ln(POP)$	0,017***	0,0	0,018***	0,0	0,016***	0,0	0,013***	0,1	0,011***	0,2	0,009***	0,9
Taxa de poupança (%)	0,001	21,5	0,001	43,0	0,000	81,7	0,001	33,4	0,002*	7,3	0,003***	0,2
$\ln(\text{Dens-POP})$	0,010***	0,4	0,009**	1,3	0,006	13,1	0,007	10,9	0,009**	1,5	0,010**	1,5
$\ln(\text{Câmbio Real})$	-0,063***	0,3	-0,022	20,2	-0,020	32,8	-0,010	61,7	-0,029	14,1	-0,054*	6,4
Constante	-1,546***	0,0	-1,497***	0,0	-1,564***	0,0	-1,455***	0,0	-1,189***	0,0	-1,331***	0,0
Renda máxima indústria (US$ correntes)	8.519		8.955		7.708		6.634		6.003		4.915	
R^2	0,60		0,48		0,47		0,44		0,49		0,46	
R^2 ajustado	0,57		0,44		0,43		0,40		0,46		0,42	
Número de observações	88		88		88		88		88		88	
aic	-266		-250		-259		-268		-291		-276	
bic	-249		-233		-241		-251		-273		-259	

Nível de significância: ***p<1%, **p<5%, *p<10%. Colunas da direita p-values em %.
Fonte: Ver texto.

O FUTURO DA INDÚSTRIA NO BRASIL: DESINDUSTRIALIZAÇÃO EM DEBATE

poupança e a população perdem significância. No entanto, os valores dos regressores (com exceção do regressor do câmbio real) não se alteram muito com relação ao observado no período anterior (2001-2007). Assim, a baixa significância pode indicar ruído produzido pelo ciclo econômico em função de não considerarmos médias para períodos maiores.

Tabela 3 – Resultados das regressões (2008 e 2009)

Variável dependente: participação da indústria
no PIB a preços correntes

	2008		2009	
n(y)	0,297***	0,0	0,289***	0,1
$(\ln(y))^2$	–0,017***	0,0	–0,016***	0,1
ln(POP)	0,007*	7,0	0,005	10,6
Taxa de poupança (%)	0,001**	4,1	0,002	11,1
ln(Dens-POP)	0,013***	0,1	0,011***	0,9
ln(Câmbio Real)	–0,029	24,6	–0,029	32,3
Constante	–1,327***	0,0	–1,262***	0,0
Renda máxima indústria (US$ correntes)	6.974		6.634	
R^2	0,41		0,40	
R^2 ajustado	0,37		0,35	
Número de observações	88		88	
aic	–268		–273	
bic	–250		–255	

Nível de significância: ***p<1%, **p<5%, *p<10%. Colunas da direita p-values em %.

Há evidência de desindustrialização no Brasil?

Nas seções anteriores, em que investigamos a dinâmica da indústria brasileira, adotamos como conceito de desindustrialização a redução com o tempo da participação da indústria no produto medida em preços constantes. Na análise de seção transversal apresentada anteriormente, não acompanhamos a economia ao longo do tempo, mas sim a compa-

INDUSTRIALIZAÇÃO BRASILEIRA EM PERSPECTIVA

ramos com outras economias. A definição correspondente de desindustrialização é, na nossa interpretação, dada pelo resíduo da regressão no que diz respeito a um país especificamente. Nesse caso, diz-se que uma economia apresenta desindustrialização se a participação da indústria no produto for sistematicamente menor do que a norma internacional. Isto é, quando a participação da indústria no PIB for menor do que a participação esperada em função das características da economia, sendo estas definidas pelo vetor de variáveis explicativas selecionadas. O fenômeno oposto, excesso de indústria em função dos fundamentos, chamaremos de "doença soviética".

A Tabela 4 apresenta os valores observados e previstos pela regressão para um número selecionado de países no período 2001-2007 antes de mostrar a evolução do Brasil desde os anos 1970. Os dados na tabela sugerem que a desindustrialização da economia brasileira, segundo o critério do parágrafo anterior, é da ordem de 3 p.p. do PIB, mas está apenas 1% abaixo do limite inferior do intervalo de confiança. Logo, não parece excessiva. A Argentina, contrariamente, apresenta excesso de indústria da ordem de 4 p.p. do PIB, embora apenas 2% acima do limite superior do intervalo de confiança. O modelo prevê bastante bem a participação da indústria para todas as demais economias na tabela, com exceção da Tailândia, caso em que a diferença indica que se trata de um caso de doença soviética.

Finalmente, a Tabela 5 permite analisar como evoluiu a indústria brasileira ao longo do tempo em relação à "norma internacional" – isto é, tomando-se os resultados das regressões em cada período como referência. Como ilustrado na tabela, há evidência de graus de industrialização bastante superiores à norma internacional nos períodos 1976-1981 e 1982-1987. Ou seja, a existência de doença soviética, diagnosticada pela participação da indústria bem maior do que o valor esperado por um conjunto de características representativas do estágio de desenvolvimento, demografia, dotação de recursos etc. Nos períodos subsequentes, o Brasil se aproximou da norma internacional. Já nos últimos períodos, o Brasil se situa abaixo do padrão normal, mas não muito.

O FUTURO DA INDÚSTRIA NO BRASIL: DESINDUSTRIALIZAÇÃO EM DEBATE

Tabela 4 – Participação da indústria no PIB
(observada e prevista pela regressão)

	2001-2007			
	Observado	Inferior	Previsto	Superior
Brasil*	0,15	0,16	0,18	0,20
Argentina**	0,21	0,14	0,17	0,19
Chile	0,16	0,15	0,17	0,19
Austrália	0,10	0,07	0,11	0,15
EUA	0,14	0,10	0,14	0,17
China	0,32	0,22	0,28	0,33
Coreia	0,24	0,20	0,22	0,24
Japão	0,21	0,19	0,21	0,24
Singapura	0,25	0,17	0,21	0,25
Tailândia**	0,34	0,17	0,20	0,23

*Abaixo do intervalo de confiança.
**Acima do intervalo de confiança.
Fonte: Ver texto.

Tabela 5 – Valores observados e previstos para a participação da indústria
no PIB na economia brasileira em períodos selecionados

Períodos	Observado	Limite inferior	Previsto	Limite superior
1970-1975	0,27	0,24	0,28	0,31
1976-1981*	0,30	0,22	0,25	0,27
1982-1987*	0,30	0,21	0,24	0,27
1988-1993	0,21	0,21	0,23	0,25
1994-2000**	0,15	0,18	0,20	0,22
2001-2007**	0,15	0,16	0,18	0,20
2008**	0,14	0,15	0,18	0,20
2009**	0,14	0,14	0,17	0,20

*Acima do intervalo de confiança.
**Abaixo do intervalo de confiança.
Fonte: Ver texto.

5. Conclusão

Este capítulo traz uma contribuição ao debate sobre a desindustrialização no Brasil através da análise de um conjunto de evidências empíricas. A primeira delas diz respeito às medições das Contas Nacionais, que podem levar a interpretações equivocadas se lidas sem levar em conta desvios provocados por mudanças metodológicas. Assim, nosso trabalho propõe inicialmente correções nas séries a preços correntes das Contas, correções essas que reduzem sobremaneira a participação da indústria no produto total. A perda de participação medida com as correções é bem menos aguda do que aparenta nos dados originais.

A forma mais correta de avaliar a existência de desindustrialização é pela medição a preços constantes. Por essa métrica, a desindustrialização no Brasil – entendida como a perda de peso da indústria no PIB a preços constantes – começou em meados da década de 1970 e continua a ocorrer até os nossos dias, tendo a indústria perdido 1 p. p. do PIB a cada cinco anos entre 1974-1976 e 2009-2011. Até quando continuará esse processo é uma questão em aberto, não abordada neste artigo.

Uma avaliação das mudanças ocorridas no interior da indústria na última década e meia revelou resultados interessantes no que diz respeito às atividades vencedoras e perdedoras nesse período. Um conjunto de atividades perdeu peso na estrutura industrial (especialmente as indústrias de vestuário e acessórios, couros e artefatos, inclusive calçados, produtos de madeira, produtos químicos, borracha, material plástico e produtos de metal exclusive máquinas e equipamentos). No extremo oposto, encontramos as indústrias de produtos farmacêuticos, máquinas e equipamentos, máquinas, aparelhos e materiais elétricos, outros equipamentos de transporte (que inclui aeronaves) e, com especial destaque pelo maior ganho percentual, a automobilística, em que todo o ganho esteve concentrado entre 2003 e 2011 (de 9% para 14% do total da indústria). Essa atividade, aliás, tem sido beneficiada por medidas de incentivo apesar de apresentar o desempenho favorável registrado pelos indicadores de produção física no médio prazo.

Quando a comparação é feita em relação ao PIB, o quadro é diferente. Nesse caso, a única atividade que conseguiu aumentar de participação foi a indústria de outros equipamentos de transporte, que inclui com destaque a fabricação de aeronaves. Todas as demais, inclusive a automobilística, que tão bom desempenho teve no período analisado, perderam peso na economia.

O passo seguinte consistiu em situar o Brasil no concerto das nações. Para isso, utilizamos uma base de dados composta de 170 países, com dados anuais de 1970 a 2010 para a variável participação percentual da indústria no PIB, e dividimos os países em seis grupos geográficos. A conclusão da análise dessa base de dados aponta que as mudanças no grau de industrialização por regiões não foram uniformes. Não há desindustrialização na Ásia por causa do desempenho da China, unicamente. Na Europa Central, a desindustrialização afeta apenas um conjunto de países. O mesmo se aplica ao Oriente Médio.

A perda de peso da indústria no PIB caracteriza mais claramente um grupo de regiões bastante heterogêneo. Ele é liderado pela OCDE e pela Europa Central, seguidos pela América Latina. Surpreendentemente, encontra-se aqui também a África. Mas este continente, em menor escala do que o Oriente Médio, também nunca chegou a ser industrializado. Mas é um tanto surpreendente concluir que nos últimos 20 anos a indústria perdeu peso quase que continuamente na média dos países africanos.

Portanto, excluída a China, todas as regiões ou atravessaram fases de perda de peso da indústria nas últimas décadas ou, na melhor das hipóteses, mantiveram a participação.

Mas como saber se nosso grau de industrialização é "normal" sem compará-lo com outros países a partir de características nacionais tais como grau de desenvolvimento, dotação de fatores, demografia, instituições etc.? O objetivo da análise dos padrões de crescimento foi o de responder a essa pergunta.

Nossa análise a partir de *cross sections* não acompanha as economias ao longo do tempo, mas sim as compara com outras economias em subperíodos determinados. A definição correspondente de existência ou não de desindustrialização é dada pelo resíduo da regressão no que diz respeito a um país especificamente. Nesse caso, diz-se que uma economia apresenta desindustrialização se a participação da indústria no produto for sistematicamente menor do que a norma internacional. Isto é, quando a participação da indústria no PIB for menor do que a esperada em função das características da economia, definidas pelo vetor de variáveis explicativas selecionadas.

Uma conclusão dos nossos resultados é que a doença soviética no Brasil – entendida como uma indústria muito acima do padrão internacional quando se levam em conta grau de desenvolvimento, população, tecnologia, dotação de recursos naturais etc. – ficou restrita a dois dos subperíodos estudados. Os exercícios econométricos confirmam a existência de uma indústria com peso muito acima do normal de meados dos anos 1970 até a segunda metade dos anos 1980. A partir daí, ela converge para o padrão normal, situando-se ligeiramente abaixo dele desde meados dos anos 1990, mas dentro de margens de confiança robustas. A convergência ocorreu no período 1988-1993. Depois dele o Brasil teria passado a padecer de uma espécie de doença holandesa – embora, dada a proximidade do limite inferior do intervalo de confiança, de uma forma muito moderada.

Apêndice

1 – Participação das atividades na produção industrial, períodos selecionados, 1995 a 2011 (%)

Atividades	Médias de participação (Biênios)			Diferenças de participação		
	(1) 1995-1996	(2) 2002-2003	(3) 2010-2011	1995-1996 a 2002-2003	2002-2003 a 2010-2011	Total
Produtos alimentícios	19,28%	20,47%	17,97%	1,19%	-2,50%	-1,31%
Bebidas	3,11%	2,50%	2,90%	-0,61%	0,40%	-0,21%
Fumo	0,03%	0,02%	0,01%	-0,02%	0,00%	-0,02%
Têxteis	2,95%	2,35%	1,81%	-0,61%	-0,53%	-1,14%
Vestuário e acessórios	3,41%	2,75%	1,93%	-0,66%	-0,82%	-1,48%
Couros e artefatos, calçados	3,38%	2,33%	1,41%	-1,05%	-0,92%	-1,98%
Produtos de madeira	1,53%	1,62%	1,03%	0,09%	-0,58%	-0,49%
Celulose, papel e produtos de papel	2,58%	2,97%	3,00%	0,40%	0,03%	0,42%
Impressão e reprodução de gravações	0,00%	0,89%	0,80%	–	-0,09%	–
Refino de petróleo e álcool	8,38%	8,69%	7,36%	0,31%	-1,33%	-1,02%
Produtos químicos	10,75%	10,57%	9,57%	-0,17%	-1,00%	-1,17%
Produtos farmacêuicos	1,44%	1,60%	1,86%	0,17%	0,25%	0,42%
Prod. limpeza, cosméticos, perf., higiene pessoal	1,28%	1,49%	1,47%	0,20%	-0,02%	0,18%
Borracha e material plástico	4,91%	4,43%	4,07%	-0,48%	-0,36%	-0,84%
Produtos de minerais não metálicos	3,43%	3,32%	3,41%	-0,11%	0,09%	-0,02%
Metalurgia	7,37%	8,25%	7,39%	0,88%	-0,86%	0,02%
Prod. metal, exc. máquinas e equipamentos	4,97%	4,68%	4,46%	-0,29%	-0,22%	-0,51%
Máquinas e equipamentos	3,93%	4,47%	5,41%	0,54%	0,94%	1,48%
Máquinas, aparelhos e materiais elétricos	2,39%	3,08%	3,09%	0,69%	0,01%	0,70%
Veículos automotores, carrocerias etc.	9,78%	9,11%	14,02%	-0,66%	4,91%	4,25%
Outros equip. transporte, exc. automotores	0,47%	1,08%	1,81%	0,61%	0,73%	1,33%
Móveis	1,46%	1,31%	1,30%	-0,16%	0,00%	-0,16%
Produtos diversos	0,00%	0,89%	0,83%	–	-0,06%	-0,25%

Fontes: IBGE, PIA 2009 e PIM-PF, 1995 a 2011, elaboração dos autores.

INDUSTRIALIZAÇÃO BRASILEIRA EM PERSPECTIVA

2 – Composição dos grupos de países (170 países)

OCDE (24)	África (52)	África (cont.)	Oriente Médio (12)
Alemanha	África do Sul	Ruanda	Arábia Saudita
Austrália	Angola	São Tomé e Príncipe	Bahrein
Áustria	Argélia	Senegal	Catar
Bélgica	Benin	Serra Leoa	Emirados Árabes Unidos
Canadá	Botswana	Seychelles	Irã
Coreia do Sul	Burkina Faso	Somália	Iraque
Dinamarca	Burundi	Suazilândia	Jordânia
Espanha	Cabo Verde	Sudão	Kuwait
Estados Unidos	Camarões	Tanzânia	Líbano
Finlândia	Chade	Togo	Omã
França	Comores	Tunísia	Iêmen
Irlanda	Congo	Uganda	Síria
Islândia	Costa do Marfim	Zâmbia	
Israel	Djibuti	Zimbábue	
Itália	Egito		
Japão	Gabão		
Luxemburgo	Gâmbia		
Holanda	Gana		
Noruega	Giné		
Nova Zelândia	Guiné-Bissau		
Portugal	Guiné Equatorial		
Reino Unido	Lesoto		
Suécia	Líbano		
Suíça	Libéria		
	Líbia		
	Madagascar		
	Malawi		
	Mali		
	Maurício		
	Mauritânia		
	Marrocos		
	Moçambique		
	Namíbia		
	Níger		
	Nigéria		
	Quênia		
	República Centro-Africana		
	República Democrática do Congo		

73

O FUTURO DA INDÚSTRIA NO BRASIL: DESINDUSTRIALIZAÇÃO EM DEBATE

América Latina (30)	Europa Central (30)	Ásia (22)
Antígua e Barbuda	Albânia	Afeganistão
Argentina	Armênia	Bangladesh
Belize	Azerbaijão	Butão
Bolívia	Bielorrússia	Camboja
Brasil	Bósnia e Herzegovina	China
Chile	Bulgária	Coreia do Sul
Colômbia	Cazaquistão	Fiji
Costa Rica	Chipre	Hong Kong
Cuba	Eslováquia	Índia
Dominica	Eslovênia	Indonésia
El Salvador	Estônia	Laos
Equador	Geórgia	Macau
Granada	Grécia	Malásia
Guatemala	Hungria	Maldivas
Guiana	Letônia	Mongólia
Haiti	Lituânia	Nepal
Honduras	Macedônia	Paquistão
Jamaica	Moldávia	Singapura
México	Montenegro	Sri Lanka
Nicarágua	Polônia	Tailândia
Panamá	República Checa	Tonga
Paraguai	Romênia	Vietnã
Peru	Rússia	
República Dominicana	Sérvia	
Santa Lúcia	Tajiquistão	
São Cristóvão e Neves	Turcomenistão	
São Vicente e Granadinas	Turquia	
Suriname	Ucrânia	
Uruguai	Uzbequistão	
Venezuela		

3 – Fonte das variáveis consideradas no estudo econométrico da seção 4

IND – Percentual da indústria de transformação no PIB. Fonte: UN Data. Site: http://data.un.org/

LNRGDPCH – PIB per capita, em ln. Fonte: Alan Heston, Robert Summers e Bettina Aten, Penn World Table Version 7.0, Center for International Comparisons of Production, Income and Prices at the University of Pennsylvania, May 2011. Disponível em: http://pwt.econ.upenn.edu/php_site/pwt_index.php

INDUSTRIALIZAÇÃO BRASILEIRA EM PERSPECTIVA

LNPOP – População, em ln. Fonte: Alan Heston, Robert Summers e Bettina Aten, Penn World Table Version 7.0, Center for International Comparisons of Production, Income and Prices at the University of Pennsylvania, May 2011. Disponível em: http://pwt.econ.upenn.edu/php_site/pwt_index.php

LNDENS_DEMO = POP/AREA

POP – População. Fonte: Alan Heston, Robert Summers e Bettina Aten, Penn World Table Version 7.0, Center for International Comparisons of Production, Income and Prices at the University of Pennsylvania, May 2011. Disponível em: http://pwt.econ.upenn.edu/php_site/pwt_index.php

AREA – Área do país (em km²). Fonte: UN Data. Disponível em: http://data.un.org/

LNPET – Produção de petróleo (em barris/dia), em ln. Fonte: BP Statistical Review (2009) e OCDE.

EDUC – Anos médios de escolaridade da população com 15 anos de idade ou mais. Fonte: Barro e Lee (2010), disponível em: http://www.barrolee.com/data/dataexp.htm, e OCDE.

$$POUP = \frac{FBKF + TC}{GDP}$$

FBKF – Formação Bruta de Capital Fixo, em US$. Fonte: UN Data. Disponível em: http://data.un.org/

TC – Transações Correntes, em US$. Fonte: International Monetary Fund. Disponível em: http://www.imf.org/external/data.htm

RER = XRAT/PPP

XRAT – Taxa de câmbio do *i*-ésimo país na data *t*, em relação ao US$. Fonte: Alan Heston, Robert Summers e Bettina Aten, Penn World Table Version 7.0, Center for International Comparisons of Production, Income and Prices at the University of Pennsylvania, May 2011. Disponível em: http://pwt.econ.upenn.edu/php_site/pwt_index.php

PPP – Paridade do poder de compra. Fonte: Alan Heston, Robert Summers e Bettina Aten, Penn World Table Version 7.0, Center for International Comparisons of Production, Income and Prices at the University of Pennsylvania, May 2011. Disponível em: http://pwt.econ.upenn.edu/php_site/pwt_index.php

EXPORT_LIQ – Exportações líquidas, como % do PIB. Fonte: International Monetary Fund. Disponível em: http://www.imf.org/external/data.htm

lnRGDPWOK – PIB por trabalhador, em ln. Fonte: Alan Heston, Robert Summers e Bettina Aten, Penn World Table Version 7.0, Center for International Comparisons of Production, Income and Prices at the University of Pennsylvania, May 2011. Disponível em: http://pwt.econ.upenn.edu/php_site/pwt_index.php

PEAPOP – Proporção da PEA na população total. Fonte: Alan Heston, Robert Summers e Bettina Aten, Penn World Table Version 7.0, Center for International Comparisons of Production, Income and Prices at the University of Pennsylvania, May 2011. Disponível em: http://pwt.econ.upenn.edu/php_site/pwt_index.php

LNKL – Relação capital por trabalhador, em ln. Cálculo próprio a partir dos dados de investimento da base de dados Penn World Table. Fonte: Alan Heston, Robert Summers e Bettina Aten, Penn World Table Version 7.0, Center for International Comparisons of Production, Income and Prices at the University of Pennsylvania, May 2011. Disponível em: http://pwt.econ.upenn.edu/php_site/pwt_index.php

PTF – Cálculo próprio sob a hipótese de função de produção Cobb-Douglas, empregando as variáveis FATORES e produto por trabalhador RGDPWOK da Penn World Table Version 7.0.

FATORES = $(K/L)^{\alpha}H^{1-\alpha}$, em que H é o estoque de capital humano e $\alpha = 0,4$.

Estoque de capital humano = $\exp\left(\dfrac{\beta}{1-\psi}h^{1-\psi}\right)$, em que h são os anos médios de escolaridade da base de dados de Barro e Lee (2010), disponível em: http://www.barrolee.com/data/dataexp.htm, $\beta = 0,32$ e $\psi = 0,58$, como empregado em M. Bills and P. Klenow, 2000. "Does Schooling Cause Growth?", *American Economic Review*, 90(5):1160-1183.

INDUSTRIALIZAÇÃO BRASILEIRA EM PERSPECTIVA

4 – Tabela com resultados completos para o período 2001-2007

País	Observação	Limite inferior	Estimativa pontual	Limite superior
África do Sul	0,17	0,16	0,18	0,2
Alemanha	0,21	0,16	0,19	0,21
Argentina	0,21	0,14	0,17	0,19
Austrália	0,1	0,07	0,11	0,15
Áustria	0,18	0,13	0,15	0,17
Bahrein	0,12	0,15	0,18	0,21
Bangladesh	0,16	0,15	0,18	0,21
Barbados	0,08	0,06	0,1	0,14
Benin	0,08	0,09	0,11	0,12
Bolívia	0,12	0,09	0,12	0,15
Botswana	0,04	0,1	0,16	0,22
Brasil	0,15	0,16	0,18	0,2
Bulgária	0,14	0,11	0,13	0,15
Camarões	0,17	0,13	0,14	0,16
Canadá	0,15	0,09	0,12	0,16
Chile	0,16	0,15	0,17	0,19
China	0,32	0,22	0,28	0,33
Colômbia	0,14	0,15	0,17	0,19
Coreia do Sul	0,24	0,2	0,22	0,24
Costa Rica	0,2	0,12	0,14	0,16
Dinamarca	0,13	0,14	0,17	0,19
Egito	0,16	0,14	0,17	0,2
Equador	0,12	0,15	0,17	0,2
Espanha	0,15	0,15	0,17	0,19
Estados Unidos	0,14	0,1	0,14	0,17
Fiji	0,13	0,08	0,13	0,17
Filipinas	0,24	0,17	0,2	0,22
Finlândia	0,21	0,12	0,15	0,17
França	0,13	0,15	0,17	0,19
Gâmbia	0,06	0,06	0,08	0,11
Gana	0,1	0,1	0,12	0,13
Grécia	0,09	0,12	0,14	0,15
Guiana	0,07	0,06	0,1	0,14
Haiti	0,1	0,1	0,12	0,14
Holanda	0,13	0,15	0,17	0,2
Honduras	0,19	0,14	0,16	0,18
Hungria	0,19	0,13	0,15	0,17
Índia	0,15	0,18	0,22	0,26

O FUTURO DA INDÚSTRIA NO BRASIL: DESINDUSTRIALIZAÇÃO EM DEBATE

(cont.)

País	Observação	Limite inferior	Estimativa pontual	Limite superior
Indonésia	0,28	0,18	0,02	0,23
Irlanda	0,24	0,12	0,15	0,17
Islândia	0,11	0,02	0,06	0,11
Israel	0,14	0,15	0,17	0,19
Itália	0,17	0,16	0,18	0,2
Jamaica	0,08	0,13	0,15	0,18
Japão	0,21	0,19	0,21	0,24
Jordânia	0,15	0,14	0,17	0,2
Lesoto	0,19	0,12	0,17	0,21
Malásia	0,03	0,18	0,22	0,25
Malawi	0,01	0,03	0,06	0,09
Mali	0,08	0,05	0,07	0,1
Maurício	0,18	0,15	0,18	0,22
México	0,19	0,18	0,19	0,21
Moçambique	0,14	0,03	0,06	0,09
Nepal	0,08	0,1	0,13	0,16
Nicarágua	0,17	0,1	0,12	0,14
Níger	0,06	0	0,04	0,07
Noruega	0,09	0,1	0,14	0,18
Nova Zelândia	0,14	0,1	0,12	0,14
Panamá	0,08	0,12	0,15	0,18
Papua Nova Guiné	0,06	0,1	0,13	0,15
Paquistão	0,16	0,13	0,16	0,19
Paraguai	0,15	0,11	0,13	0,16
Peru	0,15	0,15	0,17	0,19
Polônia	0,16	0,15	0,17	0,19
Portugal	0,13	0,14	0,16	0,18
Quênia	0,01	0,12	0,13	0,15
Reino Unido	0,13	0,13	0,16	0,19
República Dominicana	0,22	0,14	0,16	0,18
Romênia	0,21	0,15	0,17	0,18
Ruanda	0,07	0,07	0,09	0,11
Senegal	0,14	0,11	0,14	0,16
Serra Leoa	0,02	0,02	0,05	0,08
Singapura	0,25	0,17	0,21	0,25
Sri Lanka	0,18	0,15	0,17	0,2
Suazilândia	0,31	0,11	0,14	0,18
Sudão	0,08	0,11	0,13	0,15
Suécia	0,18	0,13	0,15	0,17

INDUSTRIALIZAÇÃO BRASILEIRA EM PERSPECTIVA

(cont.)

País	Observação	Limite inferior	Estimativa pontual	Limite superior
Suíça	0,18	0,16	0,19	0,22
Tailândia	0,34	0,17	0,2	0,23
Tanzânia	0,08	0,09	0,11	0,13
Togo	0,09	0,04	0,07	0,09
Trinidad e Tobago	0,19	0,15	0,19	0,22
Tunísia	0,16	0,16	0,18	0,2
Turquia	0,18	0,17	0,19	0,21
Uganda	0,07	0,1	0,11	0,13
Uruguai	0,14	0,12	0,14	0,17
Venezuela	0,16	0,18	0,22	0,26
Zâmbia	0,1	0,09	0,1	0,12

Referências

BONELLI, R.; PESSOA, S. de A. Desindustrialização no Brasil: um resumo da evidência. Texto para Discussão n. 7, Instituto Brasileiro de Economia – IBRE/FGV, maio. Disponível em: <portalibre.fgv.br>, Centros de Economia Aplicada, 2010.

BONELLI, R.; PESSOA, S. de A. Desindustrialização no Brasil: fatos e versões. In: BACHA, E.; BOLLE, M. de (orgs.). *Novos dilemas de política econômica*: ensaios em homenagem a Dionísio Dias Carneiro. Rio de Janeiro: LTC, p. 209-226, 2011.

BONELLI, R.; PINHEIRO, A. C. Competitividade e desempenho industrial: mais que só o câmbio. *XXIV Fórum Nacional*. Rio de Janeiro, 14-17 maio, 2012.

IBGE. "Pesquisa Industrial Anual – PIA". Instituto Brasileiro de Geografia e Estatística, Rio de Janeiro, RJ, 2009. (Disponível no site www.ibge.gov.br)

IBGE. "Pesquisa Industrial Mensal – Produção Física – PIM-PF". Instituto Brasileiro de Geografia e Estatística, Rio de Janeiro, RJ, 1995 a 2011. (Disponível no site www.ibge.gov.br)

MARCONI, N.; BARBI, F. Taxa de câmbio e composição setorial da produção. In: HOLLAND, M.; NAKANO, Y. *Taxa de câmbio no Brasil*. Rio de Janeiro: Campus, 2011.

3. Política industrial brasileira: motivações e diretrizes

Luiz Schymura e Mauricio Canêdo Pinheiro

1. Introdução

O risco da desindustrialização já é tema da discussão econômica brasileira há alguns anos, mas foi apenas recentemente que o assunto passou para o primeiro plano do debate. O que parecia uma preocupação restrita a correntes mais estruturalistas tornou-se uma preocupação mais geral em 2010, isto é, no momento em que se percebeu que a indústria de transformação nacional havia efetivamente estagnado.

Há dois motivos principais pelos quais o risco da desindustrialização deve preocupar a todos, independentemente da orientação ideológica. O primeiro está relacionado ao grande custo pago pela sociedade brasileira. Desde a década de 1960, enormes volumes de subsídios públicos foram aportados e boa parte da energia gerencial do governo foi canalizada (às vezes em detrimento de outras áreas importantes, como educação) para industrializar o País numa extensão e profundidade superiores às da maioria dos países em desenvolvimento. Experiências fracassadas, como a Lei de Informática, pontuaram esse longo e penoso processo da história econômica nacional.

É inegável, porém, que o Brasil alcançou, com imenso esforço, uma posição de destaque no mapa da indústria global, com um parque diver-

O FUTURO DA INDÚSTRIA NO BRASIL: DESINDUSTRIALIZAÇÃO EM DEBATE

sificado que vai desde os produtos de consumo simples até os aviões da Embraer, passando por amplos segmentos das cadeias de insumos e de bens de capital. O risco de perder um ativo tão duramente conquistado tem de ser, evidentemente, motivo de alarme para gestores públicos e para todos os que acompanham a vida econômica do País. Embora não seja possível calcular o custo, uma "reindustrialização" de um ponto percentual de participação da indústria de transformação no PIB certamente não sairá barato, nem em termos financeiros nem em consumo de recursos humanos e gerenciais.

O segundo ponto que sugere atenção à indústria é a velocidade do processo de retração relativa do setor. Recentemente, a estagnação manufatureira ganhou contornos mais graves, acompanhados por uma trajetória da produtividade bastante ruim. O cenário de superoferta internacional de bens industriais, em função da baixa demanda dos países ricos e da superprodução asiática, intensificou-se. Além disso, o nível historicamente valorizado do real se soma à alta salarial derivada do mercado de trabalho aquecido para compor um custo unitário do trabalho que drena a competitividade da indústria.

Dentro do governo, os quadros técnicos se debruçam sobre as possíveis consequências de um processo acelerado de desindustrialização. O grande problema de mudanças bruscas na economia, no entanto, é que elas ultrapassam a capacidade dos técnicos de elaborar diagnósticos e de propor políticas públicas que possam lidar de maneira tempestiva com o fenômeno. Em outras palavras, a desindustrialização poderia ser avaliada pelo impacto que causaria à sociedade, como, por exemplo: na perda de postos de trabalho; na qualidade do emprego; no impacto no crescimento potencial da economia e nos efeitos redistributivos. Como não se está no campo das ciências exatas, porém, por mais meticulosa que venha a ser a análise desenvolvida por especialistas, suas respostas serão sempre imprecisas. Teriam normalmente utilidade restrita às situações que evoluíssem gradativamente, "na margem", para usar o jargão do meio econômico. Se a indústria recuar de forma muito rápida, a capacidade do governo de formular políticas públicas adequadas – bem fundamentadas tecnicamente – diminui. Este é, sem dúvida, um fator que aumenta a tensão das autoridades públicas diante do risco de uma desindustrialização em ritmo acelerado. Ainda não é possível dizer que este seja o caso do Brasil, mas a evolução da produção industrial desde 2010 colocou essa questão à mesa.

Todo esse debate, naturalmente, não pode fugir à pergunta básica sobre as razões de se eleger a indústria da transformação como um setor especial no âmbito da economia. De um lado, os recursos despendidos para soerguer as manufaturas no passado e a incerteza que cerca uma mudança brusca no cenário econômico recomendam que a sociedade brasileira – as autoridades públicas em particular – não seja indiferente à queda do setor manufatureiro. Por outro lado, qualquer política de apoio e incentivo envolve custos. É sempre bom entender as razões pelas quais recursos escassos serão destinados a determinados fins e não a outros. Por isso, uma vez compreendido e definido o que se quer preservar e estimular na indústria, é mais fácil desenhar políticas públicas que busquem diretamente tais objetivos, no lugar de proteção e incentivos generalizados.

Para tornar a exposição dos argumentos mais clara, o texto foi organizado em quatro seções. Uma avaliação das perdas qualitativas a que a economia pode estar sujeita devido a um processo de redução do tamanho das manufaturas é o tema da seção 2. Por sua vez, na seção 3, é feita uma análise que tipifica, em linhas gerais, as políticas industriais. Finalmente, na seção 4, são apontados os cuidados relativos ao desenvolvimento de uma política para o setor manufatureiro.

2. Riscos da desindustrialização

Destacam-se três aspectos que são, usualmente, apontados como potencialmente danosos à economia no caso de uma perda de participação do setor de manufaturas: queda na produtividade devido ao efeito composição, diminuição do dinamismo econômico em função de um menor encadeamento entre os setores e redução das externalidades locais, normalmente associadas à atividade de pesquisa e desenvolvimento (P&D).

2.1. Efeito composição

Um tema frequente no debate sobre o papel da indústria no desenvolvimento de uma nação é o chamado efeito composição: mudança no nível de produtividade de uma economia provocada pelo deslocamento de trabalhadores entre setores que apresentam diferentes índices de produtividade da mão de obra. Muitas vezes implícita no discurso desenvolvimentista brasileiro, a questão foi retomada mais recentemente por Margaret McMillan e Dani Rodrik, que analisaram o efeito composição no contexto da liberalização comercial latino-americana nos anos 1990.[1]

Ao analisar diversos episódios de abertura na América Latina, McMillan e Rodrik constatam que os desempregados do setor industrial acabam se reempregando em atividades com menor produtividade, seja em serviços ou na informalidade. Como resultado, há perda na produtividade do país como um todo, num caso típico de efeito composição. Os autores apontam que, devido à abertura comercial, o impacto desse processo foi forte nas economias latino-americanas.[2]

Quando se decompõem as variações da produtividade do trabalho entre o efeito crescimento (aumento dentro de cada setor) e o efeito composição (aumento pela mudança do peso relativo dos setores) para a América Latina, verifica-se que o efeito composição reduz em aproximadamente seis pontos percentuais o avanço da produtividade entre 1990 a 2005 (ver Gráfico 1). Como houve um salto de pouco mais do que 12% pelo efeito crescimento, a produtividade do trabalho no período teve alta de aproximadamente 6% na média da latino-americana (sem o Brasil).

No caso brasileiro, o efeito composição foi negativo em aproximadamente 4%, entre 1990 e 2005, enquanto que o efeito crescimento apresentou elevação de pouco menos de 11%. A produtividade do trabalho,

---

[1]Margaret McMillan e Dani Rodrik, "Globalization, structural change, and productivity growth", in: *NBER Working Paper*.
[2]Na abertura comercial brasileira, o deslocamento inicial de trabalhadores dispensados da indústria para os serviços e para a informalidade de fato ocorreu, como atestam diversos artigos. Ver, por exemplo, Naércio Aquino Menezes-Filho e Marc-Andreas Muendler, "Labor reallocation in response to trade reform", in: *NBER Working Paper*.

portanto, subiu cerca de 7% no período. Embora o efeito composição tenha contribuído negativamente para o crescimento da produtividade no Brasil, essa contribuição é menor do que nos demais países da América Latina.

Gráfico 1 – Decomposição do crescimento da produtividade do trabalho (1990-2005)

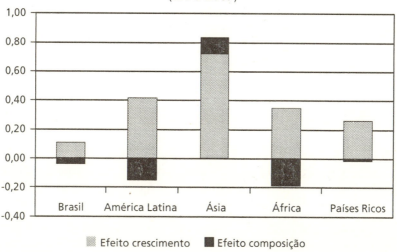

Fonte: Elaboração dos autores com dados de Margaret McMillan e Dani Rodrik, "Globalization, Structural Change, and Productivity Growth", in: *NBER Working Paper*.

Ao verificarem tais números, alguns especialistas defendem que a abertura à competição internacional seja gradativa, com políticas públicas que aliviem a transição e deem tempo para que o ajuste seja feito de forma menos traumática e prejudicial à produtividade. A ideia é que o suporte da política industrial seja removido paulatinamente, à medida que os setores afetados criem condições de competir no mercado internacional.

Não se pode esquecer, no entanto, que a abertura da economia força as empresas a serem mais produtivas, à medida que enfrentam a competição estrangeira. Assim, quando da abertura comercial, não é só o efeito composição que é sensibilizado. Na realidade, há um impulso positivo no efeito crescimento que é devido à competição internacional. Em estudo de 2003, Ferreira e Rossi sugerem que a abertura impulsionou a produtividade da economia no Brasil. Assim, o processo de abertura, de um lado, penaliza a economia do País via um efeito composição negativo; e, por outro lado, eleva o efeito crescimento por conta da pressão que as empresas sofrem para serem mais competitivas.

Dessa forma, é possível admitir que haja um efeito composição negativo quando se trata de diminuição do tamanho da indústria, isto é, há indicações de que a produtividade do trabalho cai no momento que trabalhadores saem da indústria e passam a desempenhar funções em outros setores. Entretanto, se a opção para reverter este quadro for a adoção de políticas que levem a um fechamento da economia, a "emenda pode sair pior do que o soneto". A restrição à competição internacional tende a levar as empresas nacionais a relaxarem em termos de melhoria da produtividade. Neste caso, a melhora no efeito composição pode não compensar a piora no efeito crescimento. Por isso, as medidas a serem adotadas para reverter a queda da produtividade, via efeito composição, devem passar longe do fechamento comercial do País.

2.2. Encadeamento

Um segundo grande argumento para explicar por que a indústria é especial entre os setores econômicos é a ideia de encadeamento. Trata-se de um conceito com longa vida entre os estruturalistas, como Albert Hirschman, e que basicamente enxerga nas manufaturas a virtude de demandar muitos insumos de outros setores, dinamizando desta forma a economia como um todo. Ao longo das décadas, diversas expressões foram usadas para capturar a mesma ideia, como setor estratégico, dinâmico e estruturante – esta última bastante empregada atualmente.

O caráter encadeador da indústria, portanto, justificaria o fomento ao setor. O exemplo clássico, que ainda hoje dita importantes decisões de política econômica, é o setor automobilístico, cuja atividade puxa consigo os segmentos de autopeças, aço, borracha, plásticos etc. Nos últimos anos, uma série de medidas foi tomada para incentivar o setor de veículos nos momentos ciclicamente mais débeis da economia nacional.

A densidade e a extensão da cadeia produtiva automobilística são inegáveis, mas pesquisas recentes[1] indicam que nem sempre os setores de maior encadeamento em termos da produção são aqueles com maior potencial para gerar postos de trabalho. Em termos de geração de empregos, se considerados os efeitos diretos e indiretos, os destaques ficam com comércio, agropecuária, agroindústria, calçados, madeira e mobiliário. Mas, se for feita uma ponderação pela qualidade do emprego, levando em conta escolaridade, rotatividade e salário médio, a vantagem do ponto de vista do processo encadeador se transfere para o setor de serviços.

Esses dados indicam que, apesar da relevância do caráter estruturante da indústria, o setor não se destaca de forma particularmente aguda dos demais nesse quesito. E, dentro da manufatura, não são os segmentos de maior densidade tecnológica (cujo caráter especial é o que normalmente sobressai nos argumentos de defensores de política industrial) os de maior encadeamento em termos de emprego, mas sim segmentos tradicionais que hoje não estão associados à vanguarda do desenvolvimento nos países mais avançados.

Uma questão lateral interessante é a de se investigar até que ponto o avanço relativo dos serviços sobre a parcela industrial do PIB no Brasil nos últimos anos não seria responsável por levar a economia ao nível de desemprego muito baixo de hoje. Como sabidamente o setor de serviços é altamente intensivo em trabalho, essa é uma questão que deve estar no foco de qualquer tentativa de se mexer com a composição estrutural da economia brasileira.

2.3. Encadeamento revisitado

Recentemente, o argumento do encadeamento foi retomado por Ricardo Hausmann e outros economistas[2] num plano mais sutil e elaborado

---

[1]Sheila Najberg e Solange Paiva Vieira, "Demanda setorial por trabalho: uma aplicação do modelo de geração de emprego", in: *Pesquisa e planejamento econômico*.
[2]Ricardo Hausmann, Jason Hwang e Dani Rodrik, "What you export matters", in: *Journal of Economic Growth*; Cesar A. Hidalgo, Bailey Klinger, Albert-Laszlo Barabási e Ricardo Hausmann, "The product space conditions the development of nations", in: *Science*.

Segundo a visão desses economistas, dentro do espaço de produção se observam adensamentos de setores. A metáfora dos autores é a de uma floresta, em que determinadas áreas são mais espessas, com as árvores mais próximas umas das outras.

Se os empresários forem pensados como macacos, para manter a comparação empregada pelos próprios autores, as áreas mais densas no espaço de produção são aquelas em que há mais flexibilidade e chances de diversificação. É como se os macacos pudessem pular de árvore em árvore, criando um dinamismo maior do que entre as áreas mais esparsas, nas quais cada macaco tem que ficar em sua árvore.

Os setores que compõem as áreas de adensamento no espaço produtivo estão próximos de diferentes maneiras: compartilham a mesma tecnologia, usam os mesmos insumos, beneficiam-se do mesmo tipo de *expertise* empresarial ou empregam mão de obra com capacitações semelhantes e intercambiáveis.

Essas características permitem que empresários, trabalhadores e capital financeiro migrem de forma rápida e pouco custosa entre diferentes segmentos e empresas. Uma forma simplificada e esquemática de captar o argumento é pensar que é muito mais fácil diversificar na direção da produção de automóveis se o ponto de partida é a siderurgia, quando comparada à produção de bananas para a exportação.

Quando se pensa em *sunk costs* associados ao ingresso em qualquer setor econômico (o capital investido, as habilitações adquiridas, o ativo imobilizado nem sempre reciclável), a capacidade de capital, trabalho e iniciativa empresarial de "pular de árvore em árvore" no espaço econômico é evidentemente proveitosa para a eficiência econômica.

A flexibilidade proporcionada pelo adensamento produtivo funciona tanto como um seguro, permitindo que a economia rapidamente se adapte a mudanças domésticas e globais na demanda, além de evitar o desperdício de recursos econômicos aprisionados na "árvore" errada. Num passo adiante, os teorizadores dessa vertente mais sofisticada da ideia do encadeamento postulam que os setores mais densos do espaço produtivo são justamente as áreas de ponta tecnológicas, ainda dominadas pelo mundo avançado tradicional e pelos poucos países da "periferia" que lá conseguiram ingressar, como os tigres asiáticos.

Há, portanto, uma série de externalidades positivas nas áreas mais adensadas do espaço produtivo que justificam o seu estímulo pela política pública, na visão dos autores que defendem essa visão. Mas algumas notas acautelatórias devem ser soadas nesse tema. Em primeiro lugar, há a questão perene do custo de se promoverem determinados segmentos produtivos, quando comparado ao emprego dos mesmos recursos públicos na infraestrutura e na formação de capital humano, de que o País é tão carente.

A segunda ressalva é que os setores mais sofisticados tecnologicamente, vistos como os segmentos mais densos do espaço produtivo, são justamente aqueles em que competidores dos países ricos e do Leste Asiático atuam de forma mais intensa. Retomando a metáfora da floresta, seria como se os empresários nacionais fossem incentivados a se dirigir aos locais de mata mais densa, apenas para de lá serem expulsos pelos "macacos" americanos, europeus e orientais que já ocupam as árvores disponíveis. Talvez faça mais sentido uma política pública que estimule setores econômicos não tão densos, mas em que novos entrantes consigam se estabelecer e prosperar com menos dificuldade.

2.4. P&D e economias de aglomeração

Talvez o argumento mais robusto em favor da política industrial, e que fez parte do suporte intelectual às iniciativas do governo Obama neste plano,[1] é o de que determinados setores exibem externalidades locais, normalmente associadas à atividade de pesquisa e desenvolvimento (P&D). Essa "economia do conhecimento", cujo exemplo mais emblemático é o Vale do Silício na Califórnia, é caracterizada pelo extraordinário dinamismo em termos de inovação e tecnologia, com transbordamen-

---

[1]Ver Gene Sperling, *Remarks before the conference on the renaissance of American manufacturing.*

tos que escapam à apropriação individual pelas empresas. Como tal, configura-se um caso típico em que o estímulo da política pública se justifica em termos de eficiência econômica.

As externalidades de P&D em economias de aglomeração são um dos poucos pontos consensuais no debate entre ortodoxos e heterodoxos sobre política industrial. É um argumento válido, com copiosas evidências empíricas. Na hora de se pensar políticas públicas para abordar o problema, porém, o embate de diferentes enfoques é retomado.

Um aspecto enfatizado por economistas mais convencionais é que, se o aspecto positivo das economias de aglomeração está em P&D, faz mais sentido incentivar diretamente a inovação e a tecnologia, em lugar de estimular os setores a elas mais intensamente direcionados.

Além disso, a literatura econômica sugere que um dos principais motores da inovação é a pressão competitiva dos rivais.[1] Assim, a proteção excessiva e por tempo ilimitado tende a reduzir os ganhos com transbordamentos de conhecimento, à medida que reduz os incentivos para investimento em P&D. Experiências fracassadas do Brasil, como a Lei de Informática, sugerem atenção redobrada para que o País não volte a incorrer em tais erros.

3. Tipos de política industrial

Quando se pensa nas políticas públicas mais adequadas ao Brasil para se enfrentar as dificuldades da indústria, toda a contribuição da literatura econômica sobre efeito composição, encadeamentos e economias de aglomeração – resumidamente exposta acima – deve ser levada em consideração. É importante também usar as distinções entre diferentes tipos de política industrial para organizar o debate.

Assim, as iniciativas de política industrial podem ser categorizadas em dois eixos. O primeiro separa as políticas horizontais, que abrangem a

---

[1]Ver, por exemplo, Philippe Aghion e Rachel Griffith, *Competition and growth*.

economia como um todo, ou amplas partes dela, das verticais, voltadas a cadeias produtivas e setores específicos. É possível pensar também numa dicotomia entre a provisão de bens públicos e as intervenções no mercado (ver Quadro 1).

Quadro 1 – Classificação das políticas públicas

Transversabilidade

	Horizontal	Vertical
Provisões de bens públicos		Política industrial leve
Intervenções no mercado	Política industrial leve	Política industrial pesada

Tipo de Política

Fonte: Adaptado de Ernesto Stein, *Productive development policies in Latin America*.

No caso de ações que proveem bens públicos de forma horizontal, não se pode nem dizer que sejam políticas industriais propriamente ditas. Estão nesta categoria a defesa de direitos de propriedade e os investimentos em educação básica.

Políticas industriais leves podem combinar provisão de bens públicos com ações verticais ou movimentos horizontais com intervenções no mercado. Um exemplo da primeira categoria seria o esforço para desenvolver universidades de engenharia, com a eleição de uma área específica para concentrar o financiamento de bens públicos. E uma ação do segundo tipo seriam os subsídios para P&D e treinamento de mão de obra, ações horizontais, mas que exigem intervenção no funcionamento do mercado.

E há, finalmente, a categoria da política industrial pesada, na qual se coadunam tanto a política vertical quanto a interferência no mercado. Alguns exemplos são as estratégias de proteção a certos setores da competição internacional, ou as políticas de requisito de conteúdo local.

No caso brasileiro, é importante que políticas verticais, embora possam fazer sentido em determinados contextos, não sejam utilizadas como substitutas de políticas horizontais. Se a mão de obra de um determinado setor carece de qualificação, não faz sentido estabelecer uma política de conteúdo local para protegê-lo da competição internacional. É evidente que uma linha de ação desse tipo apenas adia a solução do problema e, ao fazê-lo, permite que se agrave. Como regra geral, se há entraves generalizados de competitividade, é melhor reagir com políticas horizontais que perpassem todos os setores ou uma ampla gama deles.

Outra classificação interessante para as políticas industriais foi proposta por Rodrik, para quem as iniciativas nessa área podem ser divididas nas de grande escala (*in the large*) e nas parcimoniosas (*in the small*).[1] No primeiro caso, trata-se de grandes apostas e saltos, de se criar setores inteiramente novos na economia, ou de programas para recuperação maciça da atividade industrial depois de fortes quedas. Já a via parcimoniosa visa mais preservar o que já se conquistou e fazer apostas mais modestas na diversificação ou na expansão do tecido industrial para segmentos correlatos aos já existentes.

Se a ideia é realizar uma política industrial parcimoniosa (*in the small*) para deter a eventual desindustrialização, manter o terreno conquistado e promover a diversificação, a melhor opção é remover obstáculos que impeçam o desenvolvimento de determinados setores, em lugar de protegê-los. Assim, a prioridade deveria ser dada a iniciativas que destravem o crescimento da produtividade, e não a ações voltadas a compensar a falta de competitividade. No topo da agenda de uma política industrial parcimoniosa deveriam estar: a promoção da qualificação do capital humano, o investimento em infraestrutura, a melhora do ambiente de negócios e a redução da complexidade tributária e da incerteza regulatória.

Em termos de política industrial em larga escala (*in the large*), da promoção de grandes saltos em setores inteiramente novos, a literatura econô-

---

[1] Ricardo Hausmann, Dani Rodrik e Charles Sabel, *Reconfiguring industrial policy.*

mica e a experiência histórica – sobretudo na América Latina – sugerem que é preciso limitar o foco, ter regras simples e relativamente severas e caminhar com cuidado. São iniciativas que devem ter prazo determinado para acabar, além de regras e contrapartidas duras para os beneficiados.

Ao fim de um prazo predeterminado na partida, o esquema de promoção e proteção (como barreiras à importação e políticas de conteúdo nacional) deve ser removido, e o setor ou empresa em questão deve provar que é capaz de sobreviver competitivamente sem os anteparos desfrutados durante um período necessariamente não muito longo de transição.

4. Recomendações e considerações finais

Os problemas da indústria são reais, e os riscos de ignorá-los são grandes demais para que o governo se abstenha olimpicamente de intervir. Assim, é impossível e desaconselhável fechar os olhos ao perigo de grandes perdas num parque industrial tão dura e onerosamente constituído.

No entanto, iniciativas de política industrial em grande escala não podem abarcar um grande número de setores simultaneamente. É preciso fazer escolhas, porque um leque muito amplo e generalizado de apostas é uma contradição: se tudo é estratégico, nada é estratégico.

Um ponto a se destacar é o de que, por mais que a indústria seja considerada especial, sempre haverá segmentos que desaparecerão, porque o custo de mantê-los é mais alto do que os benefícios por eles gerados. Uma política pública para a indústria tem de estar preparada para conviver com algumas perdas de tecido industrial. Diante da feroz competição chinesa, por exemplo, os gestores econômicos devem ter a argúcia do enxadrista, que sabe que certas vezes é preciso sacrificar algumas peças para ganhar o jogo.

É preciso agir, mas com a cautela e a habilidade recomendadas pela complexidade do tema que neste capítulo se procurou expor. Um aspecto fundamental é que o Estado brasileiro ainda é carente de estruturas e quadros burocráticos amplos e eficientes que deem conta de elaborar, executar e – principalmente – monitorar uma política industrial mais ambiciosa.

O FUTURO DA INDÚSTRIA NO BRASIL: DESINDUSTRIALIZAÇÃO EM DEBATE

Muito se fala de metas, prazos e limites dos estímulos à indústria no Leste Asiático, em países como a Coreia do Sul, mas às vezes se esquece de que, mais do que estabelecer o norte, o verdadeiro desafio é acompanhar seu cumprimento. Isso, sem dúvida, é condição fundamental para o êxito de qualquer política industrial no País. Neste sentido, é premente a evolução institucional do Estado brasileiro para que esteja capacitado a acompanhar e a cobrar desempenho das empresas beneficiadas por políticas públicas.

Referências

AGHION, Philippe; GRIFFITH, Rachel. *Competition and growth*. Reconciling theory and evidence. Cambridge, Londres: MIT Press, 2005.

FERREIRA, Pedro Cavalcanti; ROSSI, José Luiz. New evidence from Brazil on trade liberalization and productivity growth. *International Economic Review*, v. 44, p. 1383-1407, 2003.

HAUSMANN, Ricardo; HWANG, Jason; RODRIK, Dani. What you export matters. *Journal of Economic Growth*, v. 12, p. 1-25, 2007.

HAUSMANN, Ricardo; RODRIK, Dani; SABEL, Charles F. *Reconfiguring industrial policy: a framework with an application to South Africa*, 2007. Disponível em: http://www.hks.harvard.edu/fs/drodrik/Research%20papers/Reconfiguring%20 Industrial%20Policy%20August%2031%20final.pdf.

HIDALGO, Cesar A.; KLINGER, Bailey; BARABÁSI, Albert-Laszlo; HAUSMANN, Ricardo. The product space conditions the development of nations. *Science*, v. 317, p. 482-487, 2007.

MCMILLAN, Margaret; RODRIK, Dani. Globalization, structural change, and productivity growth. *NBER Working Paper*, 17143, 2011.

MENEZES-FILHO, Naércio Aquino; MUENDLER, Marc-Andreas. Labor reallocation in response to trade reform. *NBER Working Paper*, 17372, 2011.

NAJBERG, Sheila; VIEIRA, Solange Paiva. Demanda setorial por trabalho: uma aplicação do modelo de geração de emprego. *Pesquisa e planejamento econômico*, v. 27, p. 113-140, 1997.

SPERLING, Gene. *Remarks before the conference on the renaissance of American manufacturing*. 27 mar. 2012. Disponível em: http://www.whitehouse.gov

STEIN, Ernesto. *Productive development policies in Latin America*. Apresentação no seminário "What is 'open economy industrial policy?' and how do we do it?". Washington, 7 abr. 2011.

II. Macroeconomia da desindustrialização recente

4. Bonança externa e desindustrialização: uma análise do período 2005-2011

Edmar Bacha

1. Introdução[1]

O propósito deste capítulo é ressaltar a importância de variáveis reais de origem externa – a alta dos preços das *commodities* e a entrada de capitais estrangeiros – na explicação da desindustrialização recente do País. Políticas econômicas domésticas relacionadas à taxa de câmbio, à taxa de juros e ao volume de crédito têm, nessa explicação, um papel coadjuvante.

A partir de 2005, certamente até 2011, o Brasil foi contemplado com uma significativa entrada de capitais estrangeiros e um grande aumento dos preços de suas exportações. Essa bonança externa permitiu aos brasileiros gastar nesse período muito além do PIB gerado no País. Nossas estimativas indicam que, entre 2005 e 2011, a bonança externa permitiu

---

[1]Agradeço os comentários de André Lara Resende e Francisco Lopes a uma versão anterior. Agradeço, também, por discussões sobre o tema, a Affonso Celso Pastore, Armando Castelar Pinheiro, Monica Baumgarten de Bolle, Regis Bonelli, Samuel Pessoa e demais participantes de dois seminários sobre desindustrialização na Casa das Garças, em 15 de maio de 2012 e 29 de junho de 2012. Agradeço, finalmente, a assistência de pesquisa de Elson Aguiar Teles e Gustavo Porto Florido.

O FUTURO DA INDÚSTRIA NO BRASIL: DESINDUSTRIALIZAÇÃO EM DEBATE

que o gasto interno crescesse entre 9 e 10 pontos de percentagem a mais do que o PIB em preços constantes. Enquanto o PIB cresceu 4,2% ao ano, o gasto interno cresceu 5,7% ao ano nesse período. Esse excesso do gasto sobre o PIB esteve associado em partes aproximadamente iguais à melhoria das relações de troca e à entrada líquida de recursos financeiros externos.

Quando a economia está operando próxima do pleno emprego, como aparenta ser o caso do Brasil nesse período, uma consequência natural da bonança externa é uma tendência à desindustrialização – definida como a queda da participação da indústria de transformação no PIB em preços constantes. Entre 2005 e 2011, a participação da indústria de transformação no PIB (a custo de fatores) em preços de 2005 caiu de 18,1% para 16%. Um modelo macroeconômico simples ilustra por que esse fenômeno ocorre. A bonança externa gera uma expansão do gasto doméstico, tanto sobre bens comerciáveis (bens exportáveis e bens importáveis) como sobre bens domésticos (notadamente serviços que não entram no comércio exterior). A maior demanda por bens comerciáveis faz com que o País exporte menos e importe mais, reduzindo o superávit comercial com o exterior (em preços constantes). A maior demanda por bens domésticos, que não podem ser importados, eleva os preços desses bens, cujos produtores passam a demandar mais mão de obra para satisfazer a demanda acrescida. A elevação consequente dos salários reduz a rentabilidade da produção de bens comerciáveis, cuja oferta, então, se contrai. Ou seja, a produção de bens comerciáveis diminui para abrir espaço para a maior produção de bens domésticos, em condições de pleno emprego da mão de obra. Identificando a indústria como o setor relevante de bens comerciáveis (pois a agricultura, a mineração e o setor de gás e óleo foram beneficiados por preços externos mais elevados), tal é a explicação para o fenômeno da desindustrialização provocada por uma bonança externa.

A próxima seção apresenta dois esquemas contábeis alternativos para estimar o valor e a decomposição da bonança externa. As fórmulas resultantes são aplicadas aos dados das Contas Nacionais Trimestrais, no período entre 2005 e 2011.

A terceira seção desenvolve um modelo macroeconômico simples, para ilustrar analiticamente as consequências sobre a alocação interna de recursos de uma bonança externa. Exercícios numéricos com esse modelo sugerem que a desindustrialização observada no País entre 2005 e 2011 pode ser explicada pela bonança externa.

Os resultados do modelo prescindem de variações nos instrumentos da política cambial e da política monetária, pois nele a desindustrialização ocorre mantendo-se a taxa de câmbio fixa e sem expansão do crédito doméstico. Na quarta seção, comentamos sobre as diferenças entre os pressupostos do modelo e o debate sobre os determinantes da desindustrialização recente, que realçam os papéis dos juros internos, da apreciação nominal do câmbio e da expansão do crédito interno. A quinta e última seção sumaria os resultados.

2. Bonança externa entre 2005 e 2011

Nesta seção, consideramos dois esquemas contábeis alternativos para medir a bonança externa segundo as contas nacionais – o primeiro a partir das contas de absorção e renda, e o segundo a partir das contas externas – e aplicamos os resultados desses esquemas aos dados das Contas Nacionais Trimestrais entre 2005 e 2011.

2.1. Bonança externa medida a partir das contas de absorção e renda[1]

A identidade básica das contas nacionais entre produto e gasto em preços correntes assevera que:

$$P_Y Y = P_A A + P_X X - P_M M \tag{1}$$

---

[1] Para contas aparentadas às dessa subseção, veja-se Instituto Brasileiro de Economia, "Carta do IBRE" (2012).

onde:

P_Y = deflator implícito do PIB (igual a 1.0 em 2005)
Y = PIB em preços constantes de 2005
P_A = deflator implícito do gasto doméstico (igual a 1.0 em 2005)
A = gasto doméstico (soma de consumo privado + consumo governo + formação bruta de capital fixo + variação de estoques) em preços constantes de 2005
P_X = deflator implícito das exportações de bens e serviços (igual a 1.0 em 2005)
X = exportações de bens e serviços em preços constantes de 2005
P_M = deflator implícito das importações de bens e serviços (igual a 1.0 em 2005)
M = importações de bens e serviços em preços constantes de 2005

Definimos a transferência de recursos externos, F, por:

$$F = P_M M - P_X X \tag{2}$$

Introduzindo (2) em (1), e isolando o termo em A, vem:

$$P_A A = P_Y Y + F \tag{3}$$

Definimos o poder de compra do PIB em termos do gasto doméstico, P, por:

$$P = P_Y / P_A \tag{4}$$

Dividindo ambos os lados de (3) por $P_A . Y$, substituindo P_A / P_Y por P e subtraindo a unidade de ambos os lados, obtemos:

$$A/Y - 1 = (P - 1) + Z \tag{5}$$

onde: $Z = F/P_A Y$

MACROECONOMIA DA DESINDUSTRIALIZAÇÃO RECENTE

A expressão (5) diz que o excesso do gasto sobre a renda (em preços constantes) é dado pela soma de um efeito preço com as transferências externas.

O termo P, que mede o poder de compra do PIB sobre os bens que compõem o gasto doméstico, tem uma relação simples com os termos de troca entre exportações e importações. O gasto doméstico se divide entre bens domésticos e bens importados. O PIB é constituído por bens domésticos e bens exportados. Desde que a parcela do gasto total em bens domésticos seja aproximadamente igual à parcela do PIB gerado por bens domésticos, a relação $P = P_A/P_Y$ será uma função exclusivamente da relação de trocas, ou seja, da relação entre os preços das exportações e os preços das importações, P_X/P_M.[1]

Com algumas aproximações,[2] calculamos os valores na expressão (5) a partir das contas trimestrais do IBGE para o período 2005 a 2011, conforme se ilustra na Tabela 1.

Observa-se na tabela que, em 2005 (ano base para os cálculos em preços constantes), o gasto doméstico foi 3,6% menor do que o PIB em preços daquele ano, retratando transferências externas negativas daquela mesma magnitude em proporção ao PIB. A partir de então, as transferências externas vão se tornando menos negativas e ficam positivas a partir de 2009. Ao mesmo tempo, as relações de troca passam a contribuir cada vez mais fortemente para o aumento do gasto em relação ao PIB, em preços de 2005. Em 2011, o gasto doméstico excede o PIB em 5,2%,

---

[1]Em símbolos, podemos decompor P_A e P_Y da seguinte forma: $P_A = (P_H)^a(P_M)^{1-a}$ e $P_Y = (P_H)^b(P_X)^{1-b}$, onde P_H = preço dos bens domésticos, P_M = preço das importações, P_X = preço das exportações, e "a" e "b" são as parcelas dos bens domésticos no gasto e no PIB, respectivamente. Desde que $b \approx a$, então $P = P_Y/P_A \approx (P_X/P_M)^{1-a}$. Por isso, no que se segue, vamos identificar P como o efeito das relações de troca e Z como o efeito das transferências externas.

[2]A primeira aproximação é inofensiva e consiste em mudar o ano base das contas em preços constantes de 1995 para 2005. A segunda consiste em deflacionar as variações dos estoques em preços correntes pelo mesmo deflator que se aplica à soma do consumo privado mais o consumo do governo mais a formação bruta de capital fixo (pois o IBGE não divulga a variação de estoques em preços constantes). A terceira consiste em simplesmente somar os valores trimestrais em preços constantes das diversas variáveis envolvidas nos cálculos, para obter uma aproximação de seus valores anuais em preços constantes (pois o IBGE também não faz esse cálculo já que essas contas não são estritamente aditivas).

O FUTURO DA INDÚSTRIA NO BRASIL: DESINDUSTRIALIZAÇÃO EM DEBATE

valor associado a um efeito das relações de troca de 4,4% e a um efeito das transferências externas de 0,8%. Quando comparamos a situação de 2011 com aquela de 2005, constatamos uma variação do gasto que é 8,8% (= 5,2% + 3,6%) maior do que a variação do PIB no período. Esse desempenho esteve associado em partes iguais às transferências externas, que contribuíram com 4,4% (= 0,8% + 3,6%), e à melhoria das relações de troca, que também contribuiu com 4,4%.

Tabela 1 – Valor e decomposição da bonança externa, 2005-2011
(em preços de 2005)

Ano	Efeito das relações de troca	Efeito das transferências externas	Excesso do gasto sobre PIB
	$(P-1)$	(Z)	$(A/Y-1)$
2005	0,0%	–3,6%	–3,6%
2006	0,7%	–2,9%	–2,2%
2007	1,0%	–1,5%	–0,6%
2008	1,7%	–0,2%	1,5%
2009	1,8%	0,2%	2,0%
2010	3,4%	1,1%	4,4%
2011	4,4%	0,8%	5,2%

Fonte dos dados originais: Contas Nacionais Trimestrais – IBGE.

Resultado similar se obtém quando, em vez das contas de gasto e renda, usamos as contas externas para calcular o valor e a decomposição da bonança externa, o que é feito na subseção a seguir.

2.2. *Bonança externa medida a partir das contas externas*

As conclusões da subseção anterior usam o termo P como uma aproximação para as relações de troca entre exportações e importações. Esses exercícios, entretanto, podem ser replicados usando diretamente

MACROECONOMIA DA DESINDUSTRIALIZAÇÃO RECENTE

as relações de troca, desde que foquemos a atenção nas contas externas e não nas contas de gasto e renda.

Para isso, vamos escrever as contas externas, dadas em (2), colocando o *quantum* das importações (isto é, as importações em preços constantes de 2005) do lado esquerdo e suas fontes de financiamento do lado direito:

$$M = P^*x + F/P_M \tag{6}$$

onde $P^* = P_X/P_M$ é a relação de trocas entre exportações e importações.

O termo P^*x mede o poder de compra das exportações sobre as importações num dado ano e pode ser decomposto da seguinte forma:

$$P^*x = X + (P^*- 1)X \tag{7}$$

Em (7), X é o *quantum* das exportações em preços do ano base (2005) e P^*-1 mede o excesso das relações de troca do ano em causa sobre as do ano base (que são por hipótese iguais à unidade). Introduzindo (7) em (6) e dividindo os dois lados da expressão resultante por Y, vem:

$$M/Y = X/Y + (P^*- 1)X/Y + Z^* \tag{8}$$

onde: $Z^* = F/P_M Y$

O lado direito da expressão (8) decompõe o financiamento das importações como proporção do PIB, em preços constantes, em três partes: um efeito do *quantum* das exportações em preços do ano base – X/Y –, um efeito da variação do poder de compra das exportações – $(P^*-1)X/Y$ – e um efeito das transferências externas no ano em causa – Z^*.

O FUTURO DA INDÚSTRIA NO BRASIL: DESINDUSTRIALIZAÇÃO EM DEBATE

De (8), mudando X/Y do lado direito para o lado esquerdo, obtemos uma expressão equivalente à expressão (5) que decompõe o excesso do gasto sobre o PIB em preços constantes, a saber:

$$(M - X)/Y = (P^* - 1)X/Y + Z^* \tag{9}$$

A expressão (9) diz que o excesso de importações sobre exportações de um dado ano, em preços do ano base, é financiado, em parte, pelo efeito das relações de troca e, em parte, pela transferência de recursos financeiros do exterior.

No ano base, vale a identidade: $(M - X)/Y = A/Y - 1$, conforme se deriva imediatamente da relação (1), quando $P_A = P_Y = P_M = P_X = 1$. Portanto, as diferenças que ocorrem, fora do ano base, entre as expressões (5) e (9) devem-se unicamente às evoluções díspares dos distintos deflatores implícitos.

Os resultados da aplicação da fórmula (9) aos dados das contas externas das Contas Nacionais Trimestrais estão expressos na Tabela 2. Nela se vê que, em 2005, ano base para os cálculos, o excesso de importações sobre exportações foi negativo em 3,6% do PIB, valor associado a uma transferência externa negativa desse mesmo valor. A partir de então, as transferências externas vão se tornando cada vez menos negativas e ficam positivas a partir de 2009. Já as relações de troca melhoram ano a ano. Em 2011, o excesso de importações sobre exportações em preços de 2005 foi de 6,3% do PIB. Esse resultado esteve associado a uma melhoria das relações de troca equivalente a 5,1% do PIB e uma transferência externa equivalente a 1,2% do PIB.

MACROECONOMIA DA DESINDUSTRIALIZAÇÃO RECENTE

Tabela 2 – Decomposição alternativa da bonança externa,
2005-2011 (em preços de 2005)

Ano	Efeito das relações de troca $(P^* - 1)X/Y$	Efeito da transferência externa Z^*	Excesso de imp. sobre exp. em P-Const. $(M - X)/Y$
2005	0,0%	–3,6%	–3,6%
2006	1,2%	–3,3%	–2,2%
2007	1,4%	–1,9%	–0,5%
2008	1,9%	–0,2%	1,6%
2009	1,5%	0,2%	1,7%
2010	3,6%	1,7%	5,2%
2011	5,1%	1,2%	6,3%

Fonte dos dados originais: Contas Nacionais Trimestrais – IBGE.

Quando se comparam os valores de 2011 com os de 2005 na Tabela 2, constata-se que, em preços de 2005, o coeficiente de importações (M/Y) aumentou em 9,9% do PIB (= 6,3 + 3,6) a mais do que o coeficiente das exportações (X/Y). Na verdade, o coeficiente de importações, M/Y, passou de 11,5% para 20,4% do PIB entre 2005 e 2011, enquanto que o coeficiente de exportações, X/Y, caiu de 15,1% para 14,1% do PIB. Essa diferença foi financiada por um efeito positivo das relações de troca de 5,1% do PIB e por um aumento das transferências externas de 4,8% do PIB (= 1,2% + 3,6%).

Deste modo, medida a partir das contas de exportação e importação, a bonança externa entre 2011 e 2005 foi 1,1% do PIB maior do que quando medida a partir das contas de despesa e renda. Temos, portanto, um intervalo para a medida da bonança externa entre 2011 e 2005 variando entre 8,8% e 9,9% do PIB. Para esse intervalo, as relações de troca contribuíram com algo entre 4,4% e 5,1% do PIB, e as transferências externas com algo entre 4,4% e 4,8% do PIB. Num como noutro caso, a bonança externa é muito significativa e se distribui em partes mais ou menos iguais entre o efeito das relações de troca e o das transferências externas.

O FUTURO DA INDÚSTRIA NO BRASIL: DESINDUSTRIALIZAÇÃO EM DEBATE

Na próxima seção, consideramos um modelo macroeconômico simples, que permite apreciar o impacto de uma bonança externa sobre os preços relativos entre bens comerciáveis e bens domésticos e daí sobre a desindustrialização.

3. Um modelo simples

Considere uma economia com dois setores, um produtor de bens comerciáveis (*tradables*), outro produtor de bens domésticos (*non-tradables*).[1] O setor de bens comerciáveis se divide num setor de bens primários (cuja produção é inteiramente exportada) e num setor de bens industriais. O estoque de capital está dado e se distribui de forma fixa entre os três setores. Em adição ao capital, o setor primário utiliza apenas um fator de produção específico ("recursos naturais"), cujo estoque também está dado.[2] A produção industrial e a de bens domésticos – doravante denominada de "serviços", embora também abranja a construção civil – utiliza mão de obra cuja oferta total também está dada. As funções de produção exibem rendimentos decrescentes no fator trabalho. Define-se, assim, uma curva de transformação (ou curva de possibilidades de produção) entre indústria e serviços com o formato côncavo tradicional, como indicado na Figura 1, em que as quantidades produzidas de serviços estão indicadas no eixo vertical e as de bens industriais, no eixo horizontal.

Dada a oferta de trabalho, quanto mais serviços se produzem, menos produtos industriais se podem produzir. O preço relativo dos produtos industriais em relação ao dos serviços (P_I/P_S) é indicado pelo coeficiente angular da reta negativamente inclinada no gráfico. Dada a relação de preços, define-se em A o ponto de equilíbrio inicial das produções de bens industriais e de serviços.

---

[1] Preferimos usar os termos comerciáveis/domésticos, embora o Banco Central adote a terminologia transacionáveis/não transacionáveis numa tradução literal de *tradables/non-tradables*.
[2] Essa hipótese simplificadora permite que a mão de obra seja disputada apenas pelos setores industriais e de serviços. Na realidade, o setor primário utiliza cerca de 20% da força de trabalho no Brasil, mas esse valor é cadente ao longo do tempo.

Para determinar o ponto A de equilíbrio, é necessário introduzir as funções de demanda pelos dois produtos. Supomos que essas demandas sejam funções apenas do estoque real de moeda, H, corrigido pela velocidade-renda de circulação da moeda, V, e deflacionado pelo preço do produto ao qual essa demanda se refere.[1]

No mercado de serviços, vem:

- Oferta de serviços: $Y_s = Y_s(P_s/P_I)$, $Y'_s > 0$ (10)
- Demanda de serviços: $D_s = \gamma V H / P_s$ (11)
- Condição de equilíbrio: $Y_s(P_s/P_I) = \gamma V H / P_s$ (12)

Figura 1 – Bonança externa e desindustrialização (1)

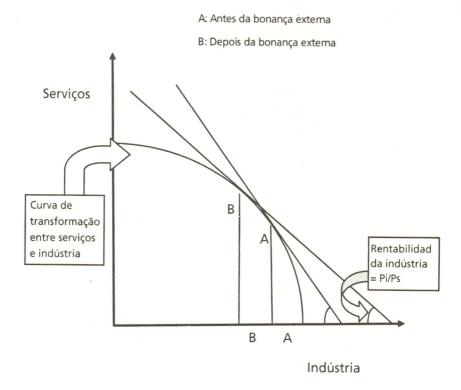

---
[1]Tomamos emprestado esse modelo de Rüdiger Dornbusch, *Open Economy Macroeconomics*, p. 127-132.

onde γ = parcela do gasto total que recai sobre os serviços e onde (')
denota a derivada de uma função em relação a seu argumento.

No mercado de bens industriais, vem:

- Oferta de bens industriais: $Y_I = Y_I(P_S/P_S)$, $Y'_I < 0$ (13)
- Demanda de bens industriais: $D_S = (1 - \gamma)VH/P_I$ (14)
- Condição de equilíbrio: $Y_I(P_S/P_I) + T = (1 - \gamma)VH/P_I$ (15)

Em (15), T expressa a oferta adicional de bens industriais propiciada pela exportação de bens primários e a transferência de recursos
do exterior. No exercício que se segue, supomos uma variação positiva em T, dada por uma melhoria das relações de troca e uma maior
transferência de recursos do exterior. Essa variação positiva de T irá
impactar a demanda interna de bens e serviços através do aumento da
quantidade de moeda que resulta da expansão das reservas internacionais por ela propiciada.

Para os exercícios de estática comparativa, supomos adicionalmente que:

$$P_I = E.P^*_I = 1 \qquad\qquad\qquad (16)$$

e

$$H = R + C \qquad\qquad\qquad (17)$$

A equação (16) diz que o preço dos bens industriais em moeda doméstica é igual ao produto da taxa de câmbio (E) pelo preço internacional
deste bem (P^*_I). Supõe-se que ambos estejam dados e, portanto, são
igualados à unidade. Consistentemente, supomos, na equação (17), que,
em adição ao crédito doméstico (C), a oferta de moeda seja determinada
endogenamente pelas reservas internacionais (R) que se acumulam na
medida em que a bonança externa, T, se expanda.[1]

---

[1] Na próxima seção, discutiremos as consequências de supor que a taxa de câmbio seja flutuante
e que não haja acumulação de reservas. O regime monetário brasileiro é um híbrido desses dois
casos, em que a flutuação é "suja" e há acúmulo de reservas internacionais.

MACROECONOMIA DA DESINDUSTRIALIZAÇÃO RECENTE

Interessa-nos avaliar as consequências de um choque positivo de bonança externa (dT > 0) sobre o preço dos serviços (dPs) e, consequentemente, sobre a oferta de bens industriais (dY$_I$). As contas são relegadas a um Apêndice. Aqui, basta apresentar uma ilustração gráfica do problema, como nas duas partes da Figura 2. Consideremos inicialmente a parte à direita da figura. No eixo vertical, indica-se o preço dos serviços, Ps. No eixo horizontal, a quantidade de moeda, H. A curva II indica o equilíbrio no mercado de bens industriais.

Figura 2 – Bonança externa e desindustrialização (2)

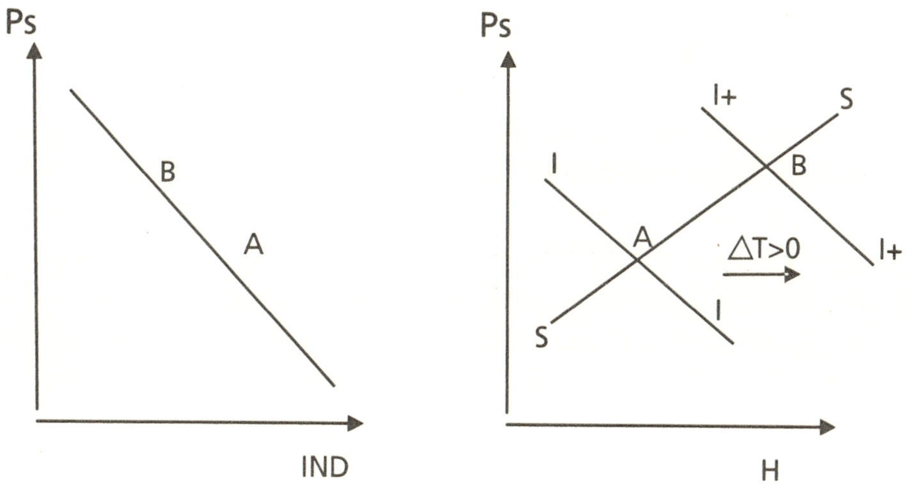

Ela é negativamente inclinada, pois, a partir de uma posição de equilíbrio, uma maior quantidade de moeda aumenta a demanda por bens industriais. Para gerar uma maior oferta de bens industriais e reequilibrar esse mercado, é preciso que o preço (relativo) dos serviços diminua. A curva SS indica o equilíbrio no mercado de serviços. Ela é positivamente inclinada, pois, a partir de uma posição de equilíbrio, uma maior oferta de moeda aumenta a demanda por serviços. Para gerar um aumento da oferta de serviços, que reequilibre esse mercado, o preço dos serviços precisa subir. Inicialmente, estabelece-se um equilíbrio nos dois mercados no ponto A.

Quando ocorre uma bonança externa (dT>0), a curva de equilíbrio no mercado de bens industriais desloca-se para a direita, para II+. Para um dado preço dos serviços, a quantidade de moeda precisa ser maior do que antes para gerar uma maior demanda por bens industriais, pois a bonança significa que a oferta de bens industriais aumentou. O novo equilíbrio dos dois mercados é no ponto B, com oferta de moeda maior e o preço dos serviços também maior do que em A.

Podemos imaginar uma dinâmica de ajustamento ao longo da curva SS, tal que, a partir do ponto A, na medida em que a bonança se manifesta, as reservas internacionais aumentam e, com elas, também aumenta a quantidade de moeda. Isso gera maior demanda interna, que causa um aumento do preço dos serviços, ao longo da curva SS. O processo continua até que se alcance o ponto B, onde a bonança externa é absorvida por um aumento da quantidade de moeda e por um aumento do preço dos serviços.

A parte à esquerda da Figura 2 indica as consequências desse processo para a produção industrial. No eixo vertical, indica-se o preço dos serviços, como no painel anterior. No eixo horizontal, indica-se a produção industrial. A reta negativamente inclinada sai diretamente da curva de transformação da Figura 1: quanto maior o preço (relativo) dos serviços, menor a produção industrial. O ponto inicial é A. Quando ocorre a bonança, o preço dos serviços sobe, e um novo equilíbrio se estabelece em B, com menor produção industrial que antes.

Nas contas apresentadas em Apêndice, desenvolvemos uma parametrização do modelo anteriormente apresentado para sugerir que uma bonança externa da magnitude que o País experimentou entre 2005 e 2011 é mais do que suficiente para provocar a desindustrialização – medida pela redução da participação da indústria de transformação no PIB em preços constantes – observada no período.

4. O modelo e o debate

O modelo da seção anterior explica a desindustrialização recente sem recorrer seja à apreciação nominal do câmbio, seja ao diferencial de juros, seja à expansão do crédito interno. Em contraste, no debate brasileiro recente tais variáveis aparecem como tendo sido centrais para provocar a desindustrialização.

Câmbio fixo vs. câmbio flutuante. Consideremos inicialmente a questão da política cambial. No modelo, o câmbio está fixo e a política monetária é passiva: a variável de ajuste são as reservas internacionais. Na realidade, entre 2005 e 2011 o câmbio nominal se apreciou quase continuamente, apesar do acúmulo de reservas, portanto, o mecanismo de ajuste à bonança externa não foi exatamente como aquele descrito no modelo. Mas trata-se de uma discrepância apenas sobre os mecanismos de ajuste, não sobre as posições finais de equilíbrio dos preços relativos.

Vale explicar essa questão em mais detalhe. No modelo, o preço dos serviços em reais, P_N, depende da oferta e da procura desses bens. Já o preço dos bens industriais em reais, P_I, é igual ao preço desses bens em dólares, P^*_I, multiplicado pela taxa nominal de câmbio entre o real e o dólar, E. Podemos definir a taxa de câmbio real (TCR) como sendo a relação entre o preço dos bens industriais e o dos serviços em reais. Essa taxa pode igualmente ser definida como a relação entre a taxa de câmbio nominal (E) e o preço dos serviços (P_N), pois: $TCR = P_I/P_N = P^*_I.E/P_N = E/P_N$ (supondo $P^*_I = 1$).

No modelo, a apreciação da TCR se dá exclusivamente por um aumento do preço dos serviços, P_N, já que o regime é de câmbio fixo. Na realidade brasileira, de flutuação suja, a TCR se apreciou em parte por um aumento em P_N e em parte por uma valorização do real em relação ao dólar (isto é, por uma redução de E). O aumento de P_N é maior no modelo do que foi na realidade, exatamente para compensar pelo fato de que, no modelo, o câmbio nominal não se valoriza. Entretanto, em equilíbrio, a TCR, que é o que importa para a alocação de recursos entre indústria e serviços, é a mesma qualquer que seja o regime cambial.

O FUTURO DA INDÚSTRIA NO BRASIL: DESINDUSTRIALIZAÇÃO EM DEBATE

Portanto, em equilíbrio, a desindustrialização que ocorre é a mesma, tanto sob câmbio fixo como sob câmbio flutuante.

A diferença relevante talvez esteja na trajetória em direção ao equilíbrio, que poderia diferir dependendo de o regime ser de câmbio fixo ou de câmbio flutuante, mas o modelo aqui apresentado é simples demais para permitir uma discussão relevante dessa importante questão.

Juros exógenos vs. juros endógenos. No modelo, as transferências financeiras externas são exógenas. São os investidores internacionais, avaliando a relação risco/retorno de investir no Brasil, que decidem sobre o volume dessas transferências. Na realidade, o Banco Central manteve os juros internos bem mais elevados do que os juros externos, para combater a inflação. E isso deve haver exercido um papel de atração de capitais externos "especulativos", especialmente porque passou a prevalecer no governo um medo de apreciar. Os especuladores internacionais tinham assim uma aposta segura: podiam entrar a descoberto no Brasil, para ganhar com a diferença de juros, porque o Banco Central, ao comprar reservas, evitava que o real se valorizasse. Essa história, que supõe a exogeneidade dos juros internos, não é capturada pelo modelo.[1]

Mas há um ponto empírico relevante. A diferença máxima entre os juros internos e os externos se dá em 2005. A partir daí, a diferença diminui continuamente.[2] Não obstante, é em 2005 que a transferência de recursos financeiros externos é mais negativa. A partir daí, ela se vai tornando cada vez menos negativa, até se tornar crescentemente positiva após 2009. Ou seja, na medida em que a diferença de juros diminui, a transferência externa aumenta. Trata-se de uma correlação negativa e não positiva, como sugeriria a história de que a diferença de juros teria sido um fator importante de atração dos capitais externos. *Prima facie,* essa correlação negativa sugere que ambas as variáveis – transferências externas e diferença de juros – estejam relacionadas a um terceiro fator

---

[1]Para uma discussão desse tema, veja-se Francisco Lafaiete Lopes, "Juros, câmbio e reservas", in: *Texto para Discussão* n. 21, e André Lara Resende, "A armadilha brasileira", in: *Texto para Discussão* n. 19.

[2]Os dados sobre juros são apresentados em Edmar Bacha, "Além da tríade: como reduzir os juros?", in: *Novos dilemas da política econômica*.

causal, por exemplo, o Risco Brasil. Quando o Risco cai, como caiu continuamente desde 2005, entra mais capital e cai a diferença de juros. Essa história poderia ser contada a partir de uma extensão do modelo apresentado, desde que se introduzam equações para a determinação dos juros.

Há, entretanto, uma qualificação importante. Ao introduzirem-se os juros no modelo seria necessário também incluir mecanismos de determinação da taxa de inflação, à qual o Banco Central estaria respondendo com sua política de juros. É possível imaginar graus variáveis de tolerância do Banco Central em relação à inflação e, portanto, níveis variáveis da taxa interna de juros, para um dado grau de Risco Brasil. Nessas circunstâncias, sob uma política monetária mais frouxa, o País poderia ter recebido um influxo menor de capitais externos; o preço a pagar seria uma inflação mais elevada. Se isso teria sido melhor ou pior para o País, é tema que foge ao âmbito do modelo e da temática desse capítulo.

Crédito doméstico vs. bonança externa. Uma terceira linha de argumentação sobre a desindustrialização recente coloca um papel central na expansão do crédito doméstico, especialmente para o consumo das famílias. Teria sido essa expansão creditícia que gerou um excesso do gasto doméstico sobre o PIB, financiado pela melhoria das relações de troca e pelo acesso ao capital estrangeiro. Há aqui duas questões em pauta. A primeira é uma reversão do mecanismo causal: é o gasto interno adicional que teria induzido maior financiamento externo e não ao contrário, como postula o modelo. A verdade possivelmente estará em algum lugar no meio do caminho, mas para onde a balança pende? Observe-se que, se a direção de causalidade fosse predominantemente do gasto, alimentado pelo crédito interno, para a necessidade de financiamento externo, o natural seria que houvesse uma queda das reservas internacionais, pois o financiamento externo adicional seria no máximo de um para um, possivelmente menor do que isso. Já se a causalidade é predominantemente do financiamento externo para o gasto interno, o natural é que haja um aumento das reservas internacionais, pois nesse caso o financiamento estaria sobrando até ser absorvido domesticamente. O grande acúmulo de reservas internacionais que o Brasil teve no período é sugestivo de que a causalidade entre financiamento externo e gasto doméstico tenha sido predominantemente do primeiro para o segundo, e não ao contrário.

Nesse contexto, o que se requereria para incluir no modelo a expansão do crédito interno que de fato ocorreu é reconhecer que a expansão da oferta de moeda (H), além de ter um componente derivado do acúmulo das reservas internacionais (R), também teve um componente derivado da expansão do crédito interno (C na equação 17). Desse modo, na prática, a acumulação de reservas (R), embora positiva, terá sido menor do que aquela calculada pelo modelo, que supõe que a expansão da moeda tenha sido integralmente explicada pelo aumento de R.

A argumentação da centralidade da expansão do crédito interno coloca uma questão adicional. Pois se argui que a trajetória recente de crescimento foi "consumista" porque induzida por uma expansão excessiva do crédito para as famílias. Essa é uma questão empírica que pode ser avaliada com a ajuda dos dados na Tabela 3.

Tabela 3 – Razões do gasto doméstico/PIB (preços constantes de 2005)

Ano	FBCF/Y	CFAM/Y	CGOV/Y	A/Y
2005	0,157	0,600	0,200	0,964
2006	0,166	0,607	0,198	0,978
2007	0,178	0,607	0,196	0,994
2008	0,193	0,610	0,192	1,015
2009	0,180	0,639	0,199	1,020
2010	0,203	0,636	0,193	1,044
2011	0,207	0,644	0,191	1,052

Fonte dos dados originais: Contas Nacionais Trimestrais – IBGE.

A tabela mostra diversos tipos de gasto doméstico em relação ao PIB (Y), em preços constantes de 2005. Na segunda coluna, está a formação bruta de capital fixo (FBCF); na terceira, o consumo das famílias (CFAM); na quarta, o consumo do governo (CGOV); e na quinta, o gasto doméstico total incluindo a variação de estoques (A).

MACROECONOMIA DA DESINDUSTRIALIZAÇÃO RECENTE

Fica patente nesta tabela que a trajetória de crescimento, pelo menos de 2005 a 2008, foi pouco consumista. O consumo do governo caiu de 20% para 19,2% do PIB, enquanto o consumo das famílias aumentou apenas de 60% para 61% do PIB, entre 2005 e 2008. Já a formação bruta de capital fixo subiu intensamente, de 15,7% para 19,3% do PIB. É verdade que o ponto de partida do investimento fixo era muito baixo, mesmo para padrões brasileiros, mas o que está em discussão não é o ponto de partida, e sim a trajetória ao longo do período.

Entre 2008 e 2011, a tese consumista ganha corpo, pois, apesar de o consumo do governo se manter constante como proporção do PIB, o consumo das famílias salta de 61% para 64,4% do PIB. Não obstante, o investimento fixo continua aumentando (exceto em 2009, por razões conhecidas) e chega a 20,7% do PIB em 2011 (em preços constantes de 2005).

Poder-se-á com razão arguir que uma maior parcela da bonança externa (por ser temporária, presumivelmente) deveria ter sido poupada no exterior ou investida no País, em vez de ser consumida, mas é difícil qualificar de consumista todo o período de 2005 a 2011, pois nele o investimento em capital fixo cresceu, em termos tanto relativos como absolutos, bem mais do que o consumo.[1]

5. Conclusões

A principal conclusão do capítulo é que a queda da participação da indústria de transformação no PIB, de 18,1% em 2005 para 16% em 2011, pode ser bem explicada como uma consequência da bonança externa de que o País desfrutou no período. A indústria padeceu do que a literatura econômica denomina de doença holandesa, estando essa "doença" associada a uma valorização da taxa de câmbio real provo-

---

[1]A parcela do item construção na formação bruta de capital fixo cai de 63% para 53% entre 2005 e 2008 e permanece constante nesse valor em 2011, segundo o Ipeadata (em preços de 2000). Desse modo, não parece ser que a construção residencial (um item de consumo, em certo sentido) explique a ampliação do investimento no período.

O FUTURO DA INDÚSTRIA NO BRASIL: DESINDUSTRIALIZAÇÃO EM DEBATE

cada pela melhoria das relações de troca e o aumento da transferência de recursos financeiros do exterior.[1]

Chega-se a essa conclusão, primeiro, por uma medição, a partir das Contas Nacionais Trimestrais, da bonança externa e de sua distribuição entre o aumento das relações de troca e a transferência de recursos financeiros do exterior. A partir de duas fórmulas de cálculo alternativas, conclui-se que a bonança externa acumulada entre 2005 e 2011 representou algo entre 8,8% e 9,9% do PIB, em preços constantes de 2005. Essa bonança permitiu que o gasto interno crescesse 5,7% ao ano, embora o PIB tenha crescido não mais do que 4,2% ao ano, nesse período. Esse excesso do gasto sobre o PIB foi permitido em partes aproximadamente iguais pela melhoria das relações de troca e a entrada líquida de recursos financeiros externos.

Usa-se em seguida uma adaptação do modelo monetário de curto prazo da economia dependente dos livros-texto, o qual distingue entre dois setores, um de bens comerciáveis (*tradables*), outro de bens domésticos (*non-tradables*). Com esse modelo, mostra-se como uma bonança externa gera naturalmente um deslocamento da mão de obra da indústria para os serviços, provocando assim uma desindustrialização, conforme medida pela participação da indústria no PIB. Exercícios numéricos com parâmetros estilizados comprovam que a magnitude da bonança externa observada teria sido mais do que suficiente para provocar, no modelo, a desindustrialização que se observa no Brasil no período.

Na obtenção desse resultado, o modelo prescinde de variáveis que constam com destaque no debate corrente sobre a desindustrialização, como a valorização do câmbio nominal, a diferença entre as taxas de juros interna e externa e a expansão do crédito doméstico. Arguímos que cada um desses fatores são variáveis importantes para entender o processo de ajustamento tal como ele de fato ocorreu entre 2005 e 2011, mas talvez menos relevantes para a determinação da posição final de equilíbrio da

---

[1] Para uma discussão sobre os prós e os contras da doença holandesa na América Latina em anos recentes, veja-se Edmar Bacha e Albert Fishlow, "Recent Commodity Price Boom and Latin American Growth: More than New Bottles for an Old Wine?", in: *The Oxford Latin America Economics Handbook*, p. 394-410.

MACROECONOMIA DA DESINDUSTRIALIZAÇÃO RECENTE

economia. Em outras palavras, o câmbio poderia ter permanecido fixo (como ocorre no modelo) e o crédito doméstico não se ter expandido (como ocorre no modelo), mas a desindustrialização teria ocorrido na mesma intensidade – dada a magnitude da bonança externa. Quanto aos juros, arguímos tratar-se de uma variável endógena adicional, cuja presença enriqueceria o modelo (no qual impera a teoria quantitativa da moeda na sua forma original), mas que poderia alterar nossas conclusões somente sob um regime monetário em que houvesse maior tolerância quanto à inflação.

Finalmente, mostramos que, no período de 2005 a 2011, ao mesmo tempo que a indústria penava, houve um significativo aumento da taxa de formação bruta de capital fixo. Portanto, não parece apropriado dizer que um excesso de consumo teria sido uma das causas dos problemas da indústria no período.

Ficam diversos temas para pesquisas futuras, todos eles envolvendo a especificação de um modelo mais completo de equilíbrio intertemporal, para a análise das questões que foram aqui apresentadas de forma esquemática num modelo estático simples. Nesse contexto, valeria especialmente a pena a avaliação de uma das hipóteses do texto, sobre a exogeneidade das transferências financeiras externas. Num modelo mais completo, os efeitos sobre as transferências externas de instrumentos de política doméstica e de decisões de agentes internos deveriam ser especificados para uma avaliação da pertinência dessa hipótese.

Apêndice

Efeito da bonança sobre o preço dos serviços e o produto industrial

Para fazer as contas, no modelo apresentado, do efeito da bonança externa sobre o preço dos serviços e o produto industrial, precisamos inicialmente notar que, em equilíbrio, ou seja, num ponto de tangência da relação de preços com a curva de transformação, vale a igualdade:

$$Y'_I = -P_S Y'_S \qquad\qquad (A1)$$

O FUTURO DA INDÚSTRIA NO BRASIL: DESINDUSTRIALIZAÇÃO EM DEBATE

Então, diferenciando totalmente as condições de equilíbrio (12) e (15) dos mercados de serviços e de bens industriais e simplificando, chegamos a:

$$dP_s = \frac{-\gamma V}{-Y_s(1+e_2-\gamma)} dB \Rightarrow \frac{dP_s}{P_s} = \frac{\gamma}{1+e_s-\gamma} \frac{dB}{P_s Y_s}$$ (A2)

onde es = $P_s Y'_s / Y_s$ é a elasticidade-preço da oferta de serviços.

Os exercícios são válidos para a comparação de duas posições (próximas uma da outra) de equilíbrio. Economistas, entretanto, resistem mal à tentação de aplicar tais exercícios de estática comparativa à evolução temporal das variáveis em causa. Não seremos exceção à regra e aplicaremos os resultados para comparar os valores observados em 2011 com os de 2005.

Na fórmula (A2), o parâmetro γ que mede a proporção do gasto interno que recai sobre bens domésticos pode, com alguma plausibilidade, ser colocado em 0,75. Mais difícil é ter uma ideia sobre a elasticidade-preço da oferta de serviços, e_s. Vamos inferir esse valor a partir da variação observada entre 2005 e 2011 dos preços dos serviços em relação aos dos bens industriais. Para isso, verificamos, em primeiro lugar, que o índice de preços por atacado da indústria de transformação (uma *proxy* para Pi) variou em 25,5% entre janeiro de 2005 e dezembro de 2011. Para os preços dos serviços (Ps), usamos como uma aproximação a média ponderada dos preços dos bens livres não transacionáveis e dos bens controlados no IPCA. A variação dos preços desse conjunto foi de 46,8% entre janeiro de 2005 e dezembro de 2011. Ou seja, a variação dos preços relativos dos serviços (Ps/Pi) foi de 17%.

O valor médio das estimativas para dB entre 2005 e 2011, na seção anterior, foi de 9,35% em termos do PIB. Em termos do valor adicionado pelos bens domésticos que estamos estimando em 75% do PIB, resulta então que $dB/P_s Y_s$ = 12,5%. Para que uma bonança dessa magnitude tivesse

118

MACROECONOMIA DA DESINDUSTRIALIZAÇÃO RECENTE

tido o efeito de aumentar o preço relativo dos serviços em 17%, é preciso, de acordo com a equação (19) (usando $\gamma = 0,75$), que a elasticidade-preço da oferta de serviços seja igual a $e_s = 0,3$. Tal valor parece plausível.

Temos, então, que estimar o impacto de tal variação de preços sobre o produto industrial. A partir da condição de equilíbrio (A1), podemos derivar a seguinte relação entre as elasticidades-preço da oferta da indústria e dos serviços:

$$e_I = - [\gamma /(1-\gamma)]e_s \qquad (A3)$$

Usando as estimativas anteriores para γ e e_s em (A3), chegamos a $e_I = -0,9$. Assim, uma variação dos preços relativos de 17% implica uma contração da indústria de 15,3%. Na realidade, entre 2005 e 2011, o valor adicionado na indústria de transformação caiu de 18,1% para 16% do PIB em preços básicos, ou seja, uma contração de 10,5%, menor, portanto, do que o valor "teórico" que estimamos.

É, entretanto, razoável que o modelo superestime a queda da indústria, pois ele supõe pleno emprego contínuo, quando sabemos que o desemprego, caiu continuamente até 2011. Dessa forma, pelo menos parcialmente, o setor de bens domésticos pôde responder ao aumento da demanda interna contratando mão de obra antes desempregada, sem prejudicar a indústria.

Referências

BACHA, E. Além da tríade: como reduzir os juros?. In: BACHA, E.; BOLLE, M. de. *Novos dilemas da política econômica:* ensaios em homenagem a Dionísio Dias Carneiro. Rio de Janeiro: LTC, 2011, p. 130-139.

BACHA, E.; FISHLOW, A. Recent commodity price boom and Latin American growth: more than new bottles for an old wine?. In: OCAMPO, J. A.; ROS, Jaime (orgs.). *The Oxford Latin America Economics Handbook*. Nova York: Oxford University Press, 2011, p. 394-410.

DORNBUSCH, R. *Open Economy Macroeconomics*. Nova York: Basic Books. 1980.

INSTITUTO BRASILEIRO DE ECONOMIA (IBRE). Carta do IBRE. Modelo não ajuda indústria, mas é possível fazer alguma coisa. *Conjuntura Econômica*, abril, 2012, p. 6-8.

LOPES, F. L. Juros, câmbio e reservas. *Texto para Discussão*, n. 21. Rio de Janeiro: Instituto de Estudos de Política Econômica/Casa das Garças, março 2012. Disponível em: http://www.iepecdg.com.br/uploads/texto/Juros,%20Cambio%20e%20 Reservas.pdf.

RESENDE, A. L. A armadilha brasileira. *Texto para Discussão*, n. 19. Rio de Janeiro: Instituto de Estudos de Política Econômica/Casa das Garças. Agosto 2011. Disponível em: http://www.iepecdg.com.br/uploads/texto/110804_ALR_armadilha.pdf

5. Por que a produção industrial não cresce desde 2010?[1]

Affonso Celso Pastore, Marcelo Gazzano e Maria Cristina Pinotti

O objetivo deste capítulo é explicar por que a produção mensal da indústria de transformação no Brasil está estagnada desde o início de 2010. Para dar uma resposta temos que pensar em uma economia com dois setores. O primeiro é o de serviços, com as características: a) de ser grande no mercado de mão de obra e ter elevada participação no PIB; e b) de ser fechado ao comércio internacional, com os preços sendo determinados pelo encontro da oferta e procura no mercado doméstico. O segundo é a indústria de transformação, que é bem menor no mercado de mão de obra e também no PIB, mas muito aberto ao mercado internacional, operando em uma situação muito próxima à de um "tomador de preços".

A reação do governo à crise de 2008 foi reduzir a taxa de juros e os superávits primários, ao lado da expansão do crédito por parte de bancos públicos, visando estimular a demanda agregada. Com isso provocou a expansão das demandas por serviços e por produtos industriais. A expansão da demanda do setor de serviços elevou a demanda de mão de obra, que foi a grande responsável pela queda acentuada da taxa de desemprego, provocando o crescimento dos salários reais, ao

---

[1]Agradecemos os comentários de Regis Bonelli, Rogério Werneck e Marcio Garcia.

qual se soma o forte crescimento do salário mínimo. Mas no caso da indústria, o aumento da demanda por produtos industriais não levou nem ao aumento da capacidade utilizada, que se manteve abaixo dos níveis mais elevados atingidos no passado, nem ao aumento do emprego ou à expansão da produção.

Uma parte desse comportamento pode ser atribuída ao contágio da crise externa, com a produção industrial brasileira sendo afetada pelo comportamento da produção industrial mundial. Contudo, o contágio externo não é capaz de explicar, sozinho, a reação da indústria. Embora a taxa real de juros tenha caído o suficiente para que, tudo o mais mantido constante, tivesse ocorrido o aumento da utilização de capacidade instalada, retirando o hiato da produção industrial do território negativo e ampliando a produção, o que ocorreu foi o contrário. A elevação dos salários, combinada com a estagnação seguida do declínio da produtividade do trabalho na indústria, levou a um aumento do custo unitário do trabalho. Este foi suficiente para anular o estímulo vindo da queda da taxa real de juros e para ampliar o hiato negativo do produto e reduzir a utilização da capacidade instalada.

Duas perguntas surgem neste ponto. A primeira é: Por que a produtividade média do trabalho na indústria entrou em declínio a partir de 2010? A resposta repousa na interação entre o contágio da desaceleração mundial e a movimentação pró-cíclica da produtividade da mão de obra, que é uma característica do processo de retenção de trabalho (labor hoarding) e que ampliou o efeito da elevação dos salários reais sobre o custo unitário do trabalho. A segunda é: Para onde foi a demanda de produtos industriais que não pôde ser atendida pelo aumento da produção? A resposta é que o excesso de demanda foi atendido pelo aumento das importações líquidas.

Com esse modelo simples, explicamos vários enigmas da economia brasileira atual. Como foi possível, por exemplo, ter ao mesmo tempo uma economia com pleno emprego (ou acima dele) no mercado de mão de obra, ao lado de uma queda na utilização de capacidade na indústria? Como foi possível a ocorrência simultânea de queda do nível de emprego na indústria com a elevação dos salários pagos pelo setor, levando ao aumento do custo unitário do trabalho?

MACROECONOMIA DA DESINDUSTRIALIZAÇÃO RECENTE

Nossa explicação para o que ocorreu não se baseia na valorização cambial. Não que ela não tivesse ocorrido. Primeiro, porque somente foi possível realizar uma expansão tão forte da absorção em relação ao produto com um crescimento moderado do déficit em contas correntes devido aos ganhos de relações de troca, e é sabido que os ganhos de relações de troca levam à valorização do câmbio real. Segundo, porque com o mercado de trabalho operando próximo de uma situação de pleno emprego, ocorreu o crescimento dos salários reais, elevando os preços dos bens domésticos (*non-tradables*) relativamente aos bens internacionais (*tradables*), ou seja, valorizando o câmbio real, que nada mais é do que o preço relativo entre bens internacionais e domésticos. Terceiro, porque após a depreciação, ocorrida em 2008, o câmbio nominal voltou a se apreciar, devido ao rápido retorno dos ingressos de capitais. A intensidade dos ingressos de capitais pode ter levado a uma apreciação do câmbio real maior do que a decorrente do crescimento da absorção, dos ganhos de relações de troca e da elevação dos salários reais, mas essa história não é a peça fundamental da nossa explicação.

Nas próximas seis seções detalhamos como tudo isso foi possível. Na primeira, mostramos que a partir da crise de 2008 o PIB da indústria começou a divergir acentuadamente do PIB total. Na segunda, buscamos explicar o enigma da existência de pleno emprego no mercado de mão de obra ao lado da estagnação da produção da indústria, atuando abaixo da plena utilização de capacidade. Na terceira, mostramos como o processo de retenção de trabalho acentuou o aumento do custo unitário do trabalho. Na quarta, mostramos evidências do vazamento para importações líquidas da demanda não atendida pela produção doméstica da indústria. Na quinta, expomos os argumentos de que a valorização cambial é parte do problema, mas está longe de ser a causa principal do comportamento da indústria. A sexta seção contém as conclusões.

1. A reação à crise de 2008

Na crise de 2008, o Brasil teve uma recessão que foi profunda, porém curta e concentrada no setor industrial. Enquanto o PIB da indústria por dois trimestres consecutivos mostrou quedas que ocorreram a taxas anualizadas superiores a 20%, a contração no setor de serviços ocorreu à taxa anualizada de 10% por apenas um trimestre. O governo reagiu à crise estimulando o crescimento da demanda. A taxa Selic caiu de 13,75% em janeiro de 2009 para 8,75% em julho, levando as taxas reais de juros de mercado para pouco acima de 4% ao ano em outubro de 2009; o crédito de bancos oficiais se expandiu a uma taxa de 12 meses que superou 30% em 2009; foram cortados impostos e ampliados os gastos públicos, reduzindo o superávit primário em 2 pontos percentuais do PIB.

Com esses estímulos, a economia saiu rapidamente da recessão e em pouco tempo a produção mensal da indústria já havia voltado ao pico prévio. Porém, superada a fase das políticas contracíclicas, o governo continuou estimulando a expansão da demanda e em 2010 colheu um crescimento do PIB de 7,5%. A maior ampliação da demanda veio da expansão do consumo. Na média dos dois anos anteriores à fase aguda da crise, em 2006 e 2007, o consumo das famílias se situava em torno de 63% do PIB, ampliando-se no período de 2009 a 2012 para 66% do PIB, como mostra o Gráfico 1. A expansão do consumo das famílias foi o que mais contribuiu para o crescimento da demanda doméstica, mas ocorreu também uma elevação da formação bruta de capital fixo, que voltou a oscilar entre 19,5% e 20% do PIB no período de 2010 a 2012, depois de encolher para 16% no auge da recessão. Por algum tempo, a indústria elevou a produção, respondendo à ampliação de demanda, mas a partir do início de 2010 não mais conseguiu crescer.

No Gráfico 2, estão superpostas a produção industrial mensal e uma *proxy* mensal do PIB estimada pelo Banco Central (o IBC-Br). Entre 2003 e 2008 essas duas séries tiveram trajetórias próximas, passando a divergir daí em diante. Há algum tempo a indústria vem perdendo par-

Gráfico 1 – Consumo/PIB e Investimentos/PIB
(a preços constantes do ano 2000)

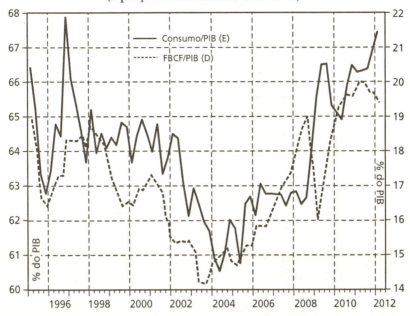

Gráfico 2 – Produção industrial e *proxy* do PIB estimada pelo BC

O FUTURO DA INDÚSTRIA NO BRASIL: DESINDUSTRIALIZAÇÃO EM DEBATE

ticipação no PIB, mas para não ficarmos apenas com o que é mostrado no Gráfico 2, procedemos a um teste de quebra de estrutura baseado nos dados das Contas Nacionais Trimestrais em termos reais.

Tabela 1 – Teste de Chow para a quebra de estrutura entre PIB total e PIB da indústria

Regressão linear do PIB da indústria sobre o PIB		
log(PIBindústria) = 1.046 + 0,769 log(PIB)		
(11.325)(40.178)		
R² = 0,962; S.E. = 0,023 Intervalo de confiança com 99%, de 0,718 a 0,819		
Teste de Chow para a quebra de estrutura		
Período	Estatística F	Probabilidade
até 2000 q1	1,781	0,190
até 2001 q1	1,418	0,250
até 2002 q1	1,023	0,366
até 2003 q1	2,073	0,135
até 2004 q1	4,547	0,014*
até 2005 q1	0,629	0,536
até 2006 q1	0,197	0,822
até 2007 q1	0,570	0,569
até 2008 q1	3,656	0,032*
até 2009 q1	12,981	0,000*

Notas: 1) Os números entre parênteses logo abaixo dos dois coeficientes da regressão indicam as respectivas estatísticas t, de Student; 2) Na parte inferior da tabela (*) indica uma quebra de estrutura.

Na parte superior da Tabela 1 está a regressão linear simples, estimada com base em uma amostra que se estende do primeiro trimestre de 1996 ao primeiro de 2012, entre o logaritmo do PIB da indústria e o logaritmo do PIB total. O coeficiente de elasticidade é de 0,769, e o intervalo de

MACROECONOMIA DA DESINDUSTRIALIZAÇÃO RECENTE

confiança de 99% exclui a unidade, o que é a consequência do fato de que o PIB da indústria veio perdendo participação. A aplicação de um teste de Chow para detectar uma quebra de estrutura, na parte inferior da tabela, mostra que não se rejeita uma quebra de estrutura em 2004, seguida de outra em 2008.[1] Após essa quebra, a indústria teve uma forte recuperação durante todo o ano de 2009 e parou de crescer do início de 2010 em diante.

2. Emprego, salários reais e o custo unitário do trabalho

Na base da estagnação da produção industrial a partir de 2010 está a elevação do custo unitário do trabalho.

O peso do setor de serviços no mercado de mão de obra é muito maior do que o da indústria. Os dados das Contas Nacionais mostram que, em 2009, a indústria contratava perto de 20 milhões de trabalhadores e o setor de serviços contratava 60 milhões, com a proporção de 1 para 3 mantendo-se ao longo dos anos, como é mostrado na Tabela 2. Se do total da indústria excluirmos o emprego na construção civil, que produz bens domésticos, os dados das Contas Nacionais mostram que em 2009 eram empregados somente 13 milhões de trabalhadores na indústria geral. Esse padrão é o mesmo encontrado em duas fontes adicionais de dados de emprego e salários cobrindo os anos mais recentes: o Cadastro Geral de Empregados e Desempregados (Caged), que cobre o Brasil como um todo, mas inclui apenas os trabalhadores formais; e o IBGE, que cobre apenas seis regiões metropolitanas, incluindo trabalhadores formais e não formais. No Apêndice, são expostos esses dados.

---

[1] Na Tabela 1, mostramos apenas os testes para o primeiro trimestre. A quebra em 2008 vai se acentuando com o passar dos trimestres, com o p-valor chegando a zero em 2009 e mantendo-se nesse nível daí em diante. Um procedimento adicional para aferir a intensidade da quebra é observando a soma cumulativa de quadrados dos resíduos recursivos. Não apresentamos esse gráfico no texto, mas ele mostra um acentuado desvio para fora do intervalo de dois desvios padrão a partir do primeiro trimestre de 2008. Esse comportamento não ocorreu na quebra de 2004.

O FUTURO DA INDÚSTRIA NO BRASIL: DESINDUSTRIALIZAÇÃO EM DEBATE

Tabela 2 – Pessoal empregado (em milhões de trabalhadores)

Ano	Indústria	Serviços
2000	15,4	46,0
2001	15,3	47,3
2002	15,9	49,4
2003	16,0	50,4
2004	17,1	52,3
2005	18,2	53,7
2006	18,2	56,6
2007	19,0	58,1
2008	20,1	59,0
2009	19,8	60,2

Fonte: Contas.

Depois de um crescimento durante a crise de 2008, que é pequeno em proporção à profundidade da recessão, a taxa de desemprego (de acordo com o IBGE) desabou em 2010 e caiu abaixo de 6% em 2011, situando-se em torno de 6% quando corrigida pelas variações na taxa de participação,[1] como é mostrado no Gráfico 3. Em 2012, a taxa de desemprego estimada com base em uma taxa de participação constante caiu ainda mais. Os dados do IBGE mostram, também, que os salários reais médios vêm crescendo. Desemprego baixo e cadente, ao lado de salários reais crescentes, é indicativo de uma economia próxima (ou talvez acima) do nível de pleno emprego.

Contrariamente à afirmação frequente de que é a indústria que paga os salários mais elevados, os dados das Contas Nacionais mostram uma

---

[1] A taxa de desemprego pode ser expressa como $u = 1 - {}^q/_p$, onde q é a taxa de ocupação (razão entre pessoal ocupado e população em idade ativa) e p é a taxa de participação (razão entre população economicamente ativa e população em idade ativa). Fica fácil ver que movimentos na taxa de participação alteram a taxa de desemprego. Definimos taxa de desemprego com participação constante como $u = 1 - {}^q/_p$, onde p, no nosso caso, é a taxa de participação média de janeiro de 2004 até maio de 2012.

Gráfico 3 – Taxas de desemprego

clara tendência à equalização de salários, e essa tendência também é verificada nos dados do Caged. Na Tabela 3, mostramos os salários anuais médios da indústria e do setor de serviços medidos a preços correntes, com base nas Contas Nacionais. Não esperaríamos uma equalização perfeita, porque há diferentes composições nos graus de treinamento, idade, sexo e qualificação da mão de obra. Mas a proximidade dos salários médios dos dois setores indica que no agregado aquelas diferenças se diluem, havendo um grau suficientemente elevado de mobilidade da mão de obra que força na direção da equalização. Não surpreende, portanto, que um aumento na demanda de mão de obra por um setor que é o grande empregador no mercado brasileiro de trabalho produza um crescimento nos salários reais médios em outro setor, que é menor tanto na sua participação no PIB quanto no mercado de mão de obra.

O FUTURO DA INDÚSTRIA NO BRASIL: DESINDUSTRIALIZAÇÃO EM DEBATE

Tabela 3 – Salário médio anual a preços correntes (em mil R$)

Ano	Indústria	Serviços
2000	7,5	7,0
2001	8,0	7,4
2002	8,6	7,8
2003	9,6	8,6
2004	10,4	8,0
2005	11,1	9,8
2006	12,0	10,7
2007	13,2	11,8
2008	14,3	13,1
2009	15,9	14,0

Fonte: Contas Nacionais.

O resultado é a elevação contínua do salário médio real na indústria. Isso não seria um problema se a produtividade média da mão de obra na indústria estivesse crescendo a uma taxa próxima à da elevação dos salários, como ocorria entre 2004 e 2007, mantendo o custo unitário do trabalho na indústria flutuando em torno de um patamar estável. Mas, a partir do início de 2010, os dados do IBGE mostram que há uma queda gradual da produtividade média da indústria, que coincide com a paralisação da produção industrial, ocorrendo ao lado da elevação dos salários reais (Gráfico 4).

Durante a fase aguda da crise, ao final de 2008, ocorreu uma implosão da produtividade média do trabalho. A produção caiu mais do que o nível de emprego, e segundo a Pesquisa Industrial Mensal de Emprego e Salário do IBGE (Pimes) ocorreu um ajuste pequeno nas horas trabalhadas por trabalhador. O colapso temporário do crédito que se seguiu à quebra do Lehman Brothers explica por que a queda da produção e da produtividade por trabalhador foi tão intensa e tão rápida. Quem continuou trabalhando manteve os salários reais, em parte porque o setor de serviços sofreu muito pouco durante a crise, mantendo o nível

Gráfico 4 – Salários médios e produtividade média
do trabalho na indústria

de emprego e impedindo o crescimento maior da taxa de desemprego. Ao longo desse curto ciclo de queda da produção e da produtividade os salários reais não declinaram, ou declinaram muito pouco. A restauração do crédito e dos pagamentos na economia global removeu a restrição à continuidade da produção, o que, ao lado das medidas contracíclicas, empurraram a produção e a produtividade da indústria brasileira para níveis "normais" em um período muito mais curto do que nos demais países.

O comportamento do custo unitário do trabalho é visto no Gráfico 5. De fato, entre 2004 e a segunda metade de 2008, o custo unitário do trabalho oscilou em torno de um patamar estável. Por um breve momento, no auge da crise, o custo unitário do trabalho explodiu, mas isso foi devido à implosão da produtividade média da mão de obra. A rapidez da reversão da recessão logo corrigiu esse comportamento. A partir do início de 2010, o custo unitário do trabalho já se eleva fortemente, saindo de uma média de 95 em torno do início de 2010 para próximo de 105 no último mês disponível.

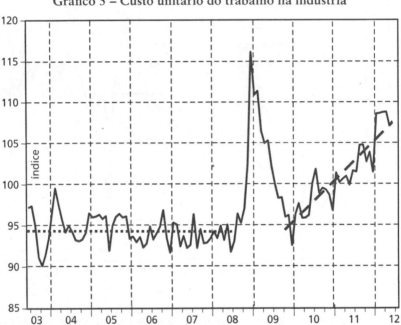

Gráfico 5 – Custo unitário do trabalho na indústria

Qual foi o efeito dessa elevação na produção industrial? Para dar uma resposta vamos trabalhar com dois modelos: um explicativo do hiato da produção industrial e outro explicativo do hiato do nível de utilização da capacidade instalada (estimado pela FGV) na indústria. Ambos são definidos como os desvios com relação ao respectivo filtro HP. Há duas variáveis independentes de natureza doméstica: a taxa real de juros de mercado (os *swaps* de 360 dias deflacionados pela taxa de inflação esperada 12 meses à frente) e o custo unitário do trabalho, além de duas variáveis *dummy* para captar movimentos exacerbados em dois meses durante o auge da queda da produção e da própria variável endógena defasada de um período para captar a dinâmica do ajuste. Incluímos, também, uma medida do hiato da

MACROECONOMIA DA DESINDUSTRIALIZAÇÃO RECENTE

produção industrial mundial para captar o contágio de ciclos externos. Os resultados estão na Tabela 4.

Tabela 4 – Modelos explicativos dos hiatos da produção e do NUCI

Variável	Variável dependente Hiato da produção industrial			Variável dependente Hiato do NUCI		
Constante	0,344 (8,204)	0,201 (5,550)	0,188 (5,378)	9,143 (8,310)	6,730 (5,947)	5,945 (5,225)
CUT	−0,329 (8,142)	−0,188 (5,322)	−0,173 (5,110)	−8.749 (8,216)	−6,361 (5,759)	−5,587 (5,029)
Juro real (−8)	−0,003 (5,511)	−0,002 (5,134)	−0,002 (5,428)	−0,065 (5,170)	−0,053 (4,627)	−0,050 (4,425)
Hiato mundial	−	−	0,271 (3,394)	−	−	8,262 (2,720)
Dummy 1	−	−0,109 (8,207)	−0.101 (7,823)	−	−2,222 (4,892)	−1,885 (4,109)
Dummy 2	−	−0,059 (4,794)	−0,046 (3,694)	−	−0,982 (2,373)	−0,630 (1,490)
endógena (−1)	0,595 (11,797)	0,692 (17,245)	0,550 (9,694)	0,797 (25,374)	0,837 (28,451)	0,737 (15,782)
R^2 S.E. F	0,829 0,016 184,594	0,903 0,012 207,043	0,912 0,011 190,806	0,918 0,450 427,088	0,936 0,403 325,537	0,940 0,392 288,146

Notas: estimativas realizadas com base em dados mensais, de janeiro de 2002 a março de 2012. Os números entre parênteses abaixo dos coeficientes são as estatísticas t de Student.

Independentemente de qual seja a variável endógena escolhida, e independentemente de incluirmos ou não as *dummies* e o hiato do resto do mundo, o custo unitário do trabalho e a taxa real de juros mostram sempre coeficientes negativos que diferem significativamente de zero, com probabilidade nula de serem obtidos ao acaso. Uma queda da taxa real de juros atua (com defasagens) elevando a utilização de capacidade e elevando a produção relativamente à sua tendência, com o aumento do custo unitário do trabalho produzindo o efeito contrário. Como a taxa real de juros caiu nos meses após a crise, a utilização de capacidade teria que ter se elevado e o hiato (negativo) da produção industrial teria que ter se reduzido, mas a elevação do custo unitário do trabalho atuou na direção contrária.

No Gráfico 6 comparamos os valores observados do hiato da produção com as projeções dinâmicas do modelo, quer incluindo quer excluindo o hiato do resto do mundo. Nas projeções dinâmicas, os valores estimados não são obtidos usando os valores observados da variável endógena em t-1, mas sim os valores estimados pelo próprio modelo. Os dados indicam que as projeções traçam muito bem a fase de estagnação ocorrida depois do início de 2010.

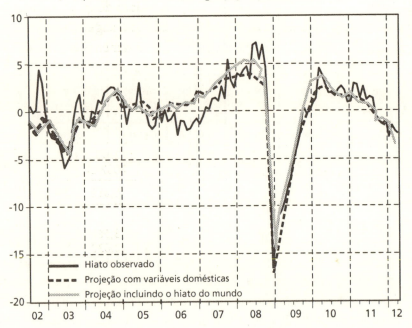

Gráfico 6 – Hiato da produção industrial
(valores observados e projeções dinâmicas)

MACROECONOMIA DA DESINDUSTRIALIZAÇÃO RECENTE

3. Retenção de trabalho e propagação de choques externos

A persistente desaceleração econômica nos Estados Unidos e na Europa, com repercussões sobre os países emergentes, é uma das forças que se transmite à produção industrial brasileira. Na Tabela 5, estão evidências adicionais sobre esse contágio, mostrando que: a) o hiato da produção industrial mundial não falha em causar o hiato da produção industrial no Brasil no sentido de Granger; b) o hiato brasileiro falha em causar o hiato mundial no sentido de Granger; e c) a correlação simples entre o hiato mundial e o hiato brasileiro cresceu depois da crise de 2008. Embora parte desse crescimento seja devido à queda ocorrida na crise, fica a sugestão de que nos últimos anos o Brasil ficou mais vulnerável a choques vindos da economia internacional. As regressões na Tabela 3 também haviam mostrado que, mesmo controlando para os efeitos da taxa real de juros e do custo unitário do trabalho, o hiato mundial tem uma contribuição significativa na explicação tanto do hiato brasileiro da produção industrial quanto do hiato do NUCI. No entanto, as projeções dinâmicas mostradas no Gráfico 6 sugeriam que os efeitos do hiato mundial seriam pequenos comparativamente aos efeitos derivados da elevação do custo unitário do trabalho.

Tabela 5 – Hiatos da produção industrial brasileira e mundial (correlações simples e teste de causalidade no sentido de Granger)

	de 1995/1 a 2007/12	de 1995/1 a 2012/03
Coeficiente de correlação simples	0,612	0,840
Hiato mundial falha em causar hiato Brasil Estatística F Probabilidade	3,561 0,030	12,759 0
Hiato Brasil falha em causar hiato mundial Estatística F Probabilidade	1,179 0,311	1,736 0,179

O FUTURO DA INDÚSTRIA NO BRASIL: DESINDUSTRIALIZAÇÃO EM DEBATE

Seria um erro, no entanto, minimizar os efeitos vindos do choque externo. Na realidade, seus efeitos são propagados pelo comportamento da produtividade da mão de obra combinados com o aumento de salários reais que vem da expansão da demanda do setor de serviços. Como isso ocorre?

Ao longo dos ciclos econômicos, existe um processo de retenção de trabalho (*labor hoarding*). Ele deriva da decisão de não despedir trabalhadores redundantes durante uma recessão, para assegurar que trabalhadores qualificados e com experiência fiquem disponíveis após a recessão. A literatura da teoria dos ciclos reais é a que mais explora esse comportamento,[1] mas ele é reconhecido por outras correntes econômicas.[2] O custo de despedir trabalhadores qualificados e treinados, tendo que buscar e treinar novamente quem os substitua na fase da recuperação, pode ser maior do que o custo de mantê-los com uma utilização abaixo da ótima na fase de queda cíclica. Na fase descendente do ciclo econômico, consequentemente, a produtividade média da mão de obra se reduz, elevando-se na fase de recuperação. Dessa forma, a produtividade média da mão de obra, medida pelo quociente entre a produção e o nível de emprego, deve apresentar um movimento pró-cíclico.

No Brasil, as evidências empíricas apontam para o movimento pró-cíclico do emprego e da produtividade, sugerindo a existência de retenção de trabalho. No período de 2001 a 2012 o coeficiente de correlação entre os hiatos da produção industrial e da produtividade média do trabalho é de 0,94 e entre o hiato da produção e o hiato do emprego de 0,63. Mas qual é a importância empírica desse comportamento? Quais são as suas consequências do ponto de vista da determinação do comportamento

---

[1] Ver, por exemplo, Graig Burnside, Martin Eichenbaum e Sergio Rebelo, "Labor Hoarding and the Business Cycle", in: *NBER Working Paper*.
[2] Julio Rotemberg e Lawrence Summers, "Inflexible prices and procyclical productivity", in: *Quarterly Journal of Economics*; Lawrence Summers, "Some skeptical observations on real business cycle theory", in: *Quarterly Review*; Yi Wen, "Labor hoarding and inventories", in: *Federal Reserve Bank of St Louis Quarterly Review*, entre outros.

MACROECONOMIA DA DESINDUSTRIALIZAÇÃO RECENTE

do custo unitário do trabalho? Finalmente, como esse comportamento interage com os choques externos, propagando-os?

Para responder à primeira dessas três indagações, estimamos um modelo VAR envolvendo duas variáveis: o hiato da produção industrial e o hiato da mão de obra ocupada na indústria, usando uma amostra de dados mensais que cobre o período de fevereiro de 2002 a maio de 2012. Os resultados estão na Tabela 6.

Tabela 6 – Modelo VAR entre os hiatos da produção e do emprego

	hiato da produção	hiato do emprego
hiato da produção (–1)	0,998 (10,273)	0,083 (5,028)
hiato da produção (–2)	–0,147 (1,486)	0,026 (1,558)
hiato do emprego (–1)	0,186 (0,326)	0,721 (7,470)
hiato do emprego (–2)	–0,389 (0,784)	0,040 (0,482)
constante	–0,0004 (0,262)	–8,62E-05 (0,324)
R^2	0,742	0,945
S.E.	0,018	0,003
F	93,979	567,170

Nota: os números entre parênteses abaixo dos coeficientes são as estatísticas t de Student.

O que mais nos interessa, nesse ponto, são duas curvas de resposta a impulsos. A primeira delas é a resposta instantânea do hiato do emprego, cujo perfil é mostrado no Gráfico 7. Um aumento no hiato da produção gera uma elevação no hiato do emprego que se acelera durante cinco meses, quando ocorre o pico da resposta, desacelerando-se em seguida, até que esse efeito praticamente morre um ano após o seu início.

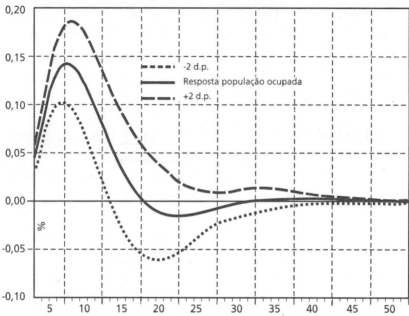

Gráfico 7 – Resposta do hiato do emprego a um choque no hiato da produção

A segunda curva nos mostra a resposta cumulativa. Tanto quanto no caso da anterior, ela foi computada dividindo a estimativa da resposta pelo desvio padrão, o que nesse caso permite saber quanto por cento o emprego se altera, no novo equilíbrio, quando a produção industrial tem uma variação permanente de 1%. O seu perfil está no Gráfico 8. No novo equilíbrio o hiato do emprego sofre uma variação pontual de 1,09% que, contudo, não difere da unidade.

A história contada por essas evidências é muito simples: quando a produção industrial começa a se desacelerar, ocorre uma desaceleração do emprego em menor intensidade, o que leva a uma queda na produtividade média da mão de obra. Aproximadamente um ano após iniciado esse movimento, a variação do emprego se iguala à variação da produção, cessando a variação da produtividade. Ou seja, se tivermos um choque "único e para sempre" que mude permanentemente para

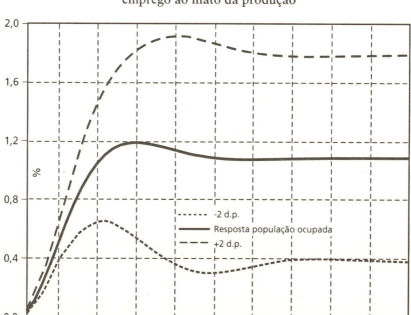

Gráfico 8 – Resposta cumulativa do hiato do emprego ao hiato da produção

baixo o nível da produção industrial, assistiremos a uma queda gradual da produtividade, que se encerra em aproximadamente um ano. Esse comportamento é consistente com um processo de retenção de trabalho. Ele afeta o comportamento da produtividade da mão de obra dentro do ciclo econômico.

Antes de responder à segunda pergunta, temos que esclarecer se por alguma razão, após a crise, ocorreu algum aumento na retenção de trabalho. Será que a aproximação da economia de uma situação de pleno emprego elevou a percepção de custos de treinar trabalhadores, que tenha estimulado as empresas a incorrerem em custos mais elevados de manter uma proporção maior de trabalhadores parcialmente ociosos?

Para responder a essa questão estimamos o mesmo modelo VAR mostrado na Tabela 5, mas cobrindo agora uma amostra que se estende até o final de 2009, realizando as projeções fora da amostra mostradas no Gráfico 10. Por que escolhemos 2009 como o ponto terminal da amostra? A razão se prende ao fato de que é a partir de 2010 que a indústria parou de crescer, o que sugere a possibilidade de uma quebra de estrutura no mercado de trabalho a partir daquele ponto. Caso ocorresse um aumento da retenção de trabalho, os valores estimados fora da amostra teriam que se situar significativamente abaixo dos valores ocorridos. Como se vê no Gráfico 9, contudo, as projeções fora da amostra não indicam uma quebra de estrutura. Não temos razões para aceitar a hipótese de que ocorreu uma elevação atípica da retenção de trabalho.

Gráfico 9 – Projeções dentro e fora da amostra com base no modelo VAR

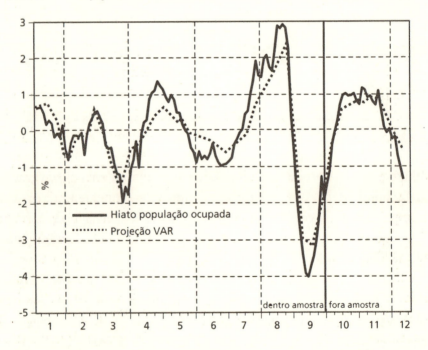

A retenção de trabalho acarreta consequências sobre o comportamento do custo unitário do trabalho. Esse não cresce apenas devido à elevação dos salários reais, mas também devido à queda da produtividade média da mão de obra. Mas na medida em que a queda da produtividade em

MACROECONOMIA DA DESINDUSTRIALIZAÇÃO RECENTE

relação à tendência é causada pela queda da produção com relação à tendência, e esta, por sua vez, é influenciada pelo contágio da queda da produção mundial com relação à sua respectiva tendência, há uma interação entre o choque externo e o custo unitário do trabalho, através dos efeitos daquele choque sobre a produtividade média da mão de obra.

Vejamos dois casos. Admitamos, inicialmente, que ocorresse um choque externo como o de 2008, que foi muito agudo e muito curto. Ele levaria, como levou, à implosão da produtividade média do trabalho e à correspondente explosão do custo unitário do trabalho, que contribuiu para aumentar a profundidade da queda do hiato da produção industrial. Mas em torno de um ano a partir da cessação desse choque externo o ciclo da produtividade se esgota, como mostrou a estimativa do modelo VAR apresentado anteriormente. Cessado o choque externo, portanto, a produtividade e o custo unitário do trabalho teriam que voltar ao normal, como de fato ocorreu em 2008, de acordo com as séries mostradas nos Gráficos 4 e 5.

Admitamos, agora, um choque externo que tenha uma profundidade menor do que o de 2008, mas com um grau de persistência muito maior. Tudo se passa como se estivéssemos assistindo a uma sequência de choques de intensidade menor, mas que, antes que os efeitos de um deles se esgotassem, fosse seguido por outro, que iniciasse uma nova propagação sobre a produtividade da mão de obra, e assim por diante. Nesse caso, o mecanismo de retenção de trabalho propagaria os efeitos do choque externo através de uma queda contínua da produtividade média do trabalho, atingindo o custo unitário do trabalho. Ou seja, o choque externo teria efeitos que se propagariam sobre a produção industrial doméstica através de sua contribuição à elevação do custo unitário do trabalho.

Qual é a importância, neste contexto, do peso elevado do setor de serviços no mercado de mão de obra? Obviamente a elevação do custo unitário do trabalho foi influenciada pela elevação dos salários reais. Se o mercado de mão de obra fosse dominado pela indústria, a desaceleração na produção levaria, ainda que depois de algum tempo, à queda de salários reais. Não haveria, dessa forma, a elevação do custo unitário do trabalho, que foi o responsável pela estagnação da produção industrial. A presença do setor de serviços aquecido muda esse quadro, porque ele impede a queda de salários reais. Ou seja, o aumento do custo unitário do trabalho derivou de dois fatores operando simultaneamente: o pleno emprego no mercado de mão de obra, no qual o setor de serviços aquecido joga um papel fundamental; e a propagação do choque externo ao reduzir a produtividade média da mão de obra, que foi gerado pelo processo de retenção do trabalho.

Há, assim, uma interação entre o choque externo e o mercado de mão de obra, e ambos são importantes para explicar o comportamento da produção industrial.

4. Aumento da absorção e das importações líquidas

Se a indústria fosse um setor fechado ao comércio internacional, com os preços determinados por oferta e procura no mercado interno, como ocorre com o setor de serviços, o aumento do custo unitário do trabalho poderia ter sido (pelo menos parcialmente) repassado para os preços. A magnitude do repasse dependeria da elasticidade-preço da demanda. Mas a indústria de transformação é um setor aberto, e, se não for exatamente um "tomador de preços", está muito perto dessa situação. Isso significa que a elevação do custo unitário do trabalho leva ao estreitamento das margens de lucro, o que desestimula a produção e amplia o hiato da produção.

Para dar um pouco mais de fundamentação empírica à afirmação de que a indústria opera como um "tomador de preços", tomamos dentro do IPCA os índices de preços dos serviços e dos bens *non-tradables*, de um lado, ao lado de um conjunto de bens que (dentre as séries agregadas incluídas no IPCA) tem a maior proporção de bens *tradables*, que são os bens duráveis de consumo. Note-se que no Gráfico 10 estão os valores dos índices, e não as suas taxas de variação. A estabilidade dos preços dos bens duráveis de consumo aponta para a indústria operando, pelo menos neste setor, como um "tomador de preços".

Gráfico 10 – Índices (dentro do IPCA) de preços de serviços, *non-tradables* e bens duráveis de consumo

Mas há muito mais do que isso. A recessão na Europa e o baixo crescimento nos Estados Unidos vêm mantendo baixos os preços internacionais em dólares da maioria dos produtos industrializados. Ao lado disso, as relações de troca do Brasil melhoraram, permitindo que políticas macroeconômicas que expandissem a absorção relativamente ao PIB pudessem desembocar em aumento das importações líquidas sem que isso levasse a déficits elevados nas contas correntes.

Desde 2005, a absorção vem se expandindo a uma velocidade superior à do PIB. O crescimento das importações líquidas foi temporariamente interrompido durante a recessão de 2008, mas de 2009 em diante ocorreu um crescimento muito forte. Avaliadas a preços constantes do ano 2000, as importações líquidas passaram de perto de 1% do PIB, no início de 2009, para mais de 6% do PIB, da metade de 2011 em diante (Gráfico 11).

Gráfico 11 – Absorção, PIB e importações líquidas a preços constantes do ano 2000

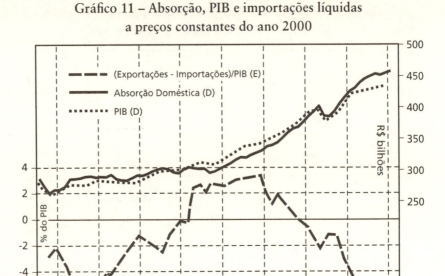

Como ficou evidente da observação dos dados mostrados anteriormente no Gráfico 1, a aceleração no crescimento da absorção em relação ao PIB não veio apenas da expansão do consumo das famílias, mas também, ainda que em menor escala, da formação bruta de capital fixo. A expansão da absorção em relação ao PIB também coincide com a aceleração dos ganhos de relações de troca. Desde 2005, há um movimento de elevação das relações de troca, mas esse crescimento se acelerou em 2010 (Gráfico 12).

O ganho de relações de troca fez com que a preços constantes a absorção superasse o PIB em 6%, enquanto que a preços correntes fosse apenas 1,5% superior ao PIB em 2010 e 2011. Os ganhos de relações de troca abriram o espaço para que pudesse ocorrer uma forte ampliação da absorção relativamente ao PIB. No Gráfico 13 comparamos as importações líquidas a preços correntes e a preços constantes. Entre 2000 e 2005 praticamente não ocorreram ganhos de relações de troca, mantendo as

Gráfico 12 – Relações de troca

importações líquidas a preços constantes e correntes flutuando em torno do mesmo valor. Em 2005, se iniciam os ganhos de relações de troca, mas o maior aumento das importações líquidas ocorreu a partir de 2009.

Entre 2009 e 2010/11 as importações líquidas elevaram-se em 5 pontos percentuais do PIB. Nem o setor de serviços, com um valor adicionado de 67,5% do PIB em 2009, nem o setor de construção, cujo valor adicionado em 2009 representava 5,3% do PIB (Tabela 7), operam com uma proporção significativa de bens internacionais (*tradables*). A agricultura, por outro lado, foi o grande beneficiário dos ganhos de relações de troca, gerando elevadas exportações líquidas. Dessa forma, o peso de um aumento de cinco pontos percentuais nas importações líquidas avaliadas a preços constantes foi suportado quase que exclusivamente pela indústria de transformação.

Gráfico 13 – Importações líquidas a preços correntes e a preços constantes

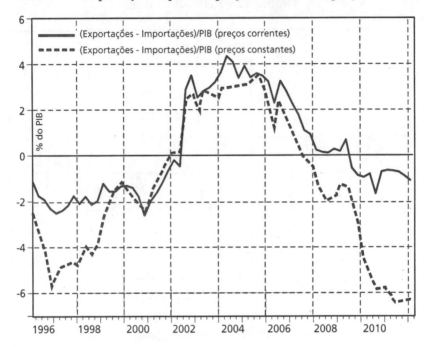

Tabela 7 – Proporção do valor adicionado no PIB (%)

Ano	Indústria		Agricultura	Serviços
	Total	Construção		
2000	27,7	5,5	5,6	66,7
2001	26,9	5,3	6,0	67,1
2002	27,1	5,3	6,6	66,3
2003	27,8	4,7	7,4	64,8
2004	30,1	5,1	6,9	63,0
2005	29,3	4,9	5,7	65,0
2006	28,2	4,7	5,5	65,8
2007	27,8	4,9	5,6	66,6
2008	27,9	4,9	5,9	66,2
2009	26,8	5,3	5,6	67,5

Fonte: Contas Nacionais.

MACROECONOMIA DA DESINDUSTRIALIZAÇÃO RECENTE

Duas são as consequências do elevado grau de abertura da indústria. A primeira é que impede que a indústria repasse para preços os aumentos do custo unitário da mão de obra, que se transformam em queda de margens, desestimulando a produção. A segunda é que a demanda que não é atendida pela produção industrial vaza para o exterior na forma de importações líquidas, cuja elevação não leva a um déficit elevado nas contas correntes devido aos ganhos de relações de troca.

5. Câmbio real, relações de troca e poupanças domésticas

Com o encerramento da fase aguda da recessão, ao final de 2009, e a forte expansão monetária promovida pelo crescimento dos ativos de vários bancos centrais no mundo, os ingressos de capitais para o Brasil retornaram, e o câmbio nominal se valorizou. Embora seja frequente atribuir à China a força que leva ao aumento dos preços das *commodities*, não se pode ignorar que o aumento de liquidez que se seguiu à expansão dos ativos dos bancos centrais foi uma força adicional elevando os preços das *commodities*.

Nos 12 meses que se encerram na metade de 2011, tivemos ingressos de investimentos estrangeiros diretos de mais de US$ 60 bilhões, com ingressos em portfólio de renda variável de mais de US$ 40 bilhões e em portfólio de renda fixa de mais de US$ 20 bilhões. Esses ingressos foram mais do que suficientes para financiar o déficit nas contas correntes que se ampliou com a elevação das importações líquidas, e, apesar da acumulação de reservas, de perto de US$ 50 bilhões em 2011, o câmbio nominal se valorizou.

Essa valorização também ocorreu no câmbio real. O câmbio nominal é o preço de um ativo, sendo influenciado pelos ingressos e saídas de capitais, e o câmbio real é um preço relativo, entre bens domésticos e internacionais. A longo prazo, o câmbio real depende apenas de variáveis reais e retorna à sua média (o câmbio real de equilíbrio), mas se desvia dessa média por períodos longos quando é submetido a choques no câmbio nominal, como são os choques gerados por variações nos ingressos de capitais. As economias são caracterizadas por um elevado grau de rigidez de preços, e o Brasil não é uma exceção. É isso que está por trás da correlação positiva entre o câmbio nominal e o câmbio real (Gráfico 14). Contudo, os efeitos desses choques não são permanentes. As evidências empíricas sobre a paridade de poder de compra para um número enorme de países, inclusive o Brasil, mostram que choques não se incorporam permanentemente ao câmbio real, dissipando-se. Mas essa dissipação é muito lenta. Ou seja, o câmbio real tem uma componente autorregressiva positiva, o que gera persistência, mas é excluído o caso extremo, no qual ele segue um caminho aleatório e os choques nunca se dissipam.[1]

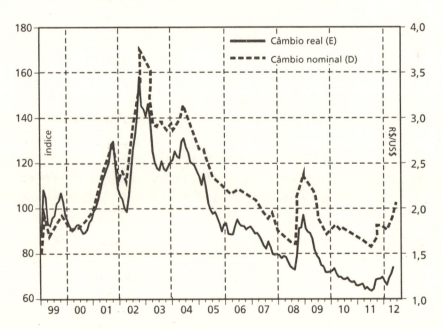

Gráfico 14 – Câmbio nominal e câmbio real

A parada de ingressos de capitais em 2008 provocou a depreciação do câmbio nominal e do câmbio real, tendo o subsequente retorno dos ingressos de capitais levado à valorização do câmbio nominal e do câmbio

---

[1] Kenneth Froot e Kenneth Rogoff, "Perspectives on PPC and long-run real exchange rates", in: *Handbook of International Economics*.

real. Foram movimentos de depreciação dos câmbios nominal e real de natureza semelhante aos que ocorreram nas paradas bruscas de ingressos de capitais, durante a crise de confiança de 2002 e a crise internacional de 2008. O retorno dos ingressos de capitais tem um papel importante na explicação da valorização cambial ocorrida em 2010 e grande parte de 2011. Mas, se o câmbio nominal não tivesse se valorizado, existiriam forças que levariam à valorização do câmbio real, ainda que em uma velocidade menor. Neste caso, a valorização ocorreria com uma inflação maior.

A primeira dessas forças vem dos ganhos de relações de troca. A associação entre as variações nas relações de troca e o câmbio real está longe de ser perfeita, mas há uma clara correlação inversa, como se vê no Gráfico 15. A partir de 2010, o Brasil conheceu um ciclo de ganhos de relações de troca cuja intensidade somente se compara à ocorrida em torno da reforma monetária do Plano Real, e em ambos os casos ocorreram valorizações do câmbio real.

Gráfico 15 – Câmbio real e relações de troca

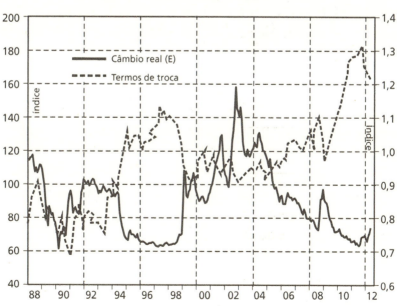

O FUTURO DA INDÚSTRIA NO BRASIL: DESINDUSTRIALIZAÇÃO EM DEBATE

A segunda força é a condição que foi analisada ao longo deste trabalho, ou seja, em uma situação próxima do pleno emprego a elevação da demanda doméstica gera a elevação dos salários reais e valoriza o câmbio real. A terceira força vem do fato de que no Brasil as poupanças domésticas são baixas, e, para financiar os investimentos, o País precisa absorver importações líquidas. No Gráfico 16, superpomos a formação bruta de capital fixo e as importações líquidas medidas em proporção ao PIB e avaliadas a preços constantes do ano 2000. É clara a correlação inversa entre essas duas séries, mostrando que maiores taxas de investimento requerem importações líquidas mais elevadas. No auge da recessão, os investimentos declinaram para perto de 16% do PIB, provocando uma pequena redução nas importações líquidas, mas desse ponto em diante os investimentos voltaram a se elevar, contribuindo para o aumento das importações líquidas. As políticas contracíclicas levaram também ao aumento do consumo das famílias, reduzindo as poupanças das famílias. Investimentos excedendo poupanças significam absorção excedendo o PIB, e o aumento da absorção eleva as demandas de bens domésticos e internacionais. Como os bens domésticos são produzidos a custos marginais crescentes, isso conduz ao crescimento dos preços relativos dos bens domésticos. A valorização do câmbio real é a consequência da necessidade de elevar as importações líquidas para absorver poupanças externas. A solução desse problema requer o aumento das poupanças domésticas e está no domínio da política fiscal.

A combinação dessas três forças leva a uma valorização do câmbio real, que é uma consequência dos ganhos de relações de troca, da elevação dos salários reais e das baixas poupanças domésticas. À exceção dos ganhos de relações de troca, que são um choque exógeno imposto ao País, as outras duas são forças que derivaram da ampliação da demanda agregada que, em uma situação próxima do pleno emprego, leva simultaneamente à estagnação da produção industrial e ao aumento das importações líquidas. Grande parte da valorização do câmbio real é consequência, e não causa, desses movimentos.

Gráfico 16 – Exportações líquidas e formação bruta de capital fixo

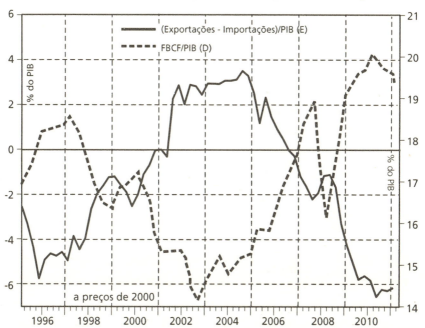

6. Conclusões

A letargia na qual a indústria entrou a partir do início de 2010 é, em grande parte, uma consequência da forma como o governo reagiu à crise iniciada em 2008. A outra componente vem da propagação do choque externo, representado pelo contágio da retração da produção industrial global sobre o Brasil.

A proposição de que o remédio keynesiano da política fiscal expansionista levaria à recuperação era válida durante a recessão, mas era totalmente inadequada de 2010 em diante, quando já estávamos em uma situação próxima do pleno emprego no mercado de mão de obra. A partir daquele ponto, a demanda agregada não se expandiu, enfrentando uma oferta agregada infinitamente elástica. As elevações de salários reais, combinadas com as transferências de renda e com uma expansão acentuada do crédito, estimulariam ainda mais o consumo. O governo expandiu os gastos correntes e as famílias expandiram o consumo, contribuindo para elevar a absorção.

A elevação dos salários reais acima da produtividade média do trabalho na indústria atuou impedindo uma maior utilização de capacidade na indústria. Na mesma direção, atuou o contágio da desaceleração externa sobre a produção industrial, que, devido ao processo de retenção de trabalho, contribuiu para elevar ainda mais o custo unitário do trabalho. Finalmente, como a indústria é aberta ao comércio internacional, foi fácil direcionar o excesso de demanda gerado pelas políticas fiscal e monetária expansionistas para o aumento das importações líquidas. Os ganhos das relações de troca permitiram que não ocorresse um desequilíbrio externo preocupante e que prosseguisse a intensa expansão da absorção.

Em nenhum momento o governo se preocupou em corrigir o rumo da política econômica, e a perplexidade com relação ao aumento das importações de bens industrializados, combinada com a letargia da indústria, levou a uma crítica exacerbada à valorização do real. O câmbio nominal se valorizou, e o governo reagiu com intervenções no mercado de câmbio. Talvez até pudesse ter feito mais nesse campo, evitando que o real se fortalecesse tanto quanto de fato se fortaleceu. Nesse ponto, no entanto, limitou-se aos brados contra a "guerra cambial", à qual atribuía a letargia da indústria, que era provocada por suas próprias políticas.

Mas mesmo que o governo tivesse evitado uma valorização maior do câmbio nominal, enfrentaria a valorização do câmbio real. Primeiro, porque, com a insuficiência das poupanças domésticas, a elevação da formação bruta de capital fixo, que esteve longe de ser excessiva, teria contribuído para que o câmbio real se valorizasse. Segundo, porque ao continuar expandindo fortemente a demanda em uma situação na qual o mercado de mão de obra estava extremamente aquecido, provocou a elevação dos salários reais, o que trouxe duas consequências: o aumento do preço relativo dos bens domésticos relativamente aos bens

MACROECONOMIA DA DESINDUSTRIALIZAÇÃO RECENTE

internacionais e a elevação do custo unitário do trabalho na indústria. Essa elevação de custos, apesar dos estímulos da queda da taxa real de juros, levou a um hiato negativo de produto crescente, ao lado de uma queda na utilização de capacidade.

Os erros de política econômica, mais do que a valorização cambial, estão por trás da letargia da indústria no período de 2010 em diante.

Apêndice

Os dados tanto do IBGE quanto do Caged reforçam a ideia de que o peso do setor de serviços no mercado de mão de obra é muito maior do que o da indústria. Nas Tabelas 1 e 2, apresentamos os dados do IBGE e do Caged, respectivamente, de 2003 até 2011. A relação de ocupados na indústria fica em torno de 17% nos dados do IBGE e de 23% nos do Caged.

Tabela 1 – Pessoal ocupado (em mil pessoas)

Ano	Indústria		Serviços		Administração pública		Total
	Ocupados	% do Total	Ocupados	% do Total	Ocupados	% do Total	
2003	3.307	17,5	11.112	58,7	2.950	15,6	18.944
2004	3.450	17,7	11.521	59,0	2.941	15,1	19.526
2005	3.496	17,5	11.789	59,2	3.061	15,4	19.928
2006	3.549	17,4	12.113	59,5	3.099	15,2	20.362
2007	3.522	16,9	12.526	60,0	3.230	15,5	20.882
2008	3.610	16,8	12.761	59,3	3.451	16,0	21.507
2009	3.624	16,6	12.991	59,5	3.416	15,7	21.815
2010	3.753	16,7	13.357	59,5	3.596	16,0	22.450
2011	3.661	16,1	13.578	59,7	3.625	15,9	22.734

Fonte: Pesquisa Mensal de Emprego – IBGE

O FUTURO DA INDÚSTRIA NO BRASIL: DESINDUSTRIALIZAÇÃO EM DEBATE

Tabela 2 – Pessoal ocupado (em mil pessoas)

Ano	Indústria		Serviços		Administração Pública		Total
	Ocupados	% do Total	Ocupados	% do Total	Ocupados	% do Total	
2003	6.027	23,1	15.861	60,7	708	2,7	26.128
2004	6.547	23,7	16.735	60,5	707	2,6	27.651
2005	6.747	23,3	17.694	61,2	729	2,5	28.905
2006	7.017	23,3	18.553	61,6	737	2,4	30.133
2007	7.429	23,4	19.545	61,6	752	2,4	31.751
2008	7.625	23,0	20.575	62,0	763	2,3	33.203
2009	7.642	22,3	21.373	62,5	781	2,3	34.198
2010	8.162	22,5	22.756	62,6	786	2,2	36.335
2011	8.362	22,1	23.911	63,1	798	2,1	37.901

Fonte: Caged – TEM.

Além das coberturas das pesquisas serem diferentes (o Caged cobre o Brasil como um todo incluindo apenas trabalhadores formais; e o IBGE inclui trabalhadores formais e não formais, mas cobre apenas seis regiões metropolitanas), a Pesquisa Mensal de Emprego (PME) do IBGE define indústria incluindo: a) indústria extrativa e de transformação; e b) produção e distribuição de eletricidade, gás e água. Já a pesquisa do Ministério do Trabalho e Emprego (MTE) abrange: a) a indústria extrativa e de transformação; e b) serviços industriais de utilidade pública. O setor de serviços nas duas pesquisas responde por cerca de 60% da população total empregada. A população ocupada na administração pública é muito maior nos dados do IBGE – 15% da população ocupada total contra 2% no Caged –, mas a PME engloba educação, saúde e serviços sociais, administração pública, defesa e seguridade social no quesito administração pública, enquanto que nos dados do MTE temos apenas administração pública de fato.

Referências

BURNSIDE, C.; EICHENBAUM, M.; REBELO, S. Labor hoarding and the business cycle. *NBER Working Paper*, 3556. Dez., 1990.

FROOT, K.; ROGOFF, K. Perspectives on PPC and long-run real exchange rates. In: GROSSMAN, G.; ROGOFF, K. (orgs.). *Handbook of international economics*, v. 3. Amsterdam: North Holland, 1995.

ROTEMBERG, J.; SUMMERS, L. Inflexible prices and procyclical productivity. *Quarterly Journal of Economics*, 105, n. 4, p. 851-874, 1990.

SUMMERS, L. Some skeptical observations on real business cycle theory. *Quarterly Review*, Federal Reserve Bank of Minneapolis 10, n. 4, p. 23-27, 1986.

WEN, Yi. Labor hoarding and inventories. *Federal Reserve Bank of St Louis Quarterly Review*, Junho, 2005.

6. Uma nota sobre a desaceleração recente da indústria brasileira

Beny Parnes e Gabriel Hartung

1. Introdução

Após um período de forte expansão entre 2004 e 2008, a produção industrial brasileira[1] teve um fraco desempenho nos últimos quatro anos. O nível da produção da indústria em maio de 2012 estava 2% abaixo do de maio de 2008. Neste capítulo, tentaremos avaliar se (i) a desaceleração da indústria brasileira está sendo causada por um choque global que está afetando a produção industrial de outras regiões ou se (ii) a desaceleração está sendo causada por fatores específicos do Brasil.

Nossos resultados sugerem que a desaceleração da indústria brasileira nos últimos anos não pode ser explicada por um choque global. Nesse período, o desempenho da indústria brasileira foi sistematicamente mais fraco que o de todas as outras regiões analisadas. Entre março de 2010 e março de 2012, a produção industrial brasileira apresentou resultados mais fracos até que os da zona do euro e dos Estados Unidos, regiões mais afetadas pela crise financeira internacional.

---

[1]Sempre que nos referirmos à produção industrial neste capítulo queremos dizer a produção da indústria de transformação somada com a produção da indústria extrativa.

O FUTURO DA INDÚSTRIA NO BRASIL: DESINDUSTRIALIZAÇÃO EM DEBATE

Nossa explicação para o fraco desempenho da indústria brasileira é a piora da competitividade do setor manufatureiro. Nossa comparação internacional mostra que os salários médios em dólares apresentaram um crescimento no Brasil bastante superior ao observado em todas as economias analisadas, enquanto a produtividade da indústria brasileira cresceu num ritmo similar ao das economias avançadas, mas muito inferior ao das economias asiáticas. O resultado foi uma grande perda de competitividade da economia brasileira.

A queda de competitividade pode estar associada ao aumento dos preços das *commodities* exportadas pelo Brasil, que elevou os termos de troca e apreciou o câmbio real. A reação de política econômica pode ter amplificado esse choque ao reduzir o superávit primário estrutural a partir de 2005, o que gerou pressão adicional sobre o setor de serviços e os salários.

A próxima seção apresenta uma comparação da dinâmica recente da indústria brasileira com a do resto do mundo. A terceira seção contém uma comparação internacional de custo unitário do trabalho em dólares. A quarta seção discute possíveis explicações para o forte aumento do custo unitário do trabalho no Brasil. As conclusões estão na quinta e última seção.

2. Dinâmica recente da indústria brasileira e comparação com o resto do mundo

A produção industrial brasileira apresentou crescimento médio de 4,6% ao ano entre 2004 e 2008. Afetada pela crise de 2008, a produção industrial chegou a cair 21% entre setembro e dezembro de 2008, mas em seguida apresentou rápida recuperação entre janeiro de 2009 e março de 2010. Entretanto, a partir de então, a produção industrial declinou, apresentando uma queda de 5,6% entre março de 2010 e maio de 2012.[1]

Nesta seção, avaliamos a possibilidade de a desaceleração estar sendo provocada por um choque global. Tal choque poderia ter ao

---

[1] Dados dessazonalizados.

menos duas origens: (i) o fraco desempenho das economias desenvolvidas, que provocaria um desaquecimento na indústria global; e (ii) o processo de urbanização do sul da Ásia, que está aumentando a oferta de produtos industrializados, o que poderia reduzir a produção em outras regiões. No primeiro caso, deveríamos ver uma desaceleração generalizada da produção industrial mundial. No segundo, deveríamos observar crescimento industrial na Ásia e desaceleração generalizada nas demais regiões.

Gráfico 1 – Produção industrial

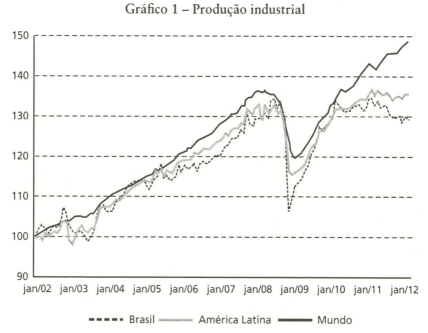

Fontes: Netherlands Bureau for Economic Policy Analysis (CPB) e IBGE.

Uma análise rápida do Gráfico 1 parece não corroborar a hipótese de um choque afetando a produção industrial global. Podemos ver que a produção industrial no Brasil e a produção industrial no mundo apresentaram crescimento semelhante entre janeiro de 2002 e março de 2010. Nos últimos anos, porém, a produção industrial brasileira descolou da produção industrial global com um desempenho sistematicamente mais

O FUTURO DA INDÚSTRIA NO BRASIL: DESINDUSTRIALIZAÇÃO EM DEBATE

fraco. O Gráfico 1 indica que, nos últimos dois anos, o descolamento ocorreu também em relação à produção industrial da América Latina.

No Gráfico 2, podemos notar que, entre março de 2010 e março de 2012, a produção industrial brasileira apresentou resultado mais fraco inclusive que a zona do euro e os Estados Unidos, regiões mais afetadas pela crise financeira internacional. Dessa forma, parece ter ocorrido alguma mudança recente que prejudicou especificamente a indústria brasileira.

Gráfico 2 – Produção industrial desde março de 2010

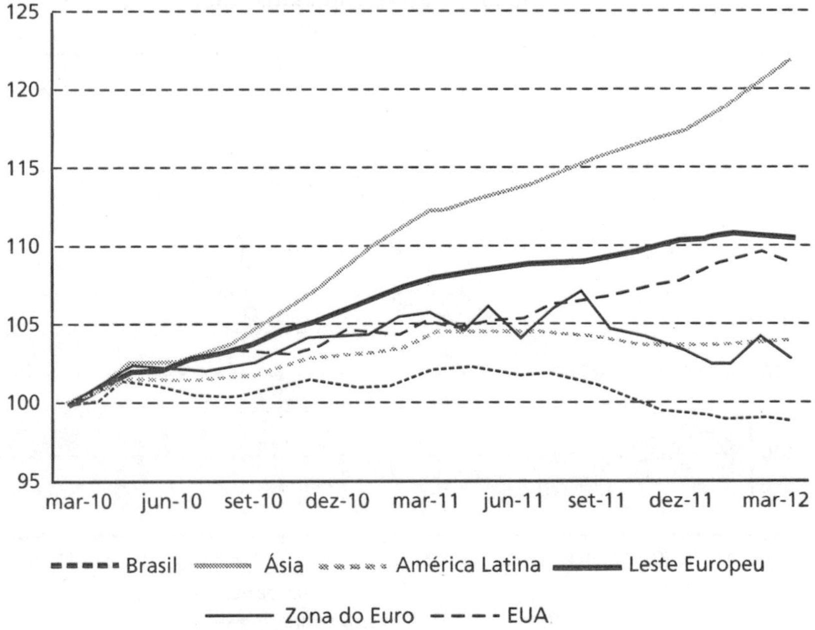

Fontes: Netherlands Bureau for Economic Policy Analysis (CPB) e IBGE.

Podemos ver isso mais claramente usando a seguinte regressão em painel:

$$\Delta prod_{it} = \alpha \Delta prod_{it-1} + tempo_t + pa\text{í}s_i + e_{it}$$

$\Delta prod_{it}$, que representa o crescimento da produção industrial na região i, no ano t, é escrita como função do crescimento defasado, para capturar a inércia da produção industrial, de *dummies* de tempo, para levar em conta choques que afetam a indústria de todas as regiões, e de *dummies* de país, que controlam por características não observáveis de cada região que são constantes no tempo. Essa equação é estimada com dados trimestrais entre 2002 e 2012, e as regiões analisadas são: Brasil, zona do euro, Estados Unidos, Ásia, Leste Europeu, África e Oriente Médio. O resíduo da regressão é algum choque idiossincrático que está afetando a região *i* no período *t*.

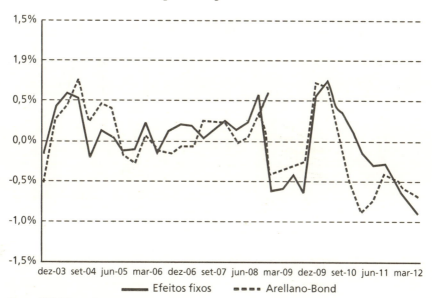

Gráfico 3 – Erro médio dos últimos quatro trimestres na previsão para o Brasil

Fonte: BBM Investimentos.

No Gráfico 3, apresentamos o erro desse modelo para a indústria brasileira utilizando dois métodos: (i) efeitos fixos e (ii) primeira diferença com Arellano-Bond, que leva em conta a correlação natural entre o erro e a defasagem da produção industrial. Podemos ver que, a partir de 2010, os erros do modelo são sistematicamente negativos. Isso indica que a desaceleração recente da indústria brasileira não é bem explicada

O FUTURO DA INDÚSTRIA NO BRASIL: DESINDUSTRIALIZAÇÃO EM DEBATE

por choques globais ocorridos nos últimos anos, que seriam capturados pelas *dummies* de tempo, ou por características do Brasil fixas no tempo, capturadas pela *dummy* específica do país: a desaceleração recente da indústria brasileira é resultado de um choque que afetou especificamente o Brasil nos últimos anos.

Gráfico 4 – Erro médio dos últimos quatro trimestres
excluindo o Brasil e a Ásia

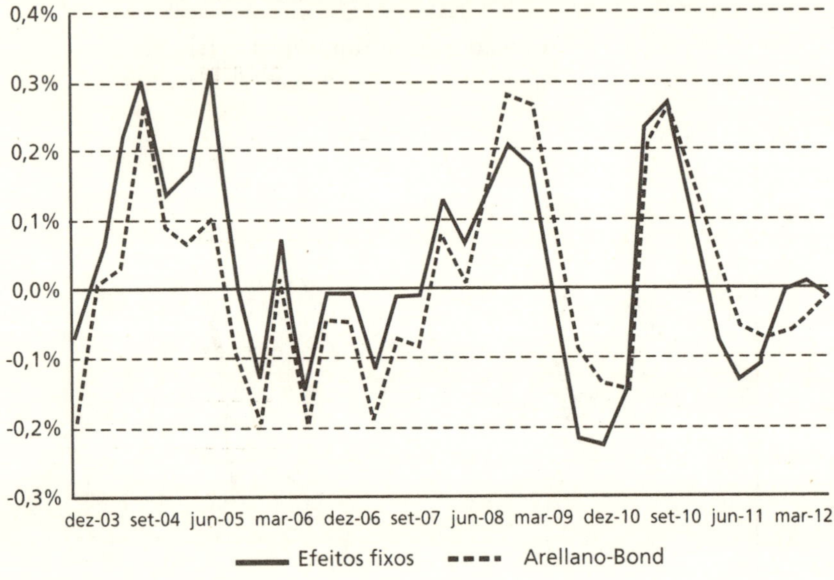

Fonte: BBM Investimentos.

Uma hipótese plausível, levantada no início desta seção, seria que esse fenômeno estivesse sendo gerado pelo processo de urbanização do sul da Ásia, que está aumentando a oferta mundial de produtos industrializados e que poderia reduzir a produção nas demais regiões. No Gráfico 4, podemos ver que os resíduos da regressão não apontam nessa direção, tendo em vista que não ocorrem erros sistematicamente negativos nos outros países nos últimos dois anos. Isso sugere que, mesmo que o processo de urbanização da Ásia esteja reduzindo a produção industrial nas demais regiões do mundo, esse efeito não parece ter se tornado mais forte nos últimos anos. Assim, o resultado da regressão sugere que não conseguimos explicar toda a desaceleração da indústria brasileira como sendo consequência de um processo generalizado de fraqueza da indústria global.

3. Dinâmica recente da indústria brasileira e fatores internos

As evidências apresentadas anteriormente mostram que a desaceleração recente da indústria brasileira não parece ser explicada pelo desempenho da indústria mundial. Buscaremos agora fatores internos que ajudem a explicar o desempenho inferior da indústria brasileira em comparação com o resto do mundo. Exploraremos duas hipóteses: queda da demanda interna e queda de competitividade.

Gráfico 5 – Produção industrial e vendas no varejo

Fonte: IBGE.

O Gráfico 5 relaciona a produção industrial com as vendas no varejo ampliado. Apesar de as vendas no varejo não representarem perfeitamente a demanda doméstica por produtos industriais,[1] vemos que havia forte correlação positiva entre as duas séries até 2008 e, a partir de então, a produção apresenta um resultado sistematicamente inferior ao sugerido pelas vendas no varejo. Uma forma de entender esse fenômeno é analisar a balança comercial de produtos manufaturados. Se a demanda doméstica por produtos industrializados realmente estiver crescendo em um ritmo superior ao da oferta interna, esse desequilíbrio deve estar sendo compensado pela redução das exportações líquidas de manufaturados.

Gráfico 6 – *Quantum* de exportação e importação de manufaturados

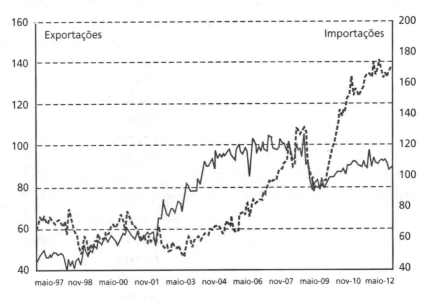

Fontes: Funcex e BBM Investimentos.

Segundo dados da Funcex, o *quantum* de exportações de manufaturados caiu aproximadamente 11% entre maio de 2008 e maio de 2012,

---

[1] As vendas no varejo ampliado do IBGE incluem alguns produtos não manufaturados, como alimentos *in natura*, e não incluem alguns produtos industrializados, como bens de capital. Entretanto, esta é uma *proxy* que utilizamos para a demanda por manufaturados.

MACROECONOMIA DA DESINDUSTRIALIZAÇÃO RECENTE

enquanto as importações de manufaturados cresceram aproximadamente 55% no mesmo período (como podemos ver no Gráfico 6). Dessa forma, uma fração maior da demanda doméstica por produtos manufaturados parece ter sido suprida por importações nos últimos quatro anos.

O comportamento das exportações líquidas de manufaturados parece mostrar que a desaceleração recente da indústria não pode ser explicada exclusivamente por uma queda da demanda doméstica, posto que a queda das exportações de manufaturados e a alta das importações de manufaturados indicam que a demanda por manufaturados no Brasil cresceu num ritmo superior ao da oferta. O forte desempenho das importações de manufaturados e das vendas no varejo, que apresentaram crescimento anual médio de 15,5% e 8,9%, respectivamente entre 2008 e 2011,[1] não sugere que a fraqueza da demanda tenha sido o fator mais importante para explicar a desaceleração da indústria brasileira.[2]

Uma possível explicação para a desaceleração da indústria é a piora da competitividade, o que é compatível tanto com desaceleração da produção industrial quanto com o aumento das importações líquidas de produtos industrializados. Uma fonte importante de perda de competitividade é o aumento do custo do trabalho. Documentamos um aumento expressivo do custo unitário do trabalho medido em dólares (CUTD) no Brasil desde 2005. Observe no Gráfico 7 a evolução anual do CUTD entre 2001 e 2010.[3] Entre 2003 e 2008, o CUTD no Brasil, na Alemanha, na Itália e na Espanha apresentou alta, e nos Estados Unidos se manteve estável. A partir de 2008, no caso da Espanha, e de 2009, no caso dos outros países europeus analisados, o CUTD apresentou queda, enquanto o do Brasil teve alta expressiva. Como temos dados somente até 2010, é difícil estabelecer o fato de que o CUTD no Brasil nos últimos anos tem apresentado uma trajetória inversa da dos outros países, mas note

---

[1]Para efeito de comparação, o crescimento das importações de manufaturados e das vendas no varejo foram respectivamente 16,1% e 8,5% ao ano entre 2004 e 2007, período de alto crescimento da produção industrial brasileira.

[2]A queda da demanda pode explicar uma parte do fraco desempenho da indústria brasileira, mas avaliar quanto do fraco desempenho da indústria é explicado por choques de demanda está fora do escopo deste trabalho.

[3]Infelizmente, dispomos de dados para comparação internacional somente entre 2001 e 2010.

O FUTURO DA INDÚSTRIA NO BRASIL: DESINDUSTRIALIZAÇÃO EM DEBATE

também no Gráfico 8 que, dentre todos os países analisados, o Brasil e o Japão são os únicos em que o CUTD teve alta entre 2008 e 2010. Vale ressaltar, entretanto, que o CUTD do Japão vinha declinando no período 2001-2008, o oposto do Brasil, cujo CUTD apresentou taxas de crescimento positivas desde 2003.

Gráfico 7 – Custo unitário do trabalho no setor manufatureiro em dólares

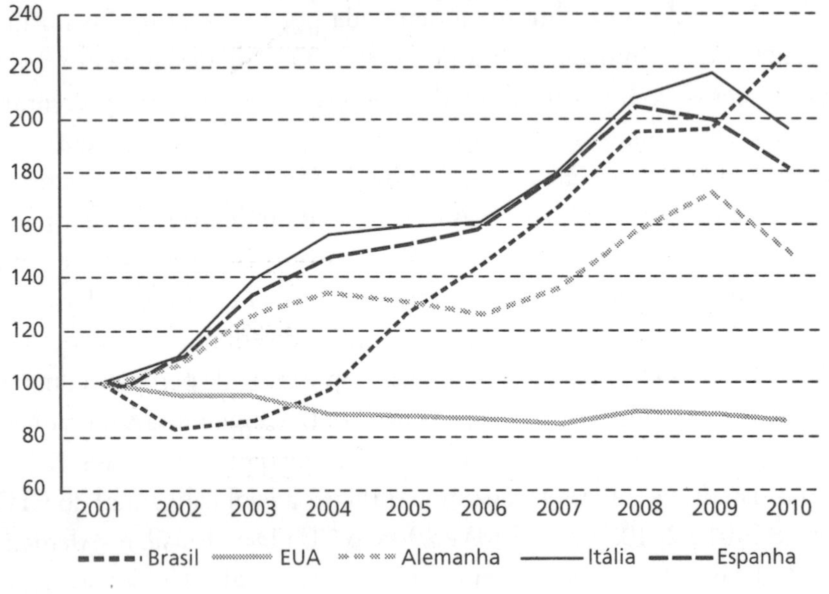

Fontes: BLS, IBGE e BBM Investimentos.

O custo unitário do trabalho em dólares no Brasil subiu quase 80% entre 2005 e 2010. Vale mencionar que esse mesmo indicador apresentou queda de 2,7% nos Estados Unidos e alta de 15% na Alemanha nesse mesmo período. A queda de competitividade provocada por essa via foi ainda mais forte quando comparamos com as economias asiáticas: o maior crescimento de custo unitário no conjunto de países asiáticos analisados foi Singapura, que apresentou alta de apenas 10% desde 2005.

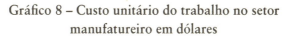

Gráfico 8 – Custo unitário do trabalho no setor manufatureiro em dólares

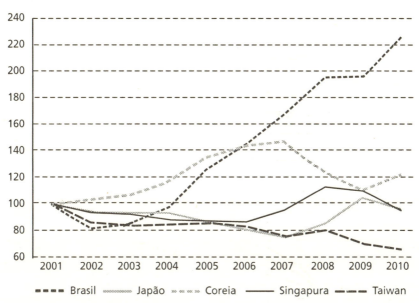

Fontes: IBGE, BLS e BBM Investimentos.

A abertura do CUTD em seus componentes nos permite entender melhor esse fenômeno. Podemos reescrever a variação do CUTD da seguinte forma:

$$CUTD_t = \frac{w_t L_t}{Y_t} \times \frac{1}{E_t}$$

$\ln(CUTD_t / CUTD_{t-1}) = \ln(wusd_t / wusd_{t-1}) - \ln(y_t / y_{t-1})$,

onde w_t é o salário por hora em moeda nacional, L_t é o total de horas trabalhadas, Y_t é o produto, $wusd$ é o salário por hora em dólares, e y_t é o produto por hora trabalhada. Podemos, desta forma, decompor o aumento do custo unitário do trabalho na variação da relação salário/câmbio e na variação da produtividade do trabalho. Para decompor a variação do custo unitário de cada país em relação ao Brasil, podemos usar a relação acima da seguinte forma:

$\Delta \ln(CUTD_{Brasil_t}) - \Delta \ln(CUTD_{it}) = [\Delta \ln(wusd_{Brasil_t}) - \Delta \ln(wusd_{it})] + [\Delta \ln(y_{it}) - \Delta \ln(y_{Brasil_t})]$

O FUTURO DA INDÚSTRIA NO BRASIL: DESINDUSTRIALIZAÇÃO EM DEBATE

Tabela 1 – Variação do custo unitário do trabalho medido em dólares do Brasil em relação a alguns países selecionados*

	EUA	Japão	Alemanha	Itália	Espanha	Coreia	Cingapura	Taiwan
Desde 2004								
Custo unitário	97,1%	84,2%	40,1%	13,6%	21,5%	60,9%	84,8%	121,1%
Produtividade	24,2%	10,3%	−8,7%	−25,0%	−11,1%	40,9%	18,7%	42,7%
Salário em USD	72,9%	73,9%	48,8%	38,6%	32,6%	20,0%	66,1%	78,3%
Desde 2008								
Custo unitário	29,1%	5,5%	19,5%	20,8%	28,2%	48,1%	16,6%	29%
Produtividade	8,9%	3,9%	−6,3%	−12,5%	−5,3%	25,3%	−5,5%	6,6%
Salário em USD	20,2%	1,6%	25,8%	33,3%	33,5%	22,8%	22,1%	22,4%

*Os valores da tabela são a decomposição da variação do custo unitário do trabalho medido em dólares do Brasil em relação a alguns países selecionados Os valores de custo unitário do trabalho e salários em USD são as diferenças das variações do logaritmo neperiano do Brasil em relação a algum país selecionado (Δ ln(Brasil) −Δ ln(País)). Para a produtividade do trabalho, os valores são as diferenças das variações do logaritmo neperiano de algum país selecionado em relação ao Brasil (Δ ln(País)−Δ ln(Brasil)).
Fontes: IBGE, BLS e BBM Investimentos.

Nossa comparação internacional (Tabela 1) mostra que os salários em dólares apresentaram um crescimento no Brasil bastante superior ao observado em todas as economias analisadas. A produtividade da indústria brasileira cresceu num ritmo similar ao das economias avançadas, com crescimento superior ao das economias europeias, mas inferior ao dos Estados Unidos. A produtividade do trabalho no Brasil subiu significativamente menos do que nas economias asiáticas.

4. Possíveis explicações para a queda de competitividade da indústria brasileira

Parte da explicação para a queda de competitividade pode estar associada ao aumento dos preços das *commodities* exportadas pelo Brasil, que elevou os termos de troca e apreciou o câmbio real. Entre 2005 e 2011 os termos de troca subiram mais de 35%, atingindo o maior nível dos últimos 20 anos.

Gráfico 9 – Termos de troca

Fonte: Funcex.

O aumento dos termos de troca tende a aquecer o setor serviços e elevar os salários.[1] A reação de política econômica pode ter amplificado o choque ao reduzir o superávit primário estrutural a partir de 2005. O superávit primário estrutural é aquele que seria obtido se o produto estivesse em seu nível potencial. Como podemos ver no Gráfico 10, com

---

[1] Paul Krugman, "The narrow band, the dutch disease and the competitive consequences of Mrs Thatcher", *Journal of Development Economics*.

O FUTURO DA INDÚSTRIA NO BRASIL: DESINDUSTRIALIZAÇÃO EM DEBATE

dados de Oreng,[1] o superávit primário estrutural cai monotonicamente entre 2004 e 2010 e se recupera parcialmente em 2011. Esse impulso fiscal aumentou a pressão sobre o setor de serviços e sobre os salários, com consequente aumento da inflação e da taxa de juros, fazendo apreciar ainda mais a taxa de câmbio brasileira.

Gráfico 10 – Superávit primário estrutural

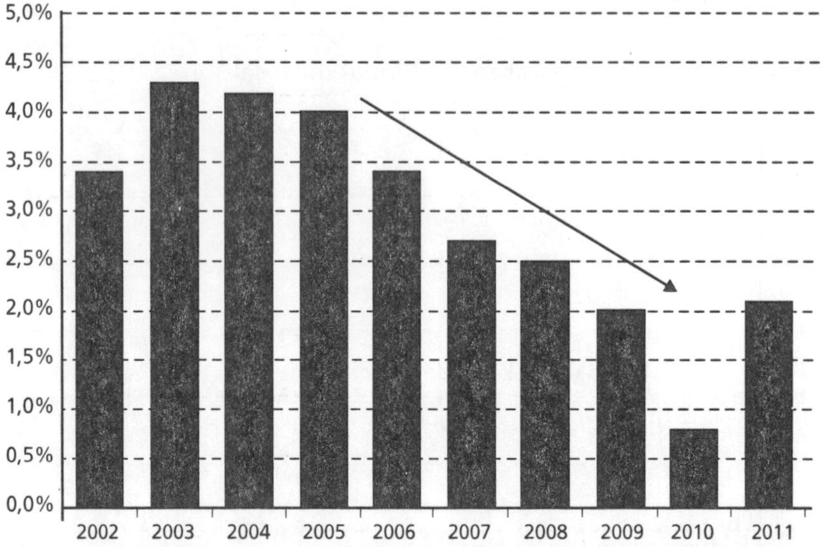

Fonte: Maurício Oreng, "Brazil's structural fiscal balance", in *Working paper Itaú*.

Além disso, o governo federal estabeleceu em 2007 uma regra para o reajuste anual do salário mínimo igual à soma da inflação do ano anterior e do crescimento do Produto Interno Bruto (PIB) de dois anos antes. Dessa forma, em equilíbrio, o crescimento real do salário mínimo será igual ao crescimento real do PIB. Mas note que o crescimento do PIB tende a ser maior do que o da produtividade do trabalho.

O Gráfico 11 apresenta a dinâmica recente do produto por trabalhador na indústria e a evolução do salário real.[2] Podemos ver que o cres-

---

[1]Maurício Oreng, "Brazil's structural fiscal balance", in *Working paper Itaú*.
[2]Utilizando o IPA industrial como deflator.

cimento do salário mínimo é sistematicamente superior ao crescimento da produtividade do trabalho. A produtividade do trabalho na indústria cresceu 11% entre janeiro de 2006 e abril de 2012. Nesse mesmo período, o salário mínimo real subiu 48%.

Gráfico 11 – Salário mínimo real e produtividade da indústria

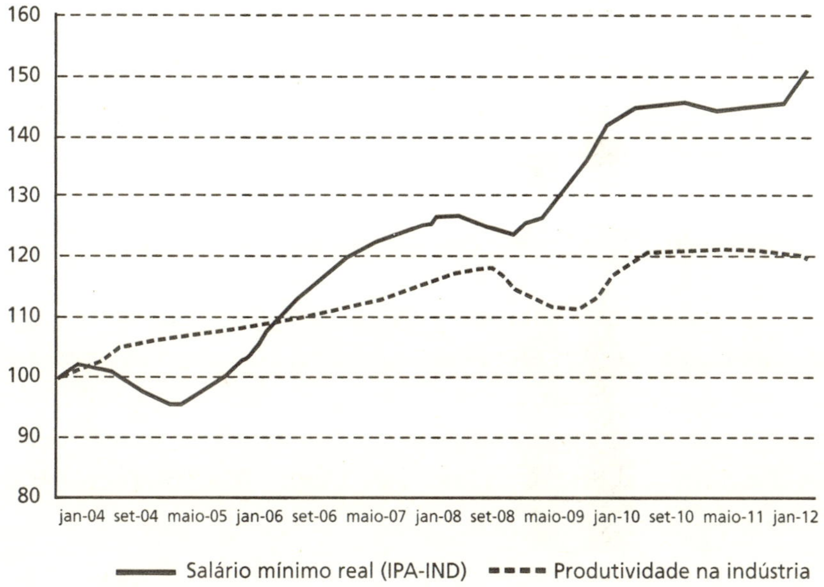

Salário mínimo real (IPA-IND) ▪▪▪▪ Produtividade na indústria

Fontes: IBGE, Ministério do Trabalho, FGV e BBM Investimentos.

O resultado da soma do choque de termos de troca com as políticas fiscal e salarial adotadas foi um crescimento dos salários num ritmo muito superior ao da produtividade. No setor de bens não comercializáveis, esse aumento dos salários pode ser repassado para os preços, gerando uma aceleração da inflação de serviços nesse período. No setor industrial, como os preços são definidos no mercado internacional, o resultado foi uma queda da competitividade da indústria brasileira, que acabou perdendo mercado e reduzindo sua produção.

5. Conclusão

A produção industrial brasileira está estagnada desde 2008. Apresentamos evidências de que não é possível explicar completamente a desaceleração recente da indústria brasileira apenas como consequência de algum choque externo que estivesse afetando negativamente outras regiões do mundo. Entre março de 2010 e março de 2012, a produção industrial brasileira apresentou um resultado sistematicamente pior do que o de todas as regiões analisadas. Assim, houve algum choque idiossincrático que afetou negativamente a indústria brasileira nos últimos dois anos.

Acreditamos que a queda de competitividade ajuda a explicar a desaceleração recente da produção industrial brasileira. Documentamos um expressivo aumento do custo unitário em dólares na indústria brasileira entre 2005 e 2010, o que reduziu sua capacidade de competir com o resto do mundo. Esse aumento foi muito superior ao de outros países, principalmente ao das economias asiáticas. Decompondo a variação do custo unitário do trabalho no Brasil, podemos ver que sua elevação ocorreu não apenas via apreciação do câmbio nominal, mas também via crescimento dos salários num ritmo superior ao da produtividade do trabalho.

Referências

CHEN, N.; IMBS, J.; SCOTT, A. The dynamics of trade and competition. *Journal of International Economics*, 77 issue 1, p. 50-62, 2009.

KRUGMAN, P. The narrow band, the dutch disease and the competitive consequences of Mrs Thatcher. *Journal of Development Economics*, 27, p. 41-55, 1987.

ORENG, M. Brazil's structural fiscal balance. *Working paper Itaú*, 6, 2012.

TORVIK, R. Learning by doing and the dutch disease. *European Economic Review*, 46, p. 285-306, 2001.

7. Análise da dinâmica da produção industrial entre 2008 e 2012[1]

Ilan Goldfajn e Aurelio Bicalho

1. Introdução

A fraqueza da produção industrial entre o segundo trimestre de 2010 e o primeiro trimestre de 2012 intensificou o debate sobre um possível processo de desindustrialização no Brasil. Após a rápida recuperação na sequência da recessão provocada pela crise do *subprime*, a produção industrial voltou a perder força. Entre janeiro e março de 2012 completou-se o quarto trimestre consecutivo de contração, apesar dos estímulos ao crescimento desde o final de 2011. É provável que tanto componentes cíclicos quanto fatores estruturais (como aumento do custo de produção, redução de produtividade etc.) tenham contribuído para o menor crescimento da indústria. Argumentamos neste capítulo que os efeitos defasados do aperto das condições monetárias e o menor crescimento global (variáveis caracterizadas pela incidência maior dos seus choques nos setores de bens comercializáveis do que nos não comercializáveis) podem ser parte da explicação.

---

[1] Agradecemos os comentários de Edmar Bacha, Roberto Prado, Maurício Oreng, Artur Passos e Felipe Tâmega. Erros remanescentes são de nossa inteira responsabilidade.

O FUTURO DA INDÚSTRIA NO BRASIL: DESINDUSTRIALIZAÇÃO EM DEBATE

Há evidências de que nos países da OCDE choques monetários têm impactos mais intensos nos setores produtores de bens comercializáveis do que nos não comercializáveis.[1] No Brasil, entre 2010 e meados de 2011, as condições monetárias tornaram-se mais restritivas, tanto pelos aumentos da taxa de juros básica até julho de 2011 quanto pelas medidas macroprudenciais adotadas pelo Banco Central. Logo, se os impactos verificados nos países da OCDE valem para a economia brasileira, uma desaceleração mais intensa da indústria (comercializáveis) relativa ao setor de serviços (não comercializáveis) ao longo de 2011 seria natural, dado o aperto das condições monetárias. Além disso, a redução do crescimento da economia global pode ter contribuído para esse processo.

Os objetivos deste capítulo são: (i) avaliar o impacto de choques monetários, fiscais e da atividade global em uma economia aberta com dois setores, comercializáveis e não comercializáveis; e (ii) testar se o comportamento da demanda ajuda a explicar a dinâmica da produção industrial entre o final de 2008 e o início de 2012. Para o primeiro objetivo utilizamos um VAR estrutural, enquanto que, para testarmos a segunda hipótese, utilizamos um modelo de correção de erros de equação única.

Os testes mostram que são válidos para a economia brasileira os resultados encontrados por Llaudes para os países da OCDE: choques na política monetária têm efeitos maiores na indústria do que no setor de serviços. Além disso, como esperado, choques na economia global impactam mais os setores de bens comercializáveis do que os setores não comercializáveis. O choque fiscal também apresentou os resultados esperados: um aumento das despesas totais do governo tem um impacto estatisticamente significativo no PIB de serviços e insignificante no setor industrial.

Logo, os efeitos defasados das políticas monetárias e o menor crescimento global podem explicar parte do enfraquecimento da indústria, principalmente entre 2011 e início de 2012.

---

[1] Ricardo Llaudes, "Monetary policy shocks in a two-sector open economy: an empirical study", in: *European Central Bank*.

No segundo exercício, as simulações não rejeitam que a dinâmica da produção industrial seja explicada por fatores de demanda, pelo menos em grande parte do horizonte de simulação (com exceção do período entre o final de 2011 e o início de 2012). Em outras palavras, há evidências de efeitos de componentes cíclicos na desaceleração da indústria.

Em uma das especificações, identifica-se uma mudança das elasticidades da produção industrial em relação aos investimentos e às importações como elemento importante para explicar o comportamento da indústria. Os resultados sugerem um maior efeito substituição por importados, ou seja, uma parcela maior do aumento da demanda foi atendida pela elevação da oferta de bens importados.

Todas as simulações mostram uma tendência de fraqueza maior da produção industrial em relação ao projetado no período entre o final de 2011 e abril de 2012. Esse é um sinal de que outros fatores podem ter contribuído para a redução da produção na indústria de transformação no período.[1]

Além dessa introdução, o capítulo possui quatro seções: a seção 2 aborda o tema da desindustrialização à luz da política econômica e do choque global no período analisado; na seção seguinte, os modelos empíricos utilizados são apresentados; na seção 4, discutimos os resultados das estimações; e a seção 5 traz as conclusões.

2. Desindustrialização, política econômica e choque global

Na literatura econômica, o conceito de desindustrialização refere-se, em geral, à redução da participação da indústria no valor adicionado do PIB ou à diminuição da proporção de empregados no setor industrial. Essas mudanças estão geralmente relacionadas a alterações estruturais que levam décadas.

Essas mudanças que alteram a estrutura da economia entre os setores podem estar associadas a mudanças da renda per capita. Por exemplo,

---

[1] Por exemplo, aumento de custos de produção, maior efeito de substituição das importações do que o estimado e estoques mais excessivos do que o indicado pelas pesquisas qualitativas.

neste volume, Bonelli, Pessoa e Matos estimam que economias com renda per capita mais alta possuem um setor industrial com menor participação no PIB do que economias com renda per capita mais baixa. No caso da economia brasileira, os autores mostram que há uma tendência de longo prazo de diminuição da participação da indústria no PIB.

No entanto, desde 1995 a participação da indústria de transformação no PIB a preços correntes tem oscilado em torno de 17%, exceto em 2011, quando de fato descolou desse padrão e reduziu-se para menos de 15%. Na razão a preços constantes observa-se uma intensificação da diminuição da participação da indústria na economia após a crise iniciada em 2008.

Gráfico 1 – Valor adicionado da indústria de transformação
(% do valor adicionado do PIB)

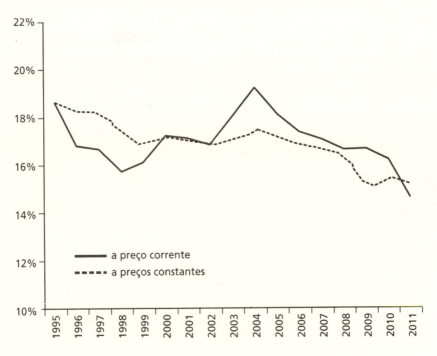

A perda de participação da indústria na economia pode ser vista também pela diferença entre a taxa de crescimento real da indústria de transformação e do PIB. O Gráfico 2 mostra a evolução da média móvel de cinco anos das duas taxas de crescimento.

Nota-se que no período entre 2000 e 2002 a indústria cresce menos do que o PIB. Entre 2003 e 2008, especialmente até agosto de 2008, as taxas de crescimento foram próximas, mas depois divergiram consideravelmente, com a indústria de transformação crescendo menos do que o PIB. Destaca-se que os períodos de divergência são marcados por menor crescimento global. O início da década passada é marcado pela recessão americana devido ao estouro da bolha de ações no mercado de tecnologia, e o período final da amostra, pela recessão provocada pela crise do *subprime*, que se estendeu com a crise da dívida em alguns países desenvolvidos.

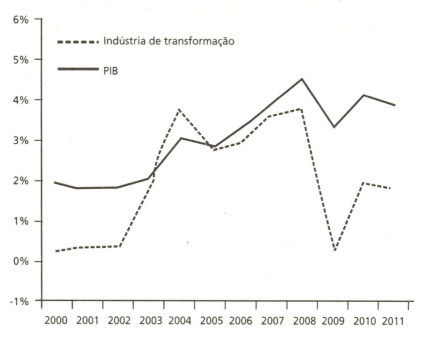

Gráfico 2 – Indústria de transformação *vs.* PIB
(taxa de crescimento – média móvel de 5 anos)

Esse descolamento entre a indústria e o PIB pode ser efeito tanto de fatores cíclicos, como o menor crescimento global e aperto temporário da demanda doméstica, quanto de fatores estruturais, como menor crescimento da produtividade, elevação de custos de contratação etc.

Neste capítulo, avaliamos qual foi a influência dos componentes da demanda sobre a dinâmica da indústria de transformação, especialmente após a forte recuperação da recessão observada entre o final de 2008 e o início de 2009. Avaliamos que os seguintes fatores, (i) o aperto da política monetária até meados de 2011, (ii) as medidas macroprudenciais e (iii) o menor crescimento global, podem ter tido um impacto maior do que o esperado (pelos empresários do setor) na demanda por produtos industriais e ter causado uma acumulação indesejada de estoques, com consequências negativas sobre a produção.

O ajuste aos estoques excessivos pode explicar parte da demora da atividade industrial em reagir à flexibilização das condições monetárias desde agosto de 2011, além da tradicional defasagem com que esses instrumentos impactam a atividade econômica.

Diante disso, utilizamos alguns modelos para testarmos o quanto da dinâmica da indústria de transformação entre setembro de 2008 e abril de 2012 é explicada pela demanda.

3. Modelo empírico

Antes de estimarmos se a evolução dos fatores de demanda explica a dinâmica da produção industrial, testamos se choques na política monetária e na economia global têm impacto mais intenso nos setores comercializáveis do que nos segmentos não comercializáveis da economia, e como surpresas nas despesas fiscais afetam a indústria e o setor de serviços. A expectativa é que os dois primeiros choques impactem a indústria (o setor de bens comercializáveis) de forma mais intensa. No caso de um choque na política monetária, os setores comercializáveis são aqueles mais sensíveis às condições de crédito (os segmentos não comercializáveis, em geral, são mais sensíveis à renda), e no caso de um choque da demanda externa, naturalmente, seu efeito tende a ser mais intenso naqueles bens que são transacionados com o exterior.

O impulso fiscal tende a ter um impacto maior no PIB de serviços do que na indústria de transformação, pois parte relevante é via aumento de transferências e aumento de gastos com serviços públicos.

Para testarmos os efeitos desses choques seguimos a metodologia aplicada por Llaudes,[1] onde um VAR estrutural é utilizado para simular um choque de política monetária em uma economia aberta e com dois setores, comercializáveis e não comercializáveis.[2]

3.1 Métodos para identificação dos choques

A primeira identificação dos choques segue a decomposição recursiva de Cholesky. O VAR estimado é uma variação do apresentado por Llaudes[3] e contém as seguintes variáveis, nesta ordem:

$$\{W, F, TY, NTY, P, R, RER\},$$

onde W é a produção industrial global, F é a despesa do setor público, TY é a produção da indústria de transformação (comercializável), NTY é o produto do setor de serviços (não comercializável), P mede o índice de preços domésticos, R representa a taxa de juros de curto prazo e RER mede a taxa de câmbio real efetiva. Em relação ao modelo estimado por Llaudes,[4] acrescentamos as variáveis de atividade global (W) e despesas fiscais (F).

Em termos de choques estruturais e forma reduzida, o esquema recursivo da decomposição de Cholesky pode ser representado por:

---

[1] Ricardo Llaudes, "Monetary Policy Shocks in a Two-Sector Open Economy: an Empirical Study", in: *European Central Bank*.
[2] Ver metodologia no Apêndice.
[3] Ibidem.
[4] Ibidem.

O FUTURO DA INDÚSTRIA NO BRASIL: DESINDUSTRIALIZAÇÃO EM DEBATE

$$
\begin{bmatrix}
1 & 0 & 0 & 0 & 0 & 0 & 0 \\
b_{21} & 1 & 0 & 0 & 0 & 0 & 0 \\
b_{31} & b_{32} & 1 & 0 & 0 & 0 & 0 \\
b_{41} & b_{42} & b_{43} & 1 & 0 & 0 & 0 \\
b_{51} & b_{52} & b_{53} & b_{54} & 1 & 0 & 0 \\
b_{61} & b_{62} & b_{63} & b_{64} & b_{65} & 1 & 0 \\
b_{71} & b_{72} & b_{73} & b_{74} & b_{75} & b_{76} & 1
\end{bmatrix}
\begin{bmatrix}
u_t^{W} \\
u_t^{F} \\
u_t^{TY} \\
u_t^{NTY} \\
u_t^{P} \\
u_t^{R} \\
u_t^{RER}
\end{bmatrix}
=
\begin{bmatrix}
e_t^{W} \\
e_t^{F} \\
e_t^{TY} \\
e_t^{NTY} \\
e_t^{P} \\
e_t^{R} \\
e_t^{RER}
\end{bmatrix}
\tag{1}
$$

Onde o vetor e_t representa os choques estruturais e u_t o vetor de resíduos da forma reduzida.

Essa ordem do VAR implica que choques na política monetária afetam com defasagens a atividade industrial e de serviços, enquanto que choques na produção industrial global e nas despesas do governo têm impacto contemporâneo na atividade doméstica, tanto de comercializáveis quanto de não comercializáveis.

No segundo método de identificação, utilizamos uma estrutura não recursiva, representada por

$$
\begin{bmatrix}
1 & 0 & 0 & 0 & 0 & 0 & 0 \\
b_{21} & 1 & 0 & 0 & b_{25} & 0 & 0 \\
b_{31} & b_{32} & 1 & 0 & 0 & 0 & 0 \\
b_{41} & b_{42} & b_{43} & 1 & 0 & 0 & 0 \\
b_{51} & 0 & b_{53} & 0 & 1 & 0 & b_{57} \\
0 & 0 & b_{63} & b_{64} & b_{65} & 1 & 0 \\
b_{71} & 0 & 0 & 0 & b_{75} & b_{76} & 1
\end{bmatrix}
\begin{bmatrix}
u_t^{W} \\
u_t^{F} \\
u_t^{TY} \\
u_t^{NTY} \\
u_t^{P} \\
u_t^{R} \\
u_t^{RER}
\end{bmatrix}
=
\begin{bmatrix}
e_t^{W} \\
e_t^{F} \\
e_t^{TY} \\
e_t^{NTY} \\
e_t^{P} \\
e_t^{R} \\
e_t^{RER}
\end{bmatrix}
\tag{2}
$$

As restrições em (2) consideram que choques fiscais e na economia global têm efeitos contemporâneos na produção dos setores comercializáveis e não comercializáveis, enquanto que choques monetários têm impactos defasados na atividade econômica. Na decomposição não recursiva, por exemplo, a política monetária reage somente com defasagens a choques na atividade econômica global e nas despesas do governo, enquanto que na decomposição recursiva a reação a esses choques é contemporânea.

MACROECONOMIA DA DESINDUSTRIALIZAÇÃO RECENTE

Na decomposição não recursiva, os choques no câmbio real também diferem da decomposição de Cholesky. Na decomposição não recursiva, os choques nas despesas do governo e na atividade econômica não têm impacto contemporâneo na taxa de câmbio, enquanto que na decomposição de Cholesky isso ocorre.

A partir desses modelos, simulamos um choque na taxa de juros, nas despesas do setor público e na atividade industrial global e calculamos o impacto na produção da indústria de transformação e do setor de serviços ao longo do tempo, para as duas restrições apresentadas acima.

3.2 Método para estimar o impacto da demanda na produção industrial

Além de estimarmos os impactos dos choques de política monetária, fiscal e da atividade econômica global sobre a produção relativa da indústria de transformação, utilizaremos um modelo de correção de erros de equação única para testarmos se a dinâmica da produção industrial é explicada pela demanda no período pós-choque do Lehman Brothers.

Optamos por utilizar um modelo de correção de erros de equação única em vez de estimarmos um *vector error-correction* (VEC) por ser a primeira opção mais parcimoniosa. O sistema VEC estima muitos parâmetros para uma amostra com um pouco mais de 10 anos de dados mensais. Logo, optamos por estimar o vetor de cointegração baseado em uma única equação de um modelo de defasagens distribuídas, seguindo a metodologia de Banerjee et al.[1]

A equação estimada segue a forma funcional de um modelo de defasagens distribuídas

$$\Delta y_t = \alpha \Delta x_t + \beta y_{t-1} + \theta x_{t-1} + \varepsilon_t$$

---

[1] Anindya Banerjee, Juan Dolado e Ricardo Mestre. "Error-correction mechanism tests for cointegration in a single-equation framework", in: *Journal of Time Series Analysis*, p. 267-285.

Onde α, θ e x_t são vetores de parâmetros e variáveis explicativas $k \times 1$. A variável dependente y_t é um processo univariado e β um escalar. Se as variáveis do vetor x_t são exógenas fracas, então as estimativas por mínimos quadrados ordinários (MQO) dos parâmetros dos modelos são consistentes e o teste de cointegração é feito sobre β, seguindo a distribuição construída em Banerjee et al.[1]

Dois conjuntos de dados são utilizados nas estimações do modelo de correção de erros tendo como variável dependente a produção da indústria de transformação. No primeiro, o vetor x_t contempla as seguintes variáveis: (i) crédito, (ii) produção industrial global, (iii) taxa de câmbio real, (iv) taxa de juro real e (v) estoques.[2] No segundo, consideramos as variáveis diretas de demanda: (i) vendas no varejo, (ii) formação bruta de capital fixo, (iii) importações, (iv) exportações e (v) estoques.

3.3 Dados

Nas estimativas do VAR, utilizamos séries mensais, onde o dado de produção industrial global é construído a partir das séries de produção industrial da área do euro, Estados Unidos da América, Japão, Reino Unido, México, Índia e China. Os dados de despesa fiscal são formados pela soma das transferências com os gastos correntes e de custeio do governo central, fonte Tesouro Nacional, deflacionados pelo IPCA. Devido à elevada volatilidade da série mensal, utilizamos nas estimações a média móvel de três meses dos dados. Os dados de produção da indústria de transformação são da Pesquisa Industrial Mensal (PIM-IBGE). O PIB mensal de serviços é uma mensalização dos dados do PIB de serviços das Contas Nacionais Trimestrais (SCNT-IBGE) pelo método quadrático. O índice de preços domésticos utilizado na

---

[1] Ibidem.
[2] Testamos a série de massa salarial real nas especificações estimadas, mas esta não foi significativa em nenhuma das especificações, além de ter o sinal contrário ao esperado em uma delas.

MACROECONOMIA DA DESINDUSTRIALIZAÇÃO RECENTE

estimação é o Índice de Preços ao Consumidor Amplo (IPCA-IBGE). A taxa de juro nominal é a taxa básica Selic (Banco Central). A taxa de câmbio real é a taxa efetiva cesta de moedas disponível na base de dados do Banco Central.

Nas estimações dos modelos de correção de erros de equação única, além de algumas variáveis citadas, utilizamos na primeira especificação os dados de crédito de concessões totais (pessoa física e pessoa jurídica) da Nota de Política Monetária e Operações de Crédito do Sistema Financeiro (Banco Central) deflacionados pelo IPCA. A taxa de câmbio neutra é estimada a partir de um filtro Hodrick-Prescott (HP), com parâmetro de suavização $\lambda = 1.440.000$. Optamos por um parâmetro de suavização maior do que o usual para o câmbio, com o intuito de reduzir a influência das informações do final da amostra no componente de tendência. O juro real utilizado é o *ex-ante*, definido como a diferença entre a taxa de juros de mercado de 360 dias (Swap Pré-DI) e a mediana das expectativas de inflação 12 meses à frente para o IPCA da pesquisa Focus (Banco Central). A taxa de juro real neutra utilizada na estimativa é um filtro HP com parâmetro de suavização $\lambda = 14.400$. Os dados de estoques são da Sondagem da Indústria de Transformação (FGV) e referem-se a perguntas qualitativas sobre os estoques, se estão excessivos, insuficientes ou normais.

Na segunda especificação do modelo de correção de erros, utilizamos como medida do consumo de bens os dados de vendas no varejo ampliado da Pesquisa Mensal do Comércio (PMC-IBGE). Essa série tem início em janeiro de 2003. Para alongar a série até janeiro de 2000, utilizamos uma regressão dos dados do varejo ampliado em função dos dados de vendas no varejo restrito e de vendas de veículos. Para os dados de importação e exportação, utilizamos os dados de quantum totais da Funcex como *proxy* para o setor industrial. Os dados de formação bruta de capital fixo mensal são construídos a partir dos dados mensais de consumo aparente de máquinas e equipamentos (Ipeadata) e de insumos para a construção civil da Pesquisa Industrial Mensal (PIM-IBGE).

Todos os dados possuem ajuste sazonal, exceto as taxas de juros nominal e real e a taxa de câmbio real.

4. Resultados

Nesta seção, apresentamos os resultados das duas simulações. Primeiro, verificamos a partir de um VAR estrutural como diferentes choques afetam os setores comercializáveis e não comercializáveis. Segundo, avaliamos se a evolução da demanda ajuda a explicar o comportamento da produção industrial no período de setembro de 2008 a abril de 2012.

4.1 Impacto diferenciado: comercializáveis vs. não comercializáveis

Nas simulações dos choques de política monetária, fiscal e da atividade global sobre a atividade dos setores comercializáveis e não comercializáveis, utilizamos um VAR estrutural, em que, pelo critério de Akaike, o número de defasagens escolhido foi quatro. No entanto, para eliminar a autocorrelação serial dos resíduos, estimamos um VAR de ordem sete. Como em Laudes,[1] as variáveis estimadas estão em nível.

As simulações utilizando dados mensais entre agosto de 2000 e março de 2012 mostram que choques na política monetária estimados a partir de dois métodos de decomposição, recursivo (Cholesky) e não recursivo, têm impacto mais intenso na indústria de transformação do que no setor de serviços. As figuras no Gráfico 3 a seguir ilustram a resposta da produção da indústria de transformação e do PIB de serviços a uma política monetária mais restritiva, a um aumento das despesas públicas e a surpresa positiva na atividade econômica global. Os resultados das simulações são similares nos dois métodos.

---

[1]Ricardo Llaudes, "Monetary policy shocks in a two-sector open economy: an empirical study", in: *European Central Bank*.

Gráfico 3

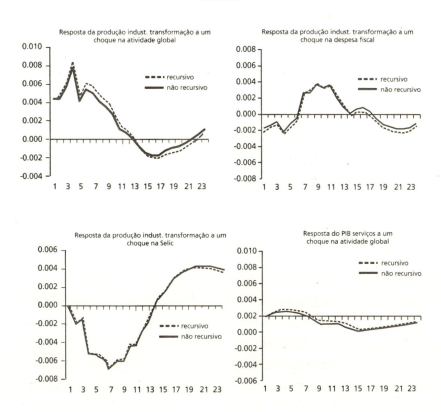

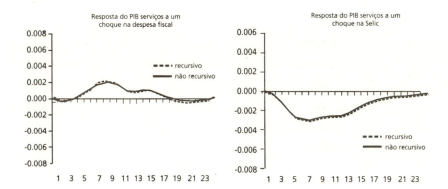

O impacto máximo na indústria de transformação de um choque de política monetária é quase o dobro do observado no setor de serviços. No caso de um choque positivo na atividade econômica global, a produção do setor de bens comercializáveis cresce mais do que no setor de não comercializáveis, como esperado. Esse impacto chega a ser cerca de cinco vezes maior na indústria do que no setor de serviços.

O choque fiscal não teve impacto significativo na indústria de transformação, mas foi significativo no setor de serviços. O efeito ocorre com longa defasagem.

As figuras do Gráfico 4 ilustram os choques no modelo com decomposição recursiva e seus respectivos desvios padrão.

Após a forte aceleração da economia e da atividade industrial em 2009 e no início de 2010, o governo adotou medidas para moderar o crescimento. A taxa de juros subiu, medidas macroprudenciais foram adotadas, os gastos fiscais cresceram a taxas menores e alguns incentivos tributários ao consumo de bens duráveis foram retirados. Além disso, a economia global desacelerou e a crise da dívida na Europa intensificou o processo de arrefecimento da economia mundial. Nesse cenário, a produção industrial inicialmente ficou estagnada, passando a decrescer de forma persistente entre o final de 2011 e o início de 2012, mesmo com a política econômica voltando a estimular o crescimento.

A partir das simulações apresentadas anteriormente, é possível concluir que a indústria (setor de bens comercializáveis) foi o setor mais afetado pelos diversos choques que atingiram a economia no período avaliado. Isso sugere que a demanda deve ter tido uma contribuição importante para o arrefecimento da produção industrial, especialmente ao longo de 2011.

Gráfico 4

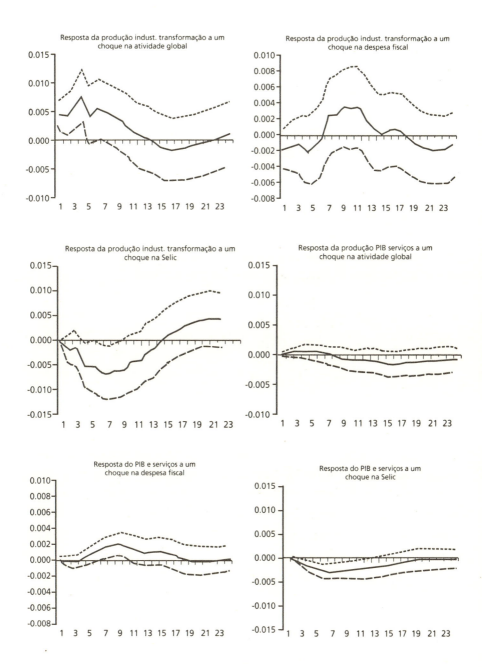

4.2 Impacto da demanda na produção industrial

Para avaliarmos se o comportamento da demanda ajuda a explicar a fraqueza da indústria, estimamos um modelo de correção de erros de equação única para dois conjuntos de dados, com três especificações para cada conjunto.

Inicialmente, os modelos foram estimados para o período entre julho de 2000 e agosto de 2008. A estimação é interrompida antes da intensificação da crise internacional com a quebra do banco Lehman-Brothers principalmente por dois motivos: primeiro, como mostramos na seção 2, a tendência de cinco anos de crescimento da produção da indústria de transformação descola do PIB exatamente após esse período, logo queremos testar se os parâmetros de antes da crise e a evolução da demanda explicam o comportamento da indústria de transformação. Segundo, o intenso choque na indústria produzido pela crise internacional poderia afetar a consistência das estimativas dos parâmetros.

Para o primeiro conjunto de dados, estimamos o modelo de correção de erros com a produção da indústria de transformação como variável dependente, e a taxa de juros, o crédito, a taxa de câmbio real, crescimento internacional e estoques como variáveis exógenas.[1]

Estimamos o modelo até agosto de 2008 e depois projetamos até abril de 2012. Comparamos a projeção com o realizado e verificamos se esta se encontra dentro do intervalo de confiança de dois desvios padrão da projeção. Depois, retiramos os estoques e estimamos os modelos para a mesma amostra da primeira estimação. Na sequência, estimamos esses modelos sem os dados de estoques até abril de 2012, para então realizarmos uma projeção dinâmica dentro da amostra para checar se os resultados sofrem grandes alterações na comparação com a primeira simulação. Desta forma, testamos se os modelos sofrem alterações com a exclusão da variável estoque e como os parâmetros se comportam incluindo o período pós-crise de 2008 na estimação.

---

[1] Nas estimações de um modelo de correção de erros, uma condição necessária para estimá-lo em uma única equação é que as variáveis independentes sejam exógenas fracas. Como algumas das variáveis podem violar essa condição, estimamos um VEC e fizemos as mesmas simulações realizadas no modelo de equação única. Os resultados não se alteram de forma significativa.

MACROECONOMIA DA DESINDUSTRIALIZAÇÃO RECENTE

Excluímos a variável estoque em algumas das estimações por dois motivos: primeiro, a variável é qualitativa, o que pode dar origem a um problema de medida; segundo, há o problema de endogeneidade, que, mesmo sendo tratado nas estimações (com o uso de variáveis instrumentais), pode ainda gerar algum viés nos parâmetros estimados.

Na Tabela 1 apresentamos os resultados da primeira estimação.

Tabela 1

Variável dependente: D(IndustTransform)

Variáveis	1[+]	2[++]	3[+++]
C	1,56	−0,06	0,22
	(3,85)*	(−0,45)	(1,74)***
IndustTransform$_{t-1}$	−0,67	−0,43	−0,29
	(−7,04)*	(−5,23)*	(−4,24)*
Cred$_{t-1}$	0,22	0,09	0,13
	(4,77)*	(2,43)**	(4,85)*
IndustMundo$_{t-1}$	0,27	0,35	0,11
	(3,36)*	(4,09)*	(1,25)
(câmbio-câmbio*)$_{t-12}$	0,05	0,04	0,05
	(4,49)*	(3,38)*	(3,15)*
D(Cred)$_t$	0,15	0,13	0,22
	(2,40)**	(1,97)***	(3,01)*
(juro-juro*)$_{t-7}$	−0,18	−0,17	−0,17
	(−2,87)*	(−2,44)**	(−1,97)***
Estoque$_t$	−0,19		
	(−4,24)*		
R^2–ajustado	0,34	0,29	0,19
DW	1,85	2,11	1,78
LM	1,07[0,30]	0,83[0,37]	2,50[0,12]
JB	4,71[0,09]	1,72[0,42]	1676[0,00]
HET	1,05[0,40]	0,47[0,83]	0,55[0,77]

[+]Modelo estimado por MQ2E; de 2000m07 a 2008m08.
[++]Modelo estimado por MQO; de 2000m07 a 2008m08.
[+++]Modelo estimado por MQO; de 2000m07 a 2012m04.
( ) Estatísticas-t; *Significativo a 1%, **a 5%, ***a 10%; [ ] p – valor

O FUTURO DA INDÚSTRIA NO BRASIL: DESINDUSTRIALIZAÇÃO EM DEBATE

As três versões da equação na Tabela 2 possuem parâmetros com os sinais esperados.[1] No longo prazo, o crédito e a atividade industrial global
cointegram com a produção da indústria de transformação.[2] Além disso,
desvios da taxa de câmbio de uma taxa neutra (estimada por um filtro)
afetam positivamente a produção industrial. No entanto, seus efeitos são
temporários e ocorrem com longas defasagens. Os desvios dos juros de
uma tendência também afetam a indústria com longas defasagens. O
crédito, além do efeito de longo prazo, afeta a dinâmica de curto prazo
da produção da indústria de transformação.

Destaca-se o aumento da elasticidade da produção industrial ao
crédito quando estendemos a amostra para o período pós-2008, algo
esperado, dado que entre 2004 e 2012 a razão crédito/PIB aumentou
de forma persistente.

Outro destaque é a diminuição do impacto da atividade industrial
global na produção industrial doméstica. É possível que a significativa
elevação da capacidade ociosa no mundo tenha aumentado o efeito
substituição em detrimento do efeito complementar entre a atividade
industrial global e brasileira. Em outras palavras, até agosto de 2008,
um aumento da atividade industrial global era sinônimo de maior dinamismo das outras economias e maior demanda por nossas exportações.
Após a crise, a demanda global diminuiu. E a maior competição entre
produtos internacionais e domésticos reduziu o parâmetro da produção
industrial global no modelo.[3]

As figuras no Gráfico 5 a seguir ilustram as duas simulações: (i) fora
da amostra e incluindo uma medida de estoque e (ii) dentro da amostra
e excluindo os estoques.

As simulações a partir desses modelos sugerem que os fatores determinantes da demanda explicam importante parcela da fraqueza da ati-

---

[1]As variáveis estão em log nas estimações.
[2]De acordo com a estatística t do parâmetro do logaritmo da produção da indústria de transformação defasado e com os valores críticos produzidos por Banerjee et al., "Error-correction
mechanism tests for cointegration in a single-equation framework", in: *Journal of Time Series
Analysis*, não rejeitamos a existência de cointegração entre estas variáveis.
[3]Estimamos as três versões do modelo utilizando os dados de vendas no varejo global como medida
de demanda externa em substituição à produção industrial global. O parâmetro das vendas no
varejo global também diminui, mas menos do que o da produção industrial. Os resultados das
simulações com essas versões do modelo são similares àqueles com a produção industrial global.

vidade industrial. As simulações mostram que as medidas de aperto das condições monetárias e o menor crescimento global são compatíveis com a moderação do crescimento industrial em grande parte do período sob análise. Em quase todo o horizonte de projeção, a produção da indústria de transformação evolui dentro do intervalo de confiança na projeção.

Gráfico 5

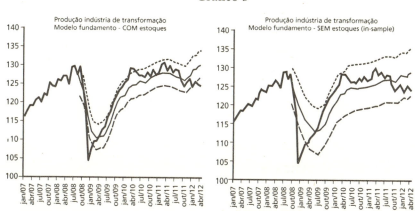

No entanto, nota-se que na parte final da amostra o valor efetivo da produção industrial fica abaixo do limite inferior do intervalo de confiança de dois desvios padrão. Isso pode ser um indício da maior influência de outros fatores (entre os quais questões estruturais, como aumento do custo de produção, menor crescimento da produtividade etc.) na dinâmica da atividade industrial.

Na simulação dentro da amostra (como ilustram as figuras do Gráfico 5), após a reestimação dos parâmetros, a produção industrial fica dentro do intervalo de confiança. Isso sugere que houve alguma mudança nos parâmetros após a crise de 2008 que ajuda a explicar a fraqueza da produção industrial.

Na segunda especificação, utilizamos os dados diretos de demanda – consumo de bens (vendas no varejo), formação bruta de capital fixo, exportações líquidas e estoques.

Na Tabela 2, apresentamos as estimações dos modelos de correção de erros de equação única com o uso das variáveis diretas de demanda, como vendas no varejo, investimento, exportação e importação.

O FUTURO DA INDÚSTRIA NO BRASIL: DESINDUSTRIALIZAÇÃO EM DEBATE

Tabela 2

Variáveis	1[+]	2[++]	3[+++]
C	1,48	0,79	0,45
	(5,02)*	(3,02)	(2,16)**
$IndustTransform_{t-1}$	−0,63	−0,54	−0,38
	(−6,59)*	(−5,56)*	(−4,64)*
$VendVarejo_{t-1}$	0,18	0,23	0,07
	(3,11)*	(3,38)*	(3,24)*
$FBCF_{t-1}$	0,16	0,12	0,22
	(2,91)*	(2,23)**	(2,64)*
$Import_{t-1}$	−0,05	−0,07	−0,09
	(−1,45)	(−1,51)	(−1,94)***
$Export_{t-1}$	0,10	0,09	0,08
	(5,74)*	(4,82)*	(4,35)*
$D(VendVarejo)_t$	0,28	0,34	0,18
	(3,14)*	(3,20)*	(2,66)***
$D(Export)_t$	0,11	0,12	0,15
	(3,29)*	(3,08)	(3,65)
$D(FBCF)$	0,23	0,25	0,41
	(3,91)*	(3,49)*	(3,77)*
$D(Import)_t$	−0,08	−0,12	−0,14
	(−1,50)	(−1,67)***	(−2,00)**
$Estoque_t$	−0,08)		
	(−2,47)**		
R^2− ajustado	0,50	0,41	0,46
DW	1,98	2,01	2,12
LM	0,00[0,95]	0,05[0,83]	1,67[0,20]
JB	1,31[0,52]	0,58[0,75]	54,70[0,00]
HET	0,56[0,84]	0,67[0,74]	4,30[0,00]

[+]Modelo estimado por MQ2E; de 2000m07 a 2008m08.
[++]Modelo estimado por MQ2E; de 2000m07 a 2008m08.
[+++]Modelo estimado por MQ2E; de 2000m07 a 2012m04; estimação robusta à heterocedasticidade.
( ) Estatísticas-t *Significativo a 1%; ***a 10%; [ ] p−valor.

MACROECONOMIA DA DESINDUSTRIALIZAÇÃO RECENTE

Nas estimações na Tabela 2, os testes não rejeitam a existência de cointegração entre a produção da indústria de transformação e as variáveis de demanda. As vendas no varejo, a formação bruta de capital fixo e as exportações possuem relação de longo prazo positiva com a produção da indústria, enquanto que as importações possuem relação negativa, como esperado.

Na estimação em que estendemos a amostra para o período pós-2008, nota-se uma importante elevação dos parâmetros da formação bruta de capital fixo e das importações na relação de longo prazo. Portanto, o investimento passou a explicar mais a dinâmica da produção da indústria, ao mesmo tempo que parte maior da demanda foi atendida pelo aumento das importações, sugerindo maior efeito da competição externa.

É interessante que nas estimações tanto com as variáveis diretas de demanda quanto com as indiretas (crédito, juros, câmbio etc.) o parâmetro de correção de erros da equação diminui quando aumentamos a amostra, incluindo o período entre setembro de 2008 e abril de 2012. Isso significa que, após a crise, a indústria passou a reagir de forma mais lenta a desvios da relação de longo prazo. Em outras palavras, a produção demora mais tempo para alcançar o novo equilíbrio quando sofre algum choque de demanda.

Nas simulações com a segunda especificação, a produção da indústria de transformação fica persistentemente fora do intervalo de confiança no período entre agosto do ano passado e abril de 2012. No entanto, na especificação estimada até abril de 2012, com simulação dinâmica dentro da amostra, a produção observada fica dentro do intervalo de confiança. Novamente, isso sugere alguma mudança nos parâmetros após 2008. Esses resultados podem estar relacionados à capacidade ociosa gerada pela crise, especialmente nas economias avançadas, o que pode ter aumentado a competição de produtos importados com produtos nacionais no mercado local e internacional. Nesse caso, as exportações crescem menos e as importações mais, para a mesma taxa de câmbio, afetando com mais intensidade a atividade industrial.

Além disso, a recuperação dos preços das *commodities* e a redução do risco-país levaram a uma apreciação da taxa de câmbio, o que, no curto prazo, tende a afetar negativamente a produção industrial, como mostram as estimativas.

As figuras no Gráfico 6 a seguir ilustram as simulações fora da amostra e dentro da amostra das equações na Tabela 2.

Gráfico 6

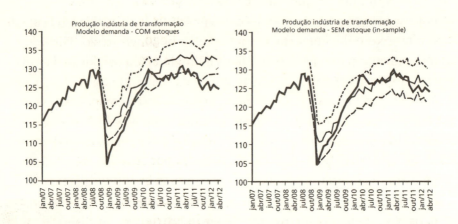

Como mencionado, as elasticidades dos investimentos e das importações aumentam nas estimativas incluindo o período pós-agosto de 2008. Esse efeito leva a curva projetada para a produção da indústria de transformação para perto da efetiva, embora persista o sinal de maior fraqueza da produção industrial na parte final da amostra.

Os resultados sugerem que a produção industrial foi afetada pelo aperto das condições de demanda no período em análise (por fatores domésticos e externos). A mudança dos parâmetros na segunda especificação chama a atenção para um efeito maior do câmbio e dos investimentos.

No período final da amostra, identifica-se uma persistência maior de surpresas negativas da produção industrial em relação ao projetado pelas especificações estimadas, em especial com os parâmetros estimados até agosto de 2008. Esse pode ser um indício de que, apesar de a demanda ter uma participação importante na dinâmica da atividade industrial no período analisado, outros fatores podem ter afetado o desempenho desse setor, como a elevação dos custos ou estoques ainda mais excessivos do que as medidas qualitativas conseguem captar.

5. Conclusões

Na literatura econômica, o processo de redução da participação da indústria na economia está associado a questões de longo prazo, como o crescimento da renda per capita, por exemplo. Logo, medidas na direção de suavizar ou alterar esse processo devem ser avaliadas do ponto de vista do bem-estar da sociedade.

No que tange à redução da participação da indústria no PIB no curto prazo, os resultados deste capítulo são: (i) a demanda teve um papel relevante no comportamento da produção industrial, especialmente em 2011. Seja devido às contenções domésticas ou por causa da fraqueza da economia global, o importante é que a demanda se expandiu a passos mais lentos, e o ajuste de estoques gerados pela frustração com a demanda contribuiu para a fraqueza da produção industrial; (ii) os choques na política monetária são mais intensos na atividade industrial do que no setor de serviços, assim como os efeitos da atividade econômica mundial; (iii) o impacto das despesas fiscais é significativo sobre o setor de serviços, mas não sobre a indústria. No entanto, é razoável esperar que alguns componentes das despesas do governo, como os investimentos, ou uma política fiscal via redução de tributos, possam ser mais relevantes para a indústria de transformação do que para o setor de serviços. Esse pode ser um tópico de pesquisa futura.

Deste modo, a contenção das despesas correntes do setor público e a expansão dos investimentos em infraestrutura tendem a suavizar a tendência de redução de participação da indústria no PIB. É fato estilizado que as despesas do setor público afetam mais a atividade de serviços, enquanto que a política monetária tem impacto mais intenso na atividade industrial. Logo, uma moderação das taxas de crescimento dos gastos públicos correntes permitiria uma redução das taxas de juros, o que favoreceria o setor industrial.

O FUTURO DA INDÚSTRIA NO BRASIL: DESINDUSTRIALIZAÇÃO EM DEBATE

Em suma, os resultados deste capítulo apontam para a relevância da demanda e de seus fundamentos para explicar parte do comportamento da indústria entre o final de 2008 e meados de 2011. Nota-se, também, que entre o final de 2011 e o início de 2012, em todas as simulações, a indústria evoluiu abaixo do estimado pela demanda e, com os parâmetros estimados até 2008, a surpresa é estatisticamente significativa, o que pode ser um sinal de que outros fatores (como características estruturais), além da demanda, influenciaram a dinâmica da indústria de transformação no período mais recente.

Apêndice

Na metodologia do VAR estrutural, seguindo a nomenclatura utilizada em Laudes,[1] supõe-se que a economia siga a seguinte forma estrutural:

$$G(L)y_t = e_t \tag{4}$$

Onde $G(L)$ é a matriz polinomial do operador de defasagens L, y_t é um vetor de variáveis macroeconômicas (n × 1) e e_t é um vetor de choques estruturais (n x 1). Como padrão, a hipótese é que esses choques têm média zero e não são autocorrelacionados:

$$E(e_t) = 0 \tag{5}$$

$$E(e_t e_t) = \begin{matrix} \Sigma & \text{quando} & t = s \\ 0 & \text{quando} & t \neq s \end{matrix} \tag{6}$$

Onde $var(e_t) = \Sigma$, em que Σ é a matriz cujos elementos da diagonal são as variâncias estruturais dos choques.

---

[1] Ricardo Llaudes, "Monetary policy shocks in a two-sector open economy: an empirical study" in: *European Central Bank, Working Paper Series*.

MACROECONOMIA DA DESINDUSTRIALIZAÇÃO RECENTE

A partir da equação estrutural chegamos à forma reduzida do VAR que será estimada:

$$y_t = \Gamma(L)_{yt-1} + u_t, \tag{7}$$

Onde $\Gamma(L)$ é a matriz polinomial (sem o termo constante) do operador de defasagens L e var(u_t) = Λ. Utilizaremos dois conhecidos métodos para recuperar os parâmetros da forma estrutural da equação em forma reduzida estimada. O primeiro método é o proposto por Sims,[1] que é um método recursivo de decomposição ortogonal (Cholesky); o segundo é um método não recursivo, onde restrições econômicas são impostas sobre os parâmetros estruturais.

Seja G_0 a matriz de coeficientes de L^0 em $G(L)$, isto é, a matriz de coeficientes contemporâneos na equação estrutural, e seja $G^0(L)$ a matriz de coeficientes sem os coeficientes contemporâneos G_0 tal que $G(L) = G_0 + G^0(L)$. Então, os parâmetros na equação da forma estrutural e na forma reduzida estão relacionados da seguinte forma:

$$\Gamma(L) = -G_0^{-1} G^0(L).$$

Além disso, os choques estruturais estão relacionados aos resíduos da forma reduzida por:

$$e_t = G_0 u_t,$$

O que implica que:

$$\Lambda = G_0^{-1} \Sigma G_0^{-1}.$$

Se normalizarmos os n elementos da diagonal de G_0 para 1, necessitamos de no mínimo $(n^2 - n)/2$ restrições em G_0 para que haja identificação.

---

[1]Christopher Sims, "Macroeconomics and reality", in: *Econometrica*, p. 1-48.

O FUTURO DA INDUSTRIA NO BRASIL: DESINDUSTRIALIZAÇÃO EM DEBATE

Referências

BANERJEE, Anindya; DOLADO, Juan; MESTRE, Ricardo. Error-correction mechanism tests for cointegration in a single-equation framework. *Journal of Time Series Analysis*, 19, 3, p. 267-285, 1998.

LLAUDES, Ricardo. Monetary policy shocks in a two-sector open economy: an empirical study". *European Central Bank, Working Paper Series*, 779, 2007.

SIMS, Christopher. Macroeconomics and reality". *Econometrica*, 48, p. 1-48, 1980

III. Padrões de comércio e política industrial

8. *Commodities* no Brasil: maldição ou bênção?[1]

Sergio G. Lazzarini, Marcos Sawaya Jank e Carlos F. Kiyoshi V. Inoue

1. Introdução

Nos últimos anos, poucos assuntos têm despertado tanta controvérsia quanto a crescente especialização do Brasil em *commodities*: produtos padronizados e não diferenciados, normalmente utilizados como bens intermediários ou insumos nas cadeias produtivas e transacionados em mercados internacionais. Em 2001, a participação das *commodities* (agrícolas, combustíveis, minerais e metais) representava menos de 50% da pauta exportadora brasileira; em 2011, esse percentual subiu para mais de 70%.[2]

Seria essa tendência uma bênção ou uma maldição? Alguns ressaltam que a ênfase em *commodities* foi fundamental para sustentar o crescimento e o saldo comercial obtido na primeira década do século, puxado pela elevada expansão da economia chinesa. Seríamos, nesse sentido, complementares à China. Enquanto aquele país tem mão de obra abundante e a baixo custo, que favorece setores industriais intensivos

---

[1]Este capítulo se beneficiou de discussões com André M. Nassar, Claudio Haddad, Edmar Bacha e Naercio Aquino Menezes Filho, além de participantes em seminário na Casa das Garças em 29 de junho de 2012. Erros e omissões remanescentes são de responsabilidade exclusiva dos autores.
[2]Dados do Secex/MDIC, compilados pelo ICONE.

em trabalho, o Brasil tem disponibilidade de terra e recursos minerais, associados a tecnologias avançadas de extração e produção de *commodities*. Exemplos incluem a prospecção de petróleo em águas profundas e a moderna tecnologia de agricultura tropical.

Para outros, entretanto, *commodities* seriam uma maldição. Um argumento comumente utilizado é o de que *commodities* não incorporam tanta tecnologia quanto outros produtos mais elaborados, como computadores e carros. Assim, segundo esse argumento, uma ênfase excessiva em *commodities* retira o País da trajetória de evolução tecnológica de países mais especializados nesses produtos elaborados. Mais ainda, as receitas obtidas com a exportação de *commodities* acabariam deixando o real mais forte em relação ao dólar, o que torna outros produtos industriais brasileiros menos competitivos no exterior. Esse é o conhecido argumento da doença holandesa.

Neste capítulo, procuramos contribuir para esse debate, argumentando que, a princípio, a natureza do produto não é algo necessariamente bom ou ruim. Apresentamos e contestamos diversos mitos associados à visão de que a ênfase em *commodities* pode comprometer o desenvolvimento futuro do Brasil. Isso não significa, contudo, que essa ênfase não tenha riscos. Porém, o remédio para esses riscos não envolve necessariamente mais proteção ou estímulo a determinados setores industriais simplesmente porque são associados a produtos mais "acabados" ou com maior valor por unidade de peso – argumento erroneamente usado por alguns formuladores de políticas. Dessa forma, concluímos o capítulo com sugestões de políticas públicas para que o País utilize suas vantagens comparativas naturais de forma positiva, visando a estimular novas vantagens futuras e gerar crescimento sustentável.

2. Mitos

MITO 1 – *COMMODITIES* TÊM POUCO VALOR ADICIONADO

O preço de uma tonelada de minério de ferro exportada pelo Brasil gira em torno de US$ 150 no mercado internacional. Enquanto isso, a

PADRÕES DE COMÉRCIO E POLÍTICA INDUSTRIAL

versão mais barata do iPad custa US$ 399 nos Estados Unidos. Como o iPad pesa ao redor de 600 gramas, o valor equivalente por tonelada desse produto é nada menos que US$ 665 mil. Logo, precisaríamos exportar 4.430 toneladas de minério para importar o equivalente a uma tonelada de iPad. Esse tipo de cálculo tem sido usado por membros do governo para justificar a ideia de que exportar produtos básicos, como o minério de ferro ou produtos agrícolas, é ruim. Melhor seria incentivar produtos de maior "valor agregado" como computadores, aviões ou carros.

Entretanto, a geração de valor em uma atividade produtiva não tem necessariamente a ver com o preço por tonelada do produto vendido. Uma medição mais correta é o chamado valor da transformação industrial, isto é, a diferença entre as vendas do produto acabado e o custo das matérias-primas e operações. Dividindo esse valor pelo total de pessoas empregadas no setor, obtemos uma medida de produtividade do trabalho – cuja evolução influencia positivamente o crescimento econômico do País.

Vejamos, então, como se comportaram os diversos setores industriais em termos de produtividade do trabalho. A partir de dados do IBGE (Pesquisa Industrial Anual) de 1996 a 2009, computamos o valor da produtividade do trabalho para vários setores, em reais deflacionados e trazidos para valores do último ano da série (utilizando o deflator implícito da indústria). Calculamos também a taxa média de crescimento anual dessa produtividade durante o período. Para tornar as séries comparáveis, consideramos apenas indústrias nas quais dados de todos os anos estavam disponíveis.

Como exemplo, considere o caso de uma cadeia de valor específica, a do minério de ferro (Tabela 1). O setor de extração de minério de ferro adicionou um valor médio anual de R$ 507 mil por trabalhador. Essa produtividade cresceu 6,3% ao ano entre 1996 e 2009. O setor de metalurgia (laminados plano de aço), que seria, em tese, de maior "valor agregado", adicionou bem menos valor: R$ 395 mil por trabalhador, com um crescimento também menor de produtividade, de 3,9% ao ano. O setor de equipamentos de informática, produtos eletrônicos e ópticos,

O FUTURO DA INDÚSTRIA NO BRASIL: DESINDUSTRIALIZAÇÃO EM DEBATE

tido como de ainda maior "valor agregado", exibiu uma produtividade de apenas R$ 238 mil por trabalhador, declinante durante todo o período (queda de – 4,1% ao ano).

Tabela 1 – Valor da transformação industrial (VTI) por trabalhador em etapas sequenciais da cadeia do minério de ferro no Brasil (1996-2009)

Etapa	VTI médio por trabalhador (R$)	Taxa média de crescimento anual
Extração do minério de ferro	507,48	6,3%
Metalurgia (laminados planos de aço)	395,41	3,9%
Fabricação de equipamentos de informática	238,41	-4,1%

Fonte: IBGE, Pesquisa Industrial Anual. Valores deflacionados para 2009 usando o deflator implícito da indústria. Consideramos apenas indústrias nas quais dados de todos os anos estavam disponíveis.

O computador e o aço valem muito mais por tonelada que o minério de ferro, mas adicionam muito menos valor por trabalhador do que esse produto tido como básico. Assim, obrigar empresas como a Vale a "agregar valor" ao seu minério investindo em siderurgia no Brasil ou dar subsídios para empresas montarem iPads no Brasil são ações que podem, paradoxalmente, destruir valor. "Agregação de valor" (no sentido de aumento do preço do produto) pode muitas vezes significar adição de custos e não de lucros.

As Tabelas 2 e 3 apresentam uma análise mais ampla dos dados. Na Tabela 2, observamos que vários setores de alto valor adicionado por trabalhador envolvem *commodities* (minério de ferro, celulose, cimento) ou insumos para produção de *commodities* (fertilizantes, defensivos agrícolas). Vários produtos tidos como mais "acabados", como roupas, calçados e embarcações, têm, em realidade, valor adicionado muito baixo por trabalhador.

PADRÕES DE COMÉRCIO E POLÍTICA INDUSTRIAL

Tabela 2 – Os dez setores industriais no Brasil que exibiram maior e menor
valor adicionado (VTI) médio por trabalhador, no período 1996-2009

Maior valor adicionado		Menor valor adicionado	
Setor	VTI por trabalhador	Setor	VTI por trabalhador
Fabricação de produtos petroquímicos básicos	1.253,68	Confecção de roupas íntimas	32,76
Fabricação de celulose e outras pastas para a fabricação de papel	580,65	Recondicionamento e recuperação de motores para veículos automotores	32,31
Extração de minério de ferro	507,48	Construção de embarcações para esporte e lazer	32,30
Fabricação de resinas termoplásticas	480,55	Fabricação de artigos do vestuário, produzidos em malharias e tricotagens, exceto meias	31,04
Fabricação de defensivos agrícolas	446,08	Fabricação de calçados de couro	29,95
Fabricação de intermediários para fertilizantes	426,28	Fabricação de acessórios do vestuário, exceto para segurança e proteção	29,44
Produção de laminados planos de aço	395,41	Fabricação de artigos para viagem, bolsas e semelhantes de qualquer material	29,38
Fabricação de gases industriais	391,89	Confecção de peças do vestuário, exceto roupas íntimas	25,56
Fabricação de cimento	390,78	Fabricação de artefatos de couro não especificados anteriormente	24,73
Extração de minério de alumínio	389,22	Confecção de roupas profissionais	20,25

Fonte: IBGE, Pesquisa Industrial Anual. Valores em R$, deflacionados para 2009 usando o
deflator implícito da indústria. Consideramos apenas indústrias nas quais dados de todos os
anos estavam disponíveis.

O FUTURO DA INDÚSTRIA NO BRASIL: DESINDUSTRIALIZAÇÃO EM DEBATE

A Tabela 3 faz uma comparação de médias de valor adicionado e seu crescimento separando os setores industriais entre setores de *commodities* e de não *commodities*. Em linha com nossa definição anterior, consideramos como *commodities* produtos padronizados e geralmente intermediários nas cadeias produtivas. Podem, assim, envolver produtos básicos menos processados (caso do açúcar bruto) ou mais processados (caso do açúcar refinado). O Apêndice indica os setores industriais que consideramos como sendo de *commodities*.

Tabela 3 – Comparação de médias entre setores industriais de *commodities* e não *commodities*, em termos de valor adicionado (VTI) médio por trabalhador e crescimento dessa produtividade, no período 1996-2009

	VTI por trabalhador (R$)	Taxa média de crescimento anual
Commodities	155,38	3,21%
Não *commodities*	127,17	0,75%
Teste *t* de comparação de médias	–1,157	3,000*

Fonte: Consulte fonte descrita no Quadro 2.
*Significativo a 1% (N = 226; 29 setores classificados como de *commodities*; veja Apêndice).

As *commodities* exibem, em média, um maior valor adicionado, embora a diferença não seja estatisticamente significativa. Além disso, a Tabela 3 revela que as *commodities* apresentaram desempenho significativamente superior em termos de crescimento do valor adicionado por trabalhador. Um recente relatório do Ipea (2012) confirma que houve mais crescimento de produtividade em setores de extração e na agricultura.

Há duas características fundamentais das *commodities* que contribuem para que, em diversos casos, se observem ganhos positivos de produtividade. Primeiro, várias *commodities* se baseiam em vantagens comparativas naturais do Brasil. Muitos países podem estabelecer uma planta siderúrgica ou de montagem de computadores, mas poucos têm disponibilidade de minério de alta qualidade ou condições de solo e

PADRÕES DE COMÉRCIO E POLÍTICA INDUSTRIAL

clima diferenciadas para a produção agrícola. Segundo, as *commodities* são em geral *tradables*, isso é, produtos comercializáveis normalmente vendidos no mercado externo. Com isso, enfrentam um ambiente em geral mais competitivo do que produtos dirigidos ao mercado interno. Maior concorrência tende a estimular as empresas a inovar e modificar continuamente seus processos para continuarem competitivas.

Isso não significa, obviamente, que o Brasil não consiga desenvolver vantagens em setores de produtos mais elaborados. A Embraer é um caso geralmente citado para mostrar que o Brasil deve buscar produtos de maior valor final. Mas a empresa não simplesmente compra peças e monta aviões. Ao longo dos anos, ela conseguiu desenvolver competências diferenciadas de inovação, design de aviões e de prospecção de novos mercados. A chave do sucesso da Embraer está no seu capital humano, que lhe permite inovar, de forma eficiente, mantendo uma posição de liderança em um ambiente global e competitivo.

Outro caso interessante é o da Alpargatas. Ao longo dos anos, a empresa conseguiu tornar a sandália Havaianas um produto diferenciado e de elevado sucesso no mercado internacional. Mas isso não teve necessariamente a ver com o fato de a empresa comprar borracha e transformá-la em sandálias. O que mais adiciona valor no negócio da Alpargatas não é a sua tecnologia fabril, mas sim a marca diferenciada do produto e as competências diferenciadas da empresa em constantemente criar novos modelos de sandália e promovê-los nos mais diversos mercados.

Para concluir, não importa se o produto é básico ou não, se é *commodity* ou especialidade. O que importa é a natureza dos fatores empregados na sua produção e como eles permitem à empresa aumentar sua produtividade e conquistar mercado. Firmas conseguem criar e sustentar valor quando investem em competências e recursos raros, escassos e difíceis de serem imitados.[1] Algumas empresas irão sustentar suas vantagens com base em recursos naturais e tecnologia diferenciada de extração e produção. Outras irão criar marca e design distinto e renovar constantemente seu produto para atrair clientes e evitar imitação.

---

[1] Jay Barney, "Firm resources and sustained competitive advantage", in: *Journal of Management*.

Simplesmente criticar as *commodities* por sua natureza mais básica ignora a riqueza de estratégias que empresas podem adotar para criar valor em seu negócio – qualquer que seja o produto.

MITO 2 – *COMMODITIES* INCORPORAM POUCA TECNOLOGIA

É comum também o argumento de que *commodities* incorporam pouca tecnologia. Em escritos sobre desenvolvimento e política industrial, é comum a distinção entre setores "tradicionais", como o agrícola, e setores "modernos", normalmente atrelados à manufatura. Na visão tradicional de política industrial, setores tradicionais seriam baseados em vantagens comparativas naturais do País – usualmente denomina-das de vantagens "estáticas"–, ao passo que setores modernos seriam caracterizados por inovação e aprendizado contínuo – vantagens "dinâmicas".[1] Sob essa visão, *commodities*, especialmente aquelas embasadas em pontos de vantagem natural do País, trariam pouca possibilidade de avanço tecnológico.

"Tecnologia", entretanto, é um conceito interpretado das mais diversas formas. Vejamos algumas delas. Relacionado à nossa discussão anterior, uma das formas de se medir avanço tecnológico é por meio da análise de ganhos revelados de produtividade. Fizemos anteriormente uma análise simples com base em valor adicionado por trabalhador. Mas é possível fazer análises mais sofisticadas incorporando, também, o efeito de investimentos em capital fixo como máquinas e instalações. A chamada produtividade total dos fatores (PTF) mede o quanto o setor adiciona valor a partir do seu contingente de trabalhadores e do seu estoque de capital fixo. Sob essa métrica, setores exibindo substancial crescimento da PTF estariam associados a inovações tecnológicas ou gerenciais, possibilitando o uso mais eficiente dos fatores de produção.

Ainda utilizando dados da Pesquisa Industrial Anual do IBGE, apresentamos a seguir alguns cálculos de crescimento da PTF para

---

[1]Consulte, por exemplo, Alice Amsden, *The rise of 'the rest'*, e Ricardo Hausmann, Jason Hwang e Dani Rodrik, "What you export matters", in: *Journal of Economic Growth*.

PADRÕES DE COMÉRCIO E POLÍTICA INDUSTRIAL

setores industriais desmembrados. Para estimação da PTF, foram utilizados dados do valor bruto da produção, dos custos de materiais e do número de funcionários, obtidos na Pesquisa Industrial Anual do IBGE. O estoque de capital foi construído com base no método de inventário perpétuo.[1] De forma similar à seção anterior, a Tabela 4 faz uma comparação de médias entre setores de *commodities* e não *commodities*. As *commodities* apresentam um crescimento médio da PTF superior ao das não *commodities*, embora a diferença não seja estatisticamente significante.

Tabela 4 – Comparação de médias entre setores industriais de *commodities* e não *commodities*, em termos de crescimento médio anual da produtividade total dos fatores (PTF), no período 1996-2009

	Crescimento médio da PTF
Commodities	0,08%
Não *commodities*	0,03%
Teste *t* de comparação de médias	−0,113

Fonte: Para a estimação da PTF, foram utilizados dados do valor bruto da produção, dos custos de materiais e do número de funcionários, obtidos na Pesquisa Industrial Anual do IBGE. O estoque de capital foi construído com base no método de inventário perpétuo, como em Ferreira e Rossi, "New evidence from Brazil on trade liberalization and productivity growth", in: *International Economic Review*. Para mais detalhes, veja nota de rodapé 5. (N = 226; 29 setores classificados como de *commodities*; veja Apêndice.)

---

[1]Esse método de estimação é baseado em "New evidence from Brazil on trade liberalization and productivity growth", in: *International Economic Review*, de Pedro C. Ferreira e José L. Rossi. Todas as variáveis foram deflacionadas pelo deflator implícito da indústria (IBGE). As regressões foram estimadas via mínimos quadrados ordinários com as variáveis computadas em primeiras diferenças (logaritmos) e com correção por heterocedasticidade, incluindo controles (*dummies*) de ano. A taxa de depreciação anual foi considerada como sendo de 5%, com taxa de crescimento do investimento de 3%. A regressão final estimada é $\Delta\ln(VBPI) = 0.046 + 0.722\Delta\ln(L) + 0.275\Delta\ln(K) + 0.245\Delta\ln(CDP) + \gamma$, sendo VBPI o valor bruto da produção, L o número de empregados, K o capital estimado, CDP os custos diretos de produção e γ efeitos fixos por ano. Todos os coeficientes se mostraram estatisticamente significativos a 1%, e o R^2 foi de 59,1%. As estimativas preliminares aqui apresentadas são detalhadas e refinadas em um estudo em elaboração de Carlos Inoue, Sergio Lazzarini e Naercio Aquino Menezes Filho.

O FUTURO DA INDÚSTRIA NO BRASIL: DESINDUSTRIALIZAÇÃO EM DEBATE

Assim, sob a métrica de ganhos de PTF, não se pode dizer que as *commodities* apresentem uma "tecnologia inferior". Algumas *commodities* têm, na verdade, exibido ganhos muito expressivos de PTF. A produção agrícola é um caso notório. Gasques, Bastos, Valdes e Bacchi[1] mostraram que a PTF na agricultura brasileira saltou de um índice-base de 100 em 1975 para 363 em 2011. A análise comparativa internacional de Alston, Babcock e Pardey[2] mostra que o crescimento médio da PTF da agricultura brasileira no período 2000-2008, da ordem de 3,63%, foi bastante superior ao observado na Ásia (1,7%), na Europa (0,87%) e nos Estados Unidos/Canadá (0,33%). A expansão da agricultura em novas áreas (cerrados) ocorreu em paralelo a intensos esforços de pesquisa sobre como produzir em áreas tropicais. Submetidos a uma intensa competição externa, produtores de *commodities* agrícolas tiveram que incorporar tecnologia, se apropriar de economias de escala e produzir a baixo custo, inclusive para vencer os obstáculos de uma rede de infraestrutura de escoamento de produtos precária e mais custosa do que a utilizada pelos principais concorrentes.

Uma crítica à PTF como medida de ganho tecnológico é que não mede diretamente inovações que estão sendo incorporadas em uma determinada etapa produtiva. Tomemos então dados da mais recente Pesquisa de Inovação Tecnológica do IBGE (2010). Entre 2006 e 2008, setores de indústrias extrativas tiveram uma taxa de inovação de 23,7% – medida como o percentual de empresas que introduziram algum produto ou processo novo no período. Outras indústrias de transformação exibiram, de fato, uma taxa maior, de 38,4%.

Mas, por essa métrica, foram setores de serviços selecionados, e não setores de produtos físicos, que exibiram maior taxa média de inovação. Setores como o de telecomunicações, o de tecnologia de informação e o de pesquisa atingiram uma taxa média de 46,5%. Assim, se o obje-

---

[1] José Garcia Gasques et al. *Produtividade da agricultura brasileira e os efeitos de algumas políticas.*
[2] Julian Alston et al., *The shifting patterns of agricultural productivity worldwide.*

PADRÕES DE COMÉRCIO E POLÍTICA INDUSTRIAL

tivo é aumentar a taxa de inovação do País, não há nada que indique que isso deva ser feito estimulando mais manufatura física de produtos elaborados. Com o aumento crescente dos serviços no PIB, talvez uma ação mais recomendável seja apoiar mais inovação tecnológica nos próprios setores de serviços. Há evidências de que esses setores têm importante impacto na geração de renda de países desenvolvidos e que ganhos de produtividade nesses setores derivam de inovações diversas, como, por exemplo, avanços em tecnologia de informação.[1] Grandes varejistas norte-americanos, como o Walmart, por exemplo, notoriamente cresceram de forma lucrativa por meio de intensos investimentos em sistemas computadorizados e logísticos integrando as lojas e centros de distribuição da rede.

Outra forma, talvez mais tangível, de se verificar as inovações no País é por meio da geração de patentes. Considere os dados compilados pelo Índice Mundial Derwent de Patentes (DWPI), da Thomson Reuters, sobre patentes depositadas por empresas brasileiras no período 2001-2010 (Tabela 5).[2] O índice considera apenas patentes chamadas "inovadoras", isto é, as primeiras patentes gerando tecnologias que depois foram aperfeiçoadas ou modificadas por patentes posteriores.

A maioria das empresas comerciais presentes na lista envolve firmas grandemente focadas em *commodities* minerais (notadamente, Petrobras e Vale) ou fornecedoras de insumos para *commodities* agrícolas (Semeato e Jacto, produtoras de máquinas e equipamentos agrícolas). A maior parte das patentes depositadas pela Petrobras e pela Vale envolvem inovações em tecnologia, equipamentos e processos produtivos, não necessariamente inovações em produtos finais.

---

[1]Bart van Ark, Erik Monnikhof e Nanno Mulder, "Productivity in services: an international comparative perspective", in: *The Canadian Journal of Economics*.
[2]Cibelle Bouças, "Companhias brasileiras produzem mais inovação", in: *Valor Econômico*.

O FUTURO DA INDÚSTRIA NO BRASIL: DESINDUSTRIALIZAÇÃO EM DEBATE

Tabela 5 – Número de patentes inovadoras depositadas por organizações
brasileiras, 2001-2010

Organização	Número de registros	Atividade
Petrobras	415	Petróleo e derivados
Unicamp	394	Educação e pesquisa
USP	235	Educação e pesquisa
Fapesp	143	Pesquisa e fomento
UFMG	139	Educação e pesquisa
Semeato	125	Equipamentos agrícolas
Jacto	88	Equipamentos agrícolas
Vale	84	Mineração e logística
Usiminas	81	Siderurgia
Comissão Nacional de Energia Nuclear (CNEN)	79	Energia (pesquisa)

Fonte: Thomson Reuters, Índice Mundial Derwent de Patentes (DWPI), reportado em Bouças, "Companhias brasileiras produzem mais inovação", in: *Valor Econômico*.

Nesse sentido, a própria divisão clássica entre produtos básicos, semi-manufaturados e manufaturados deveria ser revista, uma vez que para gerar produtos "básicos" é necessário um grande leque de produtos e processos intermediários altamente elaborados. Por exemplo, há um bom tempo o conceito de "setor agrícola" foi expandido para acomodar cadeias integradas de produção de alimentos, fibras e bioenergia, que reúnem indústrias e serviços a montante e a jusante da agricultura para produzir *commodities* e produtos diferenciados com base agrícola.[1] Em muitos casos, tecnologias desenvolvidas em cadeias do agronegócio

---

[1]A ideia original de "sistemas agroindustriais" ou "cadeias de agronegócio" (*agribusiness*) surgiu com John Davis e Ray Goldberg, *A concept of agribusiness*. Avanços posteriores podem ser vistos em Decio Zylbersztajn e Elizabeth Farina, "Strictly coordinated food systems: exploring the limits of the Coasian firm", in: *International Food and Agribusiness Management Review*.

PADRÕES DE COMÉRCIO E POLÍTICA INDUSTRIAL

são altamente sofisticadas, como é o caso de biotecnologia genética e produtos para controle de pragas e doenças.

Além disso, é preciso tomar cuidado para não apoiar artificialmente setores que pensamos ser inovadores, mas cuja competitividade possa ser erodida, no futuro, por imitação ou inovações trazidas em outras localidades. A produção de computadores ou semicondutores pode ser atualmente considerada de alta tecnologia, mas nada garante que essas serão áreas de fronteira no futuro. Temos inúmeros exemplos de empresas inicialmente na fronteira tecnológica, mas que foram substituídas por "destruições criativas" que mudaram seu modelo de negócio (por exemplo, a Kodak em filmes fotográficos). Inovação independe da natureza do produto ou serviço, até mesmo porque são as próprias empresas e empreendedores que irão criar as tecnologias do futuro, de uma forma que é difícil antecipar.

MITO 3 – *COMMODITIES* SÃO CAPTURADAS POR POLÍTICOS

Uma das vertentes da literatura da chamada maldição dos recursos naturais (*natural resource curse*) é que países com abundância destes abrem espaço para a captura das receitas obtidas com esses recursos por governantes corruptos. O caso típico é um país com elevadas reservas de petróleo controladas por regimes centralizados que usam as rendas da extração para cooptar aliados e angariar suporte político. Não seria do interesse desses regimes centralizados promover desenvolvimento setorial mais amplo, pois isso causaria uma distribuição de poder econômico entre mais setores e tornaria mais difícil o processo de cooptação política.[1]

Embora esse seja um risco importante, estudos têm cada vez mais indicado que o problema tem mais a ver com as condições institucionais do País do que com o fato de haver concentração da atividade econômica em recursos naturais. De fato, existem inúmeros casos de países cujas

---

[1]Jeffrey Frankel, *The natural resource curse*, e Jeffrey Sachs e Andrew Warner, "The curse of natural resources", in: *European Economic Review*.

exportações dependem de *commodities* e que, ao mesmo tempo, têm conseguido taxas contínuas de crescimento. O Chile (cobre), a Noruega e outros países nórdicos (petróleo, florestas plantadas, pesca etc.) e a Austrália (minério de ferro e produtos agropecuários) são exemplos. Esses países compartilham de condições institucionais mais fortes, envolvendo estabilidade democrática, maior eficiência do sistema jurídico, facilidade de entrada e menores níveis de corrupção. Nessas condições, é muito menos provável que governante ou uma determinada coalizão política utilize divisas oriundas de *commodities* para suportar seus aliados e perpetuar poder.

Considere o caso específico da Noruega. Apesar de petróleo, gás e produtos derivados representarem cerca de metade das exportações do país, além de existir uma estatal de muito peso no setor (a Statoil), diversas condições institucionais garantem um sistema de pesos e contrapesos que dificulta a apropriação de receitas dessas *commodities* por políticos. O setor de petróleo, por exemplo, é sujeito ao controle não somente do governo (Ministério da Indústria) como também de um órgão regulador técnico, independente e forte, o Norwegian Petroleum Directorate (NPD). A Statoil, apesar de estatal, é listada em bolsa e tenta seguir princípios de governança que não prejudiquem acionistas minoritários. Isso limita ações do governo que drenem o caixa da empresa para fins políticos em detrimento daqueles acionistas. Adicionalmente, a Statoil é uma multinacional presente em vários países, o que também restringe seu uso político no contexto doméstico: qualquer ação nesse sentido poderia prejudicar sua competitividade internacional.[1]

Em realidade, o risco de captura de economia por políticos e capitalistas não é exclusividade das *commodities*. *Lobby* e influência política podem ocorrer nos mais variados setores. Ferreira e Facchini[2] mostram que setores com maior concentração industrial no Brasil entre

---

[1]Mark Thurber e Benedict Istad, *Norway's evolving champion.*
[2]Pedro Ferreira e Giovanni Facchini, "Trade liberalization and industrial concentration: evidence from Brazil", in: *The Quarterly Review of Economics and Finance.*

PADRÕES DE COMÉRCIO E POLÍTICA INDUSTRIAL

1988 e 1994 conseguiram mais proteção contra a abertura comercial verificada naquele período. Um menor número de firmas facilita sua organização em associações e sindicatos para clamar por mais proteção e subsídios do governo. Muitas vezes, o maior risco de captura não está necessariamente nas *commodities*, que são intensamente submetidas à competição internacional, mas em setores industriais locais muito concentrados.

Há também estudos que contradizem a visão de que uma abundância de recursos naturais possa inibir o desenvolvimento institucional do país, por perpetuar políticos e regimes centralizados. Em uma análise histórica de 168 países em um longo período de tempo (1800-2006), Haber e Menaldo[1] constataram que um aumento das rendas obtidas com recursos naturais pode aumentar, e não diminuir, a tendência à democracia. Ao gerar crescimento econômico, as *commodities* podem, também, impulsionar o desenvolvimento institucional. Obviamente, isso não implica que uma abundância de recursos naturais irá necessariamente conduzir a melhores instituições. Não havendo desenvolvimento institucional concomitante à exploração de *commodities*, a economia estará sujeita à captura por governos centralizados.

Um aspecto crucial que irá influenciar a possibilidade de captura é o grau de concentração de renda em poucos setores e poucas empresas. Uma elevada concentração de renda inibe o desenvolvimento institucional ao permitir que determinados grupos se associem a governantes centralizadores para proteger suas rendas. Uma distribuição mais uniforme de renda, por outro lado, favorece maior representatividade política e cria incentivos para que a sociedade estabeleça pesos e contrapesos contra capturas.[2]

Em tese, países poderiam evitar o risco de captura por meio de políticas que utilizem as rendas das *commodities* para reduzir desigualdade

---

[1]Stephen Haber e Victor Menaldo, "Do natural resources fuel authoritarism? A reappraisal of the resource curse", in: *American Political Science Review*.
[2]Kenneth Sokoloff e Stanley Engerman, "History lessons: institutions, factors endowments, and paths of development in the New World", in: *Journal of Economic Perspectives*.

O FUTURO DA INDÚSTRIA NO BRASIL: DESINDUSTRIALIZAÇÃO EM DEBATE

e promover uma diversificação da economia no longo prazo, facilitando a entrada de novos empreendedores e a expansão de novas indústrias. Analisando 93 países no período 1965-2005, Takara[1] encontrou que o crescimento econômico de um país não é afetado pela dependência do PIB em *commodities*, mas sim pelo grau de diversificação da pauta exportadora. Assim, não importa se uma economia depende de *commodities* em geral. O importante é reduzir a dependência de poucos produtos, sejam eles de *commodities* ou não *commodities*.

O Chile, cuja economia é muito dependente da exportação de cobre, extrai recursos da sua atividade mineradora para investir em um fundo que apoia o empreendedorismo. Um estrangeiro que queira abrir uma nova empresa no país poderá receber 40 mil dólares do programa governamental Start-up Chile e trabalhar, em Santiago, em um prédio patrocinado pela Movistar, subsidiária da Telefonica. A multinacional BHP Billiton, que extrai minério no país, patrocina, com o governo chileno, uma organização semipública chamada Fundación Chile, que tem investido e apoiado o desenvolvimento de novos setores. Nesse exemplo, é a própria exploração de *commodities* que estimula atividade empreendedora, com reflexos esperados positivos na desconcentração de renda e na redução dos riscos de captura por uma minoria.

MITO 4 – *COMMODITIES* SÃO MARCADAS PELA "DETERIORAÇÃO DOS TERMOS DE TROCA"

O principal argumento da escola cepalina, da qual fazem parte renomados economistas "estruturalistas" como Raúl Prebisch e Celso Furtado, é que os produtos primários estariam condenados a uma inevitável deterioração dos termos de troca frente aos produtos industrializados de maior valor adicionado. Isso explicaria a indesejável dependência dos países "periféricos" (formados basicamente por ex-colônias europeias) em relação às economias "centrais" do planeta.

---

[1]Reginaldo Takara, *Recursos naturais, diversidade de exportações e crescimento econômico: um estudo empírico em painel.*

PADRÕES DE COMÉRCIO E POLÍTICA INDUSTRIAL

Essa tese ganhou grande força na segunda metade do século XX, levando numerosos países em desenvolvimento a proteger as suas "indústrias nascentes" para evitar a deterioração dos termos de troca. O forte preconceito contra *commodities* vigente na maior parte da América Latina provavelmente decorre da rápida urbanização e industrialização da região nesse período, quando se passou a enxergar a produção de *commodities* como um setor "atrasado" perante os benefícios que seriam supostamente gerados pela proteção a indústrias de maior valor agregado.

De fato, o intenso progresso tecnológico ocorrido no final do século XX explicava a "tendência secular de declínio dos preços reais das *commodities*" e a consequente redução das despesas familiares com produtos básicos à medida que a renda das famílias aumentava. Entre 1900 e 2000, o índice de preços de *commodities*[1] desenvolvido pelo McKinsey Global Institute (MGI) caiu cerca de 50% em termos reais.[2] No entanto, na primeira década deste século o índice de *commodities* cresceu 177% em termos reais, atingindo um patamar nunca alcançado no século XX. Ou seja, o crescimento da economia mundial, principalmente nos países emergentes, fez com que todo o declínio de preços reais ocorrido no século XX fosse recuperado em apenas uma década, atingindo níveis superiores aos observados nas primeiras décadas do século passado, no conturbado período que antecedeu as duas guerras mundiais.

Outros estudos (como o de Haddad[3]) corroboram que nos últimos anos os termos de troca melhoraram muito a favor das *commodities*. Apenas a título de exemplo, basta notar que enquanto os preços do minério de ferro cresceram mais de 40% desde 2001, o preço dos desejados "computadores pessoais de mesa" caíram cerca de 80% no mesmo

---

[1]O Commodity Index do McKinsey Global Institute (MGI) cobre preços de 28 *commodities*-chave divididas em quatro subgrupos: energia, matérias-primas agrícolas, alimentos e metais. Ele é baseado no índice de *commodities* do Banco Mundial, acrescido de séries adicionais para energia e aço. Os preços das *commodities* são deflacionados usando o Índice de Valor Unitário de Manufaturas do Banco Mundial, ajustado para a inflação e para mudanças nas taxas de câmbio. As *commodities* analisadas são também ponderadas por sua participação relativa no comércio global de cada subgrupo.
[2]Richard Dobbs et al., *Resource revolution*.
[3]Claudio Haddad, "Em favor de uma maior abertura", in: *Brasil globalizado*.

período, em decorrência de intensas mudanças tecnológicas e da entrada de produtores de baixo custo da Ásia (Gráfico 1).

Gráfico 1 – Evolução dos preços de produtos selecionados no Brasil, 2001-2009 (base 100 = 2001)

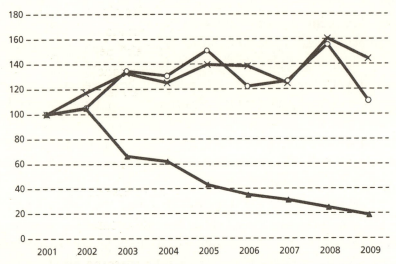

Fonte: IBGE, Pesquisa Industrial Anual – Produto.
Valores em reais, deflacionados para 2009, usando o deflator implícito da indústria.

Em outras palavras, a tese de deterioração dos termos de troca que dominou a segunda metade do século passado não se verificou em um prazo mais longo. A entrada das grandes economias emergentes na aquisição de volumes expressivos de bens intensivos em recursos naturais, paradoxalmente, conduz o preço de *commodities* a um novo patamar. Isso porque, como argumentamos anterior, trata-se de produtos raros e difíceis de imitar, concentrados geograficamente em poucos países. Hoje há provavelmente menos barreiras à entrada para montar computadores do que para extrair minério de qualidade. Isso reforça, novamente, o

PADRÕES DE COMÉRCIO E POLÍTICA INDUSTRIAL

argumento de que o importante não é o tipo do produto em si, mas as especificidades dos fatores usados na sua produção.

Vale destacar, entretanto, que os preços das *commodities* embutem um importante grau de risco. O estudo da McKinsey[1] citado anteriormente mostra que a volatilidade dos preços das *commodities* atingiu, na primeira década deste século, os maiores níveis observados desde os choques do petróleo dos anos 1970. O estudo conclui afirmando que estes preços permanecerão "altos e voláteis" pelo menos ao longo dos próximos 20 anos, em função da menor elasticidade da oferta global frente aos aumentos projetados da demanda. Uma alternativa para reduzir esse tipo de risco é, como citado anteriormente, buscar maior diversificação da pauta exportadora em *commodities* que não sejam altamente correlacionadas entre si, e/ou alocar recursos oriundos das *commodities* para fundos nacionais (soberanos) com alocações em outros setores. Teceremos mais comentários sobre esse ponto no final do texto.

MITO 5 – *COMMODITIES* CAUSAM DOENÇA HOLANDESA

Muito já se escreveu sobre doença holandesa no Brasil, na tentativa de mostrar que exportações de *commodities* causam perda de competitividade da indústria por meio do canal de valorização real da taxa de câmbio, o que produziria uma queda na competitividade dos bens manufaturados de outros segmentos.

Diversos trabalhos mostram que pelo menos até 2010 não parece haver evidências da ocorrência da doença holandesa no Brasil ou ela é um fator menos relevante para explicar a perda de competitividade dos setores de não *commodities*.[2] Na realidade, se já é difícil afirmar que um país com características continentais e uma indústria altamente diversificada sofre de doença holandesa, ainda mais difícil é estabelecer uma relação de causa-efeito entre os múltiplos sintomas da perda de

---

[1] Richard Dobbs et al., *Resource revolution*.
[2] Sugere-se a leitura de Marcos Jank et al., "Exportações: existe uma doença holandesa?", in: *Brasil globalizado*; Cristiano Siqueira de Souza, *O Brasil pegou a doença holandesa?*; D. Brum, *Câmbio e crescimento econômico;* e Pedro Pedrossian Neto, *Desindustrialização ou pós-industrialização?*

O FUTURO DA INDÚSTRIA NO BRASIL: DESINDUSTRIALIZAÇÃO EM DEBATE

competitividade da indústria de não *commodities* e o crescimento de uma participação diversificada de *commodities* na pauta exportadora.

A realidade é que diversos autores destacam que a doença que estaria afetando a indústria não seria "holandesa", mas sim "brasileira": instituições fracas, frequente mudança na regulamentação, deficiências crônicas de infraestrutura, estrutura tributária elevada e intrincada, baixos investimentos em educação, ciência e tecnologia. O problema, portanto, iria muito além da valorização do preço das *commodities* e da questão cambial e teria suas principais raízes explicativas no baixo crescimento da produtividade da indústria *vis-à-vis* o resto do mundo. Muitos segmentos industriais simplesmente não conseguiram suportar a pressão competitiva das economias emergentes do sudeste da Ásia, mais produtivas e eficientes.

Mas a pergunta que deveria nos interessar é: Qual o problema de aproveitar o atual cenário que está levando as *commodities* agrícolas, minerais e energéticas a um ciclo sustentável de crescimento? Ainda que a pressão do câmbio possa desfavorecer certos segmentos industriais menos produtivos, seria o crescimento observado nas exportações brasileiras de *commodities* uma "doença"? Esse crescimento está absolutamente em linha com as vantagens comparativas e com os fortes ganhos de produtividade observados em relação aos principais concorrentes brasileiros. Além disso, como discutido anteriormente, a produção de *commodities* envolve cadeias industrializadas complexas, que têm investido em pesquisa, desenvolvimento e inovação. Em outras palavras, é possível ao País criar uma pauta diversificada de *commodities* – o que reduz o problema de captura – ao mesmo tempo promovendo ganhos tecnológicos nas cadeias produtivas a elas associadas.

Há também que se rever a insistência em manter uma economia autárquica, traduzida por políticas que definem que a autossuficiência doméstica é sempre desejável e necessária, mesmo gerando produtos de baixa qualidade e alto custo. Por que a insistência em proteger indústrias nas quais não se criou nenhuma vantagem comparativa sustentável ou que não exibem nenhuma vantagem latente? Rotular a especialização em *commodities* de "doença" significa que outras indústrias de não *com-*

modities deveriam ser "salvas", o que parece ser contrário ao objetivo de se alocar recursos em atividades produtivas e dinâmicas. Formuladores de política deveriam observar quais setores têm maior potencial futuro de geração de renda para o País – o que, vale frisar, independe da natureza do produto.

3. Conclusões e recomendações de políticas

As *commodities* no Brasil exibem tão ou até mais valor adicionado que outros produtos. Têm apresentado ganhos contínuos de produtividade, em grande parte devido a inovações ocorridas nas suas cadeias produtivas. Enquanto os preços de diversos produtos acabados têm sido pressionados pela entrada de produtores de baixo custo na Ásia e em outras localidades, os preços das *commodities*, depois de um século que levou a uma queda real da ordem de 50%, já tiveram um aumento real de quase 180% desde a virada do milênio. O risco de captura política das *commodities* também não parece ser mais elevado do que outros setores industriais com poderosas estruturas de *lobby*. Não há, assim, elementos que indiquem, pelo menos no caso brasileiro, que as *commodities* seriam uma "maldição".

O que fazer então com outros setores industriais com desvantagem competitiva? Deve o Brasil tentar resgatar esses setores industriais que não têm as vantagens naturais das *commodities*? Certamente a resposta não é necessariamente buscar uma suposta "agregação de valor" – industrializar *commodities* no País – sem considerar se, de fato, esse processo irá adicionar valor e produtividade. Também não é desejável proteger setores industriais de baixa produtividade só porque seus produtos são mais "acabados". É mais recomendável especializar a economia em setores de maior produtividade e estimular ganhos tecnológicos em áreas que têm, cada vez mais, absorvido mão de obra (caso dos setores de serviços).

Da mesma forma, é preciso tomar cuidado para apostar em produtos que parecem ser "elaborados" ou "de alta tecnologia", mas que podem não necessariamente implicar maior valor adicionado e produtividade. No longo prazo, o que de fato interessa não é o que um país produz, mas sim como ele produz em relação aos seus melhores concorrentes, o que decorre, entre outros, de ganhos sistemáticos de produtividade e inovação. Ou seja, a natureza do produto, por si só, diz pouco sobre o seu conteúdo tecnológico. As cadeias produtivas das *commodities*, especialmente nos seus setores a montante, têm se mostrado muito dinâmicas e inovadoras. Há muito espaço para estimular mais pesquisa tecnológica atrelada às cadeias das *commodities*, em vez de dirigir crédito e incentivos tributários para outras cadeias com menor potencial competitivo. Por que, por exemplo, não considerar a criação ou o reforço de vantagens tecnológicas em setores como os de genética agrícola, mecanização, agroenergia, produção de minério de alta qualidade, processamento de celulose a baixo custo, e assim sucessivamente?

É também recomendável utilizar receitas públicas (os *royalties* da exploração de petróleo, por exemplo) para investir em fundos nacionais que permitam diversificar a economia. O objetivo é, de um lado, evitar risco de captura de *commodities* que tenham alto peso na economia do País e, de outro, reduzir o impacto da volatilidade dos preços desses produtos. De forma contrária a essa recomendação, entretanto, o fundo soberano brasileiro faz aplicações maciças na Petrobras, que produz *commodities* com alto peso na economia brasileira. Se há uma preocupação com uma possível concentração de renda gerada com a bonança de umas poucas *commodities*, além do risco de possível reversão futura de preços, então é desejável que fundos nacionais diversifiquem suas aplicações em vários setores, e até mesmo países, e que esses fundos sejam usados para sustentar investimentos horizontais em infraestrutura, educação e empreendedorismo generalizado.

Se seguirmos nessa linha, não há por que as *commodities* não possam, no longo prazo, representar uma grande bênção à economia brasileira.

PADRÕES DE COMÉRCIO E POLÍTICA INDUSTRIAL

Apêndice

Setores industriais classificados como de *commodities*
(produtos padronizados, geralmente intermediários,
ou insumos nas cadeias produtivas)

• Extração de carvão mineral (05.00) • Extração de minério de ferro (07.10) • Extração de minério de alumínio (07.21) • Extração de pedra, areia e argila (08.10) • Extração de minerais para fabricação de adubos, fertilizantes e outros produtos químicos (08.91) • Extração e refino de sal marinho e sal-gema (08.92) • Extração de minerais não metálicos não especificados anteriormente (08.99) • Abate de reses, exceto suínos (10.11) • Abate de suínos, aves e outros pequenos animais (10.12) • Fabricação de produtos de carne (10.13) • Fabricação de óleos vegetais em bruto, exceto óleo de milho (10.41) • Fabricação de óleos vegetais refinados, exceto óleo de milho (10.42) • Preparação do leite (10.51) • Beneficiamento de arroz e fabricação de produtos do arroz (10.61) • Fabricação de farinha de mandioca e derivados (10.63)	• Fabricação de alimentos para animais (10.66) • Fabricação de açúcar em bruto (10.71) • Fabricação de açúcar refinado (10.72) • Torrefação e moagem de café (10.81) • Preparação e fiação de fibras de algodão (13.11) • Preparação e fiação de fibras têxteis naturais, exceto algodão (13.12) • Curtimento e outras preparações de couro (15.10) • Fabricação de celulose e outras pastas para a fabricação de papel (17.10) • Fabricação de intermediários para fertilizantes (20.12) • Fabricação de adubos e fertilizantes (20.13) • Fabricação de cimento (23.20) • Fabricação de cal e gesso (23.92) • Fundição de ferro e aço (24.51) • Fundição de metais não ferrosos e suas ligas (24.52)

Nota: Foram considerados apenas setores para os quais estavam disponíveis dados completos de produção e valor adicionado no período 1996-2009. Os códigos CNAE dos setores estão entre parênteses.

223

Referências

ALSTON, J. M.; BABCOCK, B. A.; PARDEY, P. G. *The shifting patterns of agricultural productivity worldwide*. CARD-MATRIC Electronic Book, Center for Agricultural and Rural Development, The Midwest Agribusiness Trade Research and Information Center, Iowa State University, 2010.

AMSDEN, A. H. *The rise of 'the rest'*: challenges to the West from late-industrializing economies. Oxford: Oxford University Press, 2001.

BARNEY, J. B. Firm resources and sustained competitive advantage. *Journal of Management*, 17, p. 99-120, 1991.

BOUÇAS, C. Companhias brasileiras produzem mais inovação. *Valor Econômico*, 26 abr. 2012.

BRUM, D.M. *Câmbio e crescimento econômico:* investigando a doença holandesa no Brasil. 2010. Monografia. Instituto de Economia da Universidade Federal do Rio de Janeiro, Rio de Janeiro, 2010.

DAVIS, J.; GOLDBERG, R. A. *A concept of agribusiness*. Boston: Division of Research, Harvard Business School, 1957.

DOBBS, R.; OPPENHEIM, J.; THOMPSON, F.; BRINKMAN, M.; ZORNES, M. *Resource revolution:* Meeting the world's energy, materials, food, and water needs. Report of the McKinsey Global Institute (MGI). Novembro, 224, p. 2011.

FERREIRA, P. C.; ROSSI, J. L. New evidence from Brazil on trade liberalization and productivity growth. *International Economic Review,* 44(4), p. 1383-1405, 2003.

FERREIRA, P.; FACCHINI, Giovanni. Trade liberalization and industrial concentration: evidence from Brazil. *The Quarterly Review of Economics and Finance,* 45, p. 432–446, 2005.

FRANKEL, J. *The natural resource curse:* a survey. Harvard Kennedy School Research Working Paper Series 10-005, 2010.

GASQUES, J. G.; BASTOS, E. T.; VALDES, C.; BACCHI, M. R. *Produtividade da agricultura brasileira e os efeitos de algumas políticas*. Relatório de pesquisa, Ministério da Agricultura, Agropecuária e Abastecimento, Assessoria de Gestão Estratégica, 2012.

HABER, S.; MENALDO, V. Do natural resources fuel authoritarism? A reappraisal of the resource curse. *American Political Science Review,* 105(1), p. 1-26, 2011.

HADDAD, C. Em favor de uma maior abertura. In: BARROS, O.; GIAMBIAGI, F. (orgs.). *Brasil globalizado:* o Brasil em um mundo surpreendente. Rio de Janeiro: Campus/Elsevier, 2008.

HAUSMANN, R.; HWANG, J.; RODRIK, D. What you export matters. *Journal of Economic Growth,* 12(1), p. 1-25, 2007.

IBGE. *Pesquisa de inovação tecnológica 2008*. Ministério do Planejamento, Orçamento e Gestão, IBGE, Diretoria de Pesquisas, 2010.

IPEA. *Produtividade no Brasil nos anos 2000-2009:* análise das Contas Nacionais. Comunicados do Ipea número 133, 2012.

JANK, M. S. et al. Exportações: existe uma doença holandesa?. In: BARROS, O.; GIAMBIAGI, F. (orgs.). *Brasil globalizado:* o Brasil em um mundo surpreendente. Rio de Janeiro: Campus Elsevier, 2008.

PEDROSSIAN NETO, P. *Desindustrialização ou pós-industrialização?* Análise da queda da participação da indústria no PIB brasileiro. 2012. 177 p. Dissertação (Mestrado) – Pontifícia Universidade Católica de São Paulo, São Paulo, 2012.

SACHS, J.; WARNER, A. The curse of natural resources. *European Economic Review*, 45(4-6), p. 827-838, 2001.

SIQUEIRA DE SOUZA, C. R. *O Brasil pegou a doença holandesa?* 2009. 151 p. Tese (Doutorado) – Departamento de Economia da Faculdade de Economia, Administração e Contabilidade da Universidade de São Paulo, São Paulo, 2009.

SOKOLOFF, K. L.; ENGERMAN, S. L. History lessons: institutions, factors endowments, and paths of development in the New World. *Journal of Economic Perspectives*, 14(3), p. 217-232, 2000.

TAKARA, R. T. *Recursos naturais, diversidade de exportações e crescimento econômico:* um estudo empírico em painel. 2010. Dissertação (Mestrado) – Escola de Economia de São Paulo da Fundação Getulio Vargas, São Paulo, 2010.

THURBER, M. C.; ISTAD, B. T. *Norway's evolving champion*: Statoil and the politics of state enterprise. Program on Energy and Sustainable Development, Stanford University, Working paper 92, 2010.

VAN ARK, B.; MONNIKHOF, E.; MULDER, N. Productivity in services: an international comparative perspective. *The Canadian Journal of Economics*, 32(2), p. 471-499, 1999.

ZYLBERSZTAJN, D.; FARINA, E. M. M. Q. Strictly coordinated food systems: exploring the limits of the Coasian firm. *International Food and Agribusiness Management Review*, 2, p. 249-265, 1999.

9. Desempenho industrial e vantagens comparativas reveladas

Sandra Polónia Rios e José Tavares de Araujo Jr.

1. Introdução*

Embora a participação da indústria de transformação no PIB tenha caído no período 2005-2011, diversos indicadores revelam que, analisado com uma perspectiva de longo prazo, o setor industrial apresentou razoável dinamismo nos últimos 15 anos. Por sua vez, as exportações brasileiras de manufaturados apresentaram crescimento significativo durante boa parte da década passada, apesar da contínua apreciação cambial. Entre 2003 e 2011, a taxa de câmbio efetiva real valorizou-se cerca de 30%, mas, mesmo assim, as vendas externas da indústria de transformação em 2011 foram de U$ 92,3 bilhões, o segundo maior patamar na história do País e bem próximo ao recorde alcançado em 2008, antes da crise financeira internacional.

Uma parcela desse desempenho pode ser explicada por fatores convencionais na literatura acadêmica – diferenciação de produtos e economias de escala geradas pelo tamanho do mercado doméstico – que se aplicam geralmente a indústrias como automobilística, química e

---

*Os autores agradecem a assistência de pesquisa de Julia Fontes.

O FUTURO DA INDÚSTRIA NO BRASIL: DESINDUSTRIALIZAÇÃO EM DEBATE

siderurgia. Outra parcela advém de fatores anteriormente inéditos no Brasil, que combinam investimentos diretos no exterior e capacidade inovadora das firmas nacionais, cujos exemplos mais notáveis são aeronáutica, cosméticos e alimentos. Uma combinação de fatores, como o forte crescimento da demanda doméstica a partir de 2005, a retração da demanda externa após a instalação da crise financeira internacional e o expressivo aumento de custos para a produção doméstica nos últimos anos, levou a uma inflexão no desempenho exportador favorável apresentado no período 2003-2007.[1]

Este capítulo chama a atenção para os desempenhos heterogêneos dos diversos segmentos industriais e mostra que não há associação direta entre aumento do coeficiente de importações, desempenho de exportações e dinamismo industrial. A seção 2 aborda o desempenho da indústria de transformação no período 1996-2011. Quatro indicadores são usados para a análise: [a] taxa de crescimento da produção a preços constantes; [b] comportamento dos preços relativos, medido através da diferença entre a taxa de inflação medida pelo IPCA e o crescimento dos preços por atacado do setor ao longo do período; [c] taxa de crescimento do *quantum* das exportações; [d] grau de abertura comercial do setor, medido pelos coeficientes de exportações e de penetração de importações. Os setores cujos coeficientes de penetração de importações permaneceram abaixo de 15% até 2011 e que, portanto, estiveram relativamente imunes a pressões competitivas advindas do exterior são tratados na primeira parte da seção 2. Em 2011, esses setores representaram 42% da produção da indústria de transformação. A segunda parte da seção analisa a parcela complementar da indústria de transformação com os mesmos critérios e mostra que, em geral, os setores mais dinâmicos da economia no passado recente foram justamente aqueles em que o coeficiente de penetração de importações cresceu significativamente. A seção 3 amplia o foco da análise e examina os indicadores de vantagens comparativas reveladas dos setores da indústria

---

[1]Roberto Iglesias e Sandra Rios, "Determinantes macroeconômicos do desempenho das exportações de manufaturados", in: *Breves Cindes*.

de transformação e o desempenho das exportações brasileiras agrupadas segundo a intensidade de fatores de produção na última década. Por fim, a seção 4 resume as conclusões.

2. Desempenho industrial e grau de abertura comercial

O desempenho da indústria brasileira – quando observado de uma perspectiva de longo prazo – contrasta com as percepções muito negativas decorrentes da evolução dos indicadores nos últimos três anos: o valor da produção a preços constantes cresceu 33% entre 1996 e 2011; o coeficiente de exportações subiu de 9% para 19% até 2005, e tem permanecido em 15% desde 2009; cerca de 70% das importações na última década foram de matérias-primas, bens intermediários e bens de capital, enquanto as importações de bens de consumo oscilaram entre 15% e 18%.[1]

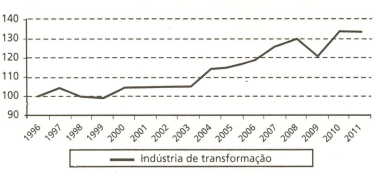

Gráfico 1 – Valor da produção a preços constantes de 2007

Fonte: IBGE, FGV.

---

[1] O coeficiente de exportação é medido pelo valor das exportações da indústria de transformação sobre o valor da produção industrial, ambos a preços constantes de 2007. O coeficiente de penetração das importações é calculado pela divisão do valor das importações de produtos da indústria de transformação pelo consumo aparente desses produtos, também a preços constantes de 2007.

O FUTURO DA INDÚSTRIA NO BRASIL: DESINDUSTRIALIZAÇÃO EM DEBATE

O coeficiente de penetração de importações da indústria de transformação saltou de 10% para 21% entre 1996 e 2011, mas apresenta um elevado grau de dispersão entre os diferentes setores da indústria. De todo modo, o Brasil continua sendo a economia mais fechada do mundo: em 2010, a parcela do PIB relativa a importações de bens e serviços foi de apenas 12%, a mais baixa entre os 155 membros da Organização Mundial do Comércio.[1]

Gráfico 2 – Grau de abertura da indústria de transformação

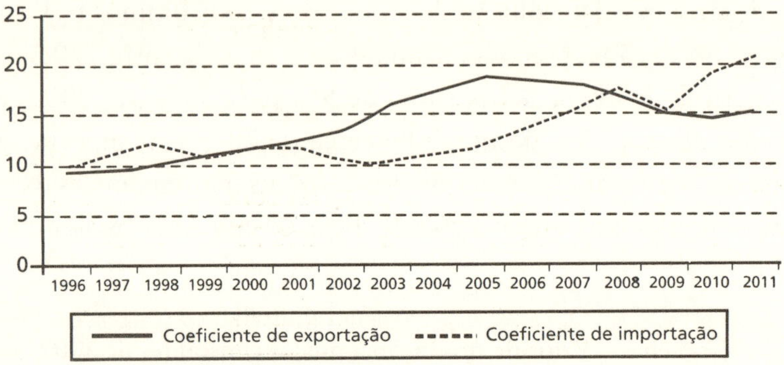

Fonte: Funcex.

2.1. Indústrias com coeficiente de penetração de importações inferior a 15% em 2011

Entre os setores que permaneceram relativamente imunes à pressão competitiva das importações, registraram-se os mais variados padrões de desempenho no período em análise, como mostra a Tabela 1. Em alguns casos, como eletrodomésticos, por exemplo, o valor da produção a preços constantes cresceu a um ritmo muito superior à média da indústria de transformação, os preços domésticos se mantiveram acima da inflação e as exportações vêm caindo desde 2005. Outros setores, como

---

[1]Disponível em: http://data.worldbank.org.

230

PADRÕES DE COMÉRCIO E POLÍTICA INDUSTRIAL

alimentos, papel e celulose, perfumaria e produtos de metal, destacaram-se pelo crescimento das exportações, embora seus indicadores no plano doméstico tenham sido bem diferenciados. Por fim, em setores como vestuário, calçados e móveis, a intensidade da competição no mercado interno promoveu a queda dos preços relativos dos bens ofertados, trazendo benefícios inequívocos ao consumidor final.

Para explicar esse caleidoscópio de situações seria preciso estudar as especificidades de cada setor com base nos instrumentos da teoria da organização industrial, especialmente aqueles relativos à interação entre progresso técnico e formas de competição. Entretanto, para as finalidades deste capítulo, é suficiente notar que os coeficientes de penetração de importações das indústrias reunidas na Tabela 1 são baixos devido a uma combinação de quatro fatores: [a] características da geografia econômica do País; [b] capacidade inovadora das firmas locais; [c] poder de mercado das firmas que atuam em indústrias concentradas; [d] ritmo de expansão do mercado doméstico nos últimos 15 anos.

Tabela 1 – Indicadores de desempenho industrial: 1996–2011

Ramo industrial	Δ VP	Preços relativos	Δ *quantum* exportado	Grau de abertura			
				Coef. exp.		Coef. imp.	
				1996	2011	1996	2011
Alimentos	24	44	180	10,1	22,8	3,7	4,5
Bebidas	30	44	80	0,7	1,0	3,1	3,5
Vestuário	-22	-43	-53	2,1	1,3	3,4	10,6
Calçados	-47	-26	-59	19,0	14,5	2,3	4,9
Produtos de madeira	-9	28	12	17,3	21,2	2,0	2,6
Papel e celulose	58	17	193	12,4	22,9	8,8	8,6
Perfumaria e limpeza	53	nd	343	1,9	5,5	3,7	8,6
Minerais não metálicos	34	27	110	4,2	6,5	2,2	8,4
Produtos de metal – ex. máq.	27	48	127	3,4	6,1	5,0	13,8
Eletrodomésticos	71	15	-1	6,6	3,7	5,9	11,5
Móveis	16	-1	93	4,0	6,7	1,6	4,8

Fontes: IBGE, FGV, Funcex.

O FUTURO DA INDÚSTRIA NO BRASIL: DESINDUSTRIALIZAÇÃO EM DEBATE

As barreiras à entrada de bens importados advindas da geografia são particularmente relevantes em indústrias de bens finais que operam com economias significativas de escala e escopo, como alimentos, bebidas, perfumaria e eletrodomésticos. Para atuar em todo o território nacional, as firmas dessas indústrias precisam dispor de uma rede nacional de distribuição e, eventualmente, de filiais em alguns estados da federação. Nesses ramos, a concorrência de bens importados tende a ficar restrita aos grandes centros urbanos, posto que os importadores não estão dispostos a investir na infraestrutura de distribuição, devido aos altos riscos desses investimentos. Uma depreciação cambial acentuada ou uma barreira protecionista criada pelo governo podem eliminar repentinamente a utilidade de um sistema logístico montado ao longo de vários anos.

A inovação tecnológica tornou-se uma das fontes de sustentação da competitividade internacional de três indústrias incluídas na Tabela 1: alimentos, papel e celulose e perfumaria. Na indústria de alimentos, as normas técnicas internacionais editadas nos últimos vinte anos passaram a demandar métodos produtivos mais sofisticados, bem como um rigor crescente nos padrões de qualidade dos bens exportados. Nesse ambiente, as parcelas de mercado das empresas líderes são uma função direta de sua reputação, que é mantida através de investimentos em P&D e da revisão constante de suas estratégias de diferenciação de produtos. Na indústria de papel e celulose, o desafio de preservar as florestas naturais impôs um esforço inovador similar. Na indústria de perfumaria, embora as questões ambientais também tenham estado presentes, a principal fonte de incentivos à modernização tecnológica adveio do comportamento dos consumidores nacionais. O mercado brasileiro de produtos de higiene pessoal é, atualmente, um dos maiores e mais exigentes do mundo, segundo informa o site da Associação Brasileira da Indústria de Higiene Pessoal, Perfumaria e Cosméticos (ABIHPEC). A oferta local é composta por filiais das principais corporações multinacionais desse ramo e por um conjunto de firmas brasileiras cujas marcas também são conhecidas internacionalmente, como Boticário e Natura.

Outro aspecto registrado na Tabela 1 é o poder de mercado das firmas que operam nas indústrias de alimentos, bebidas e produtos de

PADRÕES DE COMÉRCIO E POLÍTICA INDUSTRIAL

metal. Entre 1996 e 2011, essas firmas conseguiram praticar preços reais crescentes no mercado doméstico, numa escala da ordem de 40% a 50% acima da taxa de inflação da economia. O escopo deste capítulo não comporta uma discussão sobre a origem do poder de mercado dessas firmas, embora alguns fatores relevantes tenham sido mencionados: reduzida competição de bens importados, controle dos canais de distribuição no território nacional e capacidade inovadora. Cabe notar, entretanto, que o principal impacto da apreciação cambial nessas indústrias foi o de estimular os investimentos diretos no exterior durante a última década, ampliando o tamanho das firmas líderes e reforçando, portanto, sua capacidade de fixar preços no mercado doméstico. Embora a apreciação cambial também tenha favorecido a expansão internacional das firmas de outras indústrias, como aeronáutica e cosméticos, seu impacto sobre as condições de concorrência no mercado doméstico foi relativamente neutro nestes casos.

Por fim, é importante observar que, embora a apreciação cambial tenha afetado profundamente o desempenho externo das indústrias de vestuário e calçados, as mudanças no mercado doméstico foram provocadas por fatores que independem da taxa de câmbio. Atualmente, 15 mil firmas atuam no ramo de vestuário e oito mil no de calçados. Devido à ausência de barreiras à entrada nessas indústrias, o tamanho das firmas pode variar entre pequenos estabelecimentos familiares e grandes corporações. Num mercado com essas características, é inevitável que a concorrência de preços seja intensa, ainda que em alguns nichos a competição por diferenciação de produtos também seja relevante. Tal como em outras indústrias de bens de consumo, a expansão do mercado brasileiro nos últimos 15 anos foi marcada por dois eventos fundamentais: maior transparência do sistema de preços, devido à restauração do padrão monetário com o Plano Real, e elevação do poder aquisitivo dos consumidores. Entretanto, no caso de vestuário e calçados, o principal papel desses dois eventos foi o de revigorar o padrão de competição ali vigente, onde a oferta é atomizada e a elasticidade da demanda é alta. Assim, as quedas de preços e, consequentemente, dos valores de produ-

O FUTURO DA INDÚSTRIA NO BRASIL: DESINDUSTRIALIZAÇÃO EM DEBATE

ção registradas na Tabela 1 devem ser vistas como atributos naturais daquele padrão de competição.

2.2. Indústrias com coeficiente de penetração de importações superior a 15% em 2011

O dinamismo exportador é a principal característica em comum das indústrias incluídas na Tabela 2. Com exceção de metalurgia, todos os demais setores pelo menos dobraram o *quantum* exportado entre 1996 e 2011. As maiores taxas de crescimento foram no farmacêutico, que alcançou 848%, no de automóveis, 287%, e no de aeronáutica, 430%. Nessas indústrias, a elevação do coeficiente de penetração de importações auxiliou a competitividade internacional das firmas de duas maneiras. Por um lado, permitiu a incorporação de inovações geradas no exterior, através da aquisição de insumos recém-introduzidos no mercado, aproximando assim as rotinas produtivas locais da fronteira tecnológica contemporânea. Por outro lado, a pressão competitiva das importações estimulou investimentos em P&D por parte das firmas nacionais.[1]

Em contraste com a heterogeneidade dos desempenhos observados na Tabela 1, o crescimento do valor da produção na maioria das indústrias listadas na Tabela 2 foi superior à média da indústria de transformação no período em análise. As poucas exceções foram informática, têxtil, borracha e plásticos e química. Entretanto, no caso de informática, a modesta ampliação de 22% deve ser confrontada com a redução de 89% nos níveis de preços praticados nessa indústria entre 1996 e 2011. A razão da queda de preços é bem conhecida e vem ocorrendo em vários países em consequência da revolução nas tecnologias de informação nas últimas décadas. Um indicador do moderado dinamismo desse setor no Brasil é o crescimento de 134% das quantidades exportadas, que em 2011 representaram 9,7% do valor da produção. Em comparação com outras economias industrializadas, esse coeficiente de exportações é muito baixo, ainda que bem superior ao alcançado em 1996.

---

[1] Pedro da Motta Veiga, "Os condicionantes microeconômicos das exportações", in: *Breves Cindes*.

PADRÕES DE COMÉRCIO E POLÍTICA INDUSTRIAL

Tabela 2 – Indicadores de desempenho industrial: 1996–2011

Ramo industrial	Δ VP	Preços relativos	Δ quantum exportado	Grau de abertura			
				Coef. exp.		Coef. imp.	
				1996	2011	1996	2011
Têxtil	–20	4	114	5,2	14,0	8,8	23,6
Química	29	47	104	7,0	11,1	13,1	25,9
Farmacêutica	88	nd	848	1,9	8,6	11,9	24,8
Borracha e plásticos	10	43	153	3,7	8,5	4,5	16,1
Metalurgia	35	87	33	27,4	26,9	7,7	17,6
Informática e eletrônicos	22	–89	134	3,5	9,7	23,9	51,8
Máquinas e materiais elétricos	73	41	105	13,1	12,8	18,5	34,0
Geradores e transformadores	82	41	192	33,3	34,4	17,0	52,9
Máquinas e equipamentos	96	15	148	16,6	6,1	5,0	40,8
Automóveis	96	–1	287	12,6	13,3	10,0	19,6
Aeronáutica	839	nd	430	41,1	34,9	55,4	38,5

Fontes: IBGE, FGV, Funcex.

A indústria têxtil talvez seja o único caso onde a retração do valor da produção nacional pode ser explicada pela elevação do coeficiente de penetração de importações, que saltou de 8,8% para 23,6% entre 1996 e 2011. Cabe lembrar que a produção de tecidos não se destina apenas à confecção de roupas, mas a várias outras finalidades, como estofamento de móveis, tapetes, revestimentos, cortinas, embalagens etc. Em todos esses segmentos, os fabricantes nacionais passaram a enfrentar uma concorrência crescente de bens importados ao longo da última década. Muitas firmas resistiram bem a esse desafio, como atesta a evolução do coeficiente de exportações, que subiu de 5,2% para 14%. Contudo, num universo de 3.900 tecelagens, a parcela de exportadores bem-sucedidos é ínfima. Segundo dados da Associação Brasileira da Indústria Têxtil (ABIT), mais de 70% das firmas desse ramo são de pequeno porte e representam 10% da produção. Apenas 2,5% são grandes empresas que ocupam 40% do mercado. A outra metade do mercado é atendida por firmas de médio porte.

Entretanto, a principal fragilidade do parque industrial brasileiro está refletida no comportamento dos preços das indústrias de metalurgia,

O FUTURO DA INDÚSTRIA NO BRASIL: DESINDUSTRIALIZAÇÃO EM DEBATE

borracha e plásticos, química e bens de capital. Ao praticar preços sistematicamente acima da inflação, as firmas desses setores prejudicam a competitividade internacional dos produtores de bens finais. A metalurgia, por exemplo, cujo desempenho exportador foi medíocre, conseguiu sustentar uma elevação de preços que foi 87% acima do IPCA, não obstante a subida de 7,7% para 17,6% no coeficiente de penetração de importações. Tal elevação de preços resultou da interação de três fatores: aumento dos preços do minério de ferro, poder de mercado das siderúrgicas e proteção aduaneira. O Brasil é um dos raros países do mundo que ainda aplica tarifas elevadas na importação de bens intermediários e equipamentos. No caso de bens intermediários, a proteção costuma ser complementada através de frequentes medidas antidumping.[1]

Por fim, cabe um breve comentário sobre o comportamento aparentemente errático dos coeficientes de exportação e de penetração de importações da indústria aeronáutica. Por ser uma indústria de montagem de bens sob encomenda, cujos principais componentes são importados, o ciclo de produção é longo e o mercado consumidor é mundial; assim, o valor daqueles coeficientes em anos isolados tem pouco significado. Por exemplo, nos anos em que as vendas se concentram no resto do mundo, o coeficiente importado pode superar 100% e tenderá a ser baixo nos momentos em que as empresas aéreas domésticas estiverem renovando suas frotas.

Em síntese, não é possível estabelecer uma associação estreita entre a evolução do grau de abertura de um setor industrial e seu desempenho em termos de variação do valor da produção, mesmo para os setores onde o coeficiente de importação superou 15% em 2011. O Gráfico 3 mostra grande dispersão de desempenhos relativos dos diversos setores industriais e sugere que não há relação direta entre aumento do coeficiente de importações e desempenho da produção nos vários setores – a indústria aeronáutica foi excluída do gráfico tendo em vista o comportamento errático mencionado anteriormente.[2] A conclusão

---

[1]José Tavares e Katarina Costa, "Abertura comercial e inserção internacional: os casos do Brasil, China e Índia", in: *O Brasil e os demais BRICs*, e Renato Baumann e Honório Kume, "Novos padrões de comércio e política tarifária no Brasil", neste volume.
[2]Se alguma correlação há entre as duas variáveis, ela é positiva (0,416), embora fraca e não significativa estatisticamente.

que se pode tirar desse exercício é que o aumento de importações não é determinante para o fraco desempenho da indústria: os setores de geradores e transformadores e máquinas e equipamentos estão entre os que apresentaram maior elevação no grau de penetração de importações, mas estão também entre os que tiveram melhor desempenho relativo em termos de crescimento do valor da produção. Já os setores de calçados e vestuário, que mostraram os piores resultados relativos, continuam pouco expostos à concorrência externa, apesar da propalada competição com produtos asiáticos no mercado nacional. Ainda que o grau de penetração de importações nesses setores tenha duplicado no caso dos calçados e triplicado no caso do vestuário, tais setores ainda estão relativamente protegidos. Em 2011, por exemplo, a indústria de calçados produziu 819 milhões de pares, enquanto foram importados 34 milhões de pares, ou seja, 4,15% da produção doméstica.

Gráfico 3 – Coeficiente de importação e desempenho industrial 1996-2011*

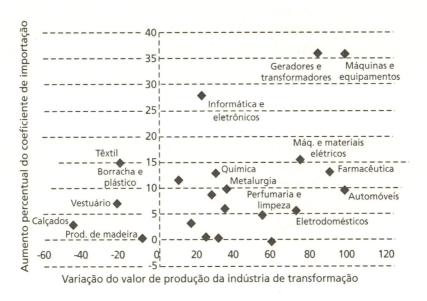

Fonte: IBGE, FGV, FUNCEX.
*O aumento do percentual do coeficiente de importação foi calculado pela diferença do coeficiente de 2011 e do coeficiente de 1996; exclui indústria aeronáutica.

O FUTURO DA INDÚSTRIA NO BRASIL: DESINDUSTRIALIZAÇÃO EM DEBATE

3. Desempenho de exportações dos produtos da indústria de transformação

Se o desempenho da indústria brasileira é heterogêneo quando medido pelos indicadores domésticos, a análise da evolução dos indicadores de vantagens comparativas reveladas ao longo da década passada mostra evoluções mais convergentes. A maioria dos setores industriais apresentou tendência de perda de vantagens comparativas reveladas nesse período. É importante reconhecer que o expressivo crescimento dos preços das *commodities* exportadas pelo Brasil contribuiu fortemente para o aumento do valor total das exportações do País no período 2006-2011. É, portanto, natural que a participação relativa do setor industrial nas exportações do País tenha caído e que essa perda seja acentuada pela comparação com a evolução do perfil do comércio mundial, dadas as vantagens comparativas naturais do Brasil em produtos intensivos em recursos naturais. Ainda assim, a análise da evolução desses índices é relevante para mostrar que aqui também as dinâmicas setoriais revelam trajetórias variadas e que, em muitos casos, a perda de vantagens comparativas começa antes do período de bonança dos preços das *commodities*.

As Tabelas 3 e 4 apresentam as evoluções dos índices de vantagens comparativas reveladas por setor da indústria de transformação ao longo da década passada. A Tabela 3 reúne os setores em que o Brasil possuía vantagens comparativas[1] no início da década, e a Tabela 4 mostra a evolução dos demais setores.

---

[1]Os índices de vantagens comparativas reveladas mostram a participação do produto nas exportações totais do país em relação à participação do produto no total das exportações mundiais. Índices superiores à unidade indicam que o país possui vantagem comparativa naquele setor.

PADRÕES DE COMÉRCIO E POLÍTICA INDUSTRIAL

Tabela 3 – Evolução dos índices de vantagens comparativas reveladas
na década 2000–2010: setores da indústria de transformação
com IVCR maior que um

Ramos Industriais	2000	2005	2010
Alimentos e bebidas	2,7	3,1	3,3
Calçados	3,4	2,6	1,6
Produtos de madeira	2,4	2,8	1,7
Papel e celulose	2,3	1,9	2,5
Minerais não metálicos	1,3	1,4	0,9
Metalurgia	2,6	2,0	1,4
Automóveis	1,0	1,1	0,9
Outros equi. de transporte	2,1	1,3	1,0

Fonte: UN COMTRADE.

Entre os setores nos quais o Brasil possuía vantagens comparativas no início da última década, apenas dois chegaram ao final do período tendo aumentado seus índices de vantagens comparativas reveladas: alimentos e bebidas e papel e celulose. As razões para o sucesso das exportações de alimentos e bebidas e papel e celulose foram comentadas na seção 2 deste capítulo e refletem esforços de inovação e mobilização para atendimento de exigências de regulação e certificação internacional, além de investimentos em modernização e infraestrutura associada ao escoamento da produção.

Já a indústria automotiva apresenta comportamento medíocre, com os indicadores oscilando em torno de 1,0 ao longo de todo o período. O coeficiente de exportações desse setor também se mantém praticamente constante durante a década, significando que sua participação na produção doméstica e sua importância relativa na pauta de exportações brasileiras, em comparação com o perfil mundial, não sofrem alterações relevantes, enquanto o coeficiente de penetração de importações dobra ao longo do período.

De outro lado, o setor de calçados chama a atenção pela dramática perda sofrida ao longo do período. A queda no coeficiente de exportações do setor e em sua participação no total das exportações brasileiras contrasta com o dinamismo do comércio mundial de calçados, evidenciando os problemas de competitividade experimentados pela indústria calçadista. Embora em diversos setores observe-se um desempenho relativamente mais favorável no período do *boom* exportador brasileiro (2003-2006), no setor de calçados observou-se uma inequívoca tendência de queda durante todo o período, o que indica que as questões de competitividade aí presentes ultrapassam em muito as relacionadas à apreciação cambial e ao aumento das importações – que apenas contribuem para explicitá-las.

Tabela 4 – Evolução dos índices de vantagens comparativas reveladas na década 2000–2010: setores da indústria de transformação com IVCR menor que um

Ramos Industriais	2000	2005	2010
Fumo	0,2	0,2	0,2
Têxtil	0,6	0,4	0,2
Vestuário	0,2	0,1	0,0
Impressão	0,2	0,2	0,1
Petróleo e biocombustíveis	0,7	0,6	0,3
Química	0,7	0,5	0,5
Borracha e plástico	0,7	0,6	0,6
Produtos de metal – exceto maq.	0,6	0,5	0,6
Máquinas e equipamentos	0,7	0,8	0,5
Material de escritório	0,1	0,1	0,1
Máquinas e materiais elétricos	0,4	0,4	0,4
Informática e eletrônicos	0,5	0,5	0,1
Móveis	0,5	0,4	0,2

Fonte: UN COMTRADE.

O panorama nos setores em que o Brasil já não possuía vantagens comparativas no início do período é bastante desfavorável. Não houve registro de setor que tenha terminado a década com elevação nos índices de vantagens comparativas. Dentre os que estão nesse grupo,

PADRÕES DE COMÉRCIO E POLÍTICA INDUSTRIAL

os que apresentaram melhor desempenho relativo foram borracha e plástico, produtos de metal e máquinas e materiais elétricos. Esses setores apresentaram oscilações durante o período, terminando a década com índices bastante parecidos com os que apresentavam em 2000. Mas, dentre eles, apenas o setor de máquinas e materiais elétricos mostrou bom desempenho em termos de evolução do valor da produção industrial, embora tenha apresentado forte queda no coeficiente de exportações, o que indica que a produção foi direcionada para o mercado doméstico.

Aqui também merecem destaque as indústrias têxtil, de vestuário e de móveis, que, a exemplo do que aconteceu com o setor calçadista, apresentaram perdas de vantagens comparativas ao longo de todo o período. Coincidentemente, os três setores são intensivos em trabalho, o que remete à conveniência de avaliar a dinâmica das exportações brasileiras, levando em consideração a intensidade relativa de fatores na produção setorial.

A Tabela 5 apresenta a evolução, na década passada, da participação de diferentes categorias de produtos classificados por intensidade de uso de fatores de produção. Como esperado, a fatia dos produtos primários – sejam eles agrícolas, minerais ou energéticos – cresce de forma extraordinária, particularmente a partir de 2007, com o *boom* internacional dos preços das *commodities*. O mesmo é observado para os produtos agrícolas semimanufaturados intensivos em capital, com expansão importante nos dois últimos anos da década. Já os agrícolas intensivos em trabalho apresentam perda de participação a partir de 2005, acompanhando a tendência dos produtos manufaturados que são intensivos em trabalho.

O FUTURO DA INDÚSTRIA NO BRASIL: DESINDUSTRIALIZAÇÃO EM DEBATE

Tabela 5 – Participação de produtos agrupados por intensidade de uso de
fatores no total das exportações brasileiras

Descrição	2000	2005	2010
B Agrícolas	10,68	10,54	13,23
B Minerais	6,86	7,75	17,02
Energéticos	1,65	5,99	10,05
SM Agrícolas intensivos em trabalho	14,08	15,11	12,89
SM Agrícolas intensivos em capital	6,13	6,11	9,86
SM Minerais	7,30	5,93	5,37
M Indústrias intensivas em trabalho	9,08	6,48	3,69
M Indústrias intens. em econ. de escala	19,81	21,87	14,99
Provedores especializados	9,35	10,50	7,59
M Indústrias intensivas em P&D	6,64	4,99	2,93
M Indústrias intensivas em P&D – Aviões	6,49	2,79	2,21
Não catalogados	1,95	1,94	0,17
Total	100,00	100,00	100,00

Obs.: B = básicos; SM = semimanufaturados; M = manufaturados.
Fonte: UN COMTRADE, calculado a partir de adaptação da taxonomia estabelecida por
Keith Pavitt, "Sectoral patterns of technical change: towards a taxonomy and a theory", in:
Research Policy.

Também notável é a perda de participação das indústrias intensivas em
P&D, que atinge inclusive o setor aeronáutico. Mas, nesse caso, vale a
pena observar que, como mostra a Tabela 6, a participação do Brasil
nas exportações totais do setor cai na primeira metade da década, mas
mostra recuperação a partir de 2007. Já o *market share* das exportações
das demais indústrias brasileiras intensivas em P&D no comércio internacional desses produtos é ínfimo e permaneceu praticamente constante
ao longo da década.

A comparação internacional reforça a percepção do bom desempenho
relativo das exportações brasileiras de produtos intensivos em recursos
naturais, que vão mostrando ganhos de participação ao longo de toda
a década. Nessa comparação, até mesmo os produtos agrícolas que são
intensivos em trabalho mostram evolução positiva. Já no caso dos ma-

PADRÕES DE COMÉRCIO E POLÍTICA INDUSTRIAL

nufaturados é evidente a diferença de performance entre os intensivos em trabalho e os demais grupos.

Quando se compara o *market share* dos produtos manufaturados brasileiros intensivos em trabalho no comércio mundial entre o início e o final da década passada, observa-se uma perda de cerca de 25%. No caso dos intensivos em P&D, também se verifica uma perda, mas de magnitude bastante inferior. Por outro lado, os intensivos em escala e os provenientes de provedores especializados têm participações no comércio internacional em 2010 significativamente superiores às verificadas em 2000, embora registrem retrocesso em relação aos ganhos alcançados na primeira metade da década.

Tabela 6 – Participação das exportações brasileiras no total mundial de produtos agrupados por intensidade de uso de fatores

Descrição	2000	2005	2010
B Agrícolas	2,79	3,97	5,11
B Minerais	7,91	8,76	13,92
Energéticos	0,16	0,58	1,10
SM Agrícolas intensivos em trabalho	2,59	3,68	3,57
SM Agrícolas intensivos em capital	2,57	4,22	8,34
SM Minerais	1,05	1,05	0,98
M Indústrias intensivas em trabalho	0,67	0,69	0,50
M Indústrias intens. em econ. de escala	1,01	1,38	1,22
Provedores especializados	0,54	0,83	0,67
M Indústrias intensivas em P&D	0,28	0,29	0,22
M Indústrias intensivas em P&D – Aviões	3,56	2,57	3,25
Não catalogados	0,54	0,74	0,04
Total	0,91	1,20	1,38

Obs.: B = básicos; SM = semimanufaturados; M = manufaturados.
Fonte: UN COMTRADE, calculado a partir de adaptação da taxonomia estabelecida por Keith Pavitt, "Sectoral patterns of technical change: towards a taxonomy and a theory", in: *Research Policy*.

O FUTURO DA INDÚSTRIA NO BRASIL: DESINDUSTRIALIZAÇÃO EM DEBATE

A análise da trajetória de participação das exportações brasileiras no comércio mundial por intensidade de uso de fatores confirma que os piores desempenhos foram observados nos setores intensivos em trabalho e altamente dependentes de investimentos em P&D. Esse resultado advém das mudanças nas vantagens comparativas internacionais com a maior integração das economias asiáticas – com elevada disponibilidade de mão de obra – ao comércio mundial e com os esforços de investimentos em P&D pelos principais concorrentes das empresas brasileiras. Reflete, também, os problemas domésticos, em particular a expressiva elevação do custo unitário da mão de obra e a persistência de uma baixa propensão das empresas brasileiras a investir em P&D.

4. Conclusão

Conforme explicam as teorias recentes do comércio internacional, o desempenho das indústrias de determinado país depende basicamente das condições de concorrência vigentes no mercado doméstico, que resultam de inúmeros fatores, tais como: logística de distribuição, economias de escala e escopo, custos de transação, capacidade inovadora das firmas locais, barreiras à entrada, tamanho do mercado doméstico, ritmo de crescimento da demanda no País e no exterior e natureza das políticas econômicas adotadas pelo governo.[1] Neste contexto, a influência da taxa de câmbio é inevitavelmente limitada, posto que seu papel é filtrado pela ação dos demais fatores.

Assim, para avaliar o desempenho da indústria, o indicador relevante não é seu peso no PIB, mas sua capacidade de acompanhar o ritmo do progresso técnico internacional e, eventualmente, deslocar a fronteira de produção contemporânea. As evidências reunidas neste capítulo mostram que, quando as condições de concorrência geram oportunidades e incentivos adequados, as firmas brasileiras estão aptas a lidar com os dois desafios, como ilustram os casos de aviões, alimentos, papel e

---

[1]Elhanan Helpman, *Understanding Global Trade.*

PADRÕES DE COMÉRCIO E POLÍTICA INDUSTRIAL

celulose e cosméticos. E vice-versa: quando as firmas locais se revelam incapazes de adotar determinadas inovações, essa deficiência resulta, em boa medida, do padrão de competição vigente no País. Por exemplo, nas últimas décadas, o avanço nas tecnologias de informação promoveu uma redução drástica nos custos de transação e estimulou a fragmentação das cadeias produtivas de vestuário, calçados e outras indústrias.[1] Nessas indústrias, as estratégias empresariais dominantes passaram a ser baseadas na subcontratação de bens e serviços e na formação de parcerias estáveis entre fornecedores e compradores de insumos e componentes industriais. No Brasil, entretanto, o impacto positivo das tecnologias sobre os custos de transação foi prejudicado pela precariedade da infraestrutura de transportes e pelas tarifas de importação de bens intermediários e equipamentos. Em consequência, as firmas brasileiras continuam operando com graus de integração vertical típicos de meados do século passado e com reduzida integração às cadeias globais de valor.

Cabe notar, ademais, que não é possível explicar o desempenho de qualquer segmento industrial brasileiro nos últimos 15 anos a partir da evolução do grau de penetração das importações. Como vimos na seção 2, sem examinar o padrão de competição vigente em cada ramo, não é possível identificar qualquer vínculo entre ritmo de importações, desempenho exportador e evolução da produção doméstica. Os ramos com pior desempenho de produção doméstica e de exportações – calçados e vestuário – têm coeficientes de importações inferiores a 15%. Por outro lado, os segmentos mais dinâmicos no passado recente foram justamente os mais expostos à pressão competitiva das importações.

Desde meados de 2010, o debate doméstico tem sido dominado por previsões crescentemente sombrias sobre o futuro da indústria brasileira e interpretações diversas e divergentes sobre a natureza da crise por ela enfrentada. Muito se tem falado sobre a tendência à "commoditização" da estrutura produtiva brasileira. Como resposta, o governo tem anunciado sucessivos pacotes de estímulo à produção doméstica – que incorporam

---

[1]Hildegunn Kyvik Nordås, "The Global Textile and Clothing Industry post the Agreement on Textiles and Clothing", in: *Discussion Paper*.

O FUTURO DA INDÚSTRIA NO BRASIL: DESINDUSTRIALIZAÇÃO EM DEBATE

crédito subsidiado, incentivos fiscais, gastos públicos adicionais com compras governamentais que privilegiam fornecedores locais, ainda que com custos mais altos para o contribuinte, entre outros instrumentos de apoio e proteção à indústria doméstica.

Se a chamada reprimarização das exportações e a escassa participação da indústria brasileira nas cadeias globais de valor são motivo de preocupação, algumas das opções de política no Brasil parecem desenhadas para reforçar essa tendência. Um pequeno exemplo é a regulação dos portos. Apesar dos esforços empreendidos na década de 1990 para modernizar a estrutura portuária, as restrições impostas pela regulação de 2008 representam uma clara barreira à instalação de novos terminais privativos e afetam, de forma particular, a oferta de serviços de transporte marítimo para produtos manufaturados.[1]

As grandes empresas produtoras de *commodities* – com escala de produção suficiente – vêm investindo e se organizando para resolver seus problemas de logística e transporte e vêm empregando recursos na construção de terminais privativos de granéis. Como as normas impedem a circulação de contêineres nesses terminais e as empresas produtoras de manufaturados não têm, em geral, escala suficiente para justificar economicamente a construção de terminais privativos para a movimentação de carga própria, continuam na dependência da evolução dos serviços dos terminais de uso público.

Esse é apenas um pequeno exemplo de como as políticas públicas podem ser incoerentes. Outro exemplo é a estrutura de proteção tarifária e as barreiras não tarifárias, que, além da proteção natural da geografia econômica brasileira, protegem todos os setores da indústria, incluindo máquinas e equipamentos e produtos intermediários. Enquanto bilhões de reais são gastos para estimular a indústria e promover as exportações, a legislação portuária brasileira e a estrutura de proteção impedem que o investimento privado contribua para baratear o custo e estimular a inserção internacional da indústria de manufaturados.

---

[1] Eduardo Augusto Guimarães e José Tavares de Araújo, "Regulação e desempenho dos portos brasileiros", in: *Textos Cindes*.

Referências

FUNCEX DATA. Disponível em: www.funcexdata.com.br.

GUIMARÃES, E. A.; TAVARES DE ARAUJO, J. Regulação e desempenho dos portos brasileiros, *Textos Cindes* (18), 2011. Disponível em: www.cindesbrasil.org.

HELPMAN, E. *Understanding Global Trade*. Cambridge, Massachusetts: Harvard University Press, 2011.

IGLESIAS, R.; RIOS, S. Determinantes macroeconômicos do desempenho das exportações de manufaturados. *Breves Cindes* (42), 2011. Disponível em: www.cindesbrasil.org.

MOTTA VEIGA, P. Os condicionantes microeconômicos das exportações. *Breves Cindes* (43), 2011. Disponível em: www.cindesbrasil.org.

NORDÅS, H. The Global Textile and Clothing Industry post the Agreement on Textiles and Clothing. *Discussion Paper n. 5*, World Trade Organization, Genebra, 2004.

PAVITT, K. Sectoral patterns of technical change: towards a taxonomy and a theory. *Research Policy* (13), p. 343-373, 1984.

TAVARES DE ARAUJO, J.; COSTA, K. Abertura comercial e inserção internacional: os casos do Brasil, China e Índia. In: BAUMANN, R. (org.). *O Brasil e os demais BRICs*. Brasília: Ipea, 2010.

UN COMTRADE. http://comtrade.un.org.

WORLD BANK. http://data.worldbank.org.

10. Novos padrões de comércio e política tarifária no Brasil

Renato Baumann e Honório Kume[1]

1. Introdução

A política comercial externa do Brasil obedece ao negociado com os demais países do Mercosul, uma vez que com eles compartilha uma tarifa externa comum, mas tem componentes nacionais expressivos, refletidos nas exceções à tarifa comum e na adoção de barreiras não tarifárias.

A imposição de restrições a produtos importados obedece necessariamente a algum determinante interno. Sejam pressões de grupos de interesse específicos, sejam objetivos de políticas de estímulo a setores selecionados.

Há uma associação entre agregação de valor em território nacional e restrições ao comércio que não é nada nova. Por exemplo, Satapathy[2] mostra que já no ano 300 a.C. existia no subcontinente indiano um

---

[1]Baumann é técnico do Ipea e professor da UnB e do Instituto Rio Branco; Kume é professor da UERJ. As opiniões expressas aqui são pessoais e não correspondem necessariamente à posição dessas instituições. Agradecemos a Edmar Bacha por comentários a uma versão anterior, isentando-o de qualquer responsabilidade pelas eventuais incorreções remanescentes.
[2]C. Satapathy, "Did India Give the World Its First Customs Tariff?", in: *Economic and Political Weekly*. Os interessados nos debates entre protecionistas e livre-mercadistas desde o século XVII encontram uma divertida apresentação em Norman McCord, *Free Trade*.

sistema razoavelmente sofisticado de tributação do comércio exterior, com o duplo propósito de proteger a produção nacional e arrecadar imposto sobre importação.

Mais recentemente, o propósito de se apropriar dos benefícios presumivelmente relacionados com a produção industrial interna (emprego, nível de remuneração, menor dependência de importados, absorção de tecnologia e outros) gerou o que H. Johnson[1] chamou de "objetivos não econômicos para proteção a produtos industriais", que frequentemente levam os governos a elevar o grau de proteção a produtos que concorrem com a produção nacional, motivados por essa suposta preferência social pela indústria de transformação. Isso impõe às autoridades o desafio de identificar aquelas atividades que são sustentáveis em termos econômicos ao longo do tempo e aquelas cuja priorização obedece a um propósito político e cuja competitividade dependerá de aportes recorrentes de novos incentivos. Há uma correlação elevada entre a preferência pela produção manufatureira e a adoção de barreiras contra produtos que competem com a produção nacional. Quanto mais ameaçados se sintam os produtores nacionais pela entrada de produtos competitivos, ou quanto mais as autoridades se preocupem com pressões sobre a balança comercial, tanto maior será a tendência de adoção de barreiras.

Nos últimos anos no Brasil a conjunção de um número de fatores – aumento de renda dos consumidores, maiores facilidades de financiamento do consumo, redução do preço do dólar, entre outros – levou a um aumento na quantidade importada de diversos produtos industrializados e a um aumento na demanda por serviços, que ganharam participação no PIB nacional. Ao mesmo tempo, outro conjunto de elementos, como o *boom* dos preços de produtos básicos e a perda de competitividade da produção industrial, levou a uma perda de participação dos industrializados na pauta de exportações.

As pressões sobre a indústria derivadas desses fatores deram origem ao debate sobre a existência de um processo de "desindustrialização". A

---

[1] Harry Johnson, "The economic theory of protectionism, tariff bargaining and the formation of customs unions", in: *Journal of Political Economy.*

PADRÕES DE COMÉRCIO E POLÍTICA INDUSTRIAL

existência de tal processo, considerado indesejável pelas considerações apresentadas anteriormente, leva a uma demanda por política industrial ativa e por uma política comercial igualmente voltada para beneficiar os produtores nacionais de bens manufaturados. A arrecadação fiscal brasileira depende muito pouco do imposto sobre importação. Assim, o desenho da política tarifária pode se concentrar nos efeitos dessas barreiras sobre o comércio e a produção.

O argumento deste capítulo é que o cenário internacional tem apresentado ultimamente características que fazem com que o desenho da política comercial externa – em particular no que se refere a produtos industrializados – deva levar em consideração as novas formas de competição. Estas são determinadas pela concorrência com outras economias com custos de produção mais baixos, pelas alterações nos processos produtivos, com importância crescente das chamadas cadeias globais de valor, e também pelo fato de o comércio internacional ser predominantemente dominado por empresas grandes, inovativas e altamente produtivas.[1]

Este capítulo discute esses temas em seis seções. A próxima apresenta algumas características recentes do comércio internacional de produtos industrializados. Uma delas é o "fatiamento" do processo produtivo em etapas realizadas em países distintos. A incidência setorial desse novo formato é discutida na terceira seção. A quarta seção mostra dados da estrutura tarifária recente, e a quinta sistematiza os desafios impostos por essas tendências internacionais para a política comercial brasileira. A última seção traz algumas sugestões sobre a política comercial a seguir.

2. Novas condicionantes no cenário internacional

A economia brasileira é, há muitos anos, uma das economias em desenvolvimento com maior estoque de capital estrangeiro instalado. Desde a década de 1950, a presença de empresas estrangeiras é significativa

---

[1]Desde os tempos das Companhias das Índias Ocidentais (holandesa e britânica).

no parque produtivo nacional. Um dos resultados dessa característica é que já há algumas décadas a metade do valor exportado de produtos industrializados é proporcionado por empresas de capital não nacional.

O processo decisório dessas empresas está, evidentemente, em outras partes do mundo. O desafio que isso impõe ao desenho de uma política industrial e de comércio é fazer com que as multinacionais estrangeiras aumentem tanto suas atividades locais de pesquisa e desenvolvimento, como a participação de produtos por elas aqui fabricados no total de suas exportações mundiais. Isso requer prover condições que superem a concorrência de outros países onde se situam subsidiárias dessas mesmas empresas.

Para simplificar, suponhamos que a atratividade da economia nacional seja uma resultante dos custos de produção e dos custos de transporte dos produtos aqui fabricados.[1] Nesse caso, o cenário internacional dos últimos anos traz ao menos duas novidades desafiadoras.

O primeiro é a presença crescente de produtos provenientes de países onde o custo da mão de obra é significativamente mais baixo que na maioria dos demais. O crescente envolvimento de países asiáticos no comércio internacional de manufaturas torna difícil preservar a competitividade da produção, por exemplo, de manufaturas leves intensivas em trabalho, na maior parte dos demais países.

Um segundo elemento, também de importância crescente desde o final da década de 1980, é o surgimento das chamadas cadeias globais de valor. É comum, já há muito tempo, que empresas "fatiem" seu processo produtivo, comprando serviços ou componentes de terceiros. A novidade é esse processo estar agora ocorrendo entre países.

Há ao menos duas possibilidades.[2] Num primeiro formato, as partes e componentes de um produto são fabricados em diversos países,

---

[1]Desnecessário lembrar que existe uma quantidade enorme de outros fatores relevantes, como estabilidade econômica e política, nível de qualificação da mão de obra, condição vital para alguns setores onde esse requisito seja mais necessário, estrutura fiscal e diversas outras condições. Mas considerar todos esses fatores extrapola os limites do presente capítulo.

[2]Ver, a propósito, Richard Baldwin e Anthony Venables, "Relocating the value chain: off-shoring and agglomeration in the global economy", in: *NBER Working Paper*.

PADRÕES DE COMÉRCIO E POLÍTICA INDUSTRIAL

digamos A, B e C, e montados em D. Mas o que é fabricado em A é insumo para o que é fabricado em B, e assim sucessivamente, para montagem final em D. Esse modelo sugere que o ideal para um país é ser aquele onde ocorre a montagem do produto final, caso o valor adicionado e as externalidades na etapa de montagem superem as das etapas intermediárias. A condição para participar dessa corrente é ter baixos custos de produção e facilidade para importar os insumos a cada etapa.

Num segundo modelo – mais parecido com o que se encontra hoje no Leste Asiático – diversas partes e componentes são fabricados em diversos países e exportados diretamente para o país onde ocorre a montagem final (China). Uma vez mais, é preciso ter baixos custos de produção, facilidade para importar insumos, engenharia eficiente para o processo de montagem e baixo custo de transporte e de coordenação desse processo entre as diversas unidades.

A economia brasileira está distante de ambos os modelos: a ênfase das diversas políticas industriais ao longo do tempo foi a de promover o "adensamento das cadeias produtivas". São relativamente poucos os componentes exportados daqui.

A decisão de "fatiar" o processo produtivo é, evidentemente, algo que ocorre dentro de cada empresa. Isso nos leva ao tema das transações entre unidades de cada empresa situadas em países distintos. A isso se convencionou chamar de comércio "intrafirma". Esse tipo de comércio é de difícil quantificação, porque demanda informação específica dos fluxos de comércio de cada empresa.[1] No caso do Brasil, existe uma ferramenta potente para nos dar alguma ideia a respeito, que é o Censo do Capital Estrangeiro feito pelo Banco Central. Já foram realizados quatro Censos, que levantaram informações relativas a 1995, 2001, 2005 e 2010.

---

[1] Nos Estados Unidos, esse tipo de transação correspondeu em 2008 a mais de um quarto das exportações totais. Ver Rainer Lanz e Sébastien Miroudot, "Intra-Firm Trade: Patterns, Determinants and Policy Implications", in: OECD Trade Policy Working Papers.

O FUTURO DA INDÚSTRIA NO BRASIL: DESINDUSTRIALIZAÇÃO EM DEBATE

Os últimos dados divulgados são relativos a 2005. Eles indicam, com base em dados de 17.605 empresas, que naquele ano, tanto para as exportações quanto para as importações brasileiras totais, aproximadamente uma terça parte correspondeu a transações entre empresas instaladas aqui e suas coligadas em outros países. A questão dos agentes econômicos envolvidos no comércio exterior não é, portanto, algo de menor monta, o que remete às considerações anteriores sobre as condições que a política econômica proporciona para que o País possa participar das cadeias globais de valor.

Outro conjunto de interrogantes está relacionado com ainda outra característica do comércio internacional, o chamado "comércio intrassetorial". Um percentual elevado do comércio de produtos industrializados tem como característica ser composto de itens que são classificados como semelhantes. Assim, um país A exporta para outro país B um determinado produto e importa de B um produto com características semelhantes. Daí o termo comércio intrassetorial.

Há (ao menos) duas explicações para esse tipo de comércio. Uma é a possibilidade de que o produto exportado por A tenha certos atributos (por exemplo, um veículo de passageiros com baixa cilindrada) e o produto exportado de B outros atributos, implicando maior qualidade (veículo de passageiros com cilindrada mais alta). Outra possibilidade é que o produto exportado de A para B seja semelhante ao exportado de B para A, mas com alguma característica que induza os consumidores a preferirem um ao outro (por exemplo, casacos de lã *versus* casacos de caxemira).

Quanto mais expressivo esse tipo de transação, mais especializada será a produção num dado país (que procurará explorar segmentos específicos de mercado e eventualmente reduzir seu espectro de produtos), mais coordenados serão os ciclos de atividade econômica entre as economias onde o comércio bilateral apresenta essa característica e – não menos importante – menores serão os custos de ajuste, caso se faça necessário deslocar trabalhadores, pelo fato mesmo de haver menor dispersão no parque produtivo. Em outras palavras, a existência de comércio intrassetorial tem implicações econômicas importantes.

PADRÕES DE COMÉRCIO E POLÍTICA INDUSTRIAL

Por exemplo, no caso do Leste Asiático há uma interação elevada no comércio de bens de produção[1] entre a China e seus vizinhos, chegando próximo aos 60% de transações intrassetoriais, e há indicações[2] de que isso ajudou na convergência das taxas de crescimento do PIB desses países.

No caso do Brasil, foi estimado[3] que nas transações em bens de produção o componente intrassetorial correspondia no ano 2000 a 36% do comércio desses produtos com os parceiros do Mercosul e a 28% do comércio com o resto do mundo. Para bens finais, esses índices eram respectivamente de 21% com o Mercosul e de 11% com o resto do mundo. Cálculos mais recentes, feitos no Ipea, indicam que no ano de 2010 as transações de tipo intrassetorial corresponderam a 18% do comércio total e a 33% nas transações com os demais países da América do Sul. Os setores onde essa participação é mais intensa são os de máquinas e material de transporte, produtos químicos e óleos vegetais.

Isso significa que, além das questões levantadas com relação aos agentes econômicos, também a seleção de setores produtivos que seriam objeto de tratamento diferenciado deveria considerar o potencial de complementaridade comercial.

Por último, mas não menos importante, a experiência recente de sucesso exportador por parte dos países do Leste Asiático traz a novidade de apresentar – com implicações tanto sobre a competitividade de seus produtos quanto de efeitos geopolíticos – um regionalismo baseado em encadeamentos produtivos. Isso traz à agenda, para a política de comércio exterior brasileira, o desafio de criar, com seus vizinhos, laços de integração produtiva que não apenas possibilitem o acesso a custos de produção mais baixos, mas, sobretudo, permitam fazer face à concorrência externa que tem tomado mercado da produção brasileira até nos mercados próximos.

---

[1] Isto é, aqueles produtos que são consumidos no processo produtivo, compreendendo bens de capital, partes, peças, componentes e matérias-primas.
[2] Renato Baumann e Francis Ng, "Regional Productive Complementarity and Competitiveness", in: *International Trade Journal*.
[3] Ibidem.

3. Incidência setorial das cadeias globais de valor

O novo cenário do processo produtivo, com etapas da produção ocorrendo em países distintos, implica uma diferença básica com relação ao comércio intrassetorial. Nesse, o comércio é mais intenso em produtos semelhantes e particularmente intenso entre economias avançadas. Já a fragmentação da produção é estimulada pelas diferenças na dotação de fatores, o que abre margem para a participação de economias menos desenvolvidas com custos mais baixos de mão de obra.

Tradicionalmente, as transações intrafirma assumiam a forma de uma empresa transnacional abrindo uma subsidiária em outro país, para desempenhar certas funções. À medida que as operações nos países hospedeiros se consolidavam, essas empresas passaram a subcontratar atividades em empresas locais, as quais passaram a ter acesso a novas tecnologias.

Dois subprodutos desse movimento têm contribuído para consolidar sua importância.[1] Primeiro, alguns elementos da linha de produção passaram a ser padronizados e usados em diversos produtos. Exemplos disso são as baterias originalmente concebidas para computadores, mas que passaram a fazer parte de telefones celulares e outros itens, assim como os transmissores (usados em rádios e em computadores) e chips eletrônicos (computadores, veículos, produtos eletrônicos em geral). Segundo, houve uma ampliação das operações, de simples agregação de componentes produzidos para a montagem mais elaborada de produtos finais. Isso torna menos relevantes os custos com mão de obra, em comparação com os requisitos de capacidade técnica operacional e de atividades de gerenciamento. Como resultado, a decisão por parte de empresas transnacionais sobre onde localizar suas atividades passa a depender da disponibilidade de diversos atributos que assegurem o nível de excelência exigido para sua competitividade.

Em setores de alta tecnologia, a velocidade de inovação e a frequência das mudanças tecnológicas, que produzem um ritmo elevado

---

[1] Prema-Chandra Athukorala, "Product Fragmentation and Trade Patterns in East Asia", in: *Asian Economic Papers*.

PADRÕES DE COMÉRCIO E POLÍTICA INDUSTRIAL

de obsolescência, são um obstáculo para a automação como um substituto à produção e à montagem em países distintos. É possível prever, portanto, que esse padrão de produção deverá permanecer e se expandir no futuro próximo, possibilitando a cada país descobrir seu nicho de competitividade.

A fragmentação do processo produtivo é encontrada em setores tão diversos como vestuário, máquinas, material de transporte, produtos eletrônicos, brinquedos e móveis, entre outros. Nesses setores, se destacam acessórios para máquinas de escritório, equipamentos de telecomunicação, aparelhos para circuitos elétricos, equipamentos domésticos elétricos, motores, maquinaria industrial e motores de combustão.

Como seria de esperar, esses são também os setores onde há maior incidência de transações intrafirma.[1] São indústrias onde ocorre mais diferenciação de produtos, o que implica um grau mais elevado de especificidade nas partes e nos componentes usados na montagem final.

Esse cenário das tendências recentes do comércio internacional ajuda a avaliar a atual estrutura tarifária brasileira.

4. Evolução recente das tarifas no Brasil

A política de importação no Brasil no período 2000-2012 é sintetizada na Tabela 1, que mostra algumas medidas descritivas das tarifas aduaneiras para anos selecionados. Em 2000, a tarifa média simples de 14,2% foi maior do que nos outros anos, refletindo o acréscimo temporário generalizado de 3 pontos de percentagem nas tarifas (à exceção de bens de capital), aplicado em 1997, e as listas de exceções de bens de capital e de informática e telecomunicações que permitiam ao Brasil manter tarifas acima da tarifa externa comum do Mercosul.

---

[1] Maria Borga e William Zeile, "International Fragmentation of Production and the Intrafirm Trade of U.S. Multinational Companies", e Liza Jabbour, "Slicing the Value Chain Internationally: Empirical Evidence on the Offshoring Strategy by French Firms", in: *GEP Research Paper*.

O FUTURO DA INDÚSTRIA NO BRASIL: DESINDUSTRIALIZAÇÃO EM DEBATE

Tabela 1 – Estatística descritiva das tarifas aduaneiras: anos selecionados

	2000	2006	2012
Média simples	14,2	10,6	11,6
Mínimo	0,0	0,0	0,0
Máximo	55,0	55,0	55,0
Desvio padrão	7,0	6,8	8,4

Fonte: Camex, MIDC. Elaboração própria.

Em 2006, a tarifa média caiu para 10,6%, com o fim dessas medidas temporárias de proteção adicional. No entanto, é bem provável que a proteção nominal tenha se elevado, pois, a partir de 2004, a Contribuição para Financiamento da Seguridade Social (Cofins) e o Programa de Integração Social/Programa de Formação do Patrimônio do Servidor Público (PIS/PASEP) passaram a incidir também sobre as importações,[1] enquanto antes incidiam apenas sobre a produção interna.

Em 2012, a tarifa média aumentou em 1 ponto de percentagem, e o desvio padrão em 1,6 ponto, devido a medidas de proteção a setores escolhidos, caracterizando um uso mais discricionário da política tarifária.

A distribuição de frequência das tarifas apresentada na Tabela 2 ilustra as mudanças na política tarifária brasileira. A estrutura tarifária de 2006 é a que mais se aproxima da tarifa externa comum do Mercosul aprovada em 1994, com 99,3% dos produtos com tarifas entre 0% e 20%, tendo como exceções leite e queijos, com tarifa de 27%, tênis, tratores, automóveis e caminhões, com 35%, e pêssegos em calda com 55%. Em 2000, o percentual de produtos com tarifa entre 0% e 20% foi de 70,8%. A tarifa mais elevada em 3 pontos de percentagem implicou a inclusão de vários produtos nos intervalos seguintes. Por exemplo, cerca de 1.555 produtos apresentam tarifas entre 20,1% e 25%, em 2000, enquanto não havia produtos nesta faixa em 2006. Além disso, a maioria dos produtos com tarifas entre 25,1% e 30% refere-se a produtos de informática e telecomunicação.

---

[1] A Constituição Federal estabelecia o faturamento da empresa como base de cálculo da Cofins e do PIS/PASEP. Uma vez que a importação não era considerada faturamento, esses impostos incidiam somente sobre a produção doméstica.

PADRÕES DE COMÉRCIO E POLÍTICA INDUSTRIAL

Tabela 2 – Distribuição de frequência das tarifas
aduaneiras, anos selecionados

Tarifa (%)	2000		2006		2012	
	Absoluta	%	Absoluta	%	Absoluta	%
0-5	2.277	24,2	2.831	28,9	2.845	28,4
5,1-10	500	5,3	1.449	14,8	1.608	16,0
10,1-15	1.817	19,3	2.914	29,7	2.869	28,6
15,1- 20	2.993	31,8	2.526	25,8	1.867	18,6
20,1- 25	1.555	16,5	0	0,0	4	0,0
25,1-30	198	2,1	12	0,1	388	3,9
30,1-35	55	0,6	61	0,6	448	4,5
> 35,1	3	0,0	2	0,0	2	0,0
Nº. observações	9.398	100,0	9.795	100,0	10.031	100,0

Fonte: Camex, MIDC. Elaboração própria.

Em 2012, observa-se que 8,4% dos produtos apresentam tarifas acima de 25%, sendo favorecidos os produtos têxteis, vestuário, calçados, óleo de rícino, bicicletas, tratores, automóveis, caminhões e brinquedos. Esse resultado revela um uso mais intensivo da política tarifária para manter a proteção à indústria doméstica, sobretudo de produtos de uso final. E note que há uma razoável superposição dessa lista com aqueles setores em que se identifica com mais intensidade o "fatiamento" dos processos produtivos.

No início de 2012, o governo elevou em 30 pontos de percentagem a alíquota do IPI de carros, exceto para aquelas empresas que atendessem a três requisitos: índice de nacionalização de peças de no mínimo 65%, cumprimento do processo produtivo em que seis das onze etapas da fabricação do automóvel fossem feitas no País e aplicação de 0,5% do faturamento líquido em pesquisa e desenvolvimento.

Posteriormente, anunciou um aumento de IPI, a partir de setembro de 2012, de 20% para 35%, para forno micro-ondas e aparelhos de ar-con-dicionado, e de 15% para 35% para motocicletas de até 50 cilindradas, todos fabricados exclusivamente na Zona Franca de Manaus. A proteção nominal desses bens, considerando-se a tarifa de 20% e a isenção total do IPI e do PIS-Cofins, e parcial do ICMS, atinge aproximadamente 78%.

Em resumo, atualmente a política comercial brasileira tem sido utilizada para preservar a indústria doméstica diante da maior competição externa, principalmente por parte dos países asiáticos. Essa política poderia ser considerada adequada se a perda de competitividade do produtor nacional decorresse somente de uma valorização temporária na taxa de câmbio. Uma vez restaurada a taxa de câmbio de equilíbrio, a proteção adicional poderia ser eliminada.

No entanto, se a maior competitividade dos países exportadores decorre dos ganhos com a fragmentação da produção, a proteção adicional terá que ser permanente. Mais ainda, se o fatiamento das etapas de produção em busca de custos menores for extensivo a outras atividades, mais setores exigirão tarifas adicionais. Como resultado, teremos uma economia mais fechada ao comércio, com a produção doméstica atendendo exclusivamente o mercado interno.

Uma alternativa diante do fatiamento da cadeia produtiva no mercado mundial seria o Brasil adequar-se a essa tendência, reduzindo as tarifas de bens intermediários. Essa medida recuperaria a competitividade, ainda que ao custo de um menor valor adicionado setorial. De fato, a redução nas tarifas de bens de capital e de bens intermediários com o objetivo de reduzir os custos de produção é uma medida que tem sido adotada por muitos países. A Tabela 3 permite comparar as tarifas de bens de capital e de bens intermediários entre o Brasil e um grupo de países em 2000, 2005 e 2010.

Todos os países listados promoveram uma liberalização das importações no período analisado, à exceção da Coreia, em bens intermediários, e da Indonésia, em bens de capital. Em 2010, o Brasil aplicou uma tarifa mais elevada que os demais países, tanto em bens de capital como em bens intermediários.[1]

---

[1] Uma questão que já havia sido considerada em outro contexto por José Tavares de Araujo Jr. e Katarina Costa, "Abertura comercial e inserção internacional: os casos do Brasil, China e Índia", in: *O Brasil e os demais BRICS.*

PADRÕES DE COMÉRCIO E POLÍTICA INDUSTRIAL

Tabela 3 – Tarifa aduaneira média de bens de capital e bens
intermediários:* países e anos selecionados (%)

País	Bens de capital			Bens intermediários		
	2000	2005	2010	2000	2005	2010
Brasil	16,9	13,2	13,0	13,9	10,7	11,7
China	14,4	8,1	7,7	14,4	7,9	7,4
Coreia	7,2	5,9	6,0	8,0	11,2	11,1
Filipinas	4,2	2,8	2,9	5,9	5,0	4,9
Índia	26,7	14,1	8,4	32,7	17,4	10,0
Indonésia	4,4	3,8	5,5	7,3	6,1	6,0
Malásia	5,1	4,2	3,6	7,1	6,8	6,6
México	13,1	9,5	3,2	14,8	11,8	6,1
Tailândia	10,5	6,4	5,5	14,0	6,0	4,4

Fonte: WITS, World Bank. *Classificação da OMC.

Todos esses países, à exceção do Brasil e da Índia, participam de acordos
comerciais com os demais participantes da cadeia de valor, que permitem
a livre entrada de bens de capital e bens intermediários. Além disso, o
México também tem livre acesso aos principais mercados dos países
desenvolvidos.

Merece destaque ainda que todos os países na Tabela 3, à exceção
do México e do Brasil, são membros do Acordo de Tecnologia da Informação, que liberalizou o comércio de computadores, equipamentos
de telecomunicações, semicondutores e seus componentes. Entretanto, o
México assinou acordos de livre comércio com os principais produtores e
exportadores desses bens, o que o torna um membro virtual do acordo.

5. Os desafios para o Brasil

Lidar com a insatisfação atual em relação ao desempenho da indústria
brasileira e sua inserção internacional demanda uma definição quanto

aos objetivos pretendidos: pressupomos que seja aumentar a competitividade, com melhoria no desempenho das exportações, tornando mais sustentável o crescimento da indústria.

Nesse caso, há que se considerar o seguinte. Existem três polos de concorrentes no mercado de produtos manufaturados. O mais dinâmico deles, o Leste Asiático, é talvez a região onde mais intensamente se adota a estratégia de "fatiamento" dos processos produtivos.

No segundo polo mais dinâmico, o Nafta, diversos setores – como a indústria automobilística e a de produtos eletroeletrônicos – adotam modelo de complementaridade produtiva, explorando as facilidades das maquiladoras mexicanas. Ao mesmo tempo, contudo, ocorre um processo que tem sido chamado de "reindustrialização", em que a produção manufatureira, que havia migrado para economias em desenvolvimento por razões de custo, começa a retornar aos países mais ricos, em processos fortemente baseados em avanços tecnológicos, com a localização de atividades específicas definida não mais por diferenças de custo, e sim pela disponibilidade de *expertise*.

O terceiro polo, menos competitivo, a União Europeia, é referência tradicional de especialização em segmentos de mercado, decorrência do grau elevado de transações intrassetoriais. Mas aí também já há algum tempo registram-se processos produtivos complementares entre países.

Nos três casos, há duas características que afetam a competitividade dos produtos brasileiros: o custo de transporte mais baixo entre as economias participantes e a adoção de barreiras comerciais diferenciadas, beneficiando o intercâmbio regional.

O desafio que esse cenário traz para o Brasil, caso haja interesse em que a produção nacional participe do núcleo nobre do comércio de manufaturas, é múltiplo.

A localização geográfica do País impõe, de imediato, considerações sobre o custo de transportar os itens fabricados aqui em condições competitivas com os fornecedores estabelecidos. Segundo, a produção brasileira tem de ser suficientemente competitiva para conseguir superar o diferencial de barreiras comerciais com que se depara hoje nessas três áreas.

PADRÕES DE COMÉRCIO E POLÍTICA INDUSTRIAL

Terceiro, cabe identificar em que componentes – fatias ou tarefas do processo produtivo de um item – o País pode vir a ter vantagens comparativas, de modo a participar das principais cadeias de valor. Estimativas mais amplas, no âmbito setorial, são pouco elucidativas: é preciso trabalhar ao nível de produtos específicos.

Quarto, e tendo em mente as considerações da seção 2, quanto aos formatos das cadeias produtivas, importa definir se o interesse maior do Brasil é participar como um dos elos dessas cadeias ou se candidatar a ser o lócus da montagem final dos produtos. As implicações de política são distintas, em cada caso.

6. Considerações de política

Diante da perda de competitividade da produção doméstica frente a competidores externos, que participam ativamente do fatiamento da cadeia produtiva e conseguem reduzir seus custos de produção, o Brasil tem duas estratégias possíveis para neutralizar o impacto devido ao aumento das importações:

a) preservar a cadeia produtiva setorial, elevando as tarifas de bens finais e de bens intermediários, opção escolhida pelo governo atual. Como resultado, terá que manter de forma permanente esse nível de proteção mais elevado, com efeitos negativos sobre os consumidores. Essa política protegerá basicamente a produção para o mercado interno, mas não para exportação, exceto se a atividade for intensiva em insumos que possam ser importados a preços internacionais por meio de regimes especiais de tributação, tais como o *drawback* e o Regime Aduaneiro Especial de Entreposto Industrial sob Controle Informativo. No caso de insumos específicos para a firma, no entanto, a perda em economias de escala tornará difícil que os insumos sejam importados apenas para a produção destinada à exportação;

b) recuperar a competitividade da produção de bens finais por meio de uma redução nas tarifas de bens de capital e de bens intermediários, alterando os rumos adotados recentemente, em que o aumento das bar-

O FUTURO DA INDÚSTRIA NO BRASIL: DESINDUSTRIALIZAÇÃO EM DEBATE

reiras tem ocorrido precisamente nos setores onde a produção externa adota mais intensamente a opção por fatiamento do processo produtivo. O risco da opção por essa abertura é não haver resposta por parte dos fabricantes, em termos de desempenho exportador. Com a previsível entrada de produtos importados, o resultado líquido poderia ser a destruição de parte do tecido produtivo, precisamente onde a transmissão do progresso técnico ocorre de maneira mais intensa. Como resultado, o valor adicionado da cadeia produtiva se reduziria, alimentando um processo de desindustrialização parcial. Ao mesmo tempo, contudo, uma redução da produção nacional de bens de capital e de bens intermediários poderia facilitar a integração brasileira no processo de fragmentação da produção em escala mundial, com o País se especializando e exportando os bens intermediários em que possua vantagem comparativa.

Não é claro em quais bens intermediários o Brasil poderá concentrar a produção industrial nem se, em razão da sua localização mais distante das principais "fábricas mundiais" (asiática, europeia e norte-americana), ele poderá superar outros concorrentes, como discutido na seção anterior. No entanto, o mais provável é que a vantagem comparativa brasileira esteja vinculada a tarefas que exigem um nível de qualificação médio dos trabalhadores, evitando a competição tanto dos países ricos como dos mais pobres.

O advento das cadeias de valor é um fenômeno com forte característica de relações produtivas em nível regional, graças aos menores custos de transporte, vantagens comparativas na produção de elementos específicos e preferências comerciais diferenciadas. No caso do Brasil, seus vínculos regionais são muito limitados, e sua distância dos principais centros é significativa. Não é clara, *a priori*, a probabilidade de que simplesmente facilitando o acesso a bens de produção importados o País naturalmente venha a participar desse novo cenário produtivo.

Entretanto, tendo em vista o novo cenário do comércio internacional descrito no texto, parece claro que a política deveria contemplar ao mesmo tempo uma redução da distância dos custos de produção em relação aos competidores, aproximando-os daqueles obtidos com o fatiamento internacional do processo produtivo.

PADRÕES DE COMÉRCIO E POLÍTICA INDUSTRIAL

Uma política tarifária tem de obedecer a alguns objetivos de política, e não apenas a pressões de grupos de interesse. Assim, tendo em vista os resultados recentes da inserção internacional do Brasil, parece importante a busca de mecanismos para viabilizar maior participação de produtos manufaturados nas exportações brasileiras. Elevar a participação de manufaturados nas exportações demanda aumento de produtividade por parte das empresas produtoras locais. A literatura e a evidência disponível[1] são claras em mostrar que as empresas exportadoras são maiores e apresentam produtividade do trabalho mais elevada do que as empresas que não exportam. Além disso, há um movimento em dupla direção, em que o acesso a um mercado ampliado é facilitado quando a produtividade é expressiva, ao mesmo tempo que esse acesso estimula o aumento da produtividade.

Para o Brasil, existe alguma evidência[2] que confirma essa percepção, assim como indicações de que os custos fixos associados às vendas externas são elemento importante na decisão de exportar, de modo que as políticas que facilitem o acesso das empresas ao mercado externo e que promovam aumento de produtividade devem ter impacto positivo sobre as exportações.

Parte dos custos com que se deparam os produtores brasileiros hoje está associada aos preços dos bens de capital e dos produtos intermediários. Os fabricantes brasileiros desses produtos contam com níveis elevados de proteção tarifária. Desse modo, uma estrutura alternativa de tarifas sobre importação deveria contemplar a redução das alíquotas incidentes sobre os bens de produção.

Uma redução do imposto sobre as importações dos bens de produção teria impacto positivo sobre a produção interna desses bens, uma vez que seu processo produtivo poderia se beneficiar do acesso a custos mais baixos de partes e componentes importados com custo reduzido.

---

[1] Ver, a respeito, Marc Melitz e Daniel Trefler, "Gains from trade when firms matter", in: *Journal of Economic Perspectives*, e Elhanan Helpman, *Understanding Global Trade*.

[2] Victor Gomes e Roberto Ellery Jr., "Perfil das exportações, produtividade e tamanho das firmas no Brasil", in: *Revista Brasileira de Economia*.

O objetivo final seria ampliar a participação de produtos brasileiros das chamadas cadeias globais de valor. Trata-se de conseguir acesso ampliado a essas cadeias, idealmente como fornecedor, nas etapas produtivas intermediárias, mas também como demandante, uma vez que o preço dos bens de produção no mercado interno terá se reduzido, com tarifas mais baixas.

Nos termos dos modelos de produção apresentados na seção 2 é pouco provável que, em curto prazo, a economia brasileira possa se candidatar a participar das principais cadeias de valor como unidade de montagem, tendo em vista suas carências e a baixa competitividade em termos de infraestrutura física e de qualificação de mão de obra. Os objetivos devem estar focados, portanto, na participação nas etapas intermediárias do processo produtivo.

A inserção da economia brasileira nessas cadeias de valor envolve a superação de quatro barreiras, uma condicionante estrutural e uma conjuntural.

As quatro barreiras são: i) os custos internos que afetam a produtividade das empresas; ii) a distância geográfica em relação aos principais mercados para produtos manufaturados; iii) as barreiras comerciais que dificultam o acesso aos principais mercados; e iv) o efeito diferenciado do regionalismo nas preferências comerciais.

A redução dos custos pode ser parcialmente conseguida pela via do acesso a insumos mais baratos, como sugerido aqui.[1] A superação do impacto negativo dos custos de transporte demanda elevação de produtividade em escala expressiva, de modo a assegurar competitividade. Ao mesmo tempo, parece importante intensificar as negociações comerciais, de modo a facilitar o acesso aos principais mercados.

A abertura às importações de bens de capital e bens intermediários traz à consideração o tema de suas externalidades. A literatura sobre desenvolvimento econômico tem por assentado que esses produtos são os principais canais de transmissão de progresso técnico. De fato, a

---

[1]Além, evidentemente, de um conjunto de medidas internas para lidar com o chamado Custo Brasil e que não é o caso de discutir aqui.

PADRÕES DE COMÉRCIO E POLÍTICA INDUSTRIAL

experiência tem mostrado que as economias com acesso facilitado a esse tipo de produto têm tido maior crescimento do produto.[1] Isso não significa recomendar uma proteção nula, mas sim que instrumentos não tarifários, como mecanismos de financiamento e apoio à inovação, devam ser acionados, para proteger o valor adicionado nesses setores.

Além disso, a experiência de alguns países sugere[2] que a maior exposição dos produtores de bens de capital e produtos intermediários à concorrência internacional tem como consequência não sua extinção, mas um aumento de sua produtividade. O acesso a uma variedade mais ampla de bens de produção a preços mais baixos contribui para elevar a produtividade. Um dos resultados é que as empresas beneficiadas passam a ser exportadoras ou a aumentar a relação exportações/faturamento.

A condicionante estrutural está associada à própria configuração do parque produtivo brasileiro. A evidência é forte no sentido de uma relação direta entre abertura, ganho de produtividade e aumento de exportações. Ocorre que em grande medida essa resposta teve lugar por parte de empresas nacionais. Num contexto em que um percentual elevado da produção manufatureira é proporcionado por subsidiárias de empresas transnacionais, como no Brasil, é menos claro que essa sequência ideal vá necessariamente ocorrer, uma vez que o processo decisório depende de variáveis fora do território nacional.[3] Não se trata apenas de reduzir os custos nacionais, mas de fazê-lo em intensidade maior do que o encontrado em outros países. Isso provavelmente transcende a órbita da política tarifária.

A condicionante conjuntural deriva do fato de que a evidência mencionada está referida a períodos de crescimento da economia mundial.

---

[1] Romain Wacziarg, "Measuring the Dynamic Gains from Trade", in: *The World Bank Economic Review*; Ai-Ting Goh, "Knowledge diffusion, input supplier's technological effort and technology transfer via vertical relationships", in: *Journal of International Economics*; e Ai-Ting Goh e Jacques Olivier, "Learning by doing, trade in capital goods and growth", in: *Journal of International Economics*.

[2] M. Melitz e D. Trefler, "Gains from Trade when Firms Matter", in: *Journal of Economic Perspectives*; e Elhanan Helpman, *Understanding Global Trade*.

[3] Ver, por exemplo, Ana Fernandes e Heiwai Tang, "The determinants of vertical integration in export processing: theory and evidence from China", in: *Discussion Paper*.

Tendo em vista a conjuntura recessiva atual, não é assegurado que mesmo ganhos expressivos de competitividade venham a se traduzir em melhora do desempenho exportador. Isso não significa que a reforma deva esperar que a conjuntura internacional mude de forma expressiva: se há distorções, como as temos em demasia, é preciso lidar com elas o quanto antes. Dada a conjuntura externa adversa, o que se pode sugerir é um cronograma mais lento para a redução das alíquotas.

Caberia, portanto, pensar no anúncio de um cronograma de redução ao longo do tempo das tarifas sobre bens de capital e produtos intermediários, fazendo-as convergir aos níveis médios encontrados em outras economias, por exemplo, 5%, e, em paralelo, reforçar a proteção contra as importações com uma política intensa de incentivo à inovação e financiamento às empresas nacionais.

Uma vez cumprida essa etapa, poderia ser adotado um cronograma de redução das tarifas de bens de consumo para alcançar, por exemplo, 15%: os produtores desses bens terão tido ganhos de competitividade via acesso aos bens de produção a custos mais baixos.

Como resultado desse conjunto de medidas, o Brasil poderá desfrutar de uma pauta de exportação mais diversificada. Diante da dotação de recursos naturais, o País sempre será um exportador líquido de produtos primários ou intensivos em recursos naturais, mas também poderá participar da cadeia de valor global exportando bens intermediários intensivos em mão de obra com nível médio de qualificação.

Referências

ARAUJO JUNIOR, J. T.; COSTA, K. Abertura comercial e inserção internacional: os casos do Brasil, China e Índia. In: R. BAUMANN (org.). *O Brasil e os demais BRICS* – Comércio e política. Brasília: Cepal/Ipea, 2010.

ATHUKORALA, P. Product Fragmentation and Trade Patterns in East Asia. *Asian Economic Papers* 4(3), 2005, p. 1-27.

BALDWIN, R., VENABLES, A. Relocating the value chain: off-shoring and agglomeration in the global economy. *NBER Working Paper*, 16611, 2011.

BAUMANN, R.; NG, F. Regional Productive Complementarity and Competitiveness. *International Trade Journal*, v. 26, n. 4, 2012.

BORGA, M.; ZEILE, W. J. International Fragmentation of Production and the Intrafirm Trade of U.S. Multinational Companies, Paper presented at The National Bureau of Economic Research/Conference on Research in Income and Wealth meeting on Firm-level Data, Trade, and Foreign Direct Investment, Cambridge, Massachusetts, agosto 7-8, 2003.

FERNANDES, A.; TANG, H. The determinants of vertical integration in export processing: theory and evidence from China. Centre for Economic Performance, London School of Economics. *Discussion Paper*, n. 980, maio, 2010.

GOH, A. Knowledge diffusion, input supplier's technological effort and technology transfer via vertical relationships. *Journal of International Economics*, v. 66, p. 527-540, 2005.

GOH, A.; OLIVIER, J. Learning by doing, trade in capital goods and growth. *Journal of International Economics*, v. 56, p. 411-444, 2002.

GOMES, V.; ELLERY Jr., R. Perfil das exportações, produtividade e tamanho das firmas no Brasil. *Revista Brasileira de Economia*, v. 61, n. 1, p. 33-48, 2007.

HELPMAN, E. *Understanding Global Trade*. Harvard University Press, 2011.

JABBOUR, L. Slicing the Value Chain Internationally: Empirical Evidence on the Offshoring Strategy by French Firms. *GEP Research Paper*, 2008/02, 2002.

JOHNSON, H. The economic theory of protectionism, tariff bargaining and the formation of customs unions. *Journal of Political Economy*, n. 73, p. 256-83, 1965.

LANZ, R.; MIROUDOT, S. Intra-Firm Trade: Patterns, Determinants and Policy Implications. *OECD Trade Policy Working Papers*, n. 114, OECD Publishing, 2011. Disponível em http://dx.doi.org/10.1787/5kg9p39lrwnn-en.

MCCORD, N. *Free Trade*. Theory and Practice from Adam Smith to Keynes. David & Charles Publishers, Devon, 1970.

MELITZ, M.; TREFLER, D. Gains from Trade when Firms Matter. *Journal of Economic Perspectives*, v. 26, n. 2, p. 91-118, 2012.

SATAPATHY, C. Did India Give the World Its First Customs Tariff?. *Economic and Political Weekly*, v. 34, n. 8, Fev. 20-26, p. 449-451, 1999.

WACZIARG, R. Measuring the Dynamic Gains from Trade. *The World Bank Economic Review*, v. 15, n. 3, p. 39.

IV. Política industrial: aspectos gerais

11. Padrões de política industrial: a velha, a nova e a brasileira

Mansueto de Almeida

1. Introdução

No início deste século, vários países da América Latina voltaram a adotar políticas de incentivos setoriais identificadas como políticas industriais.[1] O Brasil não foi exceção e, desde 2004, já adotou três versões diferentes dessas políticas.

A primeira política industrial do governo brasileiro no período recente foi a Política Industrial, Tecnológica e de Comércio Exterior (PITCE), que consistia em um plano de ação do governo federal que tinha como objetivo o aumento da eficiência da estrutura produtiva, da capacidade de inovação das empresas brasileiras e a expansão das exportações. Em 2008, o governo ampliou sua política industrial para vários setores por meio da Política de Desenvolvimento Produtivo (PDP) e, em 2011, ela foi novamente ampliada com o estabelecimento de novas metas, mecanismos de proteção comercial e uma política de compras governamentais com margem de preferência de até 25% para produtos manufaturados

---

[1] Wilson Peres, "The slow comeback of industrial policy in Latin America and the Caribbean", in: *CEPAL Review*; e Wilson Peres e Annalisa Primi, *Theory and practice of industrial policy*.

e serviços nacionais no complexo de saúde, defesa, têxtil e confecção, calçados e tecnologia da informação e comunicação.

As várias políticas industriais adotadas desde 2003 sofrem de pelo menos três grandes problemas, que serão detalhados ao longo deste capítulo. Primeiro, o desenho delas se baseia, excessivamente, no modelo sul-coreano dos anos 1960 e 1970, com um agravante. Em vez de a política promover a diversificação produtiva, ela toma a forma da concessão de crédito subsidiado para empresas grandes que atuam em setores nos quais o Brasil já possui claras vantagens comparativas como, por exemplo, alimentos, petróleo e mineração.

Segundo, esse tipo de política industrial onera de forma excessiva e desnecessária o Tesouro Nacional, já que seu principal instrumento é a concessão de crédito subsidiado via BNDES. No entanto, para que o governo ajude o setor privado em seu esforço de inovação ou de diversificação não é preciso o uso excessivo de recursos financeiros. Ao contrário, há uma vasta literatura moderna baseada em estudos de casos que mostram que o apoio do setor público deva se pautar pela solução de problemas de ação coletiva e pela oferta de bens públicos locais, como a disseminação do requisitos fitossanitários exigidos pelos países importadores de produtos vegetais e animais.

Terceiro, o Brasil já possui um conjunto de instituições que permitiriam adotar essa política industrial moderna sem onerar o contribuinte. Esse tipo de política é local, de menor custo, e seu foco não é a criação de grandes empresas. Assim, mais do que incentivar a formação de grandes grupos, a política industrial deveria se pautar pela oferta de bens públicos.

Este capítulo se divide em três seções. A seção 2 explica o que aqui se denomina de "velha política industrial", que é o modelo sul-coreano no qual o Brasil ainda se baseia para apoiar a indústria. Argui-se a diferença entre essa política e as "novas políticas industriais". A seção 3 mostra as principais características da política industrial brasileira, enfatizando seu elevado custo devido ao crescente endividamento do Tesouro Nacional para emprestar para o Banco Nacional de Desenvolvimento Econômico e Social (BNDES). A seção 4 conclui com uma

POLÍTICA INDUSTRIAL: ASPECTOS GERAIS

discussão sobre os aspectos institucionais das novas políticas industriais e sugestões para a política industrial brasileira.

2. O que é política industrial

É importante inicialmente esclarecer o que se entende por política industrial para que, a partir da literatura, se possa contextualizar as várias políticas brasileiras denominadas de política industrial ou pelo nome mais genérico de políticas de desenvolvimento produtivo. Há várias interpretações do que seja política industrial. Essas várias abordagens não são, necessariamente, contraditórias, mas enfatizam aspectos diferentes da relação entre o setor público e o privado, como se explica a seguir.

A velha política industrial: criação de vantagens comparativas e promoção de grandes grupos empresariais

Nos estudos de Amsden,[1] a estratégia de industrialização está claramente ligada à formação de grandes grupos empresariais domésticos e a um esforço de diversificação no investimento desses grupos para criar novas vantagens comparativas. A ligação entre grandes grupos empresariais e industrialização no caso dos países de industrialização tardia decorria de dois motivos. Primeiro, a política industrial nos anos 1960 e 1970 tinha como prioridade criar setores intensivos em capital (siderurgia, metalurgia, petroquímica, indústria naval, material de transporte etc.) que exibem economias de escala. Destarte, para serem competitivas, as empresas nesses setores tinham que ser grandes.

Segundo, Amsden lembra que os grandes grupos empresariais dos países de industrialização tardia não eram proprietários de tecnologias modernas e, assim, a vantagem competitiva desses grupos vinha da sua *expertise* de planejamento, administração, controle de logística, exportação etc. Dadas essas vantagens dos grandes grupos empresariais, a

---

[1] Alice Amsden, *Asia's next giant* e *The rise of "the rest"*.

estratégia de industrialização consistia no apoio do Estado na concessão de crédito subsidiado, incentivos à P&D e proteção temporária do mercado para ajudá-los em sua estratégia de diversificação e criação de novas vantagens comparativas.

O apoio do setor público no caso da Coreia do Sul esteve ligado à exigência de diversificação dos grandes grupos empresariais (*chaebols*), e não a que esses grupos continuassem a fazer mais do mesmo. Além disso, num momento posterior, os incentivos do Estado tomaram a forma da promoção da concentração setorial para retirar do mercado aqueles grupos empresarias que não foram tão bem-sucedidos quanto outros no desenvolvimento dos novos setores.[1]

Uma característica importante da política industrial sul-coreana foi a existência de "mecanismos de reciprocidade", definidos como um conjunto de metas (exportação, crescimento de produtividade, gastos em P&D etc.) que o governo exigia dos grupos incentivados em troca dos empréstimos subsidiados e proteção de mercado. Como se verá em seguida, a ideia de "contrapartidas" ou a definição de metas monitoráveis passou a ser considerada na literatura condição *sine qua non* para o sucesso de qualquer tipo de política industrial.

Um último ponto em relação à formação de grandes grupos privados nacionais e à "velha política industrial" refere-se ao controle imposto sobre o investimento direto estrangeiro (IDE). Segundo Amsden,[2] países como Coreia do Sul e Taiwan restringiram a entrada de capital externo nas suas economias após a independência, tendo optado, desde o início, por desenvolverem tecnologias próprias. Nos casos da América Latina e

---

[1]Ha-Joon Chang explica esse papel do Estado sul-coreano na reestruturação dos grandes grupos empresariais (*chaebols*) e na limitação da concorrência na década de 1980. Segundo esse autor, a concentração setorial promovida pelo governo buscava aumentar a rentabilidade dos grupos que tiveram sucesso relativamente maior na criação de novos setores e retirar do mercado aqueles de menor sucesso (ver Chang, "The political economy of industrial policy in Korea", in: *The East Asian development experience*, p. 92-94). Para se ter um ideia da extensão desse movimento de reestruturação dos grandes grupos empresariais, Chang (p. 94) cita que somente dois dos dez maiores *chaebols* em 1966 apareciam na lista dos dez maiores em 1974, apenas cinco dos dez maiores de 1974 apareciam na lista dos dez maiores em 1980, e apenas seis dos dez maiores em 1980 apareciam na lista dos dez maiores em 1985.
[2]Alice Amsden, *The rise of "the rest"*.

POLÍTICA INDUSTRIAL: ASPECTOS GERAIS

da Turquia, o IDE não foi restringido na fase inicial da industrialização e, assim, esses países ficaram presos a um modelo de compra de tecnologias desde o início da sua industrialização, tendo perdido a vantagem de *first mover* em setores industriais importantes.

2.2 A nova política industrial: externalidades, coordenação e descoberta

Ao contrário da ênfase de Amsden no apoio à diversificação dos grandes grupos empresariais, outros autores vêm destacando um tipo diferente de política industrial, relacionado ao processo de descoberta do que pode ser produzido de forma eficiente em um país ou região.[1] Em vez de focar no desenvolvimento de setores ou de escolher vencedores, essa outra abordagem de política industrial que Rodrik[2] chama de política industrial para o século XXI parte do pressuposto de que, mesmo em um país com bons fundamentos econômicos, os empresários não sabem exatamente quais produtos poderiam ser produzidos de forma economicamente viável no mercado doméstico.

Esse processo de descobrir se determinada atividade ou produto pode ser produzido de forma eficiente e economicamente viável em determinado país ou região tem um custo elevado para quem nele se aventura. Por isso, Rodrik[3] argumenta que haveria uma clivagem entre o custo dessas descobertas, que seria elevado para empresários individuais, e seu retorno, que seria elevado para a sociedade. O problema subjacente à dificuldade de diversificação da produção estaria ligado a uma externalidade de informação. Não há como saber *ex-ante* qual tipo de produto ou atividade um país poderia produzir, mas, tão logo determinada atividade se mostre lucrativa, outros empresários fariam

---

[1] Ver em especial Ricardo Hausmann e Dani Rodrik, "Economic development as self-discovery", in: *Journal of Development Economics*; Dani Rodrik, "Industrial policy for the twenty-first century"; Andrés Rodríguez-Clare, "Coordination failures, clusters, and microeconomic interventions", in: *Economia*; Charles Sabel, "Self-discovery as a coordination problem", in: *Self-discovery as a coordination problem*; e Eduardo Fernandez-Árias et al., "Phantom or Phoenix: industrial policies in Latin America today", in: *The age of productivity*.
[2] Dani Rodrik, "Industrial policy for the twenty-first century".
[3] Ibidem.

o mesmo investimento. Assim, se o Estado não incentivar esse processo por meio de subsídios a novas atividades ou garantindo o direito de empreendedores nele envolvidos de se apropriarem de lucros de quase monopólio como recompensa do seu esforço, o resultado seria pouco investimento na descoberta de novas atividades.

Há outro problema no processo de diversificação produtiva que decorre da coordenação de investimentos.[1] Problemas ligados à falha de coordenação de investimentos ocorrem quando as novas indústrias exibem retornos crescentes de escalas e alguns dos insumos utilizados são *non-tradables* ou exigem proximidade geográfica. Quando os insumos de determinada indústria podem ser importados, não há por que se preocupar com a coordenação de investimentos simultâneos. Por exemplo, em um determinado local com um elevado potencial turístico, o retorno individual de empresários do ramo de hotelaria, de transporte e de lazer voltados para o turismo será baixo se o investimento em melhores hotéis não for acompanhado pela disponibilidade de serviços de lazer que sirvam de atração para turistas, e tudo isso será inútil se não houver um bom sistema de transporte no país ou na região.

Dado que é difícil para um empresário individual saber *ex-ante* se sua decisão de investimento será acompanhada pelos seus pares, ocorre um problema de coordenação que pode levar a um baixo retorno individual para projetos isolados que seriam lucrativos se os investimentos complementares fossem feitos. Em situações desse tipo, o governo pode ajudar ao coordenar junto com o setor privado os investimentos necessários nessas atividades complementares que elevariam o retorno individual de cada projeto, que não seria viável se fosse implementado de forma isolada.

De outra forma, diz-se que nesse caso há um problema de ação coletiva para agentes individuais, o qual pode ser resolvido, em alguns casos, pela coordenação espontânea de atores privados, mas em outros pode ser facilitado pelo governo com a oferta de bens públicos. É justamente esse papel do Estado na oferta de bens públicos para grupos de empresas, e

---

[1]Ver Dani Rodrik, "Industrial policy for the twenty-first century", p. 12, e Andrés Rodríguez-Clare, "Coordination failures, clusters, and microeconomic interventions", in: *Economia*.

POLÍTICA INDUSTRIAL: ASPECTOS GERAIS

não em medidas direcionadas a empresas individuais, o que caracteriza a política industrial que surgiu a partir de uma série de estudos de casos de sucesso em vários países, inclusive na América Latina.[1]

O apoio à produção e à exportação de frutas no perímetro irrigado de Petrolina (PE) e Juazeiro (BA) é um exemplo dessa "política industrial" moderna. Essa atividade contou com forte apoio do setor público na infraestrutura de irrigação, na disseminação de informações para exportar para EUA e Europa, no combate à mosca da fruta na região e na logística na fase inicial de exportação. A produção de salmão no Chile para exportação é outra atividade que decorreu de uma política explícita de fomento do setor público por meio da Fundación Chile. Em 1970, essa instituição adaptou o método norueguês de cultivo do salmão e, uma vez que a empresa se mostrou rentável, foi imediatamente vendida à Nippon Suisan, uma multinacional japonesa do setor de alimentos.[2]

2.3. Diferenças e semelhanças entre a velha (modelo asiático) e a nova (descoberta e coordenação) literatura de política industrial

Há diferenças e similaridades entre as políticas industriais modernas e as da experiência do Japão, da Coreia do Sul e de Taiwan.

Primeiro, tanto a política industrial antiga quanto a nova, para serem bem-sucedidas, exigem metas individuais monitoráveis para que o mecanismo de reciprocidade funcione. Mas, no caso da política industrial da Coreia do Sul, a definição de metas e o monitoramento de cada um dos grupos empresariais incentivados estiveram ligados a uma estratégia que buscava o desenvolvimento de determinados setores. Os incentivos eram dados a vários grupos empresariais e, posteriormente, os de maior sucesso recebiam apoio do governo no processo de concentração por meio de fusões e aquisições. No caso da política industrial moderna,

---

[1] Ver Charles Sabel, "Self-discovery as a coordination problem", in: *Self-discovery as a coordination problem*; e Eduardo Fernandez-Árias et al., "Phantom or Phoenix: industrial policies in Latin America today", in: *The age of productivity*.
[2] Ver Eduardo Fernandez-Árias et al., "Phantom or Phoenix: industrial policies in Latin America today", in: *The age of productivity*, p. 274.

os incentivos não visam, necessariamente, ao desenvolvimento de um setor novo específico por meio da escolha de vencedores. O papel do governo seria o de facilitar o processo de descoberta pelos próprios empresários, o que Hausmann e Rodrik[1] chamam de *self-discovery*, i.e., a identificação de quais produtos, que já existem e são comercializados no mercado internacional, um país poderia produzir de forma eficiente em seu território. Assim, a política industrial por eles defendida deveria ser a mais horizontal possível, e os mecanismos de monitoramento seriam importantes para a avaliação de seu sucesso. Como diz Rodrik,[2] "o desafio do governo não é escolher os vencedores, mas saber identificar quando há perdedores".

Segundo, um ponto em comum entre as duas abordagens de política industrial é que, em ambas, os incentivos são dirigidos para novas atividades e baseiam-se na ideia de "retorno social"; o benefício para a sociedade do sucesso de um empresário individual é maior do que o retorno individual do projeto. É justamente a diferença entre retorno social e individual que justificaria o apoio do setor público.

A concessão de subsídios a determinadas empresas e a desoneração tributária dirigida a setores nos quais os empresários já conhecem a estrutura de custo e de competitividade, que tem sido a característica da política industrial recente no Brasil, não se encaixam na velha nem na nova política industrial. Uma política de desoneração tributária para indústrias já estabelecidas ou a concessão de crédito subsidiado pode ser justificada por outras razões, mas não se enquadra no processo de "criação de vantagens comparativas" ligado à velha política industrial nem se identifica com a nova política industrial, que foca em incentivos horizontais que facilitem o processo de inovação ou a descoberta de novas atividades.

Terceiro, enquanto o foco da política industrial, como descrito em Amsden,[3] é a diversificação de grandes grupos empresariais em ativi-

---

[1]Ricardo Hausmann e Dani Rodrik, "Economic development as self-discovery", in: *Journal of Development Economics*.
[2]Dani Rodrik, "Industrial policy for the twenty-first century", p. 11.
[3]Alice Amsden, *Asia's next giant* e *The rise of "the rest"*.

POLÍTICA INDUSTRIAL: ASPECTOS GERAIS

dades intensivas em capital ou produtos intensivos em tecnologia, a política industrial moderna na linha de Rodrik, Sabel, Fernandez-Árias, Rodríguez-Clare, entre outros, não prioriza grandes grupos empresariais. Esses autores mostram, inclusive, diversos casos de sucesso de políticas industriais na América Latina nos quais o apoio do setor público muitas vezes tomou a forma da provisão de bens públicos localizados para setores específicos, tal como assistência técnica para que produtores pequenos e médios se adequassem às exigências fitossanitárias de países importadores, construção da infraestrutura necessária para que produtores de frutas e verduras tivessem acesso a transporte refrigerado para exportar etc.

O papel do setor público nessa literatura mais recente é muito mais dirigido a determinadas atividades que beneficiam grupos de empresas, em especial pequenas e médias, do que a incentivos a empresas grandes. Mesmo quando o sucesso da política decorre do apoio a uma empresa específica, como o caso da Embrapa no Brasil, por exemplo, a atividade desse instituto de pesquisa beneficiou não uma empresa mas vários produtores que puderam incorporar as tecnologias por ele desenvolvidas. Apesar de a Embrapa ter sido criada em 1973, a lógica de sua inserção em uma rede de pesquisa e de atividades de extensão agrícola torna essa experiência mais próxima das novas do que das antigas políticas industriais.

Quarto, a nova política industrial, ao contrário da velha, não discrimina a origem do capital. Como já destacado, nos estudos de Amsden[1] é nítida a preocupação com a origem do capital. O desafio para ela não é apenas incentivar o desenvolvimento de setores industriais intensivos em capital (ou em tecnologia), mas também assegurar que empresários domésticos controlem esses novos setores. Esse tipo de preocupação não aparece nos estudos modernos de política industrial que enfatizam a solução de "gargalos específicos" que determinados setores têm para aumentar a produtividade e exportar. A origem do capital das firmas de um determinado setor é irrelevante.

---

[1] Ibidem.

Um último ponto que merece atenção e que aparece tanto na velha quanto na nova versão da política industrial é o aspecto institucional. A importância da existência de uma burocracia competente sempre foi reconhecida na literatura de política industrial, em especial no estudo de Evans,[1] que destaca a importância de uma burocracia competente com funcionários bem pagos e recrutados por critérios meritocráticos e dos canais de relacionamento dessa burocracia com o setor privado. Evans destaca ainda que não adianta ter uma burocracia autônoma se ela não se relaciona com seus clientes (empresas incentivadas) para fazer o ajuste fino da política. Por outro lado, agências públicas sem um plano de carreira e sem um corpo de funcionários competentes podem ser capturadas na sua relação com o setor privado. Por isso, seria importante combinar a interação com o setor privado com uma burocracia eficiente, um processo que Evans denominou de *embedded autonomy*.

Na verdade, na versão moderna de política industrial a questão institucional tem tanta importância que supera a dos instrumentos da própria política, como será discutido na seção 4. Antes, porém, a seção 3 descreve como é a atual política industrial brasileira.

3. A política industrial brasileira na atualidade

Como já destacado no início deste capítulo, o Brasil está atualmente na terceira versão de sua política industrial desde 2004. A PITCE atuava em três eixos: linhas de ação horizontais (inovação e desenvolvimento tecnológico, inserção externa/exportações, modernização industrial, ambiente institucional), promoção de setores estratégicos (software, semicondutores, bens de capital, fármacos e medicamentos) e atividades portadoras de futuro (biotecnologia, nanotecnologia e energias renováveis). Dado seu foco na promoção de inovação, a PITCE contou com a simpatia mesmo de tradicionais críticos da política industrial,[2]

---

[1]Peter Evans, *Embedded autonomy*.
[2]Maurício Canêdo-Pinheiro et al., "Por que o Brasil não precisa de política industrial", in: *Ensaios Econômicos-EPGE*.

POLÍTICA INDUSTRIAL: ASPECTOS GERAIS

que aprovam políticas de incentivo à inovação, uma vez que os ganhos sociais da inovação seriam superiores aos ganhos privados.

Apesar de o desenho da PITCE e de seu foco no fomento à inovação irem ao encontro da literatura de desenvolvimento econômico que enfatiza o importante papel da inovação no crescimento de longo prazo,[1] essa política sofreu críticas pela falta de clareza e de objetivos relativos aos setores industriais mais intensivos em mão de obra, como calçados, têxtil e confecções, madeira e móveis etc., que são importantes empregadores no País.[2] Talvez em decorrência dessas críticas, o governo tenha decidido lançar uma segunda política industrial mais ampla, a Política de Desenvolvimento Produtivo (PDP), em maio de 2008, e recentemente o Plano Brasil Maior, que poderia ser caracterizado como uma nova versão da PDP que inclui medidas de proteção comercial, compras do setor público com margem de preferência para produtores domésticos e desoneração da contribuição previdenciária da folha de salários para 15 setores, parcialmente compensada por um imposto sobre faturamento.[3]

A política industrial adotada pelo governo desde 2008 se destaca por três características que estão ligadas à forma de atuação do BNDES.[4] Primeiro, o padrão do comércio mundial neste início de século XXI, puxado pela maior inserção da China no comércio mundial como consumidor de alimentos e matérias-primas, favorece e consolida a atual estrutura produtiva brasileira, concentrada na exportação de *commodities* agrícolas e minerais. A política industrial, em vez de contrabalançar esse efeito-demanda, na verdade o fortalece ao estimular a concentração e internacionalização das empresas brasileiras produtoras de *commodities*.

Quando se verificam as liberações do BNDES desde 2008, há uma nítida predominância de grandes empresas em setores nos quais o

---

[1]Paul Romer, "Increasing returns and long-run growth", in: *Journal of Political Economy*.
[2]Ver Raquel Landim, "Política industrial é seletiva, diz especialista", in: *Valor Econômico*.
[3]Esses setores são: têxtil, confecções, couro e calçados, móveis, plásticos, material elétrico, autopeças, ônibus, naval, aéreo, mecânico, hotéis, tecnologia de informação, *call centers* e chips.
[4]Ver Mansueto Almeida, "A real política industrial brasileira do século XXI", in: *Texto para Discussão*, e "O papel do BNDES no financiamento do desenvolvimento: novos e velhos desafios", in: *A agenda de competitividade do Brasil*.

Brasil já desfruta de vantagens comparativas reveladas (alimentos, em especial frigoríficos, petróleo, mineração, usinas de etanol, indústria de bebidas, papel e celulose etc.). As empresas desses setores já são grandes e poderiam buscar recursos para investimento no mercado de ações, por exemplo.

Segundo, apesar de a política industrial brasileira e as políticas de fomento à inovação (Lei do Bem, fundos setoriais etc.) não discriminarem entre empresas brasileiras e estrangeiras, na prática a política recente do BNDES de criar empresas líderes nacionais adota uma postura pragmática que, em muitos casos, toma a forma de discriminação contra o capital estrangeiro.[1] Exemplos desse tipo de apoio diferenciado à formação de grandes grupos nacionais são os empréstimos do BNDES e investimento de capital de risco por meio da BNDESPar para os frigoríficos JBS/Friboi e Bertin (vendido posteriormente para o JBS/Friboi); a venda da Sadia para a Perdigão para formar a empresa Brasil Foods em 2009; a venda da Aracruz Celulose para a VCP, formando a empresa FIBRIA; a compra do controle acionário da Azaleia pela Vulcabrás; as aquisições do frigorífico Marfrig, que comprou a Keystone, maior fornecedor mundial de várias redes de *fast food*; além de sucessivos aportes de recursos (capitalização) e financiamento dos planos de investimentos da Vale e Petrobras, e a fusão das empresas de telecomunicação Brasil Telecom e Telemar/Oi em 2008 – que contou com a garantia de empréstimo do BNDES antes mesmo de a legislação da época permitir tal concentração.

Terceiro, essa nova forma de atuação mais ativa do governo brasileiro por meio do BNDES desde 2008 teve o efeito adverso de um aumento expressivo da dívida pública para fortalecer a atuação do banco, cujas

---

[1] Em entrevista concedida ao jornal *Valor Econômico*, em 22 de setembro de 2009, ao ser perguntado se era estratégia do BNDES criar campeãs nacionais, o presidente do banco Luciano Coutinho respondeu: "Eu diria que o Brasil precisa ter campeãs mundiais. Pelo seu peso, a economia brasileira tem condições inigualáveis de competitividade em algumas cadeias. O país já desenvolveu empresas muito competentes. É natural a sua projeção no espaço global. Mas o Brasil dispõe, relativamente ao seu tamanho e potencial, de poucas empresas de classe mundial. É absolutamente natural que, na expansão dessas empresas, o BNDES, em condições de mercado, possa apoiar essas oportunidades" (Romero, 2009).

POLÍTICA INDUSTRIAL: ASPECTOS GERAIS

liberações anuais passaram de uma faixa de 2% a 2,5% do PIB até 2007 para uma média de 4% do PIB em 2010 e 2011. No final de 2007, os empréstimos do Tesouro Nacional ao BNDES eram de menos de R$ 10 bilhões, o que representava menos de 9% do passivo total do banco. No final do primeiro trimestre de 2012, essa dívida havia crescido para R$ 320,5 bilhões, ou 50,1% do passivo total do banco.[1]

São pelo menos dois os problemas dessas operações do Tesouro Nacional com o BNDES. Primeiro, elas têm um elevado custo fiscal. A taxa de juros que o Tesouro Nacional paga para se endividar (Selic ou NTN-F) é maior do que a taxa de juros que ele cobra pelos empréstimos ao BNDES. Assim, essas operações têm um custo fiscal que aparece no crescimento da dívida bruta e, ao longo do tempo, no da dívida líquida do setor público. Esse é o custo financeiro.

Adicionalmente, a taxa de juros para o mutuário final de algumas linhas de empréstimos no âmbito do Programa de Sustentação do Investimento (PSI) é tabelada e, assim, o custo do serviço (*spread*) do BNDES ou dos seus agentes financeiros é coberto pelo Tesouro Nacional por meio de subsídios orçamentários. Esse é o custo orçamentário.

Em 2011, o Ministério da Fazenda estimou que esses dois tipos de custos fiscais alcançaram R$ 23 bilhões, R$ 19,2 bilhões referentes ao diferencial de juros (entre Selic e TJLP) e R$ 3,6 bilhões ao subsídio orçamentário do Tesouro no âmbito do PSI.[2]

Em resumo, na prática, a política industrial brasileira via BNDES apoia empresas que já são grandes em setores nos quais o Brasil já é competitivo. Essa política, além do seu elevado custo, não se enquadra na velha nem na nova política industrial. Não promove a diversificação produtiva por meio de grandes empresas (a velha política industrial), nem promove soluções de problemas específicos a um grupo de empresas, nem facilita o processo de *self-discovery* (que caracteriza a nova política industrial).

---

[1] Ver BNDES, *Informe contábil – 1° trimestre de 2012*.
[2] Ver TCU, "Relatório e parecer prévio sobre as contas do governo da República", in: *Tribunal de Contas da União*, p. 145 e 153.

4. Aspectos institucionais da política industrial moderna: sugestões para a política industrial brasileira

A importância da questão institucional nas políticas industriais modernas aparece de forma clara em Hausmann et al.[1] Segundo esses autores, a política industrial tradicional parte do pressuposto padrão de falhas de mercado e como solução propõe um conjunto de instrumentos tradicionais (proteção tarifária, isenções tributárias, subsídios a P&D, crédito subsidiado etc.) para promover setores tidos como prioritários. A nova abordagem de política industrial sintetizada por esses autores coloca ênfase não na definição de setores a serem incentivados ou nos instrumentos utilizados para essa finalidade, mas sim no que eles chamam de "cooperação estratégica" entre o setor público e o privado para solucionar problemas específicos, gargalos ao crescimento de um setor em determinado país ou região.

Assim, as agências públicas junto com os empresários buscariam identificar as principais restrições que impedem o crescimento das empresas e verificar se o setor público teria condições de ajudar na solução dos gargalos identificados. Essa estratégia, como enfatizada pelos autores, é mais voltada à provisão de bens públicos para atividades existentes com o objetivo de aumentar a produtividade e, eventualmente, promover uma maior diversificação que resultaria do processo de crescimento da produtividade de empresas em setores já existentes. Essa abordagem institucional envolve pelo menos quatro elementos:[2]

(i) *Formação de conselhos deliberativos.* Esses conselhos seriam formados por atores públicos e privados, organizados não por setores mas pelo objetivo de solução de problemas técnicos específicos (por exemplo, desenvolvimento de novos materiais para exploração de petróleo em águas profundas, ou atendimento das exigências fitossanitárias de países importadores);

---

[1]Ricardo Hausmann et al. *Reconfiguring industrial policy.*
[2]Ver Ricardo Hausmann et al., *Reconfiguring industrial policy.*

POLÍTICA INDUSTRIAL: ASPECTOS GERAIS

(ii) *Orçamento centralizado alocado segundo a demanda.* Em vez de fortalecer o orçamento de determinadas agências públicas incumbidas especificamente de determinados programas (incentivos a P&D, por exemplo), o Estado teria flexibilidade de alocar recursos para órgãos públicos responsáveis por resolver problemas específicos identificados nesse diálogo com o setor privado. Quem definiria o orçamento de cada órgão seria a demanda por determinados serviços;

(iii) *Criação de mecanismos de monitoramento.* O apoio do setor público para promover o crescimento da produtividade de setores seria acompanhado de monitoramento e avaliação contínua, para identificar seja o que está funcionando, para que possa ser replicado, seja o que não está funcionando, e, assim, os motivos do fracasso dessas políticas;[1] e

(iv) *Estabelecimento de regras operacionais.* Além desses elementos abordados, uma política industrial para funcionar requer transparência, estabelecimento de critérios de sucesso e regras claras para a descontinuidade de apoio do setor público.

Nesse contexto, cabe enfatizar alguns aspectos da política industrial brasileira. Primeiro, ela tem muito pouco ou quase nada da política industrial moderna. Por exemplo, os incentivos concedidos no âmbito da política industrial brasileira para os setores intensivos em trabalho não resolvem o problema de competitividade desses setores nem ajudam as empresas desses setores na descoberta de novos processos produtivos. São simplesmente subsídios.

Segundo, o Brasil já possui instituições (Sebrae, Apex, Finep, Embrapa, ABDI) que poderiam atuar na linha do que aqui se denominou de novas políticas industriais que não requerem muitos recursos. O tipo

---

[1] O foco em avaliação de políticas aparece não apenas no que neste capítulo chamamos de abordagem moderna de política industrial, mas também na literatura de desenvolvimento econômico, como em William Easterly, *The white man's burden.*

O FUTURO DA INDÚSTRIA NO BRASIL: DESINDUSTRIALIZAÇÃO EM DEBATE

de política industrial que necessita de vultosos recursos é a "velha", que depende de forte intervenção do Estado na economia na promoção de grandes grupos empresariais, como ocorreu na Coreia do Sul dos anos 1960 e 1970 e, nas últimas duas décadas, na China. Essa política tem um custo elevadíssimo e não deveria ser o foco da política brasileira.

Há alguns exemplos de sucesso que mostram como é possível ter políticas setoriais de baixo custo e mais voltadas para a oferta de bens públicos locais ou na promoção de *self-discovery*, como o caso da produção de salmão no Chile, já citado. Outro exemplo é o fundo de *venture capital* Yozma em Israel, através do qual o governo colocou US$ 100 milhões, em 1992, para serem aplicados com fundos de *venture capital* dos EUA em empresas de base tecnológica em Israel. O setor público colocou US$ 8 milhões para cada fundo de US$ 20 milhões. Os investidores privados tinham a opção de compra da participação do governo em até cinco anos se lhe pagassem o valor corrigido pela taxa de juros de mercado, caso contrário, as partes continuariam como sócias até a data de expiração dos fundos em dez anos. Em 2002, um investimento inicial minoritário do setor público, de US$ 100 milhões, gerou um valor de mercado de US$ 2,9 bilhões nos fundos formados em parceria com o setor privado, além de uma indústria de fundos de *venture capital* com mais de 60 fundos com valor de mercado de mais de US$ 10 bilhões.[1] Um dos fatores essenciais para o sucesso dessa experiência foi a participação minoritária do governo e sua associação com os melhores gestores de fundos de *venture capital* do mundo.

Instituições de fomento à pesquisa agropecuária, como a Embrapa no Brasil, são bons exemplos de sucesso que poderiam ser replicados de forma mais modesta em outros setores. A Embrapa é hoje uma instituição com 9.660 empregados, dos quais 2.392 são pesquisadores – 18% com mestrado, 74% com doutorado e 7% com pós-doutorado. O orçamento anual da instituição, em 2012, é de R$ 2,1 bilhões e, atualmente, a empresa tem parcerias em pesquisa de novos cultivos com as maiores multinacionais do setor: Bayer, Syngenta e Monsanto.

---

[1]Ver Josh Lerner, *Boulevard of broken dreams*, p. 155-158.

POLÍTICA INDUSTRIAL: ASPECTOS GERAIS

Outro ponto importante para a política industrial brasileira é que o apoio do setor público deva não favorecer as grandes empresas, mas promover políticas de aumento de produtividade das pequenas e médias empresas. Em um país como o Brasil é possível crescer por meio da incorporação de tecnologias já existentes, sem que para isso haja a necessidade de modificação radical da estrutura produtiva.[1] Como alertam Canuto, Dutz e Reis:[2]

> [...] países em desenvolvimento ainda têm enormes benefícios não realizados de se aproximar da fronteira. Os países em desenvolvimento, portanto, devem priorizar a difusão, aprendizagem tecnológica e adaptação das tecnologias existentes. Todos os países em desenvolvimento têm mais a ganhar em termos de crescimento e melhoria das condições de vida a partir da adoção de tecnologias que já existem no mundo ao invés de invenções mais arriscadas, caras e da comercialização de novas tecnologias.

Por fim, fazem-se necessárias duas observações. Primeiro, o que se chamou neste capítulo de "nova política industrial" não significa necessariamente programas de incentivos à indústria. Na verdade, muitos autores falam não em política industrial mas em política de desenvolvimento produtivo, o que pode incluir políticas para o setor agrícola, o setor de serviços e até a infraestrutura. O setor de serviços é aquele de menor crescimento da produtividade no Brasil e na América Latina.[3] Levando-se em conta que 60% da mão de obra no Brasil está no setor de serviços, "política industrial" deve, necessariamente, envolver esse setor.

---

[1] O esforço do BNDES no financiamento à aquisição de máquinas e equipamentos vai na direção correta da incorporação de tecnologias, mas é preciso ainda melhorar o funcionamento de uma política de extensão tecnológica para a indústria, nos moldes do movimento de qualidade total que chegou a ter algum sucesso no Brasil na década de 1990.
[2] Otaviano Canuto et al., "Technological learning and innovation: climbing a tall ladder", in: *Economic Premise*, p. 5.
[3] Carmen Pagés e C. Ludena, "Productivity in Latin America: the challenge of the service sector", in: *The age of productivity*.

Segundo, ao contrário da velha política industrial que discrimina entre produtos de baixa e alta tecnologia, a nova política industrial não faz esse tipo de diferença. É natural que em um país rico em recursos naturais, como o Brasil, haja uma predominância dos setores ligados a *commodities* como também acontece em outros países que são grandes exportadores de *commodities* (Austrália, Canadá e Nova Zelândia), sem que isso seja um problema para o crescimento e o desenvolvimento dessas economias. Austrália, Canadá e Nova Zelândia investem o mesmo ou mais do que o Brasil em P&D (ver Gráfico 1). A diferença maior desses países em relação ao Brasil e à América Latina não é a composição setorial das exportações, mas a qualidade de suas instituições, o investimento em infraestrutura e a educação.[1] Assim, ter uma estrutura produtiva em que predominam setores ligados à produção de *commodities* não é, necessariamente, uma maldição.

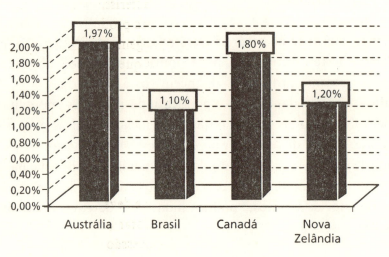

Gráfico 1 – Gasto total em P&D (% do PIB – 2008)

Fonte: OCDE.

O caso da Austrália é emblemático. Apesar do elevado gasto em P&D (1,97% do PIB), 72% das exportações desse país em 2010 foram de

---
[1] Ver Sebastian Edwards, *Left behind*, p. 71-101.

POLÍTICA INDUSTRIAL: ASPECTOS GERAIS

produtos primários. O esforço de gastos em P&D na Austrália mostra que é possível elevar esses gastos sem que para isso seja necessária uma mudança radical na estrutura produtiva do país. Sabe-se hoje, por exemplo, que mesmo em alguns setores classificados como de média ou baixa tecnologia há atividades que são intensivas em conhecimento.[1] Por exemplo, embora petróleo e gás sejam classificados como setores de média-baixa tecnologia, extrair petróleo da camada do pré-sal envolve o desenvolvimento de novos materiais, o que pode levar a maiores gastos em P&D e à geração de novas patentes.

Da mesma forma, ao comentar a ênfase dos economistas "estruturalistas" na importância para o crescimento econômico de produtos industriais de maior conteúdo tecnológico (eletrônicos, máquinas e equipamentos, automóveis etc.) ao invés de *commodities*, Sabel[2] lembra que o problema com *commodities* ou produtos tidos como de baixo conteúdo tecnológico (como sapatos, confecção etc.) deve-se aos métodos de produção tradicionais, e não às características específicas desses produtos. A renovação ou reinvenção desses produtos que resultam de pesquisas, como é o caso da soja e do feijão geneticamente modificados, compartilham de todas as características que se esperam do esforço inovador de uma economia moderna.

Assim, mais do que colocar a estrutura produtiva como um grande empecilho ao crescimento de longo prazo, é preciso aprender a inovar com a estrutura produtiva que se tem e fazer políticas de desenvolvimento produtivo baseadas no que aqui se denominou de "nova política industrial".

O grande desafio para o Brasil não é se ele deve ou não adotar política industrial, mas saber se será capaz de adotar uma política industrial moderna, diferente daquela baseada na concessão de crédito subsidiado para grandes empresas que não precisam do apoio do setor público – uma política antiga que não ajuda a competitividade, não aumenta a

---

[1]Edmund Amann, "Technology, public policy, and the emergence of Brazilian multinationals", in: *Brazil as an economic superpower? Understanding Brazil's changing role in the global economy*.
[2]Charles Sabel, "Self-discovery as a coordination problem", in: *Self-discovery as a coordination problem*, p. 51.

produtividade total dos fatores e ainda onera os contribuintes com o excesso de dívida para o fortalecimento do BNDES.

Referências

ALMEIDA, M. A real política industrial brasileira do século XXI. *Texto para Discussão 1452*. Brasília: IPEA, 2009a.

ALMEIDA, M. O papel do BNDES no financiamento do desenvolvimento: novos e velhos desafios. In: BONELLI, R. (org.). *A agenda de competitividade do Brasil*. Rio de Janeiro: IBRE/FGV, 2011.

AMANN, E. Technology, public policy, and the emergence of Brazilian multinationals. In: BRAINARD, L.; MARTINEZ-DIAZ, L. *Brazil as an economic superpower? Understanding Brazil's changing role in the global economy*. Washington, DC: Brookings Institution Press, 2009.

AMSDEN, A. *Asia's next giant*: South Korea and late industrialization. Nova York: Oxford University Press, 1989.

AMSDEN, A. *The rise of "the rest"*: challenges to the West from late-industrializing economies. Nova York: Oxford University Press, 2001.

BNDES. Informe contábil. *Informe contábil 1º trimestre de 2012*. Rio de Janeiro, Departamento de Contabilidade, BNDES, maio, 2012.

CANÊDO-PINHEIRO, M.; FERREIRA, P. C.; PESSOA, S.; SCHYMURA, L. G. Por que o Brasil não precisa de política industrial. *Ensaios Econômicos-EPGE (FGV)*, 644, 2007.

CANUTO, O.; DUTZ, M. A.; REIS, J. G. Technological learning and innovation: climbing a tall ladder. *Economic Premise*, The World Bank, 21(julho): 1-7, 2010.

CHANG, H.-J. The political economy of industrial policy in Korea. *The East Asian development experience*: the miracle, the crisis, and the future. Londres: Zed Books, 2006, 63-108.

EASTERLY, W. *The white man's burden*: why the west's efforts to aid the rest have done so much ill and so little good. Nova York: The Penguin Press, 2006.

EDWARDS, S. *Left behind*: Latin America and the false promise of populism. Chicago: The University of Chicago Press, 2010.

EVANS, P. *Embedded autonomy*: states & industrial transformation. Princeton: Princeton University Press, 1995.

FERNANDEZ-ÁRIAS, E.; AGOSIN, M.; SABEL, C. Phantom or Phoenix: industrial policies in Latin America today. In: PAGÉS, C. *The age of productivity*: transforming economies from the bottom up. Washington, DC: IDB, 2010.

HAUSMANN, R.; RODRIK, D. Economic development as self-discovery. *Journal of Development Economics*, 72(dezembro), 2003.

HAUSMANN, R.; RODRIK, D.; SABEL, C. F. *Reconfiguring industrial policy:* a framework with an application to South Africa, mimeo, 2007.

LANDIM, R. Política industrial é seletiva, diz especialista. *Valor Econômico*, São Paulo, 28 abr. 2004.

LERNER, J. *Boulevard of broken dreams*. Princeton: Princeton University Press, 2009.

PAGÉS, C.; LUDENA, C. Productivity in Latin America: the challenge of the service sector. In: PAGÉS, C. *The age of productivity:* transforming economies from the bottom up. Washington, DC: IDB, 2010.

PERES, W. The slow comeback of industrial policy in Latin America and the Caribbean. *CEPAL Review*, abril, 2006.

PERES, W.; PRIMI, A. *Theory and practice of industrial policy:* evidence from Latin American experience. Serie Desarrollo Productivo (CEPAL/GTZ) 187, 2009.

RODRIGUEZ-CLARE, A. Coordination failures, clusters, and microeconomic interventions. *Economia*, 6(1): p. 1-42, 2005.

RODRIK, D. Industrial policy for the twenty-first century. Disponível em: http://ksghome.harvard.edu/~drodrik/papers.html.

ROMER, P. Increasing returns and long-run growth. *Journal of Political Economy*, 94(5): 1002-37, 1986.

ROMERO, C. (2009). Coutinho sugere consolidação do setor siderúrgico. *Valor Econômico*, São Paulo, 22 de setembro de 2009.

SABEL, C. Self-discovery as a coordination problem. In: SABEL, C.; FERNANDEZ-ÁRIAS, E.; HAUSMANN, R.; RODRIGUEZ-CLARE, A.; STEIN, H. *Self-discovery as a coordination problem:* lessons from a study of new exports in Latin America (forthcoming). Washington, DC: IDB, 2010.

TCU. Relatório e parecer prévio sobre as contas do governo da República. Tribunal de Contas da União, 2011.

12. Um conflito distributivo esquecido: notas sobre a economia política da desindustrialização

Vinicius Carrasco e João Manoel Pinho de Mello

1. Introdução[1]

Alguns temas aparecem periodicamente no debate econômico brasileiro. Em geral, envolvem algum tipo de conflito distributivo, mesmo que tangencialmente. Geração atual contra a geração futura no conflito entre investir em infraestrutura ou aumentar os gastos com programas de transferência de renda. Não deveria ser diferente no caso do debate sobre desindustrialização. No entanto, a discussão sobre esse tema raramente é vista sob a perspectiva do conflito distributivo entre produtores e consumidores. Este capítulo trata do tema desindustrialização sob a ótica desse conflito distributivo. Por isso, chamamo-lo de "Um conflito esquecido" por ser uma dimensão que, indevidamente, tem merecido pouca atenção no debate sobre desindustrialização.[2]

---

[1]Por comentários e sugestões que melhoraram significativamente este capítulo, os autores são gratos a Edmar Bacha.

[2]Exceção é a coluna quinzenal de Marcelo de Paiva Abreu em *O Estado de S. Paulo*, que frequentemente mostra como a política industrial, em suas diversas formas (isenções e protecionismo, para citar duas), prejudica o consumidor. Ver, por exemplo, "Legítima defesa – de quem mesmo?", in: *O Estado de S. Paulo*, 19 mar. 2012.

O exemplo mais gritante do conflito vem do setor de aços longos. Os produtores de vergalhão foram condenados por cartelização em setembro de 2005.[1] Mostraremos com detalhe a consequência do cartel: altos preços do vergalhão no Brasil em relação a outros países. O setor é constantemente mencionado como algo que perderíamos caso nos contaminássemos com a doença holandesa. Na verdade, a presença do cartel e os altos preços dele advindos explicitam o conflito distributivo com os consumidores, caso fôssemos proteger o setor de vergalhão da doença holandesa. De fato, o setor parece já ter sentido sintomas da doença: em 2010-2011, como consequência da apreciação cambial, aços longos importados conseguiram finalmente superar as muitas barreiras à entrada e derrubaram o preço dos vergalhões no mercado doméstico.

Uma pergunta se impõe: o câmbio disciplinando cartelistas é ruim? Será que os consumidores não gostariam de pegar essa peste holandesa? A "política industrial" recente do governo, diminuindo a diferença do ICMS estadual para 4% e, consequentemente, reduzindo o incentivo a importar, pode restabelecer o poder de fixar preços do cartel do vergalhão.[2] A recente desvalorização cambial também dificultará a importação e aumentará o poder de apreçamento do cartel.

O capítulo é dividido em seis seções, incluindo esta introdução. Na seção 2, descrevemos os mecanismos econômicos simples através dos quais a manutenção de empresas cadentes representa uma transferência dos consumidores para a empresa ou mesmo para toda a indústria. São dois os mecanismos: aumentos de preço para um mesmo regime de concorrência da indústria e melhoria das condições de sustentação de conluio na indústria. Na seção 3, listamos os argumentos, um tanto mais complicados, que são normalmente usados para defender a política industrial; argumentamos que, a despeito deles, segue sendo verdade que

---

[1]Ver "CADE condena três siderúrgicas por cartel", in: *Folha de S. Paulo*, 24 de setembro de 2005.
[2]Referimo-nos à chamada "Guerra dos Portos". Os estados competem pela descarga em seus portos oferecendo desconto no ICMS. Ao limitar a diferença na cobrança do ICMS, diminui-se o quanto os estados podem dar de incentivo à importação por seus portos. A coluna do professor Marcelo de Paiva Abreu supracitada discorre sobre as lamúrias de alguns empresários com a chamada "Guerra dos Portos".

POLÍTICA INDUSTRIAL: ASPECTOS GERAIS

a política industrial provavelmente destrói valor do ponto de vista social. Ou seja, o conflito não é só com o consumidor, mas com o conjunto da sociedade. Na seção 4, mostramos a consequência empírica em um setor: formação de cartéis e preços altos na indústria de aços longos. A seção 5 trata da economia política da desindustrialização: por que essas políticas, que prejudicam os consumidores e são contraproducentes do ponto de vista social, prosperam politicamente? Por fim, a seção 6 conclui.

2. Economia simples da proteção à indústria

Nesta seção, apresentamos um modelo simples de determinação de preços em uma situação de proteção a um determinado subconjunto de empresas de uma indústria. O modelo torna claro e preciso o conflito distributivo entre lucro e excedente do consumidor, mesmo em uma situação na qual as empresas não ajam de maneira coordenada. Além disso, mostra que, em um modelo estático simples, a perda do consumidor é maior do que o ganho da indústria.

2.1 Efeitos unilaterais de proteção/manutenção de zumbis em um modelo simples

Para tornar um pouco mais precisos os pontos que apresentamos na seção introdutória, considere um modelo simples de competição por preços à la Bertrand.[1] O objetivo é entender os efeitos de se preterir uma empresa mais competitiva em prol de uma empresa "zumbi", ou ainda, dependendo da interpretação dada, os efeitos da proteção tarifária.

A política industrial é parametrizada por τ, que representa a cunha no custo marginal de uma empresa em um mercado. Pode-se pensar em τ como uma tarifa de importação (ou uma barreira não tarifária), que

---

[1]Como mencionado em seguida, o modelo de competição de Bertrand descreve uma situação na qual firmas competem em um mercado através do estabelecimento de preços. Seu nome é uma homenagem a Joseph Louis François Bertrand, o primeiro economista/matemático a analisar, 68 anos antes do advento do conceito de equilíbrio de Nash, competição imperfeita via preços.

297

aumenta o custo marginal da firma "importadora". Ou τ pode ser um custo marginal de uma firma "zumbi", que só consegue operar porque o governo de alguma forma lhe faz uma transferência governamental *lump sum*, i.e., que não afete os custos variáveis de produção. Pode-se pensar em uma empresa ineficiente cujo investimento é subsidiado pelo BNDES. As MPs 563 e 564, também chamadas de Bolsa Empresa, recentemente aprovadas no Congresso, ilustram como o governo pode intervir para manter empresas com τ alto funcionando.

Mantemos fixo o número de competidores no mercado e consideramos o efeito sobre preços e quantidades produzidas da existência de uma firma que, por ser protegida, consiga operar a despeito de ter custos maiores que um competidor potencial mais eficiente.

2.1.1 O MODELO

Há N firmas que competem em um mercado de bens diferenciados. A firma i, $i = 1,...,N$, se depara com uma demanda por seu produto descrita por

$$D_i(p_i, p_{-i}) = a - b_i p_i + \sum_{j \neq i} b_{ij} p_j,$$

onde p_i é o preço cobrado por ela e p_{-i} denota o vetor de preços cobrados pelos competidores. Naturalmente, $D_i(p_i, p_{-i})$ é decrescente em p_i, de modo que $b_i > 0$. Por tratar-se de bens percebidos como substitutos pelos consumidores, a demanda do produtor i aumenta com os preços cobrados pelos outros produtores, isto é, o parâmetro que captura a elasticidade-cruzada entre o bem produzido pela firma i e o bem produzido pela firma j, b_{ij}, é estritamente positivo.

Do lado da produção, supomos que todas as firmas têm custo marginal de produção constante. A firma 1 desempenha um papel-chave em nossa análise. Seu custo marginal de produção é igual a $(1+\tau)c_1$. Pode-se interpretar $\tau > 0$ como descrevendo um ambiente no qual a firma 1 é um zumbi. Analogamente, quando $\tau = 0$, a firma 1 é competitiva. Portanto, para um dado vetor de custos $c = (c_1, c_2,..., c_N)$, o parâmetro

POLÍTICA INDUSTRIAL: ASPECTOS GERAIS

$\tau \geq 0$ indexa, em nosso modelo, os efeitos deletérios da manutenção de um zumbi em um determinado mercado.

2.1.2 EQUILÍBRIO

O lucro da firma i é dado por

$$[p_i - c]D_i(p_i, p_{-i}).$$

As firmas decidem simultaneamente[1] os preços aos quais estão dispostas a produzir com o objetivo de maximizar seus lucros.

Um equilíbrio de Nash é um vetor de preços $p^*(c,\tau) = (p_1^*(c,\tau),..., p_N^*(c,\tau))$ tal que o preço escolhido pela firma i, $p_1^*(c,\tau)$, maximiza os lucros dessa firma *dados* os preços escolhidos em equilíbrio pelas outras empresas. Nosso objetivo é avaliar como os preços de equilíbrio variam com o parâmetro τ. O principal resultado é:

Proposição 1: Existe um único equilíbrio de Nash para o jogo de estabelecimento de preços descrito acima. Nesse equilíbrio, $p_1^*(c,\tau)$ é estritamente crescente em τ para toda firma i.[2,3]

Corolário: O lucro das empresas na indústria, exceto o da empresa 1, é crescente em τ. O excedente do consumidor é decrescente em τ.[4]

---

[1] A simultaneidade não precisa ser temporal, mas sim estratégica (isto é, a firma i deve escolher seus preços sem observar os preços escolhidos pelas outras firmas).

[2] O resultado de estática comparativa é uma aplicação imediata do Teorema 6 de Paul Milgrom e John Roberts, "Rationalizability, learning and equilibrium in games with strategic complementarity", in: *Econometrica*. De fato, (i) como cada firma faz uma escolha unidimensional, sua função objetivo é trivialmente supermodular em suas escolhas, (ii) para cada firma i, seu lucro satisfaz uma condição de diferenças crescentes em (p_i, p_{-i}) e, por fim (iii), o lucro de cada firma satisfaz uma condição de diferenças crescentes em (p_i, τ).

[3] O resultado de estática comparativa se mantém para funções demandas $D_i(p_i, p_{-i})$ que sejam menos sensíveis a aumentos do preço da firma i quando as outras firmas aumentam seus preços, isto é, quando $\dfrac{\partial D_i(p_i, p_{-i})}{\partial p_i}$ for crescente em p_{-i}. Para o caso em que o equilíbrio não seja único, o resultado se aplica ao maior equilíbrio e ao menor equilíbrio.

[4] O excedente do consumidor é a área abaixo da curva de demanda até o preço de equilíbrio. Como todos os preços de todos os bens são mais altos quando τ for mais alto, o excedente do consumidor será menor.

O FUTURO DA INDÚSTRIA NO BRASIL: DESINDUSTRIALIZAÇÃO EM DEBATE

Proposição 2: A perda de excedente do consumidor é maior do que o aumento de lucro das firmas.

Segue desse resultado que, quando da existência de uma firma zumbi (ou de proteção tarifária ou não tarifária), aqui modelada como uma firma que se depara com custos marginais maiores do que um substituto potencial, os preços cobrados por *todas* as empresas no mercado serão maiores. A interpretação é simples. É evidente que, como se depara com custos maiores, o preço cobrado pela firma zumbi será maior. Isso, por sua vez, induz um efeito estratégico. De fato, o aumento do preço cobrado pela firma zumbi faz com que, para todas as outras firmas, a competição se arrefeça (uma vez que preços maiores por parte da firma *j* aumentam a demanda pelo bem produzido pela firma *i*), o que faz com que essas firmas também aumentem preços.

Em outras palavras, a manutenção de firmas zumbis arrefece a competição e induz preços maiores para os consumidores em um determinado mercado. Isso não é tudo se o mercado em questão não for de um bem de consumo final. Se for de um insumo para outra indústria, um maior preço resulta, *de facto*, em um maior custo marginal de produção para as firmas que usam tal bem como insumo. Por razões similares às descritas, resultam maiores preços na indústria que usa o insumo. Isso sugere que os efeitos agregados da manutenção de zumbis em uma dada indústria podem ser não desprezíveis.

2.2 *Conluio ou efeitos coordenados de proteção/manutenção de zumbis*

A seção anterior discutiu os efeitos unilaterais da manutenção de um zumbi em uma dada indústria. Isto é, a manutenção de uma firma zumbi faz com que a competição se arrefeça mesmo que os competidores tomem suas decisões de maneira não coordenada.

Pode haver, no entanto, efeitos coordenados associados à proteção/manutenção de zumbis. Isso é evidente para o caso em que barreiras tarifárias e não tarifárias restringem a quantidade de competidores (correntes e potenciais) em um determinado mercado. De fato, é amplamente

300

POLÍTICA INDUSTRIAL: ASPECTOS GERAIS

sabido que um número pequeno de produtores em um determinado mercado é um fator facilitador de conluio.

Menos óbvio é o fato de que, se um dos efeitos de proteção/manutenção de zumbis em um mercado A for um aumento sistemático ao longo do tempo do custo marginal de produção em um mercado B, as possibilidades de conluio no mercado B podem ficar mais promissoras. Embora os detalhes formais do argumento estejam além do escopo deste capítulo, a interpretação econômica é simples.[1]

Para maximizar lucros conjuntos, um cartel reduz as quantidades produzidas por seus membros, de modo a obter maiores preços. Isso, naturalmente, cria incentivos para que haja desvios individuais. Mais precisamente, dada a restrição de quantidades impostas pelos competidores, uma firma gostaria de produzir mais (ou reduzir preços) e, com isso, capturar uma maior fatia do mercado a preços maiores do que os que prevaleceriam na ausência do arranjo de conluio. A forma pela qual a teoria sugere que o cartel iniba desvios é simples: caso seja observado (ou inferido) um desvio, os membros do cartel voltam a competir de maneira agressiva (produzindo mais quantidades a menores preços). Em outras palavras, um desviante é punido com a promessa de se deparar no futuro com uma competição mais agressiva por parte dos outros membros do cartel.

Um cartel será tão mais bem-sucedido quanto (i) maiores forem os ganhos a serem apropriados por cada membro do cartel, (ii) menores forem os benefícios imediatos do desvio e (iii) menores forem os lucros de competição (associados ao estágio de punição). Notando-se que um aumento sistemático do custo marginal de produção ao longo do tempo diminui, em relação aos lucros de cartel, os benefícios imediatos do desvio (uma vez que esses desvios estão associados a uma maior produção) e reduz os lucros associados à competição (mais uma vez devido ao fato de que competição induz maior produção), quaisquer fatores que levem a aumentos sistemáticos de custo marginal ao longo do tempo podem

---

[1] Ver Julio Rotemberg e Garth Saloner, "A supergame-theoretic model of price wars during booms", in: *American Economic Review,* para os detalhes algébricos do argumento.

O FUTURO DA INDÚSTRIA NO BRASIL: DESINDUSTRIALIZAÇÃO EM DEBATE

facilitar a cartelização.[1] Como argumentamos na seção anterior, proteção/manutenção de zumbis é um fator que pode levar a aumentos de custos marginais de produção numa economia.

3. Argumentos para justificar a política industrial

A proteção à indústria se dá na forma de preços e lucros mais altos do que seriam na ausência dessa proteção; consequentemente, o consumidor perde. E mais: a maioria esmagadora dos modelos teóricos estáticos prevê que o ganho da indústria é menor do que a perda para o consumidor.

No entanto, é possível concluir, ainda que do ponto de vista apenas teórico, que proteger a indústria cria valor do ponto de vista social. Para tanto, é preciso fazer argumentos mais complicados, com suposições muitas vezes fortes. Há três grandes classes de argumentos teóricos. Rodrik[2] é a formulação mais eloquente dos argumentos a favor de política industrial.

Um deles enfatiza falhas específicas de mercado. O seguinte exemplo captura a essência do argumento. A indústria hoteleira no Brasil se beneficiaria de um esforço mercadológico sobre as maravilhas turísticas brasileiras. No entanto, os hotéis brasileiros, individualmente, ou não conseguem fazer esse investimento porque não têm recursos para tanto, ou não têm interesse em fazê-lo porque não se beneficiariam de toda a inversão. Afinal, os outros hotéis também se beneficiariam; logo, mesmo que um hotel tivesse recursos para fazer o investimento, ele faria menos investimento do que o socialmente eficiente porque não se apropriaria de todos os benefícios. Nesse caso, haveria espaço para que o governo subsidiasse o investimento mercadológico ou fizesse ele mesmo o investimento de forma centralizada.

---

[1] No caso do cartel dos vergalhões, o aumento do preço de um insumo básico – minério de ferro – para sua produção foi um elemento facilitador de conluio. Ver Vinicius Carrasco e João de Mello, "Detectando um cartel e computando seu sobrepreço: o caso do cartel do vergalhão no Brasil".
[2] Dani Rodrik, "Industrial policy for the twenty-first century", in: *KSG Faculty Research Working Paper Series*.

POLÍTICA INDUSTRIAL: ASPECTOS GERAIS

A segunda classe de modelos, relacionada com a primeira, se baseia na ideia de que há *spillovers* através da demanda por trabalho. A indústria seria demandante de capital humano; portanto, sua presença em uma economia seria um incentivo para que as pessoas investissem em capital humano. Resta saber se no Brasil há falta de vontade em investir em capital humano. Afinal, a melhor ciência que temos a respeito do assunto nos diz que os retornos ao investimento em capital humano são bastante altos no Brasil.[1] Talvez a restrição ao investimento em capital humano esteja na oferta: falta de escolas de qualidade para que o investimento compense e, principalmente, restrição ao crédito que impede os jovens de aproveitarem o retorno alto ao investimento em capital humano. Uma solução para essa falha de mercado seria o BNDES investir em capital humano em vez de investir em frigoríficos.

Diversificação de risco é a terceira razão para a política industrial. O País "enfrenta" um choque de termos de troca das *commodities*; os preços de produtos que produz, como soja e minério de ferro, sobem fortemente no mercado internacional. Uma consequência, observada no caso brasileiro, e motivo de muita celeuma, é a valorização da taxa de câmbio, fazendo com que a indústria tenha dificuldade tanto de competir com importados como de exportar. Sem apoio do governo, as forças das vantagens comparativas farão a indústria entrar em declínio, talvez permanentemente. No entanto, há o perigo de a bonança nos termos de troca não ser permanente. Caso haja irreversibilidades na implantação de um parque industrial (em outras palavras, não ser possível ligar e desligar as fábricas), talvez fosse melhor manter o parque industrial funcionando com ajuda do governo.

O argumento de diversificação de risco é plausível e deve ser levado a sério, a despeito de todas as condições que devem ser satisfeitas para que haja um risco relevante. Não obstante, resta uma questão: por que a melhor maneira de diversificar o risco de queda nos termos de troca é fomentar indústrias no País? A resposta não é nada óbvia. Uma maneira alternativa, que soa muito mais simples e barata de implantar, é através

---

[1]Ver, por exemplo, Fernando Barbosa Filho e Samuel Pessoa, "Retorno da educação no Brasil".

O FUTURO DA INDÚSTRIA NO BRASIL: DESINDUSTRIALIZAÇÃO EM DEBATE

de um fundo soberano, como o faz o Chile com seu fundo de estabilização.[1] Em outras palavras, em vez de fomentar a indústria aqui, o Brasil
podia comprar ações de empresas industriais na China e na Alemanha,
alguns dos poucos lugares onde a atividade industrial não é cadente.[2]

Mesmo que todos esses argumentos sejam relevantes na prática, ainda assim não é óbvio que a política industrial crie valor. É preciso que
o governo seja benevolente na execução da política industrial. Mesmo
Rodrik[3] não deixa de reconhecer que, de modo geral, a suposição de
benevolência na implantação é no mínimo forte, muito provavelmente
ingênua. Afinal, quase sempre a política industrial envolve a escolha de
vencedores dentro de uma indústria, ou mesmo a escolha de indústrias e
setores vencedores. Essa escolha, mesmo que o governo saiba exatamente
qual seria a melhor empresa ou o melhor setor a fomentar, está sujeita
ao processo político. E, consequentemente, está longe de ser óbvio que
o verdadeiro campeão será escolhido.

4. Evidência sobre preços em um mercado cartelizado

O Brasil faz política industrial. Há especulação e evidências anedóticas
sobre diferenças de os preços de produtos industriais em setores competitivos serem bem maiores no Brasil do que em outros países, conforme prevê nosso modelo. Ver o relatório *Random Walk*, preparado
pelo analista Sanjeev Sanyal do Deutsche Bank que apresenta algumas
comparações de preço. Aqui mostraremos a diferença de preços em um
mercado cartelizado: a indústria de vergalhões.

---

[1]O Chile é bastante exposto ao risco de flutuação nos preços das *commodities*, já que uma parcela
muito grande de suas divisas externas vem da exportação de cobre. Em princípio, a constituição do fundo evita a apreciação cambial. Por outro lado, a apreciação cambial se manifestará
quando o fundo for usado. Ou seja, o fundo suaviza as flutuações cambiais e, assim, também
suaviza o "abre e fecha" de fábricas, algo que, como vimos, pode ser ineficiente na presença de
irreversibilidades. Ou seja, o fundo seria uma forma de fomentar a indústria.
[2]Ver Bonelli, Matos e Pessoa, neste volume, e também Berriel, Bonomo e Carvalho, neste volume,
para um argumento formal a respeito da política industrial como diversificação de risco.
[3]Dani Rodrik, "Industrial policy for the twenty-first century", in: *KSG Faculty Research Working
Paper Series*.

POLÍTICA INDUSTRIAL: ASPECTOS GERAIS

O setor de aços longos reúne quase todas as características para configuração de cartelização induzida por política industrial. De fato, o cartel dos vergalhões foi condenado em 2005 por prática de conluio no período 1999-2005. Não estamos aqui a argumentar que a política industrial causou esse cartel. Mas as políticas em vigor são facilitadoras de cartel. Ou seja, é plausível que elas tenham ajudado a sustentar o conluio.

O setor de vergalhões é concentrado: três empresas dominam o mercado (Gerdau, Arcelor-Mittal e Barra Mansa). A demanda é bastante inelástica porque o bem é essencial e representa pouco do valor da obra (5%). Ou seja, na presença de poder de mercado, o preço pode se deslocar bastante do custo marginal, fazendo com que o lucro do cartel seja muito maior do que sob competição. Esse é um ótimo motivo para cartelização. O custo de transporte do vergalhão é alto, sugerindo que a importação é difícil (mas não intransponível, como recentemente aprendemos com entrada de vergalhão importado no biênio 2010-2001). A distribuição é verticalizada, o que aumenta o custo de entrada, tanto de novos entrantes como de produtos importados. Por fim, a pitada que tem um sabor de política industrial: o padrão do vergalhão no Brasil, o CA-50, um padrão mais resistente do que o padrão internacional, o CA-40 (usado, entre outros, por França, EUA, Japão e Alemanha). O padrão acima do internacional é usado, além do Brasil, na Bolívia e no Paraguai. A diferença de padrão aumenta o custo de importar porque a siderúrgica estrangeira tem que mudar seu padrão de produção para se adequar ao padrão mais resistente no Brasil. Mais informação sobre as condições favoráveis para a cartelização, tanto em termos de oportunidade como de motivo, estão em Carrasco e De Mello.[1]

O resultado salta aos olhos na Figura 1, tomada por empréstimo de Carrasco e De Mello.[2]

---

[1]Vinicius Carrasco e João de Mello, "Detectando um cartel e computando seu sobrepreço: o caso do cartel do vergalhão no Brasil".
[2]Ibidem.

O FUTURO DA INDÚSTRIA NO BRASIL: DESINDUSTRIALIZAÇÃO EM DEBATE

Figura 1 – Preço *versus* número de empresas. Dispersão e ajuste de regressão linear com intervalo de confiança de 95%

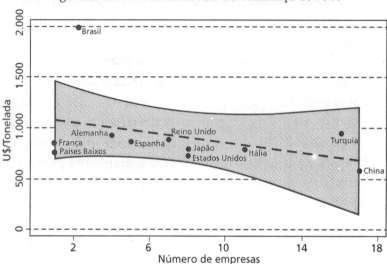

Preço do vergalhão *vs*. número de empresas. Gráfico de dispersão e ajuste por regressão linear simples. Preço médio do vergalhão de aço, Nomenclatura Comum do Mercosul (NCM) 72142000/72131000 no primeiro semestre de 2008, medido em dólares estadunidenses por tonelada de vergalhão. No eixo horizontal, está o número efetivo de empresas, que é o inverso do índice de Herfindahl.
Fonte: Management, Engineering & Production Services (MEPS) International LTD.[1]

Para a construção da Figura 1, os preços do vergalhão foram regredidos em medidas que capturem a demanda, com PIB per capita e crescimento do PIB per capita nos dois anos anteriores a 2008. Os resíduos foram regredidos no número de firmas em cada mercado. Essa metodologia leva em conta que os preços dos vergalhões no Brasil podem ser mais altos do que em outros países porque o mercado aqui é mais concentrado, não porque está cartelizado.

Em linha com a maioria dos modelos de concorrência oligopolística, a relação empírica entre preço e número de firmas é nega-

---

[1] A MEPS é uma importante empresa de consultoria especializada no setor de siderurgia, mais especificamente aço. Publica os preços de vários produtos de aço em diversos países.

POLÍTICA INDUSTRIAL: ASPECTOS GERAIS

tiva.[1] O Brasil é o "ponto fora da curva". Os demais países, sem exceção, estão dentro do intervalo de confiança de 95% da previsão do modelo de regressão linear.

O preço da tonelada no Brasil em 2008, perto de U$ 2.000 por tonelada, era quase duas vezes maior do que o previsto pelo fato de haver somente 2,25 competidores efetivos no mercado de aços longos no Brasil.[2] O fato de o Brasil estar fora da curva é forte evidência de que o preço no Brasil não é produzido pelo mesmo regime de concorrência que nos outros países. Enquanto neles a previsão da regressão (que reflete a previsão do modelo de Cournot) funciona bastante bem, ela falha no Brasil. Novamente, isso indica que o mercado brasileiro de vergalhão está sob conluio.

Vejamos agora o que ocorre com o lucro. A Figura 2 mostra dois gráficos: (i) a relação entre a dispersão das margens e o número médio de firmas nos mercados em que a empresa atua e (ii) a previsão de um modelo de regressão linear que associa margem ao número de firmas. Esse modelo de regressão linear é a contraparte empírica da previsão teórica da maioria dos modelos de concorrência oligopolística de uma relação negativa entre número de firmas e margem.

---

[1] É preciso ter em mente a crítica normalmente feita às relações derivadas do paradigma Estrutura-Conduta-Desempenho, fonte na qual a Figura 1 se baseia. Há uma relação causal inversa: o fato de os preços e lucros serem altos no Brasil deveria convidar à entrada. Ou seja, desempenho também causa estrutura. Se a causalidade reversa é relevante, maiores preços e lucros estariam associados a estruturas menos concentradas. Ou seja, a relação estaria subestimada, e é possível que o sobrepreço no Brasil fosse menor. Por isso apresentamos outra evidência a seguir.

[2] O número de competidores efetivos é o inverso do índice de Herfidahl. Ele ajusta o número de empresas para levar em conta diferenças de tamanho entre elas. Por exemplo, imagine dois mercados, A e B, cada um com duas empresas. No mercado A, as empresas dividem igualmente o mercado, com 50% cada uma. No mercado B, uma empresa tem 99% de fatia de mercado, enquanto a outra tem 1%. O número de empresas é o mesmo, mas há dois competidores efetivos no mercado A, e um pouco mais de um competidor efetivo no mercado B. No caso do vergalhão no Brasil, o de competidores efetivos é menor do que o número de empresas (três) porque a Gerdau e a Arcelor têm juntas quase 80% de fatia de mercado e a Barra Mansa apenas 15%.

Figura 2 – Margem EBITDA *versus* número de empresas. Dispersão e ajuste de regressão linear com intervalo de confiança de 95%

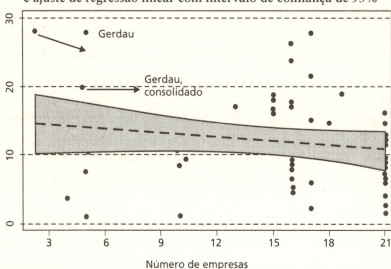

Margem EBITDA *vs.* número de empresas. Gráfico de dispersão e ajuste por regressão linear simples. Margem EBITDA, do inglês *Earnings Before Interest, Taxes, Depreciation and Amortization*, ou lucro antes do pagamento de juros, tributos, depreciação e amortização. Firmas com 5% menores EBITDAS e 5% maiores EBITDAS excluídas. O número de firmas é aquele médio entre os mercados de que a empresa participa, exceto para Gerdau, para qual sabemos o número de empresas efetivas.
Fontes: Reuters e páginas da web de associações nacionais de siderurgia.

Uma hipótese concebível é que a diferença entre os preços no Brasil e os que prevalecem em outros países reflita tão somente uma diferença de custos de produção, e não uma diferença no regime de concorrência. Mas essa hipótese é inverossímil por duas razões. Primeiro, se fosse uma diferença de custos, então as margens da Gerdau não seriam tão mais altas no Brasil do que nos Estados Unidos.

Segundo, os custos de produção, que devem ser mais baixos no Brasil. Uma planta siderúrgica está próxima da matéria-prima importante, o minério de ferro. Enquanto uma siderúrgica chinesa paga U$ 80 de frete para importar minério de ferro brasileiro, as siderúrgicas brasileiras não pagam esse frete. Além disso, a alternativa ao minério de ferro, a sucata, também tende a ser mais barata do que no Estados Unidos pela diferença de estrutura de mercado da oferta de sucata entre os dois países.

POLÍTICA INDUSTRIAL: ASPECTOS GERAIS

A despeito disso, é possível que os preços em geral tenham aumentado excepcionalmente no Brasil durante o período. A Figura 3 mostra a evolução do preço do vergalhão *vis-à-vis* vários índices de preço, inclusive o Índice Nacional da Construção Civil (INCC), um índice de preços específicos da construção civil. Fica óbvio o descolamento do preço dos vergalhões no Brasil.

Figura 3 – Variação do preço médio do vergalhão de aço (16 mm) no Brasil

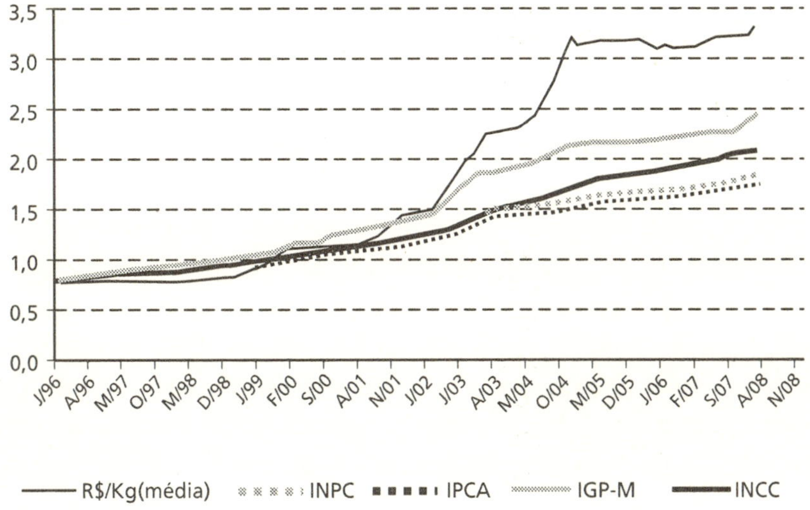

Fonte: IBRE/FGV.

Por fim, a evidência na Figura 3 não está sujeita à crítica ao paradigma Estrutura-Conduta-Desempenho, o que reforça o argumento de que as diferenças de preços entre o Brasil e outros países se devam à presença de cartelização neste setor.

Em 2010-2011, em consequência da apreciação cambial, os importados conseguiram finalmente superar as muitas barreiras citadas e derrubaram o preço no mercado doméstico. É difícil arguir que o câmbio disciplinando cartelistas seja ruim. Com certeza, não é ruim para os consumidores de vergalhões de aço no Brasil.

5. Economia política da desindustrialização

Nas seções anteriores, argumentamos que a política industrial provoca um conflito distributivo entre consumidores e empresas, no qual os consumidores perdem mais do que as empresas ganham. Os consumidores são muitos; as empresas, em geral, são poucas. Por que então a política industrial prospera politicamente? Não seria de se esperar que a competição política, através do processo eleitoral, eliminasse tais políticas claramente ruins?

A resposta é não, infelizmente. Ironicamente, os consumidores perdem justamente porque são muitos e, assim, individualmente sofrem um dano pequeno, enquanto o benefício das empresas individualmente com a política industrial é grande. É um fenômeno de ação coletiva, já amplamente conhecido na literatura de comércio internacional.[1] Na medida em que o consumidor perceba custos relevantes para influenciar políticas públicas, a competição por influência na implantação da política industrial lhe será desfavorável. Isso porque as empresas individualmente também podem perceber custos em participar do processo político, mas elas têm muito a ganhar com a proteção à indústria e terão incentivos para incorrer nesses custos, independentemente do que façam outras empresas. Além de terem incentivos para, individualmente, incorrer nos gastos de influenciar politicamente, as empresas têm maior facilidade de agir coletivamente. Ou seja, elas se beneficiam de uma "Lei dos Pequenos Números": é mais fácil coordenar e alinhar pequenos grupos para ação coletiva.

Para os consumidores, os custos de influenciar a política são relevantes. Primeiro, é possível que os consumidores tenham dificuldade de perceber que a política industrial lhes causa um dano. Afinal, muitos dos produtos sob proteção da política podem ser intermediários, cuja transmissão de preço para o produto final não está clara. O automóvel é caro no Brasil, mas por quê? Por causa da tarifa à importação? Por causa da falta de competição no mercado de aço? Pela manutenção, por

---

[1] A elaboração original no argumento está em Mancur Olson, *The logic of collective action*.

POLÍTICA INDUSTRIAL: ASPECTOS GERAIS

parte do BNDES, de empresas zumbis de autopeças? Segundo, contratar lobistas e especialistas para influenciar o formulador de políticas é
caro. Terceiro, não é sem custo o tempo dedicado a falar com gestores
públicos, parlamentares, juízes etc.

Portanto, se o formulador de política pública não é totalmente benevolente, a capacidade assimétrica de influenciar política fará com
que observemos a implantação de políticas ineficientes de proteção à
indústria. Mesmo um formulador benevolente que não tenha claro se
a política é ineficiente (por algumas das razões elencadas na seção 3)
provavelmente as considerará eficientes ainda que não o sejam. Afinal,
os empresários tendem a ser eloquentes em travestir interesses privados
em coletivos.

6. Conclusão

Neste capítulo, argumentamos que, sempre que envolva alguma forma de
subsídio à produção de empresas com custo marginal de produção alto,
política industrial implica uma transferência de excedente econômico
de consumidores para produtores. Esse ponto simples, porém muitas
vezes ignorado no debate econômico sobre a desindustrialização, foi
feito em duas partes.

Na primeira parte do capítulo, abordamos aspectos teóricos da
questão. De fato, mostramos que, em um modelo simples de competição
por preços, a manutenção (via alguma forma de subsídio provido por
política industrial) de uma única empresa com custos marginais altos
terá como implicação o arrefecimento da competição na indústria em
questão e, como consequência, um aumento generalizado de preços
mesmo que as empresas não ajam de maneira coordenada. Em termos
de bem-estar, a perda imposta aos consumidores pelo aumento de preços
será maior que os ganhos das empresas. Adicionalmente, argumentamos que a teoria sugere que a proteção/manutenção de empresas com
custo de produção alto possa induzir efeitos coordenados indesejáveis,
isto é, conluio.

311

Na segunda parte do capítulo, analisamos a fundo as consequências da cartelização sobre preços de aços longos no Brasil em relação a outros países. As robustas evidências que apresentamos podem ser usadas para se quantificar a magnitude dos possíveis efeitos sobre a competição da adoção de algumas formas de política industrial. Embora altos, esses custos tendem a ser incorridos por consumidores pequenos e dispersos. Os ganhos de muitas das políticas industriais, no entanto, são apropriados por alguns poucos e influentes agentes. Esses agentes têm, obviamente, enormes incentivos a sobre-estimar os benefícios das políticas e arguir tratar-se de ganhos sociais, não privados. De forma simples, esse nos parece ser o aspecto relevante da economia política do conflito esquecido.

Referências

ABREU, Marcelo de Paiva. Legítima defesa – de quem mesmo?. *O Estado de S. Paulo*, 19 mar. 2012.

BARBOSA FILHO, Fernando de Holanda; PESSOA, Samuel. Retorno da educação no Brasil, Texto para Discussão IFB, 1, 2006.

BERRIEL, Tiago; BONOMO, Marco; CARVALHO, Carlos. Diversificação da economia como uma possível justificativa para política industrial. In: BACHA, E.; BOLLE, M. de. *Desindustrialização*: que fazer? Rio de Janeiro: Civilização Brasileira, 2012.

BONELLI, Regis; MATOS, Silvia; PESSOA, Samuel. Desindustrialização no Brasil: fatos e interpretação. In: BACHA, E.; BOLLE, M. de. *Desindustrialização*: que fazer? Rio de Janeiro: Civilização Brasileira, 2012.

CARRASCO, Vinicius; DE MELLO, João. Detectando um cartel e computando seu sobrepreço: o caso do cartel do vergalhão no Brasil. Parecer apresentado no *class action* Sinduscon-MG contra cartel dos vergalhões, 2004. Disponível em: http://www.iepecdg.com.br/uploads/artigos/ParecerVNCJMPMVERS%C3%83OFINAL.pdf.

OLSON, Mancur. *The logic of collective action*. Cambridge: Harvard University Press, 1965.

MILGROM, Paul; ROBERTS, John. Rationalizability, learning and equilibrium in games with strategic complementarity. *Econometrica*, 58(6), 1990, p. 1255-1277.

RODRIK, Dani. Industrial policy for the twenty-first century. *KSG Faculty Research Working Paper Series*, n. 47, 2004.

ROTEMBERG, Julio; SALONER, Garth. A supergame-theoretic model of price wars during booms. *American Economic Review*, 76(3), 1986, p. 390-407.

SANYAL, Sanjeev. Mapping the world's prices. *The Random Walk Series*, Global Markets Research, Deutsche Bank, 2012.

13. Diversificação da economia e desindustrialização[1]

Tiago Berriel, Marco Bonomo e Carlos Viana de Carvalho

1. Introdução

Muito tem se falado sobre a tendência à desindustrialização da economia brasileira, aquecendo ainda mais o perene debate sobre política industrial. Sem entrar no mérito da existência ou da intensidade desse fenômeno, abordaremos o tema sob outra perspectiva. Em primeiro lugar, discutiremos algumas razões que poderiam justificar uma política de governo para interferir numa tendência natural de a economia se concentrar mais em determinados setores – no caso brasileiro, em agropecuária e indústria extrativa, em detrimento da indústria de transformação. Essa discussão nos levará a propor um critério para avaliar a eficiência da distribuição da produção entre os setores da economia. Será que deveríamos ter uma maior proporção do nosso produto em bens industriais? Finalmente, aplicaremos o mesmo critério para alguns países escolhidos pelas suas diferenças contrastantes de estrutura produtiva: alguns mais especializados em indústrias extrativas (Austrália, Chile e Noruega), outros com desempenho industrial destacado (Alemanha e

---

[1]Gostaríamos de agradecer a Edmar Bacha, por comentários e sugestões, e a Vivian Malta Nunes, pela excelente assistência de pesquisa.

Coreia do Sul) e os Estados Unidos. O objetivo deste exercício com vários países é investigar se o modelo com base no qual construímos o critério de eficiência explica essas marcantes diferenças de estrutura produtiva.

Uma possível justificativa para a política industrial seria evitar que as forças de mercado levassem a uma concentração excessiva da atividade econômica em poucos setores – no caso brasileiro, em agropecuária e indústria extrativa, aos quais iremos nos referir ocasionalmente como setores de *commodities*.[1] Essa especialização em *commodities* teria a óbvia vantagem de concentrar a produção em setores nos quais o País possui vantagens comparativas, mas poderia levar a um aumento das oscilações da renda nacional por conta da ausência de diversificação das atividades econômicas. Além disso, o País ficaria muito sujeito a flutuações nos termos de troca, em virtude de oscilações nos preços das *commodities* nos mercados internacionais.

Uma forma de mitigar os riscos associados à concentração da atividade econômica em setores de *commodities* seria a constituição de um fundo estabilizador que teria seus recursos aumentados, quando os preços das *commodities* estivessem elevados, e reduzidos, quando seus preços estivessem deprimidos. Esse tipo de fundo foi adotado com sucesso em países com grande dependência do setor de *commodities*, como Chile e Noruega. Mas pode-se argumentar que o seguro que esse tipo de fundo provê é imperfeito e ainda que há o risco (político) de que seus recursos sejam gastos nos tempos de bonança, comprometendo a capacidade de mitigar os efeitos adversos de quedas duradouras nos preços das *commodities* em tempos de estio.

Uma política industrial que levasse em conta os possíveis benefícios da diversificação da atividade econômica consistiria na escolha de setores tendo em vista não somente suas perspectivas de crescimento (relacionadas às vantagens comparativas), mas também o risco que esses setores adicionam à renda nacional.

---

[1] A princípio, externalidades podem fazer com que escolhas individuais dos setores pelos empresários levem a resultados agregados que não sejam benéficos para a população como um todo.

POLÍTICA INDUSTRIAL: ASPECTOS GERAIS

A seguir, apresentaremos um arcabouço analítico para a análise da composição ótima da atividade econômica levando em consideração as contribuições de cada setor para o crescimento e para o risco da economia.[1] O modelo é simples e abstrai de muitos aspectos potencialmente relevantes. Não obstante, esperamos que a comparação entre os resultados obtidos para o Brasil e para os demais países analisados nos ajude a refletir sobre a direção desejada da política setorial.

2. O arcabouço analítico

O arcabouço que desenvolvemos foca essencialmente na estrutura da oferta da economia. Temos em mente uma economia inserida na economia mundial, produzindo somente bens comercializáveis que transacionam nos mercados internacionais. Abstraímos da demanda interna com base na justificativa de que, dada a estrutura da oferta, os bens não consumidos internamente poderiam ser vendidos no mercado internacional, gerando divisas que seriam utilizadas na compra de outros bens de forma a satisfazer a demanda.[2]

Dentro desse contexto, a questão que nos colocamos diz respeito à composição da estrutura produtiva que atingiria o nível máximo de bem-estar para a população.[3] Nossa medida de bem-estar depende do crescimento médio e do risco (variação do crescimento) da economia. O bem-estar é tão maior quanto mais forte e mais estável for o crescimento. O peso relativo da instabilidade econômica na medida de bem-estar depende do que podemos chamar de aversão do país ao risco. Seremos agnósticos em relação a esse grau de aversão ao risco e consideraremos todas as estruturas de produção que possam resultar do processo de

---

[1]O arcabouço é uma adaptação do modelo de escolha de carteiras de Harry Markowitz, "Portfolio Selection", in: *The Journal of Finance*, para a escolha da composição da atividade econômica. Para uma exposição de livro-texto ver Zvi Bodie, Alex Kane e Alan Marcus, *Investments*.

[2]A hipótese de (pequena) economia aberta é consistente com a inexistência de limitações de demanda aos produtos comercializáveis do país. Discutimos ressalvas importantes a essa hipótese e interpretações alternativas do modelo mais adiante.

[3]Apresentamos o modelo formal no Apêndice.

O FUTURO DA INDÚSTRIA NO BRASIL: DESINDUSTRIALIZAÇÃO EM DEBATE

escolha da sociedade, dado algum nível de aversão ao risco. Essas estruturas de distribuição da produção serão chamadas de "eficientes".

Ao se calcular o risco de uma distribuição da atividade econômica entre setores, é preciso levar em consideração não só o risco de cada setor, mas também como esses setores covariam entre si. Se dois setores covariam negativamente (i.e., um setor cresce mais quando o outro cresce menos e vice-versa), ao combiná-los, teremos um crescimento mais estável, ao passo que, se as taxas de crescimento dos dois setores oscilarem na mesma direção, essa combinação será menos benéfica em termos de diversificação dos riscos da atividade econômica.

Apresentaremos as distribuições eficientes da estrutura produtiva para vários países com base nesse arcabouço analítico, começando pela economia brasileira.

3. Resultados para o Brasil

O exercício inclui apenas setores cuja produção é facilmente comercializável internacionalmente. Por isso, deixamos de fora o setor de serviços e consideramos a escolha da estrutura da economia restrita aos seguintes setores: indústria extrativa, indústria de transformação e agropecuária. No que se segue, quando mencionarmos a distribuição da atividade econômica ou a composição da produção, estaremos nos referindo à participação desses três setores na atividade econômica. Da mesma forma, estatísticas sobre o crescimento agregado da economia envolverão médias ponderadas das taxas de crescimento desses setores.

A análise tem como insumos o crescimento médio, a variabilidade (desvio padrão) do crescimento de cada setor e a matriz de correlação do crescimento entre os três setores. Em nosso estudo principal, utilizamos dados anuais de 1978 até 2008 para estimar essas estatísticas.[1]

---

[1] Os dados são de valor adicionado a preços básicos, do Sistema de Contas Nacionais, referência 2000 (IBGE/SCN 2000 anual). Excluímos o período pós-2008, uma vez que a indústria brasileira teve um desempenho particularmente ruim nestes anos.

POLÍTICA INDUSTRIAL: ASPECTOS GERAIS

Os resultados apresentados a seguir (Tabelas 1 e 2) são qualitativamente semelhantes aos obtidos com amostras alternativas.

Tabela 1 – Média anual e desvio padrão das taxas de
crescimento setoriais (1978-2008)

	Média	Desvio Padrão
Ind. Transformação	1,87%	5,51%
Ind. Extrativa	4,70%	4,95%
Agropecuária	3,57%	4,48%

Tabela 2 – Correlações entre as taxas de crescimento setoriais (1978-2008)

Matriz de Correlação			
	Ind. Transformação	Ind. Extrativa	Agropecuária
Ind. Transformação	1,00	0,40	0,07
Ind. Extrativa	0,40	1,00	0,03
Agropecuária	0,07	−0,03	1,00

A Tabela 1 indica que a indústria extrativa foi o setor que mais cresceu no período considerado (4,7% ao ano), seguido da agropecuária (3,6% ao ano). A indústria de transformação teve o menor crescimento entre os setores (1,9% ao ano), apresentando ainda a maior volatilidade. A baixa correlação entre as taxas de crescimento da indústria extrativa e da agropecuária indica que uma combinação desses dois setores é estabilizadora do crescimento. O baixo crescimento e a alta volatilidade da indústria de transformação sugerem que esse setor não contribuiu para a eficiência da estrutura produtiva da economia brasileira no período considerado.

Com base nesses dados, computamos distribuições eficientes da atividade econômica entre os três setores incluídos na análise conforme o arcabouço analítico formalizado no Apêndice ao final deste capítulo. Para tal, encontramos a distribuição que minimiza a variabilidade do crescimento para cada taxa de crescimento médio da economia. Repetindo o exercício para várias taxas de crescimento médio, obtemos o Gráfico 1, que mostra para cada taxa de crescimento médio (no eixo vertical) a menor variabilidade que se consegue atingir (no eixo horizontal) alterando a composição da produção da economia.

No Gráfico 1, além da chamada *fronteira eficiente* – composta pela parte ascendente da curva de variabilidade mínima (linha sólida, que fornece a maior taxa de crescimento médio que se poderia atingir para um dado nível de risco do crescimento) –, assinalamos alguns pontos de interesse. O ponto de crescimento máximo seria obtido concentrando-se toda a atividade econômica na indústria extrativa (assinalada com um asterisco). O crescimento médio anual da produção subiria dos 2,5% obtidos no período (quadrado) para 4,7%. Mas isso se daria às custas de um aumento de variabilidade da produção, com o desvio padrão da taxa agregada de crescimento passando de 4,2% para praticamente 5,0% ao ano.

Gráfico 1 – Fronteira crescimento médio × risco (Brasil: 1978-2008)

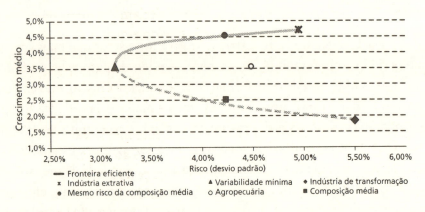

Outro ponto de destaque é o de variabilidade mínima, marcado por um triângulo. Enquanto o ponto de crescimento máximo gera o máximo de bem-estar numa economia onde as pessoas se importam pouco com flutuações no crescimento econômico, o ponto de variabilidade mínima seria o preferido caso a população fosse extremamente avessa ao ris-

POLÍTICA INDUSTRIAL: ASPECTOS GERAIS

co. A variabilidade mínima atingida corresponde a um desvio padrão das taxas de crescimento de 3,1% ao ano, com crescimento médio de 3,7% ao ano. Note que, além de essa variabilidade ser menor do que a variabilidade média de 4,2% obtida no período, o crescimento médio correspondente também é maior do que o crescimento médio durante o período considerado. Para atingir o mínimo de risco deveríamos ter uma participação na produção de aproximadamente 18% de indústria de transformação, 34% de indústria extrativa e 48% de agropecuária. Comparando com a composição média durante o período,[1] de aproximadamente 70% de indústria de transformação, 10% de indústria extrativa e 20% de agropecuária, para incorrer o mínimo de risco o governo deveria incentivar atividades extrativas (por exemplo, mineração e exploração de petróleo) e agropecuária em detrimento da indústria de transformação. Esse resultado contrasta fortemente com a hipótese que motivou nossa investigação – de que os benefícios advindos da diversificação da atividade econômica poderiam servir de justificativa para políticas incentivadoras da indústria.

A seguir, utilizamos o modelo para abordar outras questões de interesse. Qual o crescimento máximo que poderíamos obter mantendo o nível de risco observado no período analisado e qual a alocação correspondente de setores? O quadrado corresponde à composição média da economia brasileira no período analisado, e o disco sólido situado na fronteira eficiente verticalmente acima do quadrado corresponde ao crescimento máximo que poderia ser obtido mantendo-se a mesma variabilidade da produção. Nesse ponto, o crescimento médio da produção é de 4,5% ao ano, o que significa um aumento de 2% ao ano em relação ao crescimento observado no período. Essa diferença de crescimento é uma medida da ineficiência da estrutura econômica da economia brasileira durante o período analisado. A alocação eficiente não teria indústria de transformação: teria cerca de 85% em atividades extrativas e 15% em agropecuária. Portanto, bem menos indústria de transformação, bem

---

[1]O cálculo da composição média tomou por base os preços relativos de 2008 e ajustou a composição de cada ano utilizando a taxa de crescimento real dos setores.

mais atividades extrativas, e com pequena variação em agropecuária em relação à composição média do período.

Qual a estrutura econômica ideal? Não existe uma única resposta para essa pergunta, pois cada ponto na fronteira eficiente (definida anteriormente) é o ideal para um determinado grau de aversão ao risco, e cada ponto corresponde a uma estrutura econômica diferente. Portanto, a resposta depende da aversão ao risco da população. Se ela for extremamente avessa ao risco, o ponto ótimo seria o de variabilidade mínima. À medida que a aversão ao risco diminui, o ponto ótimo vai se deslocando para a direita na parte superior da fronteira até o ponto de crescimento máximo, que seria ótimo para uma população para a qual flutuações no crescimento econômico não sejam problema. Mas em todos os pontos dessa fronteira eficiente a proporção da indústria de transformação na produção seria bem menor do que a média observada. Então, esse exercício leva à conclusão de que diversificação de riscos não parece servir como justificativa para políticas que favoreçam a indústria de transformação. Isso é verdade mesmo que o objetivo seja reduzir a variabilidade da produção ao mínimo possível, ou, alternativamente, elevar o crescimento médio da economia. Esse resultado não se altera quando refazemos o exercício incluindo o setor de serviços na análise.

4. Discussão

O exercício aqui proposto envolve uma boa dose de abstração e uma série de simplificações importantes.

A hipótese mais forte, a nosso ver, é a suposição de retornos constantes de escala na produção, o que significa que cada setor tem a mesma taxa média de crescimento, independentemente do seu tamanho. Para alguns setores, a hipótese de retornos decrescentes de escala pode ser mais plausível. Um caso extremo de retornos decrescentes seria a existência de limites físicos e/ou tecnológicos para a expansão da produção do setor (o que pode facilmente ocorrer para algumas atividades extrativas ou agropecuárias). Além disso, é bem plausível que a hipótese de pequena

POLÍTICA INDUSTRIAL: ASPECTOS GERAIS

economia aberta não seja adequada para certos mercados de produtos agropecuários e de mineração, onde o Brasil tem uma participação relevante na oferta global. Desta forma, a demanda mundial condicionaria o crescimento dos setores, favorecendo atividades nas quais o País tem maior vantagem comparativa.

O problema de que tratamos foi a escolha de grandes setores, supondo implicitamente que a composição de cada setor é imutável. Poderíamos usar a mesma metodologia com informações mais desagregadas, envolvendo a escolha de subsetores da economia. Nesse caso, o desempenho de cada setor seria alterado quando sua composição variasse, e é razoável supor que alguns subsetores da indústria de transformação passassem a contribuir para a eficiência produtiva. Além disso, tomamos o risco e o crescimento médio de cada setor como dados e ignoramos a possibilidade de que possam ser alterados através de políticas setoriais.

O modelo também abstrai de outras dimensões relevantes para um problema de natureza dinâmica, como custos de se alterar a estrutura produtiva da economia (por exemplo, custos de realocação de capital e trabalho entre setores).

Também tomamos como dadas as atitudes ("preferências") da sociedade em relação ao crescimento econômico e seus riscos. Mas será que a medida importante é o crescimento da produção? Por exemplo, o nível de emprego pode ser distribuído de forma muito distinta entre setores, de modo que um problema análogo de escolha de estrutura da economia focado na maximização do nível de emprego e na minimização dos riscos associados pode produzir resultados bastante distintos.

Poderíamos adicionar uma série de ressalvas às feitas anteriormente. É claro, portanto, que os resultados da análise não devem ser tomados a valor de face. Não obstante, argumentaremos que o exercício proposto produz resultados que são informativos do grau de eficiência da estrutura produtiva de uma economia. Para isso passamos à análise da estrutura produtiva de outros países.

5. Outros países

Com o objetivo de termos uma amostra com diversidade de estruturas produtivas, incluímos Austrália, Chile e Noruega como representantes de economias especializadas em atividades extrativas, Alemanha e Coreia do Sul como representantes de economias industriais bem-sucedidas, e os EUA.

Em todos os casos, o exercício é exatamente análogo ao descrito anteriormente. Para cada país, coletamos dados de crescimento anual dos três setores – de 1978 a 1991 para a Alemanha[1] e de 1978 a 2008 para os demais países –, construímos a fronteira eficiente e comparamos os resultados com a estrutura produtiva observada em cada país.[2]

Mostramos a seguir gráficos com resultados somente para Coreia do Sul, Estados Unidos e Noruega, de forma a poupar espaço.

Gráfico 2 – Fronteira de crescimento médio × risco
(Coreia do Sul: 1978-2008)

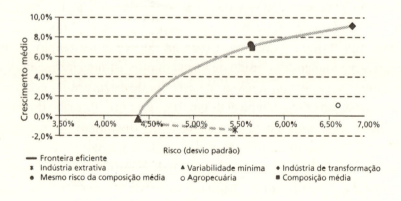

---

[1]Usamos o período pré-unificação para garantir a homogeneidade dos dados.
[2]Os dados para os demais países foram extraídos da base de dados das Nações Unidas "United Nations Statistics Division – National Accounts Official Country Data". Para cada país, as séries foram construídas a partir das estatísticas de valor adicionado de cada setor da economia a preços constantes de determinado ano.

POLÍTICA INDUSTRIAL: ASPECTOS GERAIS

Gráfico 3 – Fronteira crescimento médio × risco
(Estados Unidos: 1978 a 2008)

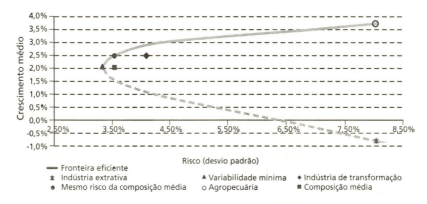

Gráfico 4 – Fronteira crescimento médio × risco
(Noruega: 1978 a 2008)

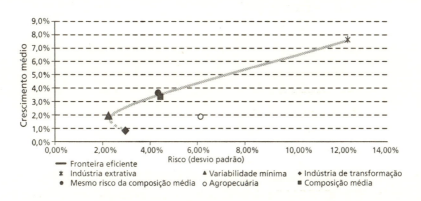

Os gráficos mostram claramente que esses países estão muito mais próximos de suas fronteiras eficientes do que o Brasil, apesar de apresentarem estrutura produtiva e estrutura de correlação entre os setores bastante díspares. Em particular, para Coreia do Sul e Noruega, é difícil distinguir entre a composição média e o ponto eficiente de mesmo grau de risco.

A Coreia do Sul já está essencialmente na sua fronteira eficiente, mesmo tendo peso na indústria de transformação em torno de 74%. Os Estados Unidos também se encontram próximos da sua fronteira,

O FUTURO DA INDÚSTRIA NO BRASIL: DESINDUSTRIALIZAÇÃO EM DEBATE

porém ligeiramente mais distantes. Para atingir sua fronteira, seria necessário reduzir a participação da indústria de transformação de 78% para 75%, a da indústria extrativa de 17% para 7% e aumentar a participação da agropecuária de 5% para 18%. Por último, a estrutura produtiva da Noruega também se encontra essencialmente na sua fronteira eficiente.

Uma métrica natural para compararmos o grau de eficiência da estrutura produtiva das economias é a distância vertical da composição média da produção de cada país no período analisado em relação à sua fronteira eficiente. Em outras palavras, trata-se de quanto o crescimento médio poderia aumentar mantendo constante a volatilidade do crescimento. Calculamos essa medida de ineficiência para os países analisados, conforme reportado na Tabela 3.

Tabela 3 – Distância vertical da composição média à fronteira eficiente

Noruega	0,04%
Alemanha	0,07%
Coreia do Sul	0,09%
Austrália	0,38%
EUA	0,45%
Chile	0,89%
Brasil	2,02%

Os resultados obtidos confirmam a impressão que a inspeção visual dos gráficos das fronteiras nos dá. A ineficiência da estrutura produtiva da economia brasileira é bem superior à observada nos demais países. Enquanto o Brasil poderia aumentar a taxa de crescimento da produção em 2% ao ano sem nenhum aumento de volatilidade, a economia com medida de ineficiência mais alta dentre os demais países – a chilena – está 0,9% ao ano abaixo do seu crescimento eficiente.

POLÍTICA INDUSTRIAL: ASPECTOS GERAIS

6. Conclusão

A despeito da simplicidade da análise desenvolvida neste capítulo, acreditamos que o exercício produziu algumas lições interessantes. Partimos de uma posição absolutamente agnóstica em relação à forma de se mensurar o nível de eficiência da estrutura produtiva de uma economia. Em particular, não tínhamos a menor ideia de quais seriam os resultados. Será que as composições eficientes envolveriam mais ou menos atividade industrial do que a economia brasileira exibe? Não tínhamos qualquer resposta para essa pergunta antes de começar a análise.

Segundo, os resultados para os demais países analisados sugerem que nossa métrica de eficiência da estrutura produtiva das economias é informativa. Afinal, a conclusão de que as demais economias analisadas operam de forma mais eficiente do que a brasileira nos parece incontroversa. Curiosamente, com exceção de Noruega, Alemanha e Coreia do Sul – países com ineficiência desprezível –, nossa análise sugere que, nos demais países, o tamanho da indústria de transformação também é excessivo.

Como interpretar os resultados obtidos? Por um lado, vantagens comparativas impulsionam a demanda externa por setores relativamente mais produtivos, levando-os a crescer mais. Neste sentido, uma maior abertura da economia deve impulsioná-la em direção à fronteira eficiente. Por outro lado, a ineficiência de uma economia pode resultar tanto de falhas de mercado, baixo desenvolvimento institucional, como também de políticas setoriais pautadas por objetivos outros que não a eficiência econômica. Por esse motivo, não é possível afirmar se a ineficiência resultaria de falhas de mercado aliadas à ausência de políticas compensatórias ou de más políticas. Por último, pode ser que na realidade não haja ineficiência, caso a fronteira não seja atingível no caso brasileiro (por conta da existência de limites físicos e/ou tecnológicos para a expansão da produção de alguns setores, ou por restrições de outra ordem).

De qualquer forma, a análise sugere um debate que achamos ser proveitoso. Tomados a valor de face, os resultados apontam para a necessidade de se reduzir o peso da indústria de transformação na economia brasileira. Ou seja, além de possivelmente inevitável, a desindustrialização seria desejável.

Nesse caso, como proceder? Uma abordagem seria deixar as forças de mercado agirem. Há, entretanto, outra abordagem possível, que no contexto atual pode parecer um tanto quanto surrealista: uma política industrial voltada para o processo de otimização do peso e da composição da indústria na estrutura da economia. Em outras palavras, uma "política de desindustrialização".

Dada a simplicidade da análise e as ressalvas feitas na seção "Discussão", é claro que os resultados quantitativos da análise não devem ser tomados a valor de face. Ao mesmo tempo, a despeito dessas ressalvas, acreditamos poder extrair algumas lições importantes do exercício proposto. No mínimo, ao apresentar evidência indicativa de que nossa composição setorial é muito ineficiente quando comparada à estrutura produtiva dos demais países aqui analisados, o capítulo serve o propósito de fomentar a discussão sobre o papel da indústria na estrutura produtiva da economia brasileira. Uma participação tão elevada da indústria de transformação na economia só contribuirá para uma maior eficiência da estrutura produtiva se a indústria provar ser capaz de crescer mais rapidamente – ou ao menos de forma mais estável.

Apêndice

O exercício empírico é justificado com o modelo apresentado neste Apêndice. Supomos uma pequena economia aberta com setores que produzem bens comercializáveis. Esses bens são vendidos nos mercados internacionais, e com os recursos obtidos os agentes da economia escolhem seu nível de consumo. Os diferentes setores são heterogêneos, sendo suas taxas de crescimento modeladas como variáveis aleatórias de médias e variâncias diferentes entre si. Supomos também que as covariâncias entre as taxas de crescimento setoriais são potencialmente diferentes de zero.

POLÍTICA INDUSTRIAL: ASPECTOS GERAIS

Há um planejador econômico avesso ao risco que decide como alocar recursos entre os setores produtivos, no intuito de maximizar a utilidade do agente representativo da economia. No problema a seguir, L representa o insumo total da economia (trabalho). O aumento da oferta de trabalho diminui a utilidade do agente representativo. O consumo agregado C é a soma dos recursos angariados na produção de todos os setores. A_k é a produtividade do setor k enquanto α_k é o peso do setor k na economia.

$$\max_{\alpha,L} E\left[-e^{-aC} - \phi L\right]$$

$$s.a. \quad C = \sum_{k=1}^{k} \alpha_k A_k L, \quad \sum_{k=1}^{k} \alpha_k = 1, \quad com \ 0 \le \alpha_k \le 1.$$

Mantemos L constante e igual a um, ou seja, não há ajustes nos fatores de produção (o que é equivalente, no caso, à hipótese de a oferta de trabalho ser completamente inelástica). Supomos ainda que as variáveis de produtividade setoriais são conjuntamente normais, ou seja, que:

$$A = (A_1, A_1, ..., A_K) \sim N(\mu, \Sigma).$$

Essas hipóteses adicionais deixam o problema de alocação setorial do planejador equivalente ao problema de alocação de portfólio de Markowitz.[1] No caso, o planejador maximiza o consumo esperado, penalizando a variância do consumo.

$$\max_{\alpha} E[C] - \frac{1}{2} aVar(C)$$

$$s.a. \quad C = \sum_{k=1}^{k} \alpha_k A_k, \quad \sum_{k=1}^{k} \alpha_k = 1, \quad com \ 0 \le \alpha_k \le 1.$$

---

[1] Harry Markowitz, "Portfolio Selection", in: *The Journal of Finance*.

A solução desse problema permite que tracemos uma curva de composição setorial eficiente (em analogia aos portfólios eficientes), ao variarmos as preferências do planejador entre crescimento esperado e variância, ou seja, o parâmetro a.

Referências

BODIE, Z.; KANE, A.; MARCUS, A. *Investments*. 9ª ed. Nova York: McGraw-Hill/Irwin, 2011.

MARKOWITZ, H. M. Portfolio Selection, *The Journal of Finance* 7(1):77-91, 1952.

V. Política industrial: conteúdo local, inovação e tributação

14. Uma avaliação da política de conteúdo local na cadeia do petróleo e gás[1]

Eduardo Augusto Guimarães

1. Introdução

A definição de uma política de conteúdo local para o setor de petróleo e gás (P&G) no Brasil está associada ao fim do monopólio estatal. Durante a vigência do monopólio, a participação de empresas brasileiras no suprimento de equipamentos e insumos para a exploração, produção e refino de P&G no País decorreu da política de compras da Petrobras. Essa política, que variou ao longo do tempo, refletia objetivos e estratégias dessa corporação e também orientações emanadas do governo.

Com o fim do monopólio em 1997, procurou-se comprometer os investidores privados com o objetivo de assegurar uma participação relevante dos fornecedores locais no suprimento da demanda de bens

---

[1]Este capítulo tem como base trabalho elaborado para a Confederação Nacional da Indústria, divulgado no documento "Política de conteúdo local na cadeia do petróleo e gás: Uma visão sobre a evolução do instrumento e a percepção das empresas investidoras e produtoras de bens". O autor se beneficiou de entrevistas com executivos e técnicos de empresas, associações empresariais e entidades governamentais associadas ao processo de investimento no setor de petróleo e gás e, em particular, de conversas e comentários de Adilson de Oliveira e João Emilio Padovani Gonçalves. Os comentários e sugestões aqui formuladas não refletem necessariamente as posições da CNI nem das pessoas entrevistadas.

O FUTURO DA INDÚSTRIA NO BRASIL: DESINDUSTRIALIZAÇÃO EM DEBATE

e serviços resultante dos investimentos da indústria de P&G. Assim, a atual política de conteúdo local relativa a esses investimentos – construída ao longo da última década por meio de cláusulas dos contratos de concessão e de resoluções da Agência Nacional de Petróleo (ANP) – tem como referência o modelo de exploração e produção de P&G criado pela Lei 9.478/97.[1]

A política de conteúdo local apresentou mudanças significativas ao longo das dez rodadas de licitações de contratos de concessão para exploração, desenvolvimento e produção de P&G realizadas desde o final dos anos 1990. Essas mudanças ocorrem em vários planos, envolvendo:

(i) natureza do instrumento de indução do aumento de conteúdo local;
(ii) definição de conteúdo local e dos critérios e regras para sua aferição;
(iii) procedimentos requeridos para a comprovação do cumprimento da exigência de conteúdo local.

O quadro a seguir resume a evolução da política de conteúdo local (CL) que será comentada na Seção 2.

2. Objetivos da política de conteúdo local

A política de conteúdo local consiste na exigência de que uma empresa ou um conjunto de empresas de um setor produtivo realize no mercado doméstico uma parcela de suas compras de insumos ou de bens e serviços requeridos por seus investimentos. O recurso a essa política está naturalmente associado a uma avaliação de que a participação desejada não seria alcançada pela própria dinâmica do mercado.

---

[1] A Lei do Pré-Sal (Lei 12.351/10) abandona, no entanto, esse modelo para as atividades desenvolvidas na área do pré-sal e em áreas estratégicas, ao introduzir o regime de partilha de produção e ao restabelecer o monopólio da Petrobras. Essas mudanças têm consequências do ponto de vista da política de conteúdo local, como se apontará na Seção 2. Tais consequências não têm sido contempladas no debate corrente sobre a política de conteúdo local.

Rodada	1	2	3	4	5	6	7	8	9	10
Ano	1999	2000	2001	2002	2003	2004	2005	2006	2007	2008
Natureza da exigência de CL	Não existe exigência CL mínimo. Compromisso CL na licitação (julgamento)				Percentuais mínimos globais fixados em edital. Compromisso com % adicionais em determinadas atividades na licitação (julgamento)		Percentuais globais de CL na Fase de Exploração e Etapa de Desenvolvimento ofertados por ocasião da licitação, compreendidos entre os valores mínimos e máximos estipulados no edital, bem como percentuais mínimos relativos a itens indicados, definidos pelo concessionário na licitação e superiores a valores estabelecidos no edital (julgamento)			
Definição de CL	CL = Fornecedor brasileiro	CL = Bens de Produção Nacional (Importado: < 60% em 2000; < 40% depois) e, a partir de 2001, serviços prestados no País (< 20% importado)					Metodologia de cálculo do Conteúdo local para o fornecedor de bens e serviços			
Comprovação do CL	Nenhuma exigência de comprovação	Exigência de classificação dos gastos nacionais e estrangeiros em relatórios trimestrais			Exigência de Declaração de Origem suprida pelo fornecedor		Comprovação mediante apresentação de certificados de conteúdo nacional, emitido por entidades credenciadas			

O FUTURO DA INDÚSTRIA NO BRASIL: DESINDUSTRIALIZAÇÃO EM DEBATE

Essa intervenção do poder do Estado deve estar justificada por algum objetivo de política econômica. É possível identificar alguns objetivos que podem induzir essa intervenção: uns de natureza macroeconômica e de curto prazo, como o fortalecimento da demanda dirigida ao mercado doméstico e a expansão do emprego; outros, com foco mais específico e com uma perspectiva de crescimento de longo prazo, como a diversificação do parque manufatureiro ou o desenvolvimento de setores intensivos em tecnologia e de elevado potencial de crescimento, ou ainda a construção de segmentos relevantes do ponto de vista da defesa nacional.

Objetivos distintos implicam desenhos distintos para a política de conteúdo local.

No caso dos objetivos macroeconômicos, o escopo da política deve ser amplo, abrangendo se possível a totalidade das compras dos agentes econômicos submetidos às exigências de controle local e priorizando, se for o caso, aqueles que geram mais emprego. De resto, a política se sustenta por si só; pode ser paralela, mas não se articula necessariamente a outros instrumentos de política econômica.

Por outro lado, se a política de conteúdo local tem objetivo mais específico, referido a setores ou produtos determinados, a exigência de conteúdo local deve ser restrita aos bens ou serviços contemplados; estendê-la a outros itens significa apenas onerar desnecessariamente as empresas submetidas a essas exigências e, portanto, pôr em risco o próprio objetivo perseguido. Além disso, a consecução desses objetivos específicos dificilmente será alcançada se amparada apenas pela restrição à compra de bens ou serviços no exterior. Ela depende sobretudo da mobilização de outros instrumentos de política governamental que induzam a emergência ou a capacitação de oferta local para atender à demanda que lhe é dirigida pela exigência de conteúdo local.

Os objetivos da política de conteúdo local vigente no Brasil não estão claramente identificados. Essa questão formulada a dirigentes e técnicos de diversas entidades públicas e privadas envolvidas no processo de investimento na indústria de P&G suscitou todas as respostas alternativas aqui levantadas (à exceção da defesa nacional). E, de fato,

POLÍTICA INDUSTRIAL: CONTEÚDO LOCAL, INOVAÇÃO E TRIBUTAÇÃO

se, de um lado, a ênfase na definição das metas globais explicitada no quadro apresentado anteriormente aponta em uma direção, a ênfase nas questões tecnológicas e a preocupação com o desenvolvimento de novos setores evidenciam objetivos mais específicos. Nesse sentido, a política de conteúdo local parece acomodar diversos interesses e contemplar simultaneamente diversos objetivos.

Essa simultaneidade de objetivos tem, no entanto, consequências do ponto de vista da eficácia do cumprimento de alguns deles. A exigência de conteúdo local gera um subsídio cruzado: os ganhos associados aos fornecedores protegidos têm como contrapartida o ônus decorrente do aumento de custo ou da perda de eficiência imposta ao setor atingido e a seus consumidores.[1] Objetivos mais abrangentes tendem a envolver maior volume de subsídio. Há, no entanto, um limite à magnitude do ônus que os setores atingidos podem absorver. Assim, a expansão do número de fornecedores protegidos pode implicar redução do benefício capturado pelos fornecedores individuais.

Do ponto de vista do objetivo de diversificação do parque manufatureiro do País e de desenvolvimento de setores intensivos em tecnologia e de elevado potencial de crescimento, uma meta de conteúdo local referida à totalidade do investimento não é adequada. Esse objetivo pode ser perseguido a partir da exigência de conteúdo local para um conjunto selecionado de sistemas ou produtos e serviços. A extensão dessa exigência para assegurar preço e demanda a setor não competitivo ou elevar a margem de proteção de setor já implantado no País e que não enfrenta maiores desafios tecnológicos pode limitar a magnitude dos incentivos destinados aos setores que se quer priorizar.

---

[1] No caso em questão, o ônus será provavelmente absorvido pelos produtores de petróleo e gás, uma vez que o País é tomador de preços (*price taker*) no mercado internacional desses produtos. A Petrobras, por sua posição de monopolista no mercado doméstico de derivados de petróleo, pode, no entanto, eventualmente transferir parte desse ônus ao consumidor interno. Por outro lado, no caso dos contratos de partilha da produção, previstos para a área do pré-sal, esse ônus será absorvido pela União, que deve ressarcir os operadores dos custos dos investimentos realizados na execução das atividades de exploração, avaliação, desenvolvimento, produção e desativação das instalações.

3. Natureza da política: exigência *vs*. incentivo

A política destinada a induzir maior participação do setor produtivo brasileiro nos investimentos do setor de P&G está centrada na exigência de conteúdo local mínimo, isto é, na exigência de que os operadores realizem no mercado doméstico uma parcela de suas compras dos bens e serviços requeridos por seus investimentos. A mobilização de instrumentos de política industrial e tecnológica para induzir a emergência ou a capacitação de oferta local para atender à demanda gerada por aquela exigência é parte dessa política, mas tem claramente papel subsidiário.

No desenho vigente da política de conteúdo local, a meta a ser observada é definida no momento da licitação da concessão do bloco ou, no caso da área do pré-sal, da licitação do contrato de partilha da produção e compreende metas relativas à fase de exploração e à etapa de desenvolvimento. O não atingimento dessa meta acarreta a aplicação de multa ao operador.

Nesse contexto, o operador deve se comprometer com uma meta de conteúdo local para seu investimento em um momento em que dispõe de informações insuficientes para avaliar a viabilidade do compromisso assumido. Essa incerteza é sobretudo relevante no caso das metas relativas à etapa de desenvolvimento e produção, em relação à qual deve se comprometer, com uma antecedência de cerca de sete anos, sem que conheça as características das reservas a serem desenvolvidas e, portanto, antes de selecionar o conceito final para a fase de desenvolvimento que definirá a tecnologia e os equipamentos a serem utilizados.

A natureza da meta de conteúdo local com que se compromete o concessionário variou no decorrer das sucessivas rodadas de licitação. Nas rodadas 1 a 4 (1999 a 2002), o percentual a ser observado foi proposto livremente pelo licitante, sem nenhuma referência a um valor mínimo estabelecido pelo poder concedente e foi um dos critérios de julgamento do processo licitatório. Nas rodadas 5 e 6 (2003 e 2004), o regulador fixou um nível mínimo de conteúdo local a ser observado pelo concessionário, mas foi facultado aos licitantes se comprometerem espontaneamente com percentuais adicionais específicos para quatro

POLÍTICA INDUSTRIAL: CONTEÚDO LOCAL, INOVAÇÃO E TRIBUTAÇÃO

atividades indicadas no edital, sendo esses percentuais considerados na determinação da oferta vencedora.

A partir da rodada 7 (2005), o regulador estabeleceu no edital de licitação percentuais mínimo e máximo para o conteúdo local total a ser proposto pelos licitantes. Além disso, passou a requerer dos licitantes compromissos de conteúdo local relativos a 34 itens e 30 subitens, estabelecendo percentuais mínimos diferenciados para esses compromissos e considerando o percentual proposto pelos licitantes como um dos critérios de julgamento da licitação.

A essa política adotada no País a partir de 2003, de induzir maior participação dos bens e serviços locais nos investimentos do setor de P&G por meio da exigência de metas fixadas pelo poder concedente, é possível contrapor uma estratégia alternativa voltada para o apoio ao desenvolvimento tecnológico e à expansão da capacidade produtiva de fornecedores locais, associada a incentivos aos investidores que superarem metas indicativas realistas e alcançarem níveis mais elevados de conteúdo local.

A Noruega é um exemplo bem-sucedido dessa estratégia alternativa. De fato, a Noruega não impôs metas nem requisitos de conteúdo local mínimo para promover a cadeia de P&G. As operadoras apenas deveriam fornecer a lista de participantes nas concorrências, na qual o Ministério do Petróleo e Energia poderia incluir empresas locais. Como incentivo, as empresas com elevado percentual de conteúdo local eram favorecidas nas rodadas de licitações subsequentes. Assim, a ênfase da política industrial da Noruega para a cadeia de fornecedores do setor de P&G esteve voltada para o apoio à diversificação industrial e à inovação, que contemplava não apenas o aumento do conteúdo local mas também a internacionalização dessa cadeia produtiva.

Nesse sentido, a política industrial compreendeu a criação da Universidade de Stavanger, com foco nas necessidades da indústria do P&G, e de centro de pesquisa voltado para fomentar a inovação na indústria local e garantir a interação entre essa universidade e a indústria; incentivo a empresas estrangeiras para que contratassem fornecedores nacionais, investissem em P&D no País e transferissem *know-how* para instituições locais; redução de impostos proporcional aos gastos das empresas em P&D e financiamento público para P&D relevantes para a indústria; atração de empresas internacionais que possuíam *know-how* em áreas específicas e incentivo à cooperação e colaboração entre empresas estrangeiras, locais e instituições acadêmicas.[1]

4. Conteúdo local: definição, aferição e comprovação

A aferição de conteúdo local teve como base, nas primeiras rodadas de licitação, o conceito de "Bem de Produção Nacional", definido como máquina ou equipamento no qual o valor dos materiais e serviços estrangeiros nele incorporados não excede a 40% do seu preço (20% no caso do "Serviço Prestado no Brasil").[2]

Ao considerar um bem com apenas 60% de materiais e componentes produzidos localmente como um Bem de Produção (100%) Nacional, esse critério pode aumentar em até 67%, para efeito do cálculo do conteúdo local, o valor dos componentes e materiais locais incorporados ao bem, o que, além de evidentemente reduzir a participação do setor produtivo local nos gastos de investimento da indústria, confere aos operadores e fabricantes grande margem de manobra na composição dos 60% requeridos. Essa flexibilidade beneficia os operadores e seus fornecedores diretos, uma vez que permite evitar a aquisição de componentes e materiais em relação aos quais a compra no País resulta em diferencial mais significativo de preço em relação ao produto importado. Essa opção tende a favorecer fabricantes nacionais que não precisam de qualquer proteção ou cuja falta de competitividade decorre de mera ineficiência, cujo diferencial de preço em relação ao produto importado tende a ser menor, em detrimento de produtos de maior conteúdo tecnológico e de

---

[1]Ver Onip e Booz&Co, *Agenda de competitividade da cadeia produtiva de óleo e gás offshore no Brasil*, e Prominp, *Estudo da competitividade da indústria brasileira de bens e serviços do setor de P&G. Conclusões e recomendações de políticas.*

[2]O conteúdo local fica determinado, portanto, pela razão CL = Σ valores dos bens/serviços de produção nacional / Σ valores de todos os bens/serviços adquiridos.

POLÍTICA INDUSTRIAL: CONTEÚDO LOCAL, INOVAÇÃO E TRIBUTAÇÃO

produção incipiente no País que necessitam efetivamente de proteção para sua consolidação.

A rodada 7 modifica esse quadro ao reformular o critério de aferição de conteúdo local e ao impor exigências de conteúdo local mínimo para itens específicos. Nesse sentido, a metodologia de cálculo do conteúdo local para o fornecedor de bens e serviços, introduzida nessa rodada, passa a computar no numerador, em vez do valor integral do Bem de Produção Nacional, apenas a diferença entre o valor total de comercialização do bem e o valor da sua respectiva parcela importada.[1] Além disso, esse valor da parcela importada do bem compreende não apenas os componentes e matéria-prima importados diretamente pela fabricante ou pela compradora e incorporados ao bem, e os componentes importados por terceiros e adquiridos no mercado interno pelo fabricante ou comprador, mas também o valor da parcela importada dos componentes adquiridos no mercado interno pelo fabricante ou comprador.

O conteúdo local requerido a partir da rodada 7 é, portanto, conceitualmente distinto do que prevaleceu nas rodadas anteriores. Os valores comprometidos ou alcançados segundo as regras então vigentes não são comparáveis com os previstos no novo regime – a aferição do conteúdo local de um sistema pelas regras da rodada 7 pode corresponder, no limite, a apenas 60% do valor medido pela regra anterior.

Por conseguinte, os níveis de conteúdo local registrados em aferições passadas, observando as regras vigentes até a rodada 6, não constituem indicador relevante para afirmar a razoabilidade dos percentuais estipulados para as rodadas subsequentes com base na nova metodologia.

Os contratos de concessão até a rodada 4 não previam qualquer comprovação do cumprimento da meta de conteúdo local acordada, requerendo apenas que os relatórios de gastos trimestrais do concessionário classificassem esses gastos segundo a origem do bem ou serviço.

---

[1] O conteúdo local é determinado pela fórmula $(1 - X / Y) * 100$, em que X é valor dos componentes importados e Y é preço de venda do bem efetivamente praticado. O conceito de Bem de Produção Nacional deixa, na verdade, de ser utilizado.

O FUTURO DA INDÚSTRIA NO BRASIL: DESINDUSTRIALIZAÇÃO EM DEBATE

Em 2003, uma portaria da Agência Nacional do Petróleo, Gás Natural e Biocombustíveis (ANP) determinou que a concessionária disponha de Declaração de Origem fornecida pelo fornecedor do bem ou serviço caracterizados como locais. A partir da rodada 7, o contrato passou a exigir, em relação aos bens e serviços computados como contendo componentes locais, a emissão de certificados de conteúdo nacional por entidades devidamente qualificadas e credenciadas pela ANP, atestando o percentual de conteúdo local segundo a metodologia então introduzida. A implementação da nova política deu origem a um aparato institucional complexo, detalhado em regulamentos emitidos pela ANP que dispõem sobre a certificação, o credenciamento de entidades certificadoras e a auditoria de certificação. Esse sistema já compreende hoje vinte empresas certificadoras.

O custo da remuneração da certificadora, ao qual se acrescenta o custo incorrido pelas empresas na gestão administrativa do processo de certificação, tem impacto sobre a competitividade das empresas. Parte desses custos é inerente ao processo de certificação; outras decorrem de exigências do regulador consideradas descabidas ou desnecessárias.

O custo do processo de certificação é, naturalmente, mais significativo para empresas de menor porte. Da mesma forma, empresas com pouca tradição e clientela na indústria de P&G não podem contar como certa a possibilidade de absorver aquele custo em maior volume de produção propiciada pelas regras da ANP – por exemplo, no caso dos produtos padronizados e seriados para os quais o certificado pode ser emitido antecipadamente à venda e tem validade pelo período de quatro anos. Nesse sentido, o processo de certificação tem impacto negativo sobre o processo de concorrência entre os fornecedores da indústria de P&G.

5. Consequências do não cumprimento do compromisso de conteúdo local

O não cumprimento dos percentuais de conteúdo local mínimos ou dos percentuais propostos pelo operador no processo licitatório implica a

POLÍTICA INDUSTRIAL: CONTEÚDO LOCAL, INOVAÇÃO E TRIBUTAÇÃO

aplicação de multa explicitada no contrato de concessão. O cumprimento será avaliado ao final da Fase de Exploração do Bloco e ao final da Etapa de Desenvolvimento de Produção do Campo, (i) em relação ao conteúdo local mínimo proposto para o bloco e também (ii) ao conteúdo local estabelecido (ii-a) para as quatro atividades indicadas nos contratos das rodadas 5 e 6 ou (ii-b) para os 34 itens e 30 subitens especificados no contratos das rodadas de 7 a 10.[1] A fórmula adotada para o cálculo da multa a partir da rodada 7 implica que, se o percentual de conteúdo local não realizado for igual ou superior a 65% do valor oferecido, a multa será crescente, partindo de 60% e atingindo 100% do valor do conteúdo local oferecido no caso de o percentual de conteúdo local não realizado ser 100%.

Na visão dos operadores, as multas previstas pelos contratos de concessão não observam o princípio da razoabilidade, notadamente quando se considera que tais compromissos devem ser assumidos em um momento em que não é possível avaliar com certeza sua exequibilidade.

Punições rigorosas podem suscitar, dependendo das circunstâncias, resultados opostos: podem ser eficazes, inibindo efetivamente a transgressão da regra; ou podem, por seus efeitos, enfrentar dificuldade de implementação, o que beneficiará os mais ousados em incorrer o risco da punição.

De todo modo, o efeito inibidor está condicionado a um cálculo econômico: a comparação do valor da multa – considerado como um item adicional do custo do investimento – com o efeito da observância da exigência de conteúdo local sobre o custo do investimento e sobre o prazo de sua execução, vale dizer, sobre o início do fluxo de receita do empreendimento. Por outro lado, a divulgação da aplicação de multa à empresa pode ter impacto negativo sobre sua imagem.

---

[1] A partir da rodada 7, a multa deve ser calculada observando o seguinte critério:
se $NR < 65\%$, então $M = 60\%$
se $NR > 65\%$, então $M = 1{,}143 * NR - 14{,}285\%$
sendo NR o percentual de conteúdo local não realizado e M o percentual da multa a ser aplicada sobre o valor do conteúdo local não realizado.

Os contratos a partir da rodada 7 passaram a prever a possibilidade de que a ANP, por solicitação prévia do concessionário, autorize a contratação de bem ou serviço no exterior, liberando-o da obrigatoriedade de cumprir o correspondente percentual de conteúdo local. Tal autorização pode ser concedida quando os preços de bens e serviços locais forem excessivamente elevados ou seus prazos para entrega forem muito superiores aos disponíveis no mercado internacional ou quando o concessionário optar pela utilização de uma nova tecnologia, não disponível por ocasião da licitação, que não esteja sendo oferecida pelos fornecedores locais.

A implementação desse *waiver* enfrenta, no entanto, inúmeras dificuldades que podem afetar a eficácia do instrumento. Antes de tudo, há indefinições de natureza conceitual que não são fáceis de superar: em particular, como determinar que o preço é "excessivamente elevado" ou quando o prazo de entrega é "muito superior" ao do produto importado. A própria ANP admite que tem dificuldade em formular resposta para essas questões. Outras dificuldades decorrem do fato de que o *waiver* previsto é uma autorização cuja solicitação deve estar informada por coleta de preços e prazos junto a fornecedores locais. Nesse sentido, a demora da ANP em conceder a autorização pode ter consequências do ponto de vista do prazo de execução do processo de investimento. Tal demora pode resultar não apenas de ritos burocráticos da agência reguladora mas também de disputa decorrente de contestação do pedido de autorização por parte de associações de fornecedores locais, contestação de resto facilitada pela imprecisão dos condicionantes "preço excessivamente elevado" ou "prazo muito superior".

O mecanismo de *waiver* previsto apresenta ainda outra limitação de natureza conceitual. A autorização para importar reduz a exigência de conteúdo local do item ou subitem ao qual está referido o produto liberado. Não tem efeito, no entanto, sobre a exigência de conteúdo local global relativa à fase de exploração ou à etapa de desenvolvimento.

POLÍTICA INDUSTRIAL: CONTEÚDO LOCAL, INOVAÇÃO E TRIBUTAÇÃO

6. O compromisso de conteúdo local no contexto da Lei do Pré-Sal

Como se assinalou anteriormente, a atual política de conteúdo local tem como referência o modelo de exploração e produção de P&G criado pela Lei 9.478/97. A Lei 12.351/10 abandona, no entanto, esse modelo para as atividades desenvolvidas na área do pré-sal e em áreas estratégicas, ao introduzir o regime de partilha de produção e ao restabelecer o monopólio da Petrobras.

A adoção do regime de partilha da produção implica que o custo adicional decorrente do aumento dos preços de equipamentos e materiais associado à exigência de conteúdo local mínimo, caso ocorra descoberta comercial, será absorvido pela União, que deve ressarcir os operadores dos custos e investimentos realizados na execução das atividades de exploração, avaliação, desenvolvimento, produção e desativação das instalações.

Por outro lado, o formato institucional adotado no restabelecimento do monopólio da Petrobras na área do pré-sal e em áreas estratégicas tem implicações quanto ao compromisso dos operadores em relação às exigências da política de conteúdo local.

A Lei 12.351/10 estabelece que a exploração e produção de P&G na área do pré-sal e em áreas estratégicas podem resultar – além de contratos de partilha da produção estabelecidos diretamente com a Petrobras, sem licitação – de contratos firmados com consórcio de investidores privados selecionado em licitação, que deverão observar as seguintes exigências:

- o consórcio de investidores privados, vencedor da licitação, deverá incorporar, após a licitação, a Petrobras (com participação mínima de 30%) e a Pré-Sal Petróleo S.A. (PPSA);[1]
- o operador é a Petrobras, responsável pela condução e execução, direta ou indireta, de todas as atividades de exploração, desenvolvimento e produção de P&G;

---

[1] A PPSA, empresa estatal criada pela Lei 12.304/10, tem por objeto a gestão dos contratos de partilha de produção celebrados pelo Ministério de Minas e Energia e a gestão dos contratos para a comercialização de petróleo, de gás natural e de outros hidrocarbonetos fluidos da União.

- o Comitê Operacional, a quem cabe a administração do consórcio, tem a metade de seus membros, inclusive seu presidente, indicado pela PPSA, cabendo a esse presidente poder de veto e voto de qualidade.

Nesse contexto, do ponto de vista operacional, os investidores privados, vencedores da licitação para a exploração e produção de P&G em regime de partilha de produção, independentemente da magnitude de sua participação no capital do consórcio, têm a posição de investidor minoritário no empreendimento. No caso de uma empresa petrolífera privada, sua posição no consórcio difere da de um fundo de investimento apenas por ser um minoritário "qualificado" no tocante ao negócio de petróleo.

Nesse modelo, o cumprimento da exigência de conteúdo local fixada no contrato de partilha da produção depende estritamente da Petrobras, operadora do consórcio. Contudo, a Lei 12.351 estabelece que "o contrato de constituição de consórcio deverá indicar a Petrobras como responsável pela execução do contrato, sem prejuízo da responsabilidade solidária das consorciadas perante o contratante ou terceiros", à exceção da PPSA. Nesse sentido, os investidores privados poderão compartilhar o pagamento de multa vultosa em decorrência de não cumprimento de cláusula contratual de conteúdo local, apesar de sua incapacidade objetiva de influir nesse resultado.

Por outro lado, na sistemática vigente, a exigência de conteúdo local estabelecida em um contrato corresponde àquela proposta pelo consórcio vencedor no processo licitatório. A Petrobras não participa do consórcio no momento da licitação. No entanto, a lei estabelece que a participação dessa empresa no consórcio, que é obrigatória, implicará sua adesão às regras do edital e à proposta vencedora. Nesse sentido, a Petrobras está comprometida com a obtenção de um nível de conteúdo local em relação ao qual não se manifestou previamente.

No contexto da política de conteúdo local vigente, a Lei 12.351 introduz, portanto, certa ambiguidade em relação à responsabilidade da Petrobras e dos investidores privados quanto ao cumprimento da exigência de conteúdo local na área do pré-sal e nas áreas estratégicas.

POLÍTICA INDUSTRIAL: CONTEÚDO LOCAL, INOVAÇÃO E TRIBUTAÇÃO

Além disso, significa, em relação aos investimentos nessas áreas, um retorno à situação observada anteriormente ao fim do monopólio estatal do petróleo na década de 1990, na qual a participação das empresas brasileiras no suprimento do setor de P&G do País se definia no âmbito da política de compras da Petrobras.

7. A viabilidade das metas de conteúdo local

A exigência de conteúdo local mínimo vigente a partir da rodada 7 compreende metas globais para a fase de exploração e para a etapa de desenvolvimento e metas específicas para 30 itens e 34 subitens.[1] Existe consenso quanto à dificuldade de cumprir as metas globais e parcela significativa das metas específicas na situação atual da oferta doméstica de bens e serviços para a indústria de P&G, o que decorre (i) da baixa competitividade da oferta local para atender os requisitos de preço, qualidade e prazos da indústria e também (ii) da inexistência de capacidade produtiva para responder à demanda gerada pelo programa de investimento do setor, em particular pelos investimentos associados à exploração das reservas do pré-sal.

Do ponto de vista da restrição qualitativa, um estudo do Programa de Mobilização da Indústria Nacional de Petróleo e Gás Natural (Prominp)[2] associa a baixa competitividade do setor, de um lado, à atual fragilidade da engenharia nacional e à limitada capacitação tecnológica dos fornecedores e, de outro, a obstáculos que limitam o aproveitamento dos ganhos

---

[1] Metas globais de conteúdo local mínimo estabelecidas a partir da rodada 7

Localização do bloco	Exploração	Desenvolvimento
Águas rasas 100 m < profundidade ≤ 400 m e águas profundas	37%	55%
Águas rasas profundidade ≤100 m	51%	63%
Terra	70%	77%

[2]Prominp. *"Estudo da competitividade da indústria brasileira de bens e serviços do setor de P&G. Conclusões e recomendações de políticas."*

O FUTURO DA INDÚSTRIA NO BRASIL: DESINDUSTRIALIZAÇÃO EM DEBATE

de escala oferecidos pela expansão da indústria de P&G. Ao lado desses fatores internos às empresas, o setor evidentemente enfrenta também as conhecidas questões de natureza sistêmica que afetam a competitividade do País em relação aos seus concorrentes.

Do ponto de vista da restrição quantitativa, o obstáculo é a magnitude do investimento previsto para o setor de P&G até o final da década. Cabe observar que os parâmetros vigentes, estabelecidos em 2005 na rodada 7, foram definidos antes da descoberta do pré-sal e, portanto, sem considerar os investimentos requeridos para a exploração das novas reservas. Naquele ano, o investimento da Petrobras em exploração e produção de P&G foi da ordem de US$ 6 bilhões.

Os investimentos anuais previstos ao longo desta década são da ordem de US$ 30 bilhões a partir de 2014. A demanda que seria destinada ao mercado doméstico em virtude da aplicação do percentual mínimo de 55% de conteúdo local requerido dos blocos em água profunda é da ordem de US$ 16,5/18,5 bilhões, a partir de 2014, requerendo uma capacidade de produção local que, independentemente das limitações tecnológicas e dos preços praticados, dificilmente se realizará.[1] O estudo Onip e Booz[2] indica que essa restrição é observada também em relação aos diversos segmentos do setor.

A superação dessas limitações de naturezas qualitativa e quantitativa depende de melhorias significativas na qualificação tecnológica e no nível de eficiência produtiva e da expansão da capacidade instalada das empresas do setor ou da emergência de novos produtores.

Nada permite supor, no entanto, que as transformações requeridas na estrutura produtiva do setor venham a ocorrer com a extensão e a rapidez necessárias para viabilizar o atendimento dos níveis de conteúdo local que estão sendo requeridos dos investimentos do setor de P&G, notadamente no caso dos blocos *offshore*.

---

[1] Onip e Booz&Co, *Agenda de competitividade da cadeia produtiva de óleo e gás offshore no Brasil*. Considerados os percentuais correspondentes a blocos em águas rasas e campos em terra, a demanda é ainda maior.
[2] Ibidem.

POLÍTICA INDUSTRIAL: CONTEÚDO LOCAL, INOVAÇÃO E TRIBUTAÇÃO

Existe forte disposição tanto de fabricantes nacionais quanto de fornecedores externos da cadeia de P&G em investir no Brasil para participar do surto de investimento no setor previsto para a próxima década. Alguns fatores, no entanto, parecem inibir a decisão de investir dessas empresas: em alguns casos, a escala de produção requerida para alcançar competitividade; quase sempre, dúvidas quanto à evolução do mercado.

Essas dúvidas estão, antes de tudo, associadas à incerteza quanto à continuidade do fluxo de demanda. Os investimentos na indústria de P&G tendem a alternar picos e vales ao longo do tempo, o que provoca fortes variações na sua demanda de equipamentos; esse comportamento impacta, em particular, os fornecedores muito dependentes da demanda do setor.

Ao lado dessa preocupação de natureza geral, há também uma incerteza associada à experiência do setor com a Petrobras. Vale notar que, de modo geral, seja pela experiência de décadas, seja pela configuração da indústria de petróleo desenhada pela Lei 12.351, o marco de referência dos fornecedores do setor é evidentemente a Petrobras. E, nesse particular, há certa insegurança em relação às frequentes revisões de especificações e alterações dos cronogramas de seus projetos, o que inevitavelmente se reflete sobre o desempenho de seus fornecedores.

As deficiências a serem superadas são, portanto, significativas, requerendo o apoio decidido de uma política industrial voltada para o setor. Contudo, essa política positiva de incentivo à cadeia de fornecedores da indústria de P&G vem sendo perseguida com menor empenho e vigor do que o conferido à política de conteúdo local.

8. As limitações da política e indicações para sua revisão

Apesar dos recursos financeiros disponibilizados, não se tem avançado o suficiente na mobilização e na transformação da cadeia de fornecedores do setor para assegurar uma participação maior no atendimento à demanda a ser gerada pelo pré-sal.

O FUTURO DA INDÚSTRIA NO BRASIL: DESINDUSTRIALIZAÇÃO EM DEBATE

Passando ao largo dos problemas e deficiências de natureza institucional e estrutural que afetam a competitividade do setor produtivo brasileiro, cabe focalizar aqui a própria política de governo voltada para a maior participação do parque produtivo local no atendimento da demanda gerada pelos investimentos da indústria de P&G.

Essa política setorial carece de foco e de prioridades no tocante aos segmentos e produtos que constituem a cadeia de fornecedores do setor, que levem em conta tanto a relevância do segmento do ponto de vista da diversificação da pauta de produção e do desenvolvimento tecnológico do parque industrial do país quanto a viabilidade da participação efetiva e competitiva do segmento no suprimento daquela demanda. Essa limitação enfraquece a capacidade dessa política de induzir a transformação requerida do setor.

Os elementos necessários para definir essas prioridades – notadamente, estimativas da demanda gerada pelos novos investimentos, a identificação dos problemas enfrentados e a avaliação do potencial de transformação dos diversos segmentos – estão disponíveis nos inúmeros estudos realizados sobre essa questão, dentre os quais se destacam os trabalhos da Onip/Booz e do Prominp aqui citados.

Esses estudos indicam também instrumentos e iniciativas que podem ser empreendidas no sentido de tornar mais competitivos os fornecedores locais e induzir a implantação de novos fabricantes que venham a suprir lacunas na cadeia de fornecedores.[1]

A dificuldade da política de governo em definir foco e prioridades decorre, no entanto, da imprecisão de seus objetivos. É necessária uma inflexão na política para o setor que substitua a ênfase atual na exigência de conteúdo local mínimo, referida à totalidade do investimento na exploração e desenvolvimento de P&G, por uma atuação direta e efetiva no sentido da diversificação do parque manufatureiro e do desenvolvimento de setores intensivos em tecnologia e de elevado potencial de crescimento.

---

[1] Existem mesmo iniciativas no âmbito do setor privado que procuram atuar sobre segmentos específicos, como o Programa Plataformas Tecnológicas para a Indústria de Petróleo e Gás, desenvolvido pela Onip e pelo IBP.

POLÍTICA INDUSTRIAL: CONTEÚDO LOCAL, INOVAÇÃO E TRIBUTAÇÃO

Essa inflexão se impõe, antes de tudo, porque, particularmente no caso de indústrias tecnologicamente dinâmicas, políticas de restrição à competição – a menos que acompanhadas de um conjunto de medidas complementares e eficazes voltadas ao aumento da eficiência –, quando não fracassam de imediato, tendem a originar segmentos industriais não competitivos e crescentemente obsoletos, como evidenciado pela experiência brasileira da política de informática na década de 1980.

No presente caso, seguir nessa postura focada na proteção do mercado doméstico da competição externa é ignorar o fato de que o País está se tornando um *player* expressivo no mercado mundial de petróleo. Nesse contexto, não deve abrir mão da oportunidade de, a exemplo da Noruega, estabelecer uma política focada na construção de um segmento produtor de equipamentos e prestador de serviços para a indústria de P&G internacionalmente competitiva.

A revisão da política de conteúdo local para a cadeia de P&G vigente deve distinguir entre iniciativas referidas aos blocos já concedidos e aquelas voltadas para futuras licitações, contemplando:

(i) ajustes na política de conteúdo local traduzida nos contratos de concessão licitados até agora (rodada 10) destinados a assegurar a viabilidade dos empreendimentos em execução; e

(ii) revisão da política de conteúdo local a ser adotada em futuras licitações de concessões.

Os ajustes da política de conteúdo local traduzida nos contratos de concessão licitados têm evidentemente como limites as cláusulas desses contratos. A questão central a ser contemplada nesse ajuste é, dentro desses limites, encontrar alternativas que, em face do reconhecimento da inviabilidade de cumprir as metas contratadas, reduzam o risco de que a ameaça de multas elevadas desestimule a realização do investimento e retarde a exploração dos blocos licitados. Nesse sentido, são necessários ajustes que permitam a redução do valor das multas (por exemplo, eliminando a dupla penalização decorrente da incidência de multas pelo descumprimento das metas referidas a sistemas/subsistemas/

O FUTURO DA INDÚSTRIA NO BRASIL: DESINDUSTRIALIZAÇÃO EM DEBATE

produtos específicos e pelo descumprimento da meta global) e, sobretudo, tornem efetivo o mecanismo de *waiver*, ao computá-lo também na aferição do conteúdo local global da fase de exploração e da etapa de desenvolvimento e ao conferir maior transparência e previsibilidade à magnitude dos diferenciais de preço e de prazo entre fornecedor local e externo que serão considerados excessivos para efeito de concessão do *waiver*. Evidentemente, esse ajuste deve também contemplar questões subsidiárias que, no entanto, oneram o custo do investimento, como o custo e a complexidade do processo de certificação.

No tocante à política de conteúdo local a ser adotada em futuras licitações de concessões, cabe eliminar a ambiguidade que caracteriza essa política e torná-la instrumental para a diversificação do parque manufatureiro com o desenvolvimento de setores intensivos em tecnologia e de elevado potencial de crescimento, sem prejuízo da expansão da produção P&G. A exigência de conteúdo local deve estar focada em sistemas/subsistemas/produtos para os quais não exista capacidade produtiva ou capacitação tecnológica local, mas cuja oferta, em condições competitivas, possa ser viabilizada em horizonte de tempo compatível com o programa de investimento do setor de P&G. Um novo ciclo de licitações de concessões deve, portanto, ser antecedido da identificação dos sistemas/subsistemas/produtos a serem priorizados, o que pode ser feito a partir dos diversos estudos já realizados no País e da experiência da Petrobras.

De todo modo, a possibilidade de avançar na diversificação da oferta e no desenvolvimento tecnológico no segmento fornecedor da cadeia de P&G depende basicamente da mobilização de instrumentos de política industrial voltados para a capacitação e incentivo a segmentos do setor manufatureiro com potencial para responder a esses estímulos, bem como de instrumentos de natureza horizontal, voltados para o segmento fornecedor da cadeia de P&G como um todo. Evidentemente, a superação das deficiências de natureza institucional e estrutural que afetam a competitividade do setor produtivo brasileiro contribuiria também para esse objetivo.

Referências

ORGANIZAÇÃO NACIONAL DA INDÚSTRIA DO PETRÓLEO (Onip) E BOOZ&CO. *Agenda de competitividade da cadeia produtiva de óleo e gás offshore no Brasil*. Agosto 2010.

PROGRAMA DE MOBILIZAÇÃO DA INDÚSTRIA NACIONAL DE PETRÓLEO E GÁS NATURAL (Prominp). *Estudo da competitividade da indústria brasileira de bens e serviços do setor de P&G*. Conclusões e recomendações de políticas. 2009.

15. Política industrial para inovação: uma análise das escolhas setoriais recentes

*Leonardo Rezende**

Uma justificativa comumente empregada para política industrial, aqui entendida no sentido restrito de políticas governamentais de estímulo a setores específicos de atividade econômica, é a de buscar promover a inovação e ganhos de produtividade. Por essa lógica, atividades diferentes têm diferente capacidade de inovar, e por causa disso o governo pode estimular inovação não apenas diretamente (por exemplo, financiando universidades e centros de pesquisa) mas também indiretamente, através do emprego de subsídios aos setores em que a inovação pode ser socialmente mais benéfica.

A ambição de estimular a inovação tem um papel proeminente no discurso oficial em todas as iniciativas de política industrial no Brasil na última década. Um dos quatro objetivos da Política Industrial, Tecnológica e de Comércio Exterior (PITCE) de 2003 era a de "Promover a capacidade inovadora das empresas via concepção, projeto e desenvolvimento de produtos e processos. Estimular o incremento de atividades portadoras de futuro, como biotecnologia, software, eletrônica

---

*Meus agradecimentos a Gustavo Gonzaga, pelo imprescindível apoio na obtenção da base de dados usada neste capítulo. Todos os erros são do autor.

O FUTURO DA INDÚSTRIA NO BRASIL: DESINDUSTRIALIZAÇÃO EM DEBATE

e optoeletrônica, novos materiais, nanotecnologias, energia renovável, biocombustíveis (álcool, biodiesel) e atividades derivadas do Protocolo de Kyoto".[1] O subtítulo da apresentação de lançamento da mais recente Política de Desenvolvimento Produtivo é "inovar e investir para sustentar o crescimento".[2] Segundo esse documento, "O terceiro desafio para a sustentabilidade do crescimento é elevar a capacidade de inovação das empresas brasileiras. Essa condição é indispensável para agregar valor aos produtos nacionais, ampliar a competitividade das empresas no mercado doméstico e fortalecer a inserção externa do País, seja para consolidar posições em atividades nas quais já temos vantagens competitivas, seja nas atividades em que a capacidade de inovação é a variável competitiva chave – caso dos setores que se mostram mais dinâmicos nos fluxos de troca internacionais".[3] Uma das quatro macrometas da Política de Desenvolvimento Produtivo (PDP) é ampliar o dispêndio privado em P&D, como proporção do PIB. Finalmente, o principal slogan do atual Plano Brasil Maior é "Inovar para competir. Competir para crescer".[4] A segunda das 10 metas do Plano Brasil Maior é elevar o dispêndio empresarial em P&D para 0,90% do PIB.

Na prática, esses planos combinam ações diretas de investimento público em inovação (como o Plano de Ação de Ciência, Tecnologia e Inovação) e subsídios horizontais à inovação privada (como a chamada "Lei do Bem", 11.196/2005), com políticas de estímulo a setores específicos.

O objetivo deste capítulo é investigar se esses componentes de estímulo a setores específicos podem ser entendidos como formas indiretas de fomento proposital à inovação ou não. O texto é composto de três partes. Na primeira parte, revisamos o argumento econômico de por que e quando o governo deve subsidiar o investimento privado em inovação. Em particular, faremos o argumento de que a intervenção estatal para estimular a inovação tende a ser mais útil em setores de atividade menos concentrados. A segunda e terceira parte são exercícios empíricos simples,

---

[1] Diretrizes de Política Industrial, Tecnológica e de Comércio Exterior (PITCE), p. 10.
[2] Política de Desenvolvimento Produtivo (PDP), p. 1.
[3] Ibidem, p. 9.
[4] Plano Brasil Maior (PBM).

POLÍTICA INDUSTRIAL: CONTEÚDO LOCAL, INOVAÇÃO E TRIBUTAÇÃO

explorando as diferenças de investimento em P&D, tamanho das firmas e grau de concentração entre os diversos setores da economia brasileira e as escolhas setoriais feitas pelo governo. No primeiro exercício, confrontamos os setores selecionados pela Política de Desenvolvimento Produtivo com indicadores setoriais de atividade inovadora à época. No segundo exercício, comparamos os setores escolhidos pelas iniciativas de política industrial desde o Plano Brasil Maior com o grau de concentração dentro de cada setor. Na última seção apresentamos nossas conclusões.

1. O argumento teórico: estímulo à inovação, externalidades e concentração

Ao promover inovações, ou ao adotar novas tecnologias, firmas expandem os limites de suas tecnologias e promovem ganhos de produtividade sustentáveis. Não há dúvida de que a inovação tecnológica é um tipo de investimento desejável para o crescimento econômico de longo prazo.

Isso não basta para justificar políticas governamentais para fomentar essa atividade; é preciso também argumentar que se trata de um tipo de investimento que o setor privado por si não faria, ou seja, de que o benefício do investimento para a sociedade como um todo é maior do que o que o investidor particular percebe. Do contrário, uma política de estímulo levaria a gastos excessivos, maiores do que os benefícios eventuais da inovação, ou, na melhor das hipóteses, seria desnecessário, por expulsar investimentos que teriam sido feito de qualquer forma pelo setor privado.

Como ideias são bens não rivais,[1] há de fato diversas situações em que uma empresa privada não conseguiria se apropriar integralmente dos benefícios de uma inovação. Pesquisa em ciência de base é um bom exemplo de investimento em inovação com fortes externalidades. Grandes descobertas científicas podem ter impacto em múltiplos setores

---

[1]Bens não rivais são aqueles que podem ser consumidos simultaneamente por múltiplas pessoas sem afetar sua disponibilidade. Ideias são não rivais porque uma mesma ideia pode ser usada simultaneamente por múltiplas pessoas ou empresas.

O FUTURO DA INDÚSTRIA NO BRASIL: DESINDUSTRIALIZAÇÃO EM DEBATE

e atividades, e, portanto, é difícil crer que empresas privadas tenham interesse em investir em ciência de base no nível suficiente para realizar todo o seu potencial. Claramente, o governo tem um papel central em financiar e estimular a ciência em universidades e centros de pesquisa.

Há também espaço para fortes externalidades em pesquisa aplicada, mesmo quando essa pesquisa gere ganhos de produtividade imediatos e concentrados num determinado setor, se esse setor é relativamente pouco concentrado. Uma empresa pode subinvestir em inovação, se antecipar que suas concorrentes também se beneficiarão dessa inovação. Patentes e outras formas similares de atribuição de propriedade intelectual são ferramentas para tentar corrigir esse tipo de problema, mas elas são imperfeitas; patentes, por exemplo, geram ineficiências de monopólio e podem reduzir a velocidade da disseminação de novas tecnologias. Portanto, políticas governamentais de estímulo a inovações que podem ser utilizadas por múltiplas empresas num setor são também desejáveis.

A tarefa de identificar empiricamente onde e com que intensidade há externalidades em atividades de inovação entre empresas de um setor não é trivial. Por um lado, a existência de agrupamentos (*clusters*) geográficos em indústrias tecnologicamente dinâmicas pode ser interpretada como evidência de externalidades locais;[1] por outro há estudos que indicam que esses efeitos de externalidade local não existem, como no caso de externalidade por *learning by doing* no mercado de semicondutores.[2]

A medição exata do potencial de externalidade em cada setor nem sempre é possível, mas isso não impede que a política industrial possa se pautar pelo objetivo de estimular projetos em que se espera que esse potencial seja maior. É fácil ver, por exemplo, que o desenvolvimento e a disponibilização de variedades agrícolas adaptadas ao cerrado têm um efeito de benefício difuso, enquanto que a importação de uma máquina por uma empresa específica gera um ganho de produtividade restrito àquela empresa. Políticas de inovação eficazes devem se concentrar em projetos de benefício difuso.

---

[1] Stuart Rosenthal e William Strange, "Evidence on the nature and sources of agglomeration economies", in: *Handbook of regional and urban economics*.

[2] Douglas Irwin e Peter Klenow, "Learning-by-doing spillovers in the semiconductor industry", in: *Journal of Political Economy*.

POLÍTICA INDUSTRIAL: CONTEÚDO LOCAL, INOVAÇÃO E TRIBUTAÇÃO

2. Política industrial e padrões setoriais de investimento em inovação

O percurso lógico entre o objetivo de estimular inovação e a proposição de usar política industrial para atingi-lo envolve dois saltos de argumentação que merecem ser mencionados. O primeiro é um argumento implícito de setorialização: como a política industrial, pela sua própria natureza, privilegia determinados setores, locais ou empresas, é preciso construir um argumento de que inovação nos setores privilegiados é desejável e nos outros não o é. O segundo é um argumento implícito a favor do uso de formas de estímulo indireto, como subsídios e quotas, em oposição a políticas mais diretas, como a subvenção a institutos de pesquisa.

Uma forma de justificar a setorialização seria através das externalidades discutidas anteriormente: pela natureza da tecnologia envolvida ou pela composição do mercado, poder-se-ia optar por direcionar estímulos onde se espera haver mais *spillovers*. Esse não parece ser o tipo de argumento usado, por exemplo, na PDP. Todas as menções a externalidades no documento estão associadas a componentes de ações sistêmicas, que são os componentes de estímulo horizontal do programa. Segundo ele, essas ações são aquelas "focadas em fatores geradores de externalidades positivas para o conjunto da estrutura produtiva".[1] Não há menção a externalidades na descrição dos "programas estruturantes para sistemas produtivos", que é a parte da política de desenvolvimento produtivo que envolve a seleção explícita de setores a serem estimulados.

Da mesma forma, não parece haver na formulação do programa o objetivo de conectar as políticas de estímulo indireto ao objetivo de fomentar inovação. Esse objetivo aparece de forma concreta apenas em alguns componentes das ações sistêmicas: principalmente nas linhas de financiamento pelo BNDES (de R$ 6 bilhões, dentro de um aporte pre-

---

[1]Política de Desenvolvimento Produtivo, p. 15. Essa observação deve ser qualificada. A principal ação sistêmica é um aporte de recursos para o BNDES, que no seu desembolso pode ou não focalizar em determinados setores. De forma similar, alguns outros componentes da lista de ações sistêmicas, como o Programa de Mobilização da Indústria Nacional de Petróleo e Gás Natural (Prominp), têm caráter setorial. No entanto, os setores selecionados não parecem ter necessariamente conexão com o pressuposto de gerar externalidades positivas.

O FUTURO DA INDÚSTRIA NO BRASIL: DESINDUSTRIALIZAÇÃO EM DEBATE

visto de R$ 210 bilhões) e em investimentos diretos da ordem de R$ 41 bilhões no Plano de Ação em Ciência, Tecnologia e Inovação (PACTI).

A escolha dos setores incluídos nos programas estruturantes para sistemas produtivos não parece ter relação muito clara com inovação. Uma forma de ver isso é segregar os setores selecionados nos dados da Pesquisa Industrial de Inovação Tecnológica (Pintec), de 2007. A Tabela 1 apresenta alguns dados segregados por atividades cobertas pela Pintec. As duas últimas colunas numéricas apresentam uma medida crua de intensidade de investimento em inovação, a fração da receita bruta gasta em inovação (a penúltima coluna considera gastos totais em inovação, a última, apenas gastos em atividades internas). As últimas linhas mostram os subtotais entre atividades mencionadas no PDP e aquelas não mencionadas. As atividades promovidas, em média, investem relativamente *menos* em inovação.

A inspeção da tabela sugere que os setores selecionados são uma mistura de atividades com alto e baixo investimento em inovação, da mesma forma que a seleção explicitamente envolve alguns setores com fortes vantagens comparativas e também setores menos competitivos.

Em resumo, parece haver uma dicotomia na formulação da Política de Desenvolvimento Produtivo. Há, em parte das políticas propostas, um claro objetivo de promover a inovação, mas essa parte envolve basicamente investimentos diretos em ciência e tecnologia e estímulos horizontais à inovação privada. Por outro lado, na parte do PDP que envolve política industrial de forma mais explícita, o objetivo de estimular a inovação não parece estar presente.

Uma exceção é o Prominp. Trata-se de um programa focado num setor, a cadeia produtiva de petróleo e gás natural, que busca promover investimentos privados de forma indireta (em adição aos feitos pela Petrobras), principalmente através de exigências de conteúdo local. Não é inteiramente claro se de fato regras de conteúdo local estimulem apropriadamente inovação,[1] ou mesmo que essa seja a intenção do programa.[2]

---

[1] Michael Mussa, "The economics of content protection", in: NBER *Working Paper*.
[2] Eduardo Guimarães, "Uma avaliação da política de conteúdo local na cadeia de petróleo e gás", neste volume.

Tabela 1 – Investimento em inovação e a PDP

Atividades selecionadas da indústria e de serviços	Receita líquida de vendas (1.000 R$) (a)	Dispêndios realizados pelas empresas inovadoras nas atividades inovativas			Dispêndio sobre receita líquida		Atividade listada no PDP?
		Total Valor (1.000 R$) (b)	Atividades Internas Valor (1.000 R$) (c)		Total (%) (b)/(a)	Atividades Internas (%) (c)/(a)	
Total	1.896.136.040	54.103.620	15.229.008		2,85%	0,80%	
Indústrias extrativas	56.717.465	496.399	73.969		0,88%	0,13%	pdp
Indústrias de transformação	1.662.023.211	43.231.063	10.634.632		2,60%	0,64%	
Fabricação de produtos alimentícios	279.282.136	5.823.511	666.030		2,09%	0,24%	
Fabricação de bebidas	39.672.481	894.340	33.492		2,25%	0,08%	
Fabricação de produtos do fumo	10.884.538	164.984	78.452		1,52%	0,72%	
Fabricação de produtos têxteis	28.901.861	730.823	49.765		2,53%	0,17%	pdp
Confecção de artigos do vestuário e acessórios	23.510.698	426.592	27.092		1,81%	0,12%	pdp
Preparação de couros e fabricação de artefatos de couro, artigos para viagem e calçados	23.960.568	562.641	97.427		2,35%	0,41%	pdp
Fabricação de produtos de madeira	16.388.177	485.540	16.741		2,96%	0,10%	pdp
Fabricação de celulose, papel e produtos de papel	48.654.239	1.078.392	139.390		2,22%	0,29%	pdp
Impressão e reprodução de gravações	10.514.511	464.534	25.612		4,42%	0,24%	
Fabricação de coque e biocombustíveis (álcool e outros)	19.912.425	364.210	3.136		1,83%	0,02%	pdp
Refino de petróleo	176.046.651	2.402.230	1.698.302		1,36%	0,96%	pdp
Fabricação de produtos químicos	170.839.326	4.279.988	1.006.426		2,51%	0,59%	
Fabricação de produtos farmoquímicos e farmacêuticos	29.992.116	1.467.316	430.982		4,89%	1,44%	
Fabricação de artigos de borracha e plástico	58.189.535	1.692.755	278.931		2,91%	0,48%	pdp
Fabricação de produtos de minerais não metálicos	48.281.422	1.135.807	72.385		2,35%	0,15%	
Produtos siderúrgicos	105.273.864	2.524.468	233.382		2,40%	0,22%	pdp
Metalurgia de metais não ferrosos e fundição	35.838.299	1.184.051	63.448		3,30%	0,18%	
Fabricação de produtos de metal	60.133.587	1.718.863	160.887		2,86%	0,27%	
Fabricação de equipamentos de informática, produtos eletrônicos e ópticos	60.006.988	1.984.210	773.053		3,31%	1,29%	pdp
Fabricação de máquinas, aparelhos e materiais elétricos	51.802.108	1.371.658	525.089		2,65%	1,01%	pdp
Fabricação de máquinas e equipamentos	85.531.494	2.574.721	392.844		3,01%	0,46%	pdp
Fabricação de veículos automotores, reboques e carrocerias	205.356.230	7.135.313	3.097.735		3,47%	1,51%	pdp
Fabricação de outros equipamentos de transporte	32.219.201	1.638.868	650.998		5,09%	2,02%	pdp
Fabricação de móveis	17.213.981	451.168	27.422		2,62%	0,16%	pdp
Fabricação de produtos diversos	12.422.779	504.336	74.896		4,06%	0,60%	
Manutenção, reparação e instalação de máquinas e equipamentos	11.193.996	169.743	10.714		1,52%	0,10%	
Serviços	177.395.365	10.376.158	4.520.408		5,85%	2,55%	
Edição e gravação e edição de música	14.667.500	237.364	34.040		1,62%	0,23%	
Telecomunicações	121.528.687	5.567.746	1.208.306		4,58%	0,99%	pdp
Atividades dos serviços de tecnologia da informação	29.210.711	964.042	293.029		3,30%	1,00%	pdp
Tratamento de Dados, hospedagem na internet	7.615.595	495.833	70.521		6,51%	0,93%	
Pesquisa e desenvolvimento	4.372.871	3.111.173	2.914.512		71,15%	66,65%	
Totais para atividades listadas no PDP	1.048.615.787	29.095.909	8.288.469		2,77%	0,79%	
Totais para atividades não listadas no PDP	847.520.254	25.007.711	6.940.540		2,95%	0,82%	

Fonte: IBGE, Pintec 2007, Tabela 1.1.1.

3. Política industrial e concentração setorial

Vimos que uma política governamental de estímulo à inovação produtiva privada só pode ser eficaz quando há substanciais externalidades no uso dessa inovação: se não há externalidades e a empresa inovadora captura todos os benefícios da inovação, ela tomará decisões de investimento de forma eficiente por si só e a intervenção governamental será, na melhor das hipóteses, redundante. Portanto, uma condição necessária para uma política industrial efetiva no que tange à inovação é o foco em atividades onde essas externalidades existem.

A tarefa de medir essas externalidades diretamente está além do escopo deste capítulo. Aqui, propomo-nos somente a comparar os setores beneficiados no que tange ao grau de concentração. A premissa do exercício é a de que a existência de múltiplas empresas num setor é condição necessária (embora não suficiente) para que haja externalidades que justifiquem a intervenção: afinal, se um mercado é dominado por uma única empresa, ela será naturalmente a principal beneficiária dos ganhos de uma inovação.

Nosso objetivo nesta seção é construir medidas de concentração para diversos setores da economia brasileira em 2010 e estudar as escolhas setoriais feitas pelo governo à luz dessas informações. Vale observar que a conexão investigada aqui não tem relação com o antigo debate em organização industrial sobre se a concentração estimula[1] ou inibe[2] o investimento privado em inovação. A hipótese investigada é a de que uma menor concentração deveria estimular (ou pelo menos tornar mais desejável) o subsídio governamental ao investimento privado em inovação.

Neste trabalho, adotamos como definição de mercado uma classe no sistema de classificação setorial da Classificação Nacional de Ativida-

---

[1]Joseph Schumpeter, *Capitalism, socialism, and democracy*.
[2]Kenneth Arrow, "Economic welfare and the allocation of resources for inventions", in: *The rate and direction of inventive activity*.

POLÍTICA INDUSTRIAL: CONTEÚDO LOCAL, INOVAÇÃO E TRIBUTAÇÃO

des Econômicas (CNAE) 2.0 (classificação a cinco dígitos). Utilizando microdados da Relação Anual de Informações Sociais (RAIS) em 2010, pudemos coletar informações sobre a distribuição de tamanhos do universo de empresas com trabalhadores formais no Brasil, onde tamanho é medido como o número de trabalhadores empregados em 31 de dezembro. Calculamos os principais índices de concentração para as 657 classes de todos os setores de atividade: o índice de Herfindahl-Hirshman (HHI), o CR1 e o CR4, respectivamente, a soma dos quadrados dos *market shares*, o *market share* da maior e o *market share* das quatro maiores empresas.

Vale notar que nosso objetivo aqui é medir concentração e não conduta. Num setor com HHI perto de 10.000, supomos que não há escopo para externalidades de inovação porque há essencialmente uma única empresa; essa suposição não depende de ela se comportar como monopolista ou não. O exercício que propomos é válido desde que externalidades de inovação possam ocorrer entre empresas num mesmo setor mas não entre setores.

Comparamos o grau de concentração nos setores listados no Plano Brasil Maior e naqueles excluídos; o Apêndice descreve essa construção em mais detalhes. A lista de setores mencionada no plano inclui 339 dos 657 setores investigados, o que corresponde a 55% da economia em termos de pessoal ocupado. A Tabela 2 mostra médias das três medidas de concentração, ponderadas pelo tamanho relativo de cada setor. Não há diferenças estatisticamente significantes entre as médias dos setores (um teste t de Hotteling não rejeita a hipótese de que as três médias sejam iguais). O plano inclui tanto setores de concentração muito alta como outros muito pouco concentrados.

Tabela 2 – Medidas médias de concentração para setores
incluídos e excluídos no Plano Brasil Maior

	setores excluídos (318 setores)			setores incluídos (339 setores)		
	média	mínimo	máximo	média	mínimo	máximo
HHI	292,0	0,4	8.162,3	263,0	0,8	8.816,0
CR1	7,9	0,1	90,2	7,5	0,4	93,8
CR4	17,7	0,3	100,0	16,4	0,8	98,4

O Gráfico 1 mostra que de fato a distribuição da concentração entre setores incluídos e excluídos é muito similar. A distribuição dos HHI para os setores incluídos e excluídos é muito similar, e não podemos rejeitar a hipótese de que as duas distribuições são idênticas.

Gráfico 1 – Histograma do HHI para setores excluídos e
incluídos no Plano Brasil Maior

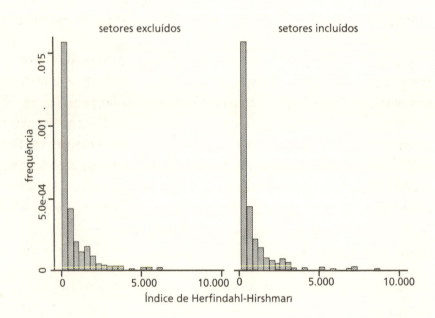

O Gráfico 2 mostra a seleção de setores feita pelo Plano Brasil Maior de outra forma. No eixo horizontal, temos uma medida de concentração, o HHI. No eixo vertical, temos uma medida de tamanho de cada setor, o número total de empregados. O plano inclui alguns setores em cada região do gráfico: não parece haver seleção sistemática nessas dimensões. De fato, as variáveis HHI, CR1, CR4 e o número total de empregados não se mostraram significativas para prever a seleção dos setores incluídos no plano.

Não há portanto evidência de que a lista de setores considerados prioritários no Plano Brasil Maior tenha necessariamente se focado em setores em que a concentração é menor. No entanto, a mera listagem do setor não significa que ele seja substancialmente beneficiado. Num segundo exercício, coletamos a classificação nacional de atividades econômicas (CNAE) das 83 empresas que receberam mais de R$ 300 milhões em

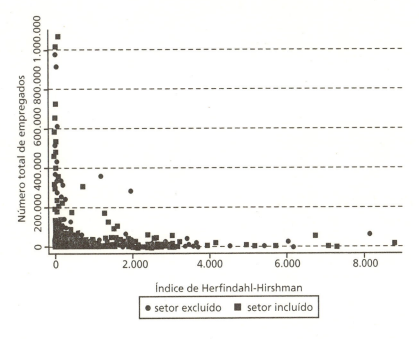

Gráfico 2 – Seleção de setores pelo Plano Brasil Maior por concentração e tamanho

operações diretas do BNDES. Tais contratos representam mais de 80% das operações diretas feitas pelo BNDES em 2010, e 77% em 2011.

Os Gráficos 3 e 4 mostram o histograma e a dispersão, no espaço concentração *vs.* tamanho, dos setores dessas 83 empresas. Os setores selecionados parecem ser mais concentrados e, ao contrário do padrão no Gráfico 2, observamos que setores grandes mas competitivos estão relativamente pouco representados. Para verificar de maneira mais formal que as operações diretas do BNDES foram mais voltadas para setores mais concentrados, as primeiras colunas das Tabelas 3 e 4 estimam o efeito de um aumento de concentração no volume de recursos e na probabilidade de o setor estar na lista dos setores que receberam mais de R$ 300 milhões; em ambos os casos, esse efeito é positivo e significante.[1]

Gráfico 3 – Histograma do HHI para setores de empresas que receberam mais recursos do BNDES

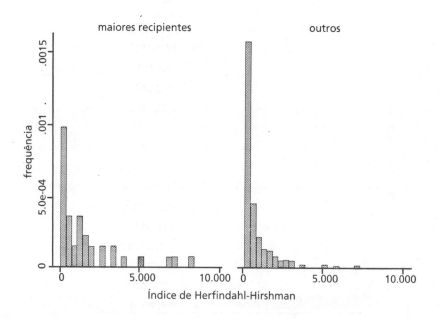

---

[1] A Tabela 3 apresenta estimativas pelo método Tobit, tomando como variável dependente o volume de recursos recebido pelo setor, truncado a R$ 300 milhões; a Tabela 4 apresenta um probit. As estimativas da Tabela 4 são robustas a potenciais distorções causadas por operações muito grandes no período, em particular a operação de R$ 24 bilhões associada à emissão primária da Petrobras em 2010.

Gráfico 4 – Seleção de setores de empresas que receberam mais recursos do BNDES por concentração e tamanho

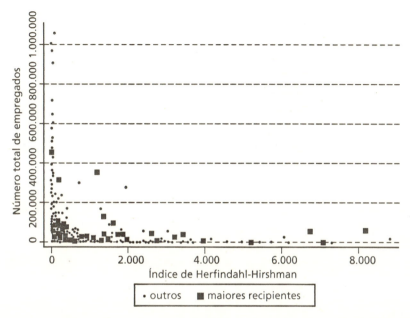

Essas estimativas por si sós não são necessariamente convincentes, porque, por causa da limitação na coleta de dados a operações grandes, é de se esperar que empresas recipientes grandes estejam super-representadas. Por causa disso, a correlação encontrada pode ser um artefato dessa seleção, se for verdade que empresas grandes operem em setores mais concentrados. Para lidar com essa crítica, incluímos nas regressões três diferentes medidas de tamanho de empresa: o tamanho total do setor, o tamanho da maior empresa do setor e o tamanho médio das empresas no setor. Se de fato o BNDES empresta mais para setores com empresas grandes e não para setores mais concentrados, esperaríamos encontrar que o HHI deixasse de ser significante nessas regressões.

As colunas 2 a 5 nas Tabelas 3 e 4 mostram que, ao contrário, o coeficiente de HHI ainda é positivo e significativo na presença dessas medidas de tamanho de empresa. Podemos concluir que, controlando para o tamanho das empresas recipientes, o BNDES tem feito empréstimos maiores para empresas em setores mais concentrados.

O FUTURO DA INDÚSTRIA NO BRASIL: DESINDUSTRIALIZAÇÃO EM DEBATE

Tabela 3 – Tobits para volume de operações diretas do BNDES, 2010-2011, por setor

	(1)	(2)	(3)	(4)	(5)
Índice de Herfindahl-Hirshman	1629468,8***	1713806,4***	1257668,0***	1144540,7***	1012060,1**
	(4,83)	(4,96)	(4,01)	(3,63)	(3,08)
Número total de empregados		6636,6			–2280,9
		(1,71)			(–0,43)
Tamanho da maior empresa no setor			1677,6***		1083,0*
			(4,07)	·	(2,00)
Tamanho médio das empresas no setor				6841304,6***	4795900,7**
				(4,39)	(2,83)
Constante	–1,15e+10***	–1,2e+10***	–1,14e+10***	–1,12e+10***	–1,11e+10***
	(–7,02)	(–6,98)	(–7,22)	(–7,19)	(–7,09)
Desvio padrão do resíduo	6,44e+09***		5,96e+09***	5,94e+09***	5,79e+09***
	(7,81)	(7,82)	(7,95)	(7,97)	(8,01)
Observações	657	657	657	657	657

Estatísticas t em parênteses
* $p < 0,05$, ** $p < 0,01$, *** $p < 0,001$

POLÍTICA INDUSTRIAL: CONTEÚDO LOCAL, INOVAÇÃO E TRIBUTAÇÃO

Tabela 4 – Probit para seleção de setores que receberam mais de R$ 300
milhões em operações diretas do BNDES, 2010-2011

	(1)	(2)	(3)	(4)	(5)
Índice de Herfindahl-Hirshman	0,000205***	0,000221***	0,000166**	0,000132*	0,000129*
	(4,09)	(4,32)	(3,07)	(2,36)	(2,18)
Número total de empregados		0,00000104			–5,99e-08
		(1,80)			(–0,07)
Tamanho da maior empresa no setor			0,000000287***		0,000000140
			(4,04)		(1,35)
Tamanho médio das empresas no setor				0,00138***	0,00105**
				(4,61)	(2,97)
Constante	–1,750**	–1,826***	–1,874***	–1,840***	–1,875***
	(–18,03)	(–16,83)	(–17,67)	(–17,83)	(–16,42)
Observações	657	657	657	657	657

Estatísticas t em parênteses
$*p < 0,05,$ $** p < 0,01,$ $*** p < 0,001$

4. Observações finais: o exemplo é Embrapa ou Embraer?

Neste capítulo, buscamos fazer três contribuições ao debate sobre a política industrial recente, no que tange ao objetivo de estimular a inovação. A primeira foi observar que, para atuar de forma eficaz, o Estado deve promover inovação onde, do contrário, ela não seria feita pelo setor privado. Isso ocorre quando há espaço para que múltiplas empresas, além daquela que promove a inovação, sejam beneficiadas.

Uma forma simples de descrever o argumento é que, independentemente da importância relativa dos ganhos com inovação, o exemplo da Embrapa é preferível ao da Embraer: uma inovação que permite a introdução de um novo cultivar no solo ácido do cerrado viabiliza ganhos de produtividade para muitos agricultores, que provavelmente não teriam conseguido se organizar para realizar esse tipo de investimento sem a iniciativa do Estado. Por outro lado, inovações realizadas por uma empresa localmente dominante, como a Embraer, por mais importantes que sejam, não precisam ser estimuladas pelo Estado, já que a empresa dominante internaliza esses ganhos.[1]

As outras duas contribuições do capítulo são exercícios empíricos, comparando como as escolhas de política industrial se relacionam com aspectos relevantes dos diversos setores da economia brasileira em dois momentos recentes, 2007-2008 e 2010-2011. No primeiro exercício, comparamos os setores escolhidos pela Política de Desenvolvimento Produtivo, de 2008, com medidas de intensidade de investimento em P&D, de acordo com a Pintec 2007. Não há evidência de que a PDP propôs uma política industrial voltada para setores com maior intensidade de investimento em P&D.

Nosso segundo exercício explora a conexão que fizemos entre concentração de mercado e desejabilidade da intervenção estatal para estimular inovação. Quanto menos concentrado o mercado, mais apropriada é

---

[1]Curiosamente, Torres parece rejeitar essa observação, com o argumento de que o subsídio estatal é condição para a continuidade do sucesso da Embraer: "Os aviões da Embraer [...] precisam dos financiamentos do BNDES para concorrer em um mercado em que as empresas produtoras de aeronaves gozam de condições especiais oferecidas por mecanismos públicos de direcionamento de crédito. É o caso da parceria entre a Boeing e o Eximbank, entre a Airbus e as agências de comércio exterior europeias e entre a Bombardier e a Export Development Canada (ECD)" (Ernani Teixeira Torres Filho, "Mecanismos de direcionamento do crédito, bancos de desenvolvimento e a experiência recente do BNDES", in: *Ensaios sobre economia financeira*, p. 16-17). Mas por que então investir numa indústria que globalmente não é viável? A respeito da relação entre a Embraer e o BNDES, vale observar também que, no exercício empírico anterior, o setor de construção de aeronaves é o setor mais concentrado classificado como *não* tendo recebido recursos substanciais do BNDES no período investigado.

POLÍTICA INDUSTRIAL: CONTEÚDO LOCAL, INOVAÇÃO E TRIBUTAÇÃO

a intervenção do governo. Usando dados de 2010 e 2011, calculamos medidas de concentração setorial e investigamos os setores listados no plano Brasil Maior e aqueles que contêm empresas que receberam mais de R$ 300 milhões em operações diretas do BNDES. No que tange ao Plano Brasil Maior, a seleção de setores não parece ter se dado com base em diferenças de concentração ou de tamanho de cada setor. Por outro lado, observamos um padrão claro nas escolhas do BNDES: setores mais concentrados tendem a receber mais recursos, mesmo após controlarmos para o tamanho do setor e o tamanho das empresas. Esse padrão vai de encontro à recomendação de incentivar setores menos concentrados.

Apêndice

Cálculo de índices de concentração setorial

A RAIS inclui informações sobre o universo de empresas, de todos os tamanhos e ramos de atividade, que empregaram um ou mais trabalhadores com carteira assinada (e cujas informações incluem o CNPJ de seu empregador). Nossos dados incluem o principal CNAE reportado pela empresa, a cinco dígitos, e o número de trabalhadores empregados em 31 de dezembro de 2010, que utilizamos como medida do tamanho da empresa.

Foram eliminadas da análise as divisões 84 (administração pública), 99 (organismos internacionais) e as classes 53105 (correios), 64107 (Banco Central) e 64239 (Caixa Econômica). Para efeito da construção da Tabela 2, os seguintes códigos CNAE 2.0 a 2, 3 ou 4 dígitos foram considerados como incluídos no Plano Brasil Maior:[1]

Bloco 1: Cadeia de suprimento de Petróleo & Gás e Naval: 0600, 0910, 1354, 2093, 2431, 2511, 2813, 301; Complexo da Saúde (fármacos e equipamentos médico-hospitalares): 21, 325, 86, 87; Automotivo: 29; Aeronáutica e Espacial: 304, 513; Bens de Capital: 27, 28; Tecnologias

---

[1]Plano Brasil Maior, p. 26-29.

de Informação e Comunicação: 262, 263, 61, 62, 63; Complexo Industrial da Defesa: 305.

Bloco 2: Químicos: 20; Fertilizantes: 2013, 2014; Bioetanol: 193; Minero-Metalúrgico: 07, 24; Celulose e Papel: 17.

Bloco 3: Plásticos: 222; Calçados e Artefatos: 153; Têxtil e Confecções: 13, 141; Higiene Pessoal, Perfumaria e Cosméticos: 206; Móveis: 31; Brinquedos: 324; Construção Civil: 41, 42, 43.

Bloco 4: Carnes e Derivados: 0151, 0154, 0155, 101; Cereais e Leguminosas: 0111, 0119, 0121; Café e Produtos Conexos: 0134, 108; Frutas e Sucos: 0131, 1032, 1033; Vinhos: 1112.

Bloco 5: Comércio e Serviços Pessoais: 45, 46, 47, 96, 97; Logística: 49, 50, 51, 52, 53; Serviços Produtivos: 70, 71.

Referências

ARROW, K. Economic welfare and the allocation of resources for inventions. In: Nelson, R. (ed.). *The rate and direction of inventive activity*: economic and social factors. NBER. Princeton: Princeton University Press, 1962.

IRWIN D. A.; KLENOW, P. J. Learning-by-doing spillovers in the semiconductor industry. *Journal of Political Economy*, v. 102, n. 6: p. 1200-1227, 1994.

MUSSA, M. The economics of content protection. *NBER Working Paper*, 1457, 1984.

PITCE. Diretrizes de Política Industrial, Tecnológica e de Comércio Exterior. Governo Federal, Brasília, 2003.

PDP. Política de Desenvolvimento Produtivo. Ministério do Desenvolvimento, Indústria e Comércio Exterior, Brasília, Disponível em: http://www.mdic.gov.br/pdp/arquivos/destswf1212175349.pdf. 2008.

PBM. Plano Brasil Maior: Plano 2011/2014/ Texto de Referência, Ministério do Desenvolvimento, Indústria e Comércio Exterior, Brasília, outubro de 2011. Disponível em: http://www.brasilmaior.mdic.gov.br/wp-content/uploads/2011/11/plano_brasil_maior_texto_de_referencia_rev_out11.pdf. 2011.

ROSENTHAL, S. S.; STRANGE, W. C. Evidence on the nature and sources of agglomeration economies. In: HENDERSON, J. V.; THISSE, J.-F. (eds.). *Handbook of regional and urban economics*, v. 4, 2004.

SCHUMPETER, J. *Capitalism, socialism, and democracy*. Nova York: Harper, 1942.

TORRES FILHO, E. T. Mecanismos de direcionamento do crédito, bancos de desenvolvimento e a experiência recente do BNDES. In: FERREIRA, F. M. R.; MEIRELLES, B. M. (orgs.) *Ensaios sobre economia financeira*. Rio de Janeiro: BNDES, 2009.

16. Abertura, competitividade e desoneração fiscal

Rogério L. F. Werneck[1]

Tendo em vista o padrão de comércio da economia brasileira, o aumento paulatino da participação de bens importados na oferta de produtos industriais no País é simples e inexorável decorrência lógica do processo de abertura. Mas a resistência política a esse aumento de participação das importações vem sendo exacerbada pela perda de competitividade da indústria de transformação que, só muito recentemente, deixou de ser associada exclusivamente ao câmbio.

Passou agora a ser percebido com mais clareza que o aumento persistente do Custo Brasil – decorrente, em boa parte, da elevação sem fim da carga tributária e das deficiências dos três níveis de governo no desempenho das funções que lhes cabem – vem tendo papel crucial na perda de competitividade. E certamente foi um grande avanço que, afinal, o governo tenha entendido que algum esforço de desoneração fiscal se tornara imprescindível. O que é lamentável é que as medidas de desoneração para fazer face à perda de competitividade da indústria tenham sido tão mal concebidas.

Sem condições de conciliar seu projeto político com um programa de redução horizontal, efetiva e substancial da carga tributária, o governo

---

[1] O autor agradece os comentários de Edmar Bacha, Marcelo Abreu e Victoria Werneck.

O FUTURO DA INDÚSTRIA NO BRASIL: DESINDUSTRIALIZAÇÃO EM DEBATE

vem manipulando uma política espalhafatosa e pouco transparente de desoneração da folha que, em meio a muita poeira, pouco desonera. Em vez de simples redução da alíquota de contribuição patronal, o que vem sendo oferecido é uma injustificável mudança de base fiscal. Contribuição paga sobre faturamento e não mais sobre a folha de pagamento, com alguma desoneração embutida na troca, e alíquotas fixadas setor a setor, na medida da estridência do protesto de cada um. Arranjo peculiar e primitivo que pode transformar o sistema tributário nacional numa colcha de retalhos ainda mais caótica do que já é.

1. Abertura e padrão de comércio

Em 2000, o Brasil virou o século com exportações anuais de US$ 55 bilhões. Em 2011, o total das exportações chegou a US$ 256 bilhões. Frustrando devaneios mercantilistas de quem esperava que tal expansão pudesse ocorrer sem aumento equivalente de importações, o valor total dos bens importados pelo País seguiu de perto o dos exportados. As importações, que não chegavam a US$ 56 bilhões em 2000, alcançaram US$ 226 bilhões em 2011.

Comparando-se tais cifras com as estimativas do PIB brasileiro em dólares, calculadas pelo Banco Central, verifica-se que as exportações passaram de 8,54% do PIB, em 2000, a 10,34% do PIB, em 2011. E que as importações evoluíram de 8,66% do PIB, em 2000, para 9,14% do PIB em 2011. Tendo em conta possíveis distorções advindas da evolução da taxa de câmbio e de mudanças nos termos de troca, tais coeficientes podem ser recalculados com base nos índices de *quantum* da Fundação Centro de Estudos do Comércio Exterior (Funcex). A preços constantes, as exportações passaram de 8,16% do PIB, em 2000, a 10,66% do PIB, em 2011, enquanto as importações aumentaram de 7,94% do PIB para 12,16% do PIB, no mesmo período. O que tais indicadores mostram é uma economia ainda muito fechada, pouco integrada à economia mundial.

374

POLÍTICA INDUSTRIAL: CONTEÚDO LOCAL, INOVAÇÃO E TRIBUTAÇÃO

É importante entender como vem ocorrendo a abertura pelo lado das importações. A maior parte do PIB corresponde à produção de serviços, em grande medida não passíveis de comercialização internacional. O comércio exterior de bens envolve produtos agropecuários, florestais, minerais (inclusive petróleo) e industriais. É mais do que sabido que, nas últimas décadas, comparado com outros países, o Brasil se tornou um produtor especialmente eficiente de mercadorias agropecuárias, florestais e minerais. E está prestes a se tornar grande exportador de petróleo.

É natural, portanto, que, à medida que as exportações se expandam mais rapidamente que o PIB e que as importações acompanhem tal expansão, a demanda de importações esteja concentrada em produtos industriais. Não é surpreendente que o processo de abertura envolva aumento paulatino da participação de bens importados na oferta de produtos industriais no País. É o que mostram dados levantados pela Funcex e pela Confederação Nacional da Indústria (CNI): a penetração de importações no consumo de bens produzidos pela indústria de transformação, calculada a preços constantes, aumentou de 11,6%, em 2000, para 20,7%, em 2011. A preços correntes, o aumento foi bem menos expressivo: de 17% em 2000 para 18,5% em 2011.

Ao contrário do que vem sendo propalado, essa maior penetração de produtos importados não deve ser vista como evidência de desindustrialização. Na verdade, tem sido fator de fortalecimento e aumento de eficiência da produção industrial brasileira. Em larga medida, decorre da possibilidade de escolha de supridores de insumos em bases mundiais, com que as empresas passaram a contar, ao longo das cadeias produtivas. A participação do valor dos insumos importados no total de insumos utilizados pela indústria de transformação, calculada a preços correntes, pela Funcex e pela CNI, aumentou de 20%, em 2000, para 22,4%, em 2011.

Recentemente, contudo, interesses contrariados pela abertura conseguiram, afinal, que a mão pesada do Estado passasse a ser usada para tentar reverter o aumento da penetração de produtos importados na indústria. Vem sendo brandida, com indignação, a ocorrência de déficits crescentes na "balança comercial setorial" de vários segmentos industriais. A presunção parece ser a de que, no comércio exterior do País, não deve haver setores "deficitários".

Essa visão primitiva, ao arrepio de tudo o que se aprendeu sobre a lógica do comércio internacional nos últimos 250 anos, vem sendo externada pelo próprio ministro da Fazenda. Para detectar quais setores precisam de barreiras à importação "basta olhar a balança comercial", ensina Guido Mantega. "Com déficit crescente na balança", não há dúvida: "o setor tem de estar sob ataque".[1] É isso que vem inspirando medidas protecionistas indefensáveis como o colossal aumento de IPI sobre automóveis importados, a exigência de conteúdo local mínimo na produção de um número crescente de produtos, elevações *ad hoc* de tarifas de importação e a concessão de margens de preferência de 25% para compras governamentais de produtos nacionais.

2. Choque de realidade

A resistência política à abertura comercial poderia ser bem menor que tem sido, não fosse a dificuldade que vem enfrentando a indústria para absorver o choque de realidade a que vem sendo submetida, diante da real extensão de sua perda de competitividade. É claro que uma taxa de câmbio mais depreciada ajudaria. O problema, contudo, é que, ao longo dos anos, a indústria se habituou a desprezar outros fatores cruciais que vinham erodindo sua competitividade.

Não é de hoje que boa parte da indústria vem apostando na ideia de que tudo, ou quase tudo, poderia ser resolvido pelo lado do câmbio. Mesmo que não voltassem os "bons tempos" de uma taxa de câmbio típica de economia com séria restrição externa, o governo, se devidamente pressionado, poderia perfeitamente assegurar câmbio bem mais depreciado. Viável era. Ou, pelo menos, era essa a fantasia. E, enquanto insistia em falar grosso contra a política cambial, grande parte da indústria se permitia falar bem mais fino contra o crescimento descontrolado

---

[1] "Brasil vai aumentar defesa comercial", *Folha de S. Paulo*, 18 de dezembro de 2011.

POLÍTICA INDUSTRIAL: CONTEÚDO LOCAL, INOVAÇÃO E TRIBUTAÇÃO

de gastos correntes do governo, a carência de investimentos públicos e a elevação sem fim da carga tributária.

Só agora a indústria começa a se dar conta das dificuldades de manter a competitividade em uma economia cada vez mais sobretaxada, em que os três níveis de governo, nem de longe, conseguem desempenhar como deveriam as funções que lhes cabem na oferta de serviços públicos e na expansão da infraestrutura. No setor de serviços, o aumento persistente do Custo Brasil tem sido repassado aos preços sem maiores dificuldades. Na indústria, contudo, exposta à concorrência externa, o aumento do Custo Brasil vem, pouco a pouco, estrangulando a competitividade.

Dissipada a miragem da depreciação cambial fácil, parte da indústria agora se agarra à triste bandeira da escalada protecionista. O que, para o País, seria colossal retrocesso. As dificuldades da indústria têm de ser superadas sem que a economia se torne ainda mais fechada do que já é. E, para isso, claro, vai ser preciso bem mais do que aspersões periódicas de paliativos.

Para viabilizar esforço de mais fôlego e menos imediatista nessa linha, é fundamental que a indústria mude o discurso e, pelo menos, passe a bater nas teclas certas. Em vez de protestar contra a apreciação cambial e clamar por proteção, melhor fariam os industriais se insistissem em martelar o governo com o alívio da carga tributária e a redução do Custo Brasil. É lamentável que empresários que estão sempre prontos a vociferar contra o câmbio se mostrem tão complacentes com a expansão de gastos de custeio do governo, quando bem sabem que a contrapartida desse descontrole de dispêndio tem sido a necessidade de aumento de carga tributária que parece não ter fim.

3. A asfixia anunciada

Nos últimos 20 anos, a carga tributária da economia brasileira foi multiplicada por 1,5. Passou de 24% para 36% do PIB. Um aumento de nada menos que 12 pontos percentuais do PIB. Não há hoje no mundo outra economia emergente relevante com carga tributária tão alta quanto a do Brasil. E o pior é que continua a aumentar. Só em 2011, o salto foi da ordem de 1,5% do PIB.

É fantasioso esperar que a sobrecarga fiscal adicional, que a cada ano recai sobre o sistema produtivo, possa ser acomodada por um câmbio sempre suficientemente depreciado para manter as exportações rentáveis e a indústria confortavelmente protegida contra importações competitivas.

A advertência de que a elevação sem fim da carga tributária vai acabar sufocando o crescimento econômico do País vem sendo repetida há muitos anos. E, no entanto, a indústria tem reagido a esse prognóstico com a fleuma de quem toma conhecimento de que o sol está em inexorável processo de esfriamento. A percepção típica tem sido a de que a advertência aponta para um problema importante a ser enfrentado no futuro distante, quando, de fato, passar a merecer atenção.

A má notícia, para quem tinha tal percepção do problema, é que tudo indica que o futuro chegou. A elevação sem fim da carga tributária está, afinal, sufocando o crescimento da economia brasileira. Não da economia como um todo. Por enquanto, o que vem sendo claramente sufocado é o dinamismo de boa parte da indústria de transformação. Ainda que de forma um tanto canhestra, o próprio governo, afinal, parece ter-se dado conta disso.

Os sucessivos pacotes de desoneração fiscal anunciados desde meados de 2011 são a melhor evidência de que o governo percebeu que muitos segmentos da indústria já não têm mais condições de arcar com a parte que lhes cabe na carga tributária que vem sendo imposta à economia. O agronegócio, a mineração e a extração de petróleo continuam tendo perspectivas promissoras. E, apesar de toda a voracidade da extração fiscal, a produção de serviços, resguardada da concorrência externa, vem conseguindo manter o crescimento. Parte da indústria, contudo, exposta à concorrência das importações, vem perdendo competitividade a olhos vistos, depauperada pela tributação exagerada e pelo Custo Brasil despropositado.

O problema é que o governo mostra-se despreparado para lidar com os desafios de uma agenda de redução efetiva e substancial da carga tributária. Porque, simplesmente, não contava com isso. Muito pelo contrário, vinha apostando todas as fichas na possibilidade de manter a arrecadação crescendo bem acima do crescimento do PIB, para que o gasto público pudesse continuar em rápida expansão, em consonância com seu projeto político.

4. Desoneração com compensação de perda de arrecadação

Na reunião do Conselho Político de 24 de março de 2011, com a presença de 17 partidos da base aliada, a presidente Dilma Rousseff anunciou que o governo decidira optar por uma reforma tributária fatiada, "mais fácil de discutir e de aprovar".[1] Dias depois, foi noticiado que o fatiamento seguiria quatro linhas de menor resistência: aceleração da devolução dos créditos de PIS/Cofins, elevação dos limites de enquadramento no Simples (uma promessa de campanha da presidente Dilma Rousseff), alteração pontual da legislação do ICMS para minimizar os efeitos da guerra fiscal e desoneração da folha de pagamento das empresas.

A preocupação do governo com a redução da carga tributária que recai sobre a folha, encarece a mão de obra e desestimula o emprego é perfeitamente compreensível. Na esteira da perda de competitividade de muitos segmentos da indústria, tem sido cobrado do governo providências que possam redundar em desoneração substancial da folha. As queixas têm fundamento. A grande questão é como viabilizar a desoneração.

Se a ideia era desonerar a folha de pagamento das empresas, bastaria um programa horizontal e transparente de diminuição paulatina da alíquota de contribuição patronal que configurasse redução inequívoca da carga tributária. O ideal, claro, seria uma desoneração proveniente da contenção de gastos ou, simplesmente, da folga orçamentária que adviesse do bom desempenho da arrecadação. Mas, desde que começou a externar suas preocupações com o problema, o governo deixou muito

---

[1]Ver "Com partidos, Dilma anuncia reforma tributária 'fracionada'", *O Estado de S. Paulo*, 25 de março de 2011.

claro que a desoneração que tinha em vista não estaria fundada na ideia de redução, ou mesmo de contenção, da carga tributária. Exigiria compensação de perda de receita, com aumento da arrecadação de outros tributos ou introdução de novas formas de tributação. Algo mais teria de ser onerado para que a folha fosse desonerada.

A receita proveniente da cobrança de contribuições sobre a folha de pagamento das empresas tem sido a principal fonte de financiamento dos gastos previdenciários na maior parte dos países. Nas economias avançadas, de países-membros da Organização para Cooperação e Desenvolvimento Econômico (OCDE), a receita de contribuições previdenciárias corresponde, em média, a cerca de um quarto da arrecadação tributária total.[1] As alíquotas totais de contribuição, incluindo todos os programas previdenciários, variam bastante de país para país, mas são em geral bastante expressivas. O financiamento da previdência social com recursos provenientes da cobrança de encargos sobre a folha de pagamentos configura, assim, um arranjo clássico, adotado não só no Brasil como também em muitos outros países. É bom, portanto, ter em conta argumentos que embasam a lógica desse arranjo tão disseminado. Seus méritos não podem ser sumariamente descartados. Têm de ser devidamente levados em consideração ao se avaliar qualquer proposta de reforma.

Para se entender a prevalência desse arranjo em tantos países, é preciso remontar à própria origem da previdência social, que surge na Alemanha no final do século XIX e, gradualmente, se dissemina pelo resto do mundo, como sistema de seguro social, com benefícios custeados por contribuições compulsórias feitas por trabalhadores e empresas. É bem verdade que, em muitos países, com o passar do tempo, a conotação de seguro se perdeu. E o sistema evoluiu para um regime de repartição simples baseado num grande pacto de transferência de renda, que se renova ao longo do tempo, em que trabalhadores ativos concordam em sustentar inativos, certos de que virão a ser sustentados assim no futuro, quando afinal se tornarem, eles próprios, inativos.

---

[1] Ver OCDE (2010).

POLÍTICA INDUSTRIAL: CONTEÚDO LOCAL, INOVAÇÃO E TRIBUTAÇÃO

A manutenção da previdência como sistema fechado, separado do resto do orçamento, permite que os trabalhadores percebam os benefícios previdenciários como direito legítimo, adquirido ao longo de anos de contribuição, e não como simples benesse que lhes foi conferida pelo Estado. Em princípio, o sistema fechado também induziria à moderação e cercearia o espaço para políticas inconsequentes, na medida em que proporcionaria percepção mais clara de que a concessão de benefícios mais generosos deve necessariamente exigir contribuições mais vultosas, que oneram a folha e o emprego. Em contrapartida, o sistema fechado estaria protegido contra cortes arbitrários de benefícios em situações de aperto orçamentário.

Mas, por convincentes que possam ser, tais argumentos não têm impedido que a lógica do financiamento da previdência social com a receita proveniente da cobrança de encargos sobre a folha de pagamento seja contestada. Os que advogam adoção, parcial ou integral, de outras formas de financiamento do sistema previdenciário apontam para as supostas mazelas do arranjo clássico: o caráter regressivo da contribuição sobre folha de pagamento, quando vista como tributo, a indução à informalidade, o desincentivo ao emprego e a perda de competitividade que adviria do encarecimento da mão de obra.[1]

É interessante assinalar que o agravamento da crise econômica na Europa vem estimulando a defesa da desoneração da folha de pagamento como medida capaz de produzir efeitos similares aos que poderiam advir de uma desvalorização cambial. A ideia é que, impossibilitados de recorrer a um ajuste na taxa de câmbio, para lidar com as sérias dificuldades econômicas que vêm enfrentando, países como Grécia, Portugal e Espanha deveriam considerar a possibilidade de recorrer a mudança drástica no financiamento da previdência social, com diminuição de encargos sobre a folha e aumento do imposto sobre valor adicionado.

---

[1]Críticas ao financiamento da previdência com a cobrança de encargos sobre folha de pagamento têm sido feitas em diversos países. Não só no Brasil. Na Austrália, por exemplo, as autoridades fazendárias de um governo provincial viram-se obrigadas a publicar defesa candente da cobrança de encargos sobre a folha, tão intensas se mostraram tais críticas. Ver New South Wales Treasury (1999).

Em contraste com encargos sobre a folha, que incidem sobre a renda do trabalho, o imposto sobre valor adicionado incide sobre o consumo. Isso tem duas vantagens: promove o emprego formal e estimula a poupança privada. Em países como Grécia, Portugal e Espanha, isso mataria três coelhos com uma cajadada só, ajudando a reduzir o desemprego, a informalidade no mercado de trabalho e o déficit em conta corrente. Ademais, o fato de que o imposto sobre valor adicionado incide sobre consumo final e não sobre investimento e exportações (compras de bens de capital geram créditos fiscais e exportações são isentas) faz com que a substituição dos encargos sobre a folha pelo imposto sobre valor adicionado aumente a competitividade da economia. Funciona como uma desvalorização, mas sem repasse inflacionário aos preços internos ou efeitos deletérios sobre os balanços patrimoniais.[1]

Tal proposta, rotulada de "desvalorização fiscal", parece inspirada em preocupações similares às que, no Brasil, vem mobilizando o governo com a questão da desoneração da folha. E, em princípio, poderia até ser factível, não fossem já tão altos os níveis de extração fiscal sobre o valor adicionado que hoje se praticam nas três esferas da Federação. O problema é que, dadas as dificuldades de elevar ainda mais a tributação do valor adicionado no País, o governo se tem mostrado propenso a recorrer a formas bem menos defensáveis de tributação para desonerar a folha.

É preciso ter em mente a complexa realidade da tributação indireta no Brasil para se avaliar com clareza a viabilidade de se substituir, por tributação mais pesada do valor adicionado, parcela substancial do ônus da contribuição patronal que hoje recai sobre a folha de pagamento: cerca de R$ 82 bilhões em 2010. A presunção de que haveria amplo espaço para essa substituição parece claramente infundada.

No atual quadro de sobretaxação superposta do valor adicionado pelos três níveis de governo, simplesmente não há espaço para que parte substancial da carga que hoje recai sobre a folha passe a incidir sobre bens e serviços. É importante ter clareza sobre a ordem de magnitude

---

[1]Cavallo e Cottani (2010b). Ver também Cavallo e Cottani (2010a).

POLÍTICA INDUSTRIAL: CONTEÚDO LOCAL, INOVAÇÃO E TRIBUTAÇÃO

da alíquota implícita envolvida. Partindo-se da presunção de que a tributação do valor adicionado deve recair sobre o consumo agregado e de que apenas cerca de 70% do consumo é, de fato, tributável, constata-se que a extração superposta advinda da cobrança de tributos indiretos no País (IPI, Cofins, PIS, CIDE, ICMS e ISS) vem implicando uma alíquota combinada implícita de taxação do valor adicionado da ordem de 34%. Já absurdamente alta. Muito acima de qualquer parâmetro razoável de tributação de valor adicionado. O que significa que mesmo a perda de receita decorrente de uma redução parcial, mas significativa, da contribuição patronal seria dificilmente acomodável na tributação do valor adicionado. Para compensar a eliminação integral da contribuição patronal, tal alíquota implícita teria de ser elevada para cerca de 40%. Uma sobretaxa da ordem de seis pontos percentuais.

5. O retrocesso escapista da tributação sobre faturamento

No primeiro semestre de 2011, em meio ao debate sobre a desoneração da folha, ficou claro que, em face das dificuldades de equacionar de forma aceitável a compensação de perda de receita, com elevação da tributação do valor adicionado, o governo poderia ficar tentado a apelar para soluções escapistas. O que se temia é que o governo partisse para a recriação de tributos em cascata de incidência difusa, sobre faturamento ou movimentação financeira. A verdade é que, por mais primitivas que sejam, tais formas de tributação continuam parecendo atraentes aos que se fascinam com sua "produtividade", tendo em conta a farta arrecadação que podem gerar com alíquotas nominais diminutas. Para evitar os custos da imposição de uma sobretaxa vultosa e explícita na taxação do valor adicionado, o governo poderia tentar recorrer a esquemas de tributação sobre faturamento ou movimentação financeira, capazes de gerar receita equivalente com alíquotas "politicamente mais palatáveis". Esse tipo de solução populista implicaria avançar na desoneração da folha às custas de desfiguração ainda maior do já problemático sistema tributário brasileiro.

O FUTURO DA INDÚSTRIA NO BRASIL: DESINDUSTRIALIZAÇÃO EM DEBATE

A opção do governo por tributação sobre faturamento, na compensação de perda de receita envolvida no projeto-piloto de desoneração anunciado em agosto de 2011, mostrou que tais temores não eram infundados. É bem verdade que, como o projeto-piloto ficou inicialmente restrito a apenas quatro setores relativamente pequenos, a desfiguração adicional do sistema tributário foi relativamente limitada.[1] Mas o precedente deixou mais do que claro que o governo não tinha maiores resistências a restaurar a tributação do faturamento.

A reintrodução em grande escala da tributação sobre faturamento seria lamentável retrocesso. Não se pode esquecer que, na primeira metade da década passada, na esteira de uma iniciativa que teve início no final do segundo mandato de Fernando Henrique Cardoso e ganhou força em 2003, já no primeiro mandato do presidente Lula, os tributos sobre faturamento foram praticamente eliminados, passando a incidir sobre o valor adicionado. Essa conversão foi, sem dúvida, o maior feito do esforço de reforma tributária de 2003. É preciso ter isso em conta, para aquilatar a extensão do retrocesso que a reintrodução de tributação sobre faturamento representaria.

6. Reforma tributária, fatiamento e desoneração

Em programas de reforma, fatiamento e gradualismo podem ser decisões politicamente sábias desde que não sejam simples cortina de fumaça para acobertar improvisação, opção reiterada por remendos e falta de visão estratégica. Com a reforma tributária, o que se quer é a construção,

---

[1]Os quatro setores escolhidos, identificados como intensivos em trabalho e especialmente assediados por alegada concorrência desleal de importações, foram confecções, calçados, móveis e software. O programa previa que empresas desses setores deixariam de recolher a contribuição patronal sobre a folha e passariam a recolhê-la sobre o valor da receita bruta. A alíquota seria de 1,5% sobre a receita bruta, no caso dos três primeiros setores, e de 2,5%, no caso das empresas que prestam serviços de tecnologia de informação e comunicação (software). O governo esclareceu que, com tais alíquotas, a nova contribuição sobre receita bruta seria insuficiente para cobrir a perda de arrecadação da Previdência Social, de forma que, até 31 de dezembro de 2012, os quatro setores, em conjunto, se beneficiariam de um valor total de desoneração estimado em R$ 1,4 bilhão até o fim de 2012. Cerca de 0,03% do PIB.

POLÍTICA INDUSTRIAL: CONTEÚDO LOCAL, INOVAÇÃO E TRIBUTAÇÃO

ainda que demorada, de um sistema de extração fiscal mais coerente e defensável. Não de uma colcha de retalhos que vai assumindo formatos surpreendentes e indesejáveis, à medida que vai sendo costurada sem qualquer critério, ao sabor das urgências de curto prazo. Sem um mapa, por simplificado que seja, é difícil que reforma tão complexa possa chegar a bom termo.

Na discussão da melhor maneira de assegurar a desoneração da folha, não se pode perder de vista a agenda mais ampla de reforma tributária e de aumento de competitividade da economia brasileira num prazo mais longo. Seria lamentável se, no fim das contas, o empenho no sentido de desonerar a folha redundasse em um sistema tributário ainda mais distorcivo do que hoje se tem. Fugir às duras restrições ao problema que os dados analisados na seção anterior impõem ao equacionamento da desoneração da folha, apelando para tributação sobre faturamento, não configura solução defensável. Não faz sentido, a esta altura, voltar a recorrer a extração fiscal tão primitiva, altamente distorciva, geradora de todo tipo de ineficiência e com padrões de incidência difusos e incertos.

É bem verdade que o projeto-piloto de 2011, como desfecho da mobilização de Brasília com a ideia de desoneração, sugeria que, em alguma medida, o governo, afinal, havia percebido quão difícil era viabilizar uma desoneração significativa e ampla da folha de pagamento que atendesse a exigência de compensação de receita e, ao mesmo tempo, não desfigurasse ainda mais o já distorcido sistema tributário com que conta o País. O entusiasmo inicial que o governo chegou a mostrar com o projeto de desoneração foi refreado em grande medida. Ao perceber, afinal, as reais dificuldades de viabilizar a desoneração da folha em bases mais amplas, o governo parecia ter decidido dar encaminhamento bem diferente do que vinha antecipando às crescentes pressões de certos segmentos da indústria e do setor serviços por políticas concretas de alívio fiscal.

Tendo chegado à promessa de desoneração da folha de pagamentos a partir da ideia de fatiamento da complexa agenda de reforma tributária, o governo parece ter recorrido, mais uma vez, à mesma lógica, em face das dificuldades com que se defrontou no cumprimento dessa promessa. Optou, simplesmente, pelo fatiamento da agenda de desoneração da folha, com a adoção de medidas menos abrangentes, restritas, inicialmente, a um projeto-piloto focado em pequeno número de setores.

De um lado, o governo quis dar à iniciativa a conotação de experimento, plenamente reversível à luz das circunstâncias: um projeto-piloto. De outro, tentou manter viva a esperança de ampliação do escopo do projeto, com paulatina incorporação de outros setores. Mas sem exagerar. Deixou mais do que claro que, a curto prazo, isso não seria possível. O programa ficaria restrito aos quatro setores que, segundo as autoridades fazendárias, haviam manifestado mais interesse na desoneração da folha.[1]

Por outro lado, o governo jamais escondeu que acalentava a ideia de dar ao projeto-piloto uma conotação mais grandiosa de preparação para uma mudança mais abrangente de base tributária. O que vem sendo arguído no Ministério da Fazenda é que, na esteira da elevação da produtividade do trabalho, a folha salarial está fadada a encolher. E que o faturamento seria "uma base mais diversificada, que daria mais segurança à arrecadação da previdência".[2] Nenhum dos dois argumentos é convincente. Como a elevação da produtividade do trabalho trará salários mais altos, não há por que supor que a folha salarial da economia está fadada a encolher. Por outro lado, é mais do que sabido que a tributação sobre faturamento é uma forma extremamente primitiva de extração fiscal, a ser evitada a todo custo em qualquer sistema tributário moderno.

---

[1] Ver "Tesouro cobrirá receita da Previdência Social", *Valor Econômico*, 3 de agosto de 2011. Não foi surpreendente, contudo, que muitos outros setores passassem a fazer gestões no Congresso para também entrar no programa-piloto. Ver "Desoneração leva indústria ao Congresso", *O Estado de S. Paulo*, 26 de agosto de 2011.
[2] Ver "Governo nega mudanças no plano de desoneração", *O Estado de S. Paulo*, 10 de setembro de 2011.

POLÍTICA INDUSTRIAL: CONTEÚDO LOCAL, INOVAÇÃO E TRIBUTAÇÃO

7. Ampliação da abrangência e discricionariedade

Durou pouco a esperança de que a desoneração com base na cobrança de contribuição patronal sobre o faturamento pudesse, de fato, ficar confinada a um projeto-piloto envolvendo não mais que quatro setores. Já no início de abril de 2012, assustado com a rápida desaceleração da economia, o governo, por meio de medida provisória, estendeu o esquema de desoneração a 11 outros setores, ao mesmo tempo que reduziu a alíquota de contribuição sobre faturamento que já vinha sendo paga por setores que já haviam sido incluídos no projeto-piloto.[1] E, em meados de julho de 2012, ao votar a medida provisória, a Câmara dos Deputados aprovou, para grande contrariedade do governo, a adição de vários outros setores ao esquema de desoneração.[2] Percebendo que o nome do jogo era o favorecimento a setores específicos, escolhidos a dedo, o Congresso rapidamente se mobilizou para incluir sua própria lista de agraciados no esquema de desoneração.

A inclusão de novos setores ajudou a realçar o injustificável grau de discricionariedade que vem pautando o esquema de desoneração concebido pelo governo. A Tabela 1 apresenta as alíquotas de contribuição patronal sobre faturamento dos 15 setores que haviam sido objeto da Medida Provisória 563, encaminhada pelo Poder Executivo ao Congresso em abril de 2012.[3] Os dados das três primeiras colunas foram dados a público pelo governo. A alíquota neutra seria a requerida para que a arrecadação da contribuição patronal sobre faturamento do setor fosse igual à obtida da cobrança da contribuição sobre a folha. Como as alíquotas fixadas, de 1% ou 2%, são

---

[1] Ver Medida Provisória n. 563, de 3 de abril de 2012.
[2] Ver "Câmara aprova diretrizes do Plano Brasil Maior", *O Estado de S. Paulo*, 17 de julho de 2012 e "Câmara amplia as desonerações do Brasil Maior", *Valor Econômico*, 18 de julho de 2012.
[3] Não inclui os setores que foram adicionados ao esquema de desoneração pela Câmara, na votação da MP: transporte de carga e de passageiros (rodoviário, marítimo e aéreo), brinquedos, granitos e mármores e parte do agronegócio (carnes, soja e trigo).

O FUTURO DA INDÚSTRIA NO BRASIL: DESINDUSTRIALIZAÇÃO EM DEBATE

inferiores às alíquotas neutras, o esquema configura renúncia fiscal. Os valores estimados da renúncia fiscal que beneficia cada setor são apresentados na terceira coluna. O governo estima que a renúncia anual total, para os 15 setores, deverá alcançar cerca de R$ 7,2 bilhões. Não mais que 0,17% do PIB.

Dividindo-se a alíquota fixada pela neutra, obtêm-se indicadores da desoneração relativa com que cada setor foi agraciado. A última coluna da tabela, obtida da multiplicação desses indicadores de desoneração relativa pela alíquota padrão de 20% de contribuição patronal sobre a folha, mostra as alíquotas de contribuição patronal sobre a folha que implicariam renúncia fiscal equivalente à que foi concedida pelo esquema de desoneração em cada setor. O que se constata no caso do setor têxtil, por exemplo, é que a cobrança de uma alíquota sobre faturamento de apenas 1% implica renúncia fiscal equivalente à que seria obtida pela simples redução da alíquota de contribuição sobre folha de 20% para 8,6%.

O que merece atenção é a grande disparidade das alíquotas de contribuição patronal sobre a folha que implicariam renúncia fiscal equivalente. Variam de 4,4%, no caso do setor naval, a 12,7%, no caso de call centers. Ou seja, caso a desoneração tivesse sido feita pela mera redução de alíquotas de contribuição sobre a folha, as reduções da alíquota padrão de 20% teriam variado entre 7,3 pontos percentuais e 15,6 pontos percentuais. É difícil conceber justificativa razoável para tão alta discricionariedade. Mas é fácil constatar que boa parte dela decorre de mais um aspecto impensado do esquema de desoneração: a rigidez da adoção de apenas duas alíquotas, de 1% e 2%, de contribuição sobre faturamento.

POLÍTICA INDUSTRIAL: CONTEÚDO LOCAL, INOVAÇÃO E TRIBUTAÇÃO

Tabela 1 – Programa de desoneração da folha de pagamentos. Alíquotas de contribuição patronal sobre a folha que implicariam renúncia fiscal equivalente

Setor	Alíquota neutra sobre faturamento	Alíquota fixada sobre faturamento	Renúncia anual R$ milhões	Alíquota fixada/ alíquota neutra	Alíquota de contribuição patronal s/a folha que implicaria renúncia fiscal equivalente
	%	%			%
	(a)	(b)		(b)/(a)	[(b)/(a)]×20%
Têxtil	2,32	1	550	0,431	8,6
Confecções*	2,32	1	385	0,431	8,6
Couro e calçados*	2,28	1	632	0,439	8,8
Móveis	2,09	1	209	0,478	9,6
Plásticos	1,87	1	530	0,535	10,7
Material elétrico	1,88	1	372	0,532	10,6
Autopeças	2,19	1	1.130	0,457	9,1
Ônibus	1,72	1	77	0,581	11,6
Naval	4,59	1	145	0,218	4,4
Aéreo	2,83	1	225	0,353	7,1
Bens de capital mecânicos	2,24	1	1.254	0,446	8,9
Hotéis	4,18	2	216	0,478	96,6
TI e TIC*	3,35	2	1.171	0,597	11,9
Call center*	3,15	2	312	0,635	12,7
Design house	6,67	2	4	0,300	6,0
Total			7212		

* Setores que já pagam alíquotas de 1,5% ou 2,5% sobre receita bruta, conforme Lei 12.546/2012.
Fontes: Site do Ministério da Fazenda, "Novas Medidas do Plano Brasil Maior", apresentação do ministro Guido Mantega, Brasília, 3 de abril de 2012, e cômputo do autor.

8. Perspectivas

Tudo indica que o que era um simples projeto-piloto de desoneração está dando lugar agora a uma mudança bem mais abrangente de base fiscal, na esteira da progressiva generalização da cobrança da contribuição patronal sobre faturamento. O rápido crescimento do número de setores incluídos no programa só confirma os temores de desfiguração cada vez maior do já problemático sistema tributário com que conta o País. Alguns dos setores incorporados pela Câmara ao programa, na votação da MP 563, não pertencem à indústria de transformação. São produtores de serviços, e relativamente grandes. E, tendo em vista os custos políticos de um veto do Poder Executivo à inclusão desses novos setores, o governo parece estar considerando a possibilidade de partir para a rápida ampliação da abrangência do programa de desoneração da folha, reduzindo, se necessário, a meta de superávit primário, para acomodar o custo fiscal envolvido, que excederia em larga margem o acanhado valor de 0,17% do PIB contemplado na MP 563.[1]

Mais cedo ou mais tarde, a discussão da desoneração da folha terá de ser recolocada em outros termos, como parte de programa mais amplo de redução efetiva e substancial da carga tributária, conjugado com esforço ambicioso de contenção do gasto público. Só assim a desoneração poderá contribuir de forma significativa para a restauração da competitividade da indústria.

Referências

CAVALLO, Domingo e COTTANI, Joaquín. For Greece, a "fiscal devaluation" is a better solution than a "temporary holiday" from Eurozone, 22 de fevereiro 2010 (a). Disponível em: http://www.voxeu.org/index.php?q=node/4666.

---

[1] Ver "Governo quer desonerar folha de todos os setores", *O Estado de S. Paulo*, 28 de julho de 2012.

POLÍTICA INDUSTRIAL: CONTEÚDO LOCAL, INOVAÇÃO E TRIBUTAÇÃO

CAVALLO, Domingo e COTTANI, Joaquín. Making fiscal consolidation work in Greece, Portugal, and Spain: some lessons from Argentina. 7 de maio de 2010 (b). Disponível em: http://www.voxeu.org/index.php?q=node/5018.

NEW SOUTH WALES TREASURY. The case for payroll taxes. Setembro de 1999. Disponível em: http://www.treasury.nsw.gov.au/__data/assets/pdf_file/0017/6650/TRP99-3_Pay_Roll_Tax.pdf

Organização para Cooperação e Desenvolvimento Econômico (OCDE). *Revenue Statistics, 1965-2009*, 2010 Edition.

17. Estabilizadores automáticos e política industrial

Fernanda Guardado e Monica Baumgarten de Bolle

1. Introdução

Não é de hoje a redução da participação da indústria de transformação no PIB brasileiro. No entanto, esse desempenho se agravou nos últimos anos devido ao ambiente externo de aguda incerteza, aos graves problemas estruturais que emperram a expansão de determinados segmentos e às escolhas de política econômica do governo brasileiro, parcialmente responsáveis pelo deslocamento dos fatores de produção para outros setores produtivos. Diante de um quadro desalentador, amplamente documentado em vários artigos deste livro, e do julgamento das autoridades brasileiras sobre a importância do setor industrial para o crescimento do País, diversas medidas foram lançadas a partir de meados de 2011.

Em agosto de 2011, o governo anunciou o Plano Brasil Maior (PBM), cujo objetivo principal era o de reerguer a indústria nacional, sobretudo o setor automotivo, foco de várias medidas de estímulo à produção. Na ocasião, o Plano foi muito criticado devido à ausência de uma estratégia coerente de médio prazo para o desenvolvimento da indústria, uma estratégia que, segundo a maioria dos analistas, deveria passar necessariamente pela remoção de entraves estruturais. Esses obstáculos, como a elevada carga tributária, os altos custos de energia, a deterioração da infraestrutura logística, o aumento dos salários, dentre outros fatores, teriam passado a exercer um papel crescentemente relevante na obstrução dos canais que possibilitariam a expansão da atividade manufatureira. Segundo esse diagnóstico, a valorização do câmbio, embora relevante, teria um papel secundário no mau desempenho da indústria, contrastando com a visão de certos membros da equipe econômica.

As tabelas a seguir resumem as principais medidas do PBM. Embora o pacote careça de uma visão estratégica, podendo ser caracterizado como uma grande "colcha de retalhos" que inclui intervenções no mercado de câmbio, desonerações tributárias setoriais e pontuais, requisitos de conteúdo nacional e compras governamentais para beneficiar determinados setores, há um ponto potencialmente positivo na sua elaboração. Trata-se da substituição da contribuição patronal – o imposto sobre a folha de pagamentos, – por um novo imposto sobre o faturamento das empresas, recentemente expandido nas medidas que compuseram o Plano Brasil Maior II, anunciado em abril de 2012.

Tabela 1 – Principais medidas do Plano Brasil Maior

Estímulo ao Investimento e à Inovação
Desonerações Tributárias
Financiamento ao Investimento e à Inovação
Marco Legal da Inovação
Comércio Exterior
Desonerações das Exportações
Defesa Comercial
Financiamento e Garantias para as Exportações
Promoção Comercial
Defesa da Indústria e do Mercado Interno
Desonerações da Folha de Pagamento
Regime Especial Automotivo
Compras Governamentais
Harmonização de Políticas de Financiamento

POLÍTICA INDUSTRIAL: CONTEÚDO LOCAL, INOVAÇÃO E TRIBUTAÇÃO

Tabela 2 – As extensões do Plano Brasil Maior: O PBM II

Estímulo ao Investimento e à Inovação

Programa de Sustentação do Investimento do Tesouro para o BNDES
PSI Ônibus e Caminhões
PSI Demais Bens de Capital
PSI Exportações (pré-embarque)
PSI Inovação BNDES e FINEP
PSI Projetos Transformadores (novo subprograma)
BNDES Revitaliza: Revitalização das empresas brasileiras em setores afetados pela conjuntura internacional
BNDES Progeren: apoio financeiro para capital de giro para aumento de produção, emprego e massa salarial
Criação da Agência Brasileira Gestora de Fundo – ABGF: Fundo Garantidor de Infraestrutura e Fundo Garantidor de Comércio Exterior

Comércio Exterior

Ampliação dos recursos para o Programa de Financiamento à Exportação (PROEX)
PROEX Equalização pré-embarque e redefinições dos prazos e percentuais para Equalização pós-embarque
Flexibilização de garantias PROEX e redefinição de alçadas para aprovação das operações PROEX financiamento
Adiantamento de Contrato de Câmbio (ACC) indireto para as exportações via tranding
 Novas regras para seguro de crédito à exportação
Empresa Preponderantemente Exportadora
Exclusão dos Sistemas Integrados da concessão de ex-tarifários
Maior controle sobre mercadorias importadas
Ações antifraude da Receita Federal

Defesa da Indústria e do Mercado Interno

Desoneração da folha de pagamento
Eliminação da contribuição patronal do INSS com compensação parcial de nova alíquota sobre faturamento bruto, excluída receita bruta de exportações
Redução do IPI sobre bens de consumo
Postergação do prazo de recolhimento do PIS-COFINS
Regime Automotivo 2013/2017
REPNBL: acelerar implantação de redes de telecomunicações e fortalecer a indústria e tecnologias do PNBL
PADIS: revisão do apoio ao desenvolvimento tecnológico da indústria, com inclusão de fornecedores estratégicos de semicondutores e displays como beneficiários
Programa Um Computador por Aluno (Prouca): inclusão digital nas escolas públicas ou sem fins lucrativos de atendimento a pessoa com deficiência
Regime Especial de Incentivos à Modernização e Ampliação da Estrutura Portuária (Reporto)
Compras Governamentais
 Instituição de margens de preferências para fármacos e medicamentos
Nomenclatura Brasileira de Serviços, Intangíveis e Outras Operações que Produzam Variações no Patrimônio

É evidente que a melhor forma de reduzir a onerosa carga tributária que pesa desproporcionalmente sobre a indústria brasileira seria a execução de uma reforma tributária abrangente, que removesse os inúmeros impostos que se sobrepõem e sobrecarregam os empresários. Contudo, reformas tributárias abrangentes são extremamente difíceis de implantar, sobretudo em tempos de relativa calmaria no quadro econômico interno, uma das razões que explicam por que os governos anteriores não conseguiram fazê-las.

Diante das restrições políticas existentes no País, é pouco provável que uma mudança dessa ordem de complexidade possa ser feita pelo atual governo. É preciso, portanto, pensar no que é factível, isto é, em como reduzir uma parte dos custos que pesam sobre a indústria brasileira dentro das restrições existentes. Nesse sentido, as desonerações propostas no Plano Brasil Maior podem proporcionar, no curto prazo, algum alívio para certos setores industriais, ainda que um tributo sobre o faturamento não seja a escolha ideal, como dirão os especialistas em tributação. Ressaltamos, porém, que a análise minuciosa de diferentes tipos de modelos de tributação sobre as empresas está além do escopo deste artigo.

Argumentamos aqui que a desoneração da folha de pagamentos e a sua substituição por um imposto sobre o faturamento podem auxiliar determinados setores da indústria brasileira. Na seção 2, discorremos brevemente sobre os benefícios dessa alteração. Destacamos a possibilidade de que a mudança torne o sistema tributário brasileiro um pouco mais anticíclico, ao introduzir "estabilizadores automáticos", isto é, mecanismos que suavizam o impacto sobre as empresas e sobre o trabalhador das oscilações no ciclo econômico. Um modelo simples para ilustrar o argumento é apresentado nas seções 3 e 4, onde avaliamos também as implicações de choques transitórios e permanentes sobre o resultado das empresas que operam sob regimes tributários alternativos. A seção 5 discute as principais implicações do modelo para o governo e para a eficiência alocativa da economia. Por fim, concluímos com alguns comentários gerais sobre as medidas do governo e seus efeitos sobre a evolução da indústria de transformação no País.

POLÍTICA INDUSTRIAL: CONTEÚDO LOCAL, INOVAÇÃO E TRIBUTAÇÃO

2. Estabilizadores automáticos e política industrial

Políticas para incentivar a indústria podem ter um caráter estrutural, de longo prazo, ou cíclico, visando a suavizar os efeitos das oscilações do ciclo econômico sobre alguns setores ou apenas atenuar o impacto de um choque sobre a economia. A vertente estrutural das políticas industriais abarca, por exemplo, as decisões que mudam permanentemente a estrutura tributária que incide sobre certos produtos, além de programas públicos de investimento em logística. Já no segundo caso, medidas como desonerações tributárias ou impostos temporários sobre importações caracterizariam políticas industriais do tipo "cíclico".

A medida recentemente adotada pelo governo federal para alguns setores – a substituição da contribuição patronal de 20% por uma alíquota sobre o faturamento bruto (entre 1% e 2% a depender do setor, como mostra a Tabela 3) – fica "no meio do caminho", pois muda parcialmente a estrutura de tributação dos setores contemplados, inserindo, concomitantemente, um fator anticíclico nas contas públicas e nas decisões das empresas. Ao substituir um imposto que incide sobre um componente rígido dos custos das empresas, como a folha de pagamentos, e trocando-o por um tributo sobre o faturamento, cria-se um estabilizador automático. Isto é, como o imposto sobre o faturamento reage mais às oscilações cíclicas da economia do que o tributo sobre a folha, um choque que amplie as flutuações econômicas tem um efeito menos agudo sobre as firmas.

Dito de outra forma, suponhamos que a economia seja atingida por um choque negativo, que reduza as receitas das empresas. Se os impostos incidirem primordialmente sobre a folha de pagamento, diante das dificuldades de ajustar a força de trabalho devido às rígidas leis trabalhistas brasileiras, o lucro da firma será inequivocamente menor, o que pode influenciar suas decisões futuras de produzir e investir. Já se o imposto incidir sobre o faturamento, o efeito do choque sobre as receitas implicará menor pagamento de impostos por parte da firma, atenuando os potenciais efeitos adversos sobre suas decisões futuras. Ou seja, nesse caso, o regime de tributação sobre o faturamento suaviza o efeito do

O FUTURO DA INDÚSTRIA NO BRASIL: DESINDUSTRIALIZAÇÃO EM DEBATE

choque na lucratividade das empresas, proporcionando algum alívio nos momentos de queda no lucro – e, consequentemente, atenuando os efeitos macroeconômicos de maneira mais generalizada.

Tabela 3 – Desonerações tributárias do Plano Brasil Maior

Setor	Alíquota Neutra	Alíquota Fixada	Renúncia Anual (Em R$ Milhões)
Têxtil	2,32%	1,00%	550
Confecções	2,32%	1,00%	. 385
Couro e Calçados	3,28%	1,00%	632
Móveis	2,09%	1,00%	209
Plásticos	1,87%	1,00%	530
Material Elétrico	1,88%	1,00%	372
Autopeças	2,19%	1,00%	1.130
Ônibus	1,72%	1,00%	77
Naval	4,59%	1,00%	145
Aéreo	2,83%	1,00%	225
Bens de Capital	2,24%	1,00%	1.254
Hotéis	4,18%	2,00%	216
TI e TIC	3,35%	2,00%	1.171
Call Center	3,15%	2,00%	312
Design House (Chips)	6,67%	2,00%	4
Total			7.214

Por causa dessa característica, pode-se classificar o imposto sobre receitas como um estabilizador automático: em razão de seu caráter anticíclico, ele diminui o peso dos tributos que recaem sobre as empresas em momentos de maior necessidade de capital e os eleva durante os momentos mais benignos do ciclo. Ao instituí-lo, o governo se comporta como um "sócio" das empresas, correlacionando seu resultado fiscal com o lucro das firmas. Mas em quais circunstâncias seria inequivocamente benéfico para o empresário compartilhar os efeitos de um choque sobre suas receitas com o governo? E do ponto de vista do governo, seria a taxação anticíclica uma estratégia recomendável?

Exploramos esses pontos nas próximas seções a partir de um modelo simples, desenvolvido a seguir.

3. Um modelo simples

Utilizando um modelo bastante simples para uma empresa estilizada que usa como insumos o capital e o trabalho, o lucro líquido é, por definição, a diferença entre as Receitas (R) e a soma das Despesas (D) com os Impostos (I), ou:

$$Lucro = R - (D + I) = R - (i{*}K + F + A) - I$$

Onde $i{*}K$ é o custo total do capital investido (taxa de juros multiplicada pelo estoque de capital), F é a folha de pagamento (ou o salário médio multiplicado pelo número de trabalhadores) e A são os custos (fixos) administrativos. Em um regime onde o imposto pago pela indústria é sobre a folha (no percentual α), os impostos equivalem a:

$$I = \alpha{*}F$$

Logo, o lucro líquido da empresa será $L_F = R - i{*}K - (1 + \alpha){*}F - A$.

Já no regime em que o imposto incide sobre o faturamento ou receita bruta (no percentual β), os impostos são dados por:

$$I = \beta{*}R$$

E, portanto, o lucro líquido da empresa é $L_R = (1-\beta){*}R - i{*}K - F - A$.

Para uma dada empresa, será indiferente operar no regime de tributação sobre a folha ou sobre o faturamento se:

$R - i{*}K - (1 + \alpha){*}F - A = (1 + \beta){*}R - i{*}K - F - A$, o que gera a relação de equilíbrio:

$$R = (\alpha/\beta)^{*}F$$

Com esse resultado simples, e se tomarmos os valores usados nos respectivos regimes no Brasil (α = 20% e β = entre 1% e 2%, como visto na Tabela 3), obtemos:

$$R = 10^{*}F \text{ para } \beta = 2\% \text{ e } R = 20^{*}F \text{ para } \beta = 1\%$$

Assim, para as empresas cuja folha salarial é maior do que 10% do faturamento bruto, é mais lucrativo optar – caso exista a possibilidade – pelo regime em que o faturamento é taxado em 2% do que manter a tributação sobre a folha; para o caso em que a alíquota é de 1%, esse regime é melhor para as empresas cuja relação folha/faturamento é maior do que 5%. Fica claro, portanto, que empresas que são intensivas em mão de obra – e que tendem a ter uma relação folha/faturamento mais alta – são beneficiadas pela troca do imposto sobre a folha pelo regime de tributação sobre o faturamento.

Ou seja, o grau em que a taxação anticíclica beneficia as empresas contempladas pelo governo depende do quão intensivo em trabalho é o seu regime produtivo.

4. Impacto do regime de tributação diante de um choque

Vimos na seção anterior que, ao optar pela taxação anticíclica, o governo torna-se um "sócio", cujo dividendo (a tributação) é uma função do faturamento da empresa e não mais de seu nível de emprego, que tende a ser mais estável.

O que ocorre, portanto, ao longo do ciclo econômico? Qual o regime tributário mais vantajoso, dependendo da natureza dos choques que afetam a economia?

Suponhamos que as empresas sejam atingidas por um choque sobre o faturamento que é percebido como transitório. Neste caso, as firmas tendem a acomodar o impacto na sua margem de lucro. No entanto, se

POLÍTICA INDUSTRIAL: CONTEÚDO LOCAL, INOVAÇÃO E TRIBUTAÇÃO

o choque é percebido como permanente, a firma altera suas decisões de produção e sua estrutura de custos para se adaptar à nova realidade. Dito de outro modo, a firma reavalia suas escolhas para maximizar o lucro diante do ambiente alterado que enfrenta. Portanto, a depender da natureza do choque com o qual a firma se depara, a implicação sobre sua lucratividade será diferente de acordo com o regime tributário. Analisamos, portanto, os casos de choques transitórios e permanentes separadamente.

(I) Choque transitório

Seja L_t o lucro líquido no período inicial e L_{t+1} seu nível no período seguinte, após uma variação μ nas receitas (o choque). Supondo que não haja ajuste de curto prazo no nível de despesas com emprego, o regime de tributação sobre a folha de pagamentos resultará nas seguintes relações:

$$L_t = R_t - D_t - I_t = R_t - (D_t + I_t)$$

$$L_{t+1} = R_{t+1} - (D_{t+1} + I_{t+1}) = (1+\mu)^*R_t - (D_t + I_t) = (1+\mu)^*R_t + L_t - R_t = \mu^*R_t + L_t$$

Logo:

$$(L_{t+1} - L_t)/L_t = \mu^*R_t/L_t \rightarrow (\Delta L_{t+1})/L_t = \mu^* (\text{margem})^{-1} (1)$$

No regime de tributação sobre o faturamento, valem as seguintes relações:

$$L_t = (1-\beta)^*R_t - D_t$$
$$L_{t+1} = (1-\beta)^*(1+\mu)^*R_t - D_t = (1-\beta)^*(1+\mu)^*R_t + L_t - (1-\beta)^*R_t = \mu^*(1-\beta)^*R_t + L_t$$

Logo:

O FUTURO DA INDÚSTRIA NO BRASIL: DESINDUSTRIALIZAÇÃO EM DEBATE

$$(L_{t+1} - L_t)/L_t = \mu^*(1-\beta)^*R_t/L_t \rightarrow (\Delta L_{t+1})/Lt = \mu^*(1-\beta)^* \text{ (margem)}^{-1} \text{ (2)}$$

Comparando as relações (1) e (2), e como $(1-\beta) < 1$, o impacto do choque temporário sobre o lucro da empresa quando ela opera sob um regime de tributação sobre o faturamento é menor do que no regime de tributação sobre a folha. Há, portanto, uma menor volatilidade no lucro líquido da empresa que se defronta com choques dessa natureza, caracterizando o efeito de estabilizador automático que descrevemos na seção 2.

(II) Choque permanente[1]

No médio prazo, as firmas tendem a ajustar seus gastos com investimentos e com a folha de pagamento de modo a recompor, ou aumentar, seu lucro líquido, quando impactadas por choques de natureza permanente. Assim, as implicações de médio prazo para a empresa sob diferentes regimes tributários são bastante distintas das obtidas em um cenário em que o choque é temporário. Neste caso, entra em consideração a alocação entre capital e trabalho dentro da firma, a partir do exercício de maximização de lucro que ela executa.

Suponhamos que a função de produção exiba características neoclássicas, o que significa que a produtividade marginal dos fatores de produção é decrescente – quanto mais se utiliza um determinado insumo, menor sua produtividade marginal. No período t+1 a receita sofre o choque μ. Sob o regime de imposto sobre a folha de pagamento (doravante designada "mdo"), as condições de primeira ordem do problema de maximização do lucro são:

$$R_K(\text{mdo}) = i/(1+\mu)$$
$$R_L(\text{mdo}) = (1+\alpha)/(1+\mu)$$

---

[1] A elaboração mais detalhada do modelo é apresentada no Anexo II, ao final do artigo.

Onde $R_K(mdo)$ e $R_L(mdo)$ são, respectivamente, a receita marginal do capital e a receita marginal do trabalho. Já no regime de imposto sobre o faturamento (doravante designado "fat"), as condições de primeira ordem são:

R_K (fat) = $i/(1-\beta)(1+\mu)$
R_L (fat) = $1/(1-\beta)(1+\mu)$

Assim, como $(1-\beta)<1$, $R_K(mdo) < R_K(fat)$, como ilustra o Gráfico 1, a seguir.

Gráfico 1

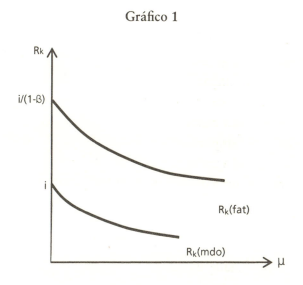

Ou seja, a receita marginal do capital no regime de tributação sobre a folha de pagamentos é sempre menor do que no regime de tributação sobre o faturamento. Como, por hipótese, a produtividade marginal dos fatores de produção é decrescente, isto é, à medida que se acrescentam unidades adicionais de capital ou de trabalho, a capacidade de gerar mais produto é menor (o que significa que há limites à capacidade produtiva da empresa), o regime "mdo" emprega mais capital do que o regime "fat".

O FUTURO DA INDÚSTRIA NO BRASIL: DESINDUSTRIALIZAÇÃO EM DEBATE

Pelo mesmo argumento, o regime de tributação sobre o faturamento utilizará mais trabalhadores do que o regime de tributação sobre a folha sempre que:

$$R_L(mdo) > R_L(fat) \text{ ou } (1-\beta)(1+\alpha) > 1$$

Essa desigualdade é verdadeira para os parâmetros α e β do caso brasileiro (respectivamente 20% e 2% ou 1%). Desse modo, o tipo de regime de tributação afeta a alocação de recursos da empresa diante de um choque sobre sua receita, e, no caso da tributação sobre o faturamento, as consequências são a escolha por menos capital e maior uso do fator trabalho.

5. Implicações para o governo e a alocação de recursos

Na seção anterior, utilizamos um modelo bastante simples para demonstrar dois pontos fundamentais sobre a natureza das desonerações tributárias introduzidas pelo Plano Brasil Maior:

(1) Quando a economia for atingida por choques temporários que afetem adversamente a receita das empresas, um regime de tributação sobre o faturamento age como um estabilizador automático, atenuando as flutuações do ciclo sobre as decisões de alocação de recursos das firmas. As empresas que utilizam mais mão de obra para produzir serão, geralmente, mais favorecidas pela alteração do regime tributário;

(2) Quando os choques que afetam as receitas das empresas forem de natureza mais permanente, o regime tributário influencia a alocação de recursos. Em particular, mostramos que, para os parâmetros em vigor no Brasil, a mudança do regime tributário induz a empresa a empregar menos capital e mais mão de obra.

A ação do tributo sobre o faturamento como um estabilizador automático traz custos para os cofres públicos. Quando as empresas sofrem

POLÍTICA INDUSTRIAL: CONTEÚDO LOCAL, INOVAÇÃO E TRIBUTAÇÃO

um choque adverso sobre as suas receitas, elas pagam menos impostos ao governo, influenciando negativamente o resultado fiscal. No Brasil, onde a intrincada estrutura tributária foi desenhada com o propósito fundamental de maximizar a arrecadação, minimizando, portanto, os riscos das crises fiscais que nos acometiam no passado, a introdução do estabilizador automático pesa sobre o resultado fiscal. Ou seja, para os fiscalistas mais ferrenhos, a mudança do regime de tributação do Plano Brasil Maior não seria uma boa ideia, uma vez que ameaça a solidez das contas públicas brasileiras. De fato, é bastante possível que as medidas recentemente adotadas para auxiliar a indústria tenham um impacto adverso sobre o resultado fiscal este ano.

Por outro lado, o governo brasileiro está também engajado na redução dos juros, rumo a patamares mais compatíveis com os praticados internacionalmente. A redução da Selic, caso seja sustentada pela permanência de um quadro inflacionário benigno, reduzirá também o custo de financiamento do governo, isto é, terá um efeito positivo sobre o déficit nominal. A diminuição do déficit nominal ocasionada pela redução dos juros abre, portanto, algum espaço para que o governo adote medidas anticíclicas, como o imposto sobre o faturamento, para auxiliar a indústria no curto prazo. Vale notar que, caso se mantenha, esta seria uma composição de políticas monetária e fiscal mais construtiva do que a vigente na maior parte dos últimos anos.

Contudo, os efeitos de médio e longo prazos de tais medidas sobre a eficiência alocativa, sobretudo se os choques que vitimam a indústria brasileira forem mais permanentes do que transitórios, não são óbvios. É possível argumentar que o impacto dessas medidas seja prejudicial para a economia, ao aumentar a demanda por mão de obra e reduzir o emprego do capital quando o mercado de trabalho está próximo do pleno emprego. Ao induzir as firmas a contratar mais, o imposto sobre o faturamento pode levar a uma pressão adicional sobre os salários, que poderia resvalar para a inflação, alterando a política de redução dos juros. Neste caso, a elevação dos juros poderia comprometer a estratégia de convergência para níveis internacionais, impedindo o barateamento do

O FUTURO DA INDÚSTRIA NO BRASIL: DESINDUSTRIALIZAÇÃO EM DEBATE

capital que estimularia os investimentos, até agora inviabilizados por uma taxa de retorno pouco atraente em relação à Selic.

Para atenuar o impacto inflacionário da maior demanda por trabalho induzida pelo regime tributário, seria necessário aumentar a produtividade da mão de obra, com programas de qualificação financiados pelo governo, por exemplo. Embora as autoridades brasileiras tenham sinalizado que esta é uma área prioritária e que existe a vontade de remover o "apagão de qualificação" com a introdução de diversos programas, como o Pronatec,[1] poucos resultados foram constatados até agora. O que se observa na economia brasileira hoje, como argumentam outros artigos deste livro, é um diferencial crescente entre os salários pagos e a produtividade do trabalhador.

6. Conclusões

Neste capítulo, destacamos, dentre as diversas medidas recém-lançadas pelo governo para auxiliar a indústria, aquela que poderia ser a mais benéfica no curto prazo. Embora as desonerações tributárias introduzidas, com a troca do imposto sobre a folha de pagamento por outro sobre o faturamento, não sejam as ideais, isto é, não garantam um ganho de eficiência alocativa generalizado e sustentável, elas podem ter efeitos favoráveis sobre determinados setores no curto prazo. Especificamente, aqueles que naturalmente empregam mais mão de obra, ou que são mais intensivos no uso do trabalho como fator de produção, podem desfrutar de um alívio significativo.

Diante de choques temporários, a tributação sobre a receita funciona como um estabilizador automático e implica uma menor volatilidade do lucro líquido da empresa, o que aumenta a previsibilidade, favorecendo a sua resistência ao longo do ciclo. Isso permite, portanto, a manutenção

---

[1] Criado em 26 de outubro de 2011 com a sanção da Lei 12.513/2011 pela presidente Dilma, o Programa Nacional de Acesso ao Ensino Técnico e Emprego (Pronatec) tem como objetivo principal expandir e aprimorar a oferta de cursos de educação profissional e tecnológica.

dos planos de investimento e dos níveis de emprego das firmas no curto prazo, ou quando elas se defrontam com choques percebidos como de curta duração. Do ponto de vista do governo, esse resultado é desejável, uma vez que o ciclo econômico é suavizado.

Por outro lado, a introdução do regime de tributação sobre o faturamento também implica, diante de um choque permanente na receita, a escolha por um maior uso da mão de obra e uma menor intensidade do uso do capital. Nesse caso, o benefício do ponto de vista do governo não fica tão claro: é desejável estimular o maior uso do emprego em detrimento do capital de maneira agregada? A resposta vai depender do ponto do ciclo econômico em que se encontre a economia no momento do choque, e, portanto, do nível de capacidade ociosa dos fatores de produção.

Há evidências de que o mercado de trabalho no Brasil alcançou o nível de saturação, operando próximo dos patamares de pleno emprego. Ao mesmo tempo, há uma grande preocupação com a queda recente do investimento e com a constatação de que as taxas de investimento brasileiras são ainda baixas para o padrão de crescimento que o governo e a sociedade almejam. Isso é suficiente para desqualificar as desonerações tributárias contidas no Plano Brasil Maior? Decerto que não. Mas essas medidas não são suficientes para gerar ganhos duradouros para a indústria. Para que esses ganhos se materializem, é preciso criar um ambiente mais favorável às empresas que compõem a indústria de transformação, investindo em infraestrutura, em programas de qualificação de mão de obra e reduzindo os custos de energia, tão elevados no País.

É necessário também expandir os mercados para essas empresas, derrubando as fronteiras que hoje limitam suas operações apenas ao mercado doméstico. Ou seja, desonerar a indústria enquanto se introduzem regras cada vez mais estritas de conteúdo nacional é o mesmo que enxugar gelo. Na melhor das hipóteses, o efeito final é nulo.

O FUTURO DA INDÚSTRIA NO BRASIL: DESINDUSTRIALIZAÇÃO EM DEBATE

Anexo I: Plano Brasil Maior – referências principais

O PBM foi anunciado em duas partes: a primeira em agosto de 2011 e a segunda em abril de 2012.

O detalhamento das medidas da primeira parte do Plano pode ser encontrado na seguinte fonte:

O *Estado de S. Paulo*, 2 de agosto de 2011:

http://economia.estadao.com.br/noticias/economa%20brasl,veja-a-integra-das-medidas-do-plano-brasil-maior,78306,0.htm

A cartilha oficial do plano, contendo um resumo dos princípios, medidas e objetivos, em:

http://www.brasilmaior.mdic.gov.br/wp-content/uploads/cartilha_brasilmaior.pdf

As novas medidas de abril de 2012 em:

http://www.fazenda.gov.br/portugues/documentos/2012/Novas%20Medidas%20Brasil%20Maior.pdf

As metas do Plano para o ano de 2014 em:

http://www.brasilmaior.mdic.gov.br/conteudo/155

Anexo II: Derivação do modelo com um choque permanente

A função lucro da firma com um imposto sobre a folha de pagamento (mdo):

Lucro = $(1+ \mu)R - i^*K - A - (1+ \alpha)F$ (1)

A firma maximiza (1), dados os custos do capital (K) e do trabalho (L). Portanto as condições de primeira ordem quando se deriva (1) em relação a K e L, respectivamente, são:

$(1+ \mu)R_K - i = 0$; ou $R_K = i/(1+ \mu)$
$(1+ \mu)R_L - (1+\alpha) = 0$; ou $R_L = (1+\alpha)/ (1+ \mu)$

Onde R_K e R_L são, respectivamente, a receita marginal do capital e a receita marginal do trabalho. Dadas as características neoclássicas da função de produção da firma, $R_{KK} < 0$ e $R_{LL} < 0$.

POLÍTICA INDUSTRIAL: CONTEÚDO LOCAL, INOVAÇÃO E TRIBUTAÇÃO

A função lucro da firma com um imposto sobre o faturamento (fat):

Lucro = $(1+ \mu)(1-\beta)R - i^*K - A - F$ **(2)**

A firma maximiza **(2)**, dados os custos do capital (K) e do trabalho (L). Portanto as condições de primeira ordem quando se deriva **(2)** em relação a K e L, respectivamente, são:

$(1+ \mu)(1-\beta)R_K - i = 0$; ou $R_K = i/(1+ \mu)(1-\beta)$
$(1+ \mu)(1-\beta)R_L - 1 = 0$; ou $R_L = 1/(1+ \mu)(1-\beta)$

Sobre os Autores

Affonso Celso Pastore
Presidente da A.C. Pastore & Associados. Professor aposentado da Faculdade de Economia, Administração e Contabilidade da Universidade de São Paulo (FEA/USP). Ex-professor da Escola de Pós-Graduação em Economia da Fundação Getulio Vargas (EPGE/FGV). Ex-presidente do Banco Central. Doutor pela Universidade de São Paulo.

Albert Fishlow
Professor emérito da Universidade de Columbia e da Universidade da Califórnia, Berkeley. Atuou nas universidades de Berkeley, Yale e Columbia. Foi pesquisador na cátedra Paul A. Volcker de economia internacional do Council on Foreign Relations. Secretário de estado adjunto dos EUA para América Latina em 1975-76. Condecorado com a Ordem Nacional do Cruzeiro do Sul pelo governo brasileiro em 1999. Ph.D. em economia pela Universidade de Harvard em 1963.

Aurelio Bicalho
Economista do Itaú Unibanco. Mestre em economia pela Escola de Pós-Graduação em Economia da Fundação Getulio Vargas (EPGE/FGV).

Beny Parnes
Diretor Executivo do Banco BBM desde abril de 2004. Ingressou na instituição em 1991 e foi sócio-diretor responsável por Produtos e Research de 1998 a 2001. Diretor da área externa do Banco Central em 2002 e 2003. Bacharel em economia pela Pontifícia Universidade Católica do Rio de Janeiro (PUC-Rio), com doutorado em economia sem conclusão de tese na Universidade da Pensilvânia, 1988 a 1991.

O FUTURO DA INDÚSTRIA NO BRASIL: DESINDUSTRIALIZAÇÃO EM DEBATE

Carlos F. Kiyoshi V. Inoue
Professor auxiliar do Instituto de Ensino e Pesquisa (Insper). Desenvolve pesquisas na área de estratégia. Bacharel em economia pela Faculdade de Economia, Administração e Contabilidade da Universidade de São Paulo (FEA/USP) e mestre em administração pelo Insper.

Carlos Viana de Carvalho
Professor do Departamento de Economia da Pontifícia Universidade Católica do Rio de Janeiro (PUC-Rio) e sócio da Kyros Investimentos. Possui publicações em periódicos como *American Economic Review* e *Journal of Money, Credit, and Banking*. Trabalhou como economista e gestor de fundos de investimentos no Brasil entre 1995 e 2001 e foi economista sênior do NY Fed de 2007 a 2011. Possui graduação e mestrado em economia pela PUC-Rio e Ph.D. em economia pela Universidade de Princeton.

Edmar Bacha
Sócio fundador e diretor do Instituto de Estudos em Política Econômica da Casa das Garças (IEPE/CdG). Entre 1996 e 2010 foi consultor sênior do Banco Itaú BBA. Foi membro da equipe econômica do governo responsável pelo Plano Real. Foi também presidente do BNDES, do IBGE e da ANBID e professor de economia na Pontifícia Universidade Católica do Rio de Janeiro (PUC-Rio), na EPGE/FGV, na Universidade de Brasília (UnB), na Universidade Federal do Rio de Janeiro (UFRJ), e nas universidades de Columbia, Yale, Berkeley e Stanford. Bacharel em economia pela Universidade Federal de Minas Gerais (UFMG) e Ph.D. em economia pela Universidade de Yale.

Eduardo Augusto Guimarães
Consultor independente. Professor titular aposentado do Instituto de Economia da Universidade Federal do Rio de Janeiro (UFRJ). Foi técnico do Ipea, diretor e presidente do IBGE, secretário do Tesouro Nacional e presidente do Banco do Estado de São Paulo e do Banco do Brasil. Economista e engenheiro civil, com mestrado em engenharia de produção no Instituto Alberto Luiz Coimbra de Pós-Graduação e

SOBRE OS AUTORES

Pesquisa de Engenharia (COPPE/UFRJ) e doutorado em economia pela Universidade de Londres.

Fernanda Guardado

Sócia da Galanto Consultoria e pesquisadora associada do Instituto de Estudos em Política Econômica da Casa das Garças (IEPE/CdG). Foi economista-chefe da Vinci Partners entre 2010 e 2012 e economista sênior da GAP Asset Management entre 2004 e 2009. Graduada em economia pela Pontifícia Universidade Católica do Rio de Janeiro (PUC-Rio) e mestre em economia pela mesma instituição em 2004.

Gabriel Hartung

Economista da BBM Investimentos. Bacharel em economia pela Pontifícia Universidade Católica do Rio de Janeiro (PUC-Rio), mestre e doutor em economia pela Escola de Pós-Graduação em Economia da Fundação Getulio Vargas (EPGE/FGV).

Honório Kume

Professor associado da Faculdade de Ciências Econômicas da Universidade do Estado do Rio de Janeiro (Uerj). Foi pesquisador e coordenador de pesquisas da Funcex (1976-1989), coordenador técnico de Tarifas do Ministério da Economia, Fazenda e Planejamento (1990-1992) e pesquisador e coordenador de política comercial e comércio exterior do Ipea (1993-2011). Doutor em economia pela Universidade de São Paulo (USP).

Ilan Goldfajn

Economista-chefe do Itaú Unibanco e sócio do Itaú BBA. Diretor do Instituto de Estudos em Política Econômica da Casa das Garças (IEPE/CdG) entre 2006 e 2009 e sócio-fundador da Ciano Consultoria (2008 e 2009). Sócio-fundador e gestor da Ciano Investimentos (2007-08) e sócio da Gávea Investimentos (2003-06), diretor de Política Econômica do Banco Central entre 2000 e 2003. Professor do Departamento de Economia da Pontifícia Universidade Católica do Rio de Janeiro (PUC-Rio) de 1999 a 2008. Economista do FMI (1996 a 1999). Professor na

Universidade de Brandeis (1995-96). Mestre em economia pela PUC-Rio e Ph.D. em economia pelo Massachusetts Institute of Technology (MIT).

João Manoel Pinho de Mello
Professor Associado do Departamento de Economia da Pontifícia Universidade Católica do Rio de Janeiro (PUC-Rio). Pesquisador do CNPq e membro afiliado da Academia Brasileira de Ciências. Especialista em antitruste e assuntos concorrenciais. Foi parecerista em vários casos antitruste, consultor de empresas para questões regulatórias e assessor em arbitragens. Ph.D. em economia pela Universidade de Stanford.

José Tavares de Araujo Jr.
Diretor do Centro de Estudos de Integração e Desenvolvimento (Cindes). Ex-professor titular da Universidade Federal do Rio de Janeiro (UFRJ), ex-secretário executivo da Comissão de Política Aduaneira (1985-88) e da Câmara de Comércio Exterior (1995) e ex-secretário de Acompanhamento Econômico do Ministério da Fazenda (2003-04). Prestou serviços a organismos internacionais como Banco Mundial, BID, OEA, Cepal, Aladi e Unido. Doutor em economia pela Universidade de Londres.

Leonardo Rezende
Diretor do departamento de economia da Pontifícia Universidade Católica do Rio de Janeiro (PUC-Rio). Atua nas áreas de organização industrial, teoria microeconômica e teoria de leilões. Entre 2003 e 2006, foi professor de economia na Universidade de Illinois, em Urbana-Champaign. Ph.D. em economia pela Universidade de Stanford.

Luiz Schymura
Diretor do Instituto Brasileiro de Economia da Fundação Getulio Vargas (IBRE/FGV). Foi presidente da Agência Nacional de Telecomunicações (Anatel) no período 2002-2004. Engenheiro eletricista pela Pontifícia Universidade Católica do Rio de Janeiro (PUC-Rio) e doutor em economia pela Escola de Pós-Graduação em Economia da Fundação Getulio Vargas (EPGE/FGV), com pós-doutorado em finanças/economia pela Wharton School da Universidade da Pensilvânia.

SOBRE OS AUTORES

Mansueto de Almeida
Técnico de planejamento e pesquisa do Ipea desde 1997. Trabalhou no Ministério da Fazenda (1995 a 1997) e no Senado Federal (2004 a 2006). Em 2010, foi pesquisador visitante da Universidade de Manchester no Reino Unido. Bacharel em economia pela Universidade Federal do Ceará (UFC), mestre em economia pelo Instituto de Pesquisa Econômica da Faculdade de Economia, Administração e Contabilidade da Universidade de São Paulo (FEA-USP), cursou os créditos de doutorado em políticas públicas e desenvolvimento no Massachusetts Institute of Technology (MIT).

Marcelo Gazzano
Economista-sócio da A.C. Pastore & Associados. Formado em economia pelo IBMEC-SP (atual INSPER) e mestre em economia pela Universidade Federal do Rio Grande do Sul (UFRGS).

Marco Bonomo
Professor associado da Escola de Pós-Graduação em Economia da Fundação Getulio Vargas (EPGE/FGV), sócio da Behavior Gestão de Capital e coordenador do Mestrado em Finanças e Economia Empresarial da EPGE. Pesquisador com artigos publicados nas áreas de macroeconomia e finanças. Foi professor do Departamento de Economia da Pontifícia Universidade Católica do Rio de Janeiro (PUC-Rio), presidente da Sociedade Brasileira de Finanças e secretário executivo da Sociedade Brasileira de Econometria. Ph.D. em economia pela Universidade de Princeton.

Marcos Sawaya Jank
Fundador e presidente do Conselho do Instituto de Estudos do Comércio e Negociações Internacionais (ICONE). Especialista em temas globais de agronegócio e bioenergia, foi presidente da União da Indústria de Cana de Açúcar (ÚNICA) entre 2007 e 2012. Foi professor associado da Universidade de São Paulo (USP) por quase 20 anos (FEA, ESALQ, IRI), trabalhou no BID e em universidades americanas e europeias. Engenheiro-agrônomo pela Escola Superior de Agricultura Luiz de Queiroz (ESALQ) da USP, mestre em políticas agrícolas pelo IAM (Montpellier, França), doutor pela FEA/USP e livre-docente pela USP.

Maria Cristina Pinotti

Economista-sócia da A.C. Pastore & Associados. Formada em Administração pela Escola de Administração de Empresas de São Paulo (EAESP/FGV), com curso de pós-graduação em Economia pela Faculdade de Economia, Administração e Contabilidade da Universidade de São Paulo (FEA/USP).

Mauricio Canêdo Pinheiro

Pesquisador do Instituto Brasileiro de Economia (IBRE) desde 2004 e professor da Escola Brasileira de Economia e Finanças (EBEF) desde 2008, ambas da Fundação Getulio Vargas. Foi coordenador-geral de Serviços Públicos e Infraestrutura da Secretaria de Acompanhamento Econômico (SEAE) do Ministério da Fazenda (2001). Suas linhas de pesquisa incluem temas relacionados à organização industrial, regulação, defesa da concorrência e política industrial. Doutor em economia pela Escola de Pós-Graduação em Economia da Fundação Getulio Vargas (EPGE/FGV).

Monica Baumgarten de Bolle

Sócia da Galanto Consultoria e diretora do Instituto de Estudos em Política Econômica da Casa das Garças (IEPE/CdG). Professora de macroeconomia da Pontifícia Universidade Católica do Rio de Janeiro (PUC-Rio). Chefiou a área de Pesquisa Macroeconômica Internacional do Banco BBM de 2005 a 2006. Trabalhou no Fundo Monetário Internacional em Washington, D.C., entre 2000 e 2005, onde participou da resolução de algumas das principais crises financeiras recentes, inclusive na Argentina e no Uruguai. Ph.D. em Economia pela London School of Economics (2001).

Pedro S. Malan

Presidente do Conselho Consultivo Internacional do Itaú Unibanco, membro do Conselho Curador da IFRS Foundation e professor do Departamento de Economia da Pontifícia Universidade Católica do Rio de Janeiro (PUC-Rio). Foi ministro da Fazenda, presidente do Banco Central e negociador-chefe para Assuntos da Dívida Externa do Ministério da

SOBRE OS AUTORES

Fazenda. Foi também diretor executivo do Banco Mundial, diretor executivo do BID, diretor do Centro de Empresas Transnacionais da ONU e diretor do Departamento de Economia Internacional e Assuntos Sociais da ONU. Formado em engenharia pela Pontifícia Universidade Católica do Rio de Janeiro (PUC-Rio) e Ph.D. em economia pela Universidade de Califórnia em Berkeley.

Regis Bonelli
Pesquisador do Instituto Brasileiro de Economia da Fundação Getulio Vargas (IBRE/FGV) e pesquisador associado do Instituto de Estudos em Política Econômica da Casa das Garças (IEPE/CdG). Foi diretor-geral do IBGE, diretor de Pesquisa do Ipea e diretor executivo do BNDES. Bacharel em engenharia pela Pontifícia Universidade Católica do Rio de Janeiro (PUC-Rio). Ph.D. em economia pela Universidade da Califórnia em Berkeley.

Renato Baumann
Economista do Ipea. Professor do Departamento de Economia da Universidade de Brasília (UnB) e do Instituto Rio Branco. Ex-diretor do escritório da Cepal no Brasil (1995-2010). Doutor em Economia pela Universidade de Oxford, Inglaterra.

Rogério L. F. Werneck
Professor titular do Departamento de Economia da Pontifícia Universidade Católica do Rio de Janeiro (PUC-Rio) e Ph.D. em Economia pela Universidade de Harvard.

Samuel Pessoa
Pesquisador associado do Instituto Brasileiro de Economia da Fundação Getulio Vargas (IBRE/FGV) no Rio de Janeiro. Tem experiência na área de crescimento e desenvolvimento econômico, atuando em questões relacionadas a impostos, gastos e educação no Brasil. Autor de artigos acadêmicos sobre temas ligados ao desenvolvimento econômico, publicados em revistas nacionais e internacionais. Doutor em economia pela Universidade de São Paulo.

Sandra Rios

Diretora do Centro de Estudos de Integração e Desenvolvimento (Cindes) e sócia da Ecostrat Consultores. Especialista em temas relacionados a comércio exterior, negociações comerciais internacionais e política de comércio exterior. Professora de Política Comercial no Departamento de Economia da Pontifícia Universidade Católica do Rio de Janeiro (PUC-Rio) e mestre em economia pela mesma instituição.

Sergio G. Lazzarini

Professor titular do Instituto de Ensino e Pesquisa (Insper) desde 2002. No primeiro semestre de 2010, foi visitante na Universidade de Harvard. Tem pesquisado estratégias empresariais em mercados emergentes e como se estabelecem relações entre as empresas privadas e o setor público. Seu mais recente livro é *Capitalismo de laços*, publicado pela Campus/ Elsevier. Ph.D. em Administração pela John M. Olin School of Business, Universidade de Washington.

Silvia Maria Matos

Economista do Instituto Brasileiro de Economia da Fundação Getulio Vargas (IBRE/FGV) e coordenadora técnica do *Boletim Macro IBRE*. Mestre e doutora em economia pela Escola de Pós-Graduação em Economia da Fundação Getulio Vargas (EPGE/FGV).

Tiago Berriel

Professor da Escola de Pós-Graduação em Economia da Fundação Getulio Vargas (EPGE/FGV). Tem interesse em Macroeconomia, Economia Monetária, Finanças Internacionais e Finanças. Bacharel e mestre em economia pela Pontifícia Universidade Católica do Rio de Janeiro (PUC-Rio) e Ph.D. em economia pela Universidade de Princeton.

Vinicius Carrasco

Professor de Economia da Pontifícia Universidade Católica do Rio de Janeiro (PUC-Rio). Atua como *expert witness* em questões relacionadas a antitruste e competição e em arbitragens relacionadas a disputas societárias. Ph.D. em economia pela Universidade de Stanford.

O texto deste livro foi composto em Sabon,
desenho tipográfico de Jan Tschichold de 1964
baseado nos estudos de Claude Garamond e
Jacques Sabon no século XVI, em corpo 11/15.
Para títulos e destaques, foi utilizada a tipografia
Frutiger, desenhada por Adrian Frutiger em 1975.

A impressão se deu sobre papel off-white
pelo Sistema Cameron da Divisão Gráfica
da Distribuidora Record.